아가페 CAB 성경해설 시리즈

# 사무엘하

일러두기

본서에 사용된 성경 본문은 개역개정 4판 성경입니다.

아가페 CAB 성경해설 시리즈

Comprehension & Application Bible Commentary

명확한 이해와 삶의 적용을 위한

# 사무엘하

김일승 지음

아가페북스

# 추천의 글 1

김일승 목사님은 말씀을 꾸준히 연구하고 준비해 온 분입니다. 이 책은 이런 오랜 준비 과정에서 우러나온 좋은 결과물이라고 생각합니다. 사무엘서는 하나님이 연약한 인간을 준비시켜 하나님나라의 일꾼으로 만들어 가시는 감동적인 드라마가 담긴 책입니다. 또 섬기는 왕으로 임하셔서 하나님의 백성을 다스리실 예수님을, 다윗을 통해 모형적으로 보여주는 책입니다.
김일승 목사님은 이 책에서, 인간들의 삶과 관계 안에 감춰져 있는 하나님의 섭리와 목적을 잘 보여줄 뿐 아니라 사울과 다윗의 오래 전 이야기를 우리와 관계있는 이야기로 연결시켜 줍니다. 각 절에 대한 친절한 해설은 성도들이 다소 어렵게 느끼는 구약 성경을 이해하는 데 도움이 될 것입니다. 특별히 본문을 바탕으로 한 적용은 말씀을 삶에 바르게 적용하려고 애쓰는 성도들의 좋은 길잡이가 될 것입니다. 부디 이 책으로 많은 성도들이 신앙에 큰 유익을 누리길 기원합니다.

이찬수 (분당우리교회 담임목사)

# 추천의 글 2

김일승 목사님의 CAB 사무엘서 주석은 누구나 쉽게 볼 수 있습니다. 본문을 이해하기 위해 필요한 경우에는 히브리어 원어에 대한 설명을 제시하면서도, 원어에 대한 지나친 분석에 빠져 본문의 중심 주제를 놓치는 우를 피했습니다. 이 책의 가장 큰 장점은 본문의 탁월한 적용에 있습니다. 본문의 중심 주제를 설명해 가면서 본문에서 적용을 이끌어내고 있습니다.

이런 점에서 김일승 목사님의 사무엘서 주석은 설교자들에게 매우 유익한 자료가 될 것입니다. 많은 설교자들의 고민이 본문에 대한 주석학적 어려움보다 옛적에 주어진 메시지가 오늘날 우리에게 어떤 의미를 갖는지에 대한 적용일 것이기 때문입니다.

또 이 주석은 소그룹으로 성경공부를 인도하는 리더들이나 개인적으로 더 깊은 묵상을 원하는 성도들이 쉽게 이해할 수 있도록 구성되어 있습니다. 학문적인 주석은 일반 성도들이 이해하기 쉽지 않고, 단순히 설교적인 주석은 신학이나 본문 이해에 적절하지 않습니다. 그런데 이 주석은 두 가지를 모두 해결해 주는, 목회자들이 믿고 추천할 만한 좋은 주석입니다.

조동선 (미국 사우스웨스턴신학대학원 교수)

# 서 론

다윗의 이름은 성경에 천 번도 넘게 나온다. 한 사람의 인생을 이렇게 자세하게 묘사한 이유는, 다윗 안에 구원자 예수님과 구원이 필요한 죄인의 모습이 잘 담겨 있기 때문이다. 하나님은 다윗을 선택하여 공의로 하나님의 백성을 통치할 예수님의 모습을 보여주기 원하셨다(삼하 8:15; 사 32:1). 그래서 다윗을 고난의 광야로 밀어 넣으셨다. 다윗은 광야에서 영혼이 찢기고 자아가 깨어졌으며 하나님만 의존하는 자로 변해갔다. 다윗이 왕이 된 후에 공의로 백성들을 통치할 수 있었던 것은 자신에게 임한 하나님의 은혜와 자비를 잊어버리지 않았기 때문이다. 또 다윗은 주변의 대적들로부터 이스라엘 백성을 구원하여 평화를 가져오는데, 이것은 군사력이 아닌 하나님만 의존했기에 가능한 것이었다. 이런 다윗의 모습을 통해 하나님은 앞으로 메시아가 임하면 하나님의 백성을 공의로 통치하며, 주변의 대적들로부터 그들을 자유하게 할 것을 보여주기 원하셨다.

이렇게 메시아의 모형이 된 다윗이었지만 그 역시 구원이 필요한 죄인이었다. 다윗에게 임했던 하나님의 은혜가 잠시 떠나자, 그는 간음과 살인을 저지르면서 군사력으로 자신을 높이려는 악인임을 드러냈다. 범죄하기 전에도 다윗의 영혼은 이미 죄악으로 가득했다. 그런데 은혜로 가려져 있던 그 죄가 사건화 된 범죄로 드러나게 된 것이다. 하나님은 다윗 대신 그의 아들을 죽이심으로 다윗에게 대속의 은혜를 가르치셨다. 하지만 그의 아들들을 통해 범죄에 대한 심판이 임하게 하심으로, 죄악의 결과가 얼마나 무서운지를 몸소 체험하게 하셨다. 다윗은 아들의 반역과 살해 위협을 피해 도망치는 낮아진 자리에 서서 하나님의 구원과 보호를 간구하는 가난한 영혼을 소유하게 되었다.
그래서 다윗의 이야기는 우리 모든 성도의 이야기이자 우리를 구원하실 예수님의 이야기인 것이다. 우리는 하나님의 은혜 없이는 죄악된 자아와 마귀의 무서운 공격에서 벗어날 수 없다. 구원받았다고 우리의 존재 자체가 완전히 변화된 것은 아니다. 그저 은혜가 죄악을 가리고 있을 뿐이다. 언제든지 하나님의 은혜가 떠나면 우리의 존재는 더럽고 추한 모습으로 전락하고 만다. 하나님은 성도의 인생에서 우리의 죄악이 내놓는 악하고 더러운 결과들을 보게 하심으로 죄악의 심각성을 철저하게 깨닫게 하신다. 이런 과정을 통해 우리의 자아는 점점 힘을 잃게 되고, 우리는 예수님의 구원만을 간절히 열망하게 되는 것이다. 이처럼 다윗의 이야기는 죄악된 성도를 예수님의 보혈로 덮으시는 하나님의 긍휼과 은혜를 보여준다.

# 개 요

## 저자 및 시기

사무엘상 · 하는 본래 하나의 책이었다. 구약 히브리어 성경의 헬라어 번역인 70인역부터 이 책은 두 권으로 나뉘게 되었다. 사무엘서의 저자는 밝혀져 있지 않다. 사무엘이 저자라는 주장이 있으나, 사무엘상에 그의 죽음이 기록되어 있는 것으로 보아(25:1) 그 주장은 설득력이 없다. 이 책의 제목이 '사무엘'인 이유는 사무엘이 이 책의 가장 핵심적인 인물이면서 가장 먼저 나오기 때문이다.

또 사무엘서의 기록시기에 대해서도 다양한 의견이 있는데, 사무엘하는 다윗 이후 솔로몬 시대부터 분열 왕국 초기에 기록되었다고 보는 것이 가장 보편적이다.

## 기록 배경과 목적

첫째, 다윗을 통해 메시아적 왕권의 모델을 보여주기 위함이다. 다윗에게는 사울왕과는 달리 하나님의 백성을 잘 돌보는 지도자의 역할이 맡겨졌다. 이것은 자신의 백성을 위해 생명까지도 아끼지 않으시는 예수님의 모습을 예표한다.

둘째, 범죄한 다윗을 향한 하나님의 용서와 은혜를 보여줌으로 범죄한 이스라엘 백성에게도 소망을 주기 위함이다. 이스라엘 백성의 대표자인 다윗이 범죄한 것은 이스라엘 백성이 범죄한 것과 동일하게 여겨졌다. 그러나 하나님은 다윗의 죄악을 용서하셨을 뿐 아니라 그에게 언약하신 것을 이루어가셨다. 마찬가지로 이스라엘 백성도 하나님을 버리고 우상을 숭배하는 영적 간음을 저질렀지만, 하나님은 그들을 용서하시고 결국에는 언약을 이루셨다.

## 주요 내용

사울이 죽은 뒤 다윗은 유다 족속의 왕이 된다. 사울 왕가와 싸움이 있었지만 유다 족속의 왕이 된 지 7년만에 다윗은 온 이스라엘의 왕으로 세워진다. 하나님은 다윗을 축복하셔서 외교 · 정치 · 군사 등 모든 분야에서 성공하도록 하신다. 그의 가문도 번성한다. 또 다윗과 언약을 맺어 다윗의 후손에서 영원히 다스릴 왕이 나올 것을 약속하신다. 하지만 다윗은 전성기에 간음죄와 살인죄를 저지른다. 회개하여 죄악을 용서받지만 죄의 결과로 압살롬의 반란 같은 어려운 일들을 겪게 된다.

## 단락 구분

다윗을 향한 하나님의 축복(1–10장)

다윗의 정치적 축복(1:1–5:25)

다윗의 영적 축복(6:1–7:29)

다윗의 군사적 축복(8:1–10:19)

다윗의 범죄(11장)

다윗의 간음(11:1–5)

다윗의 살인(11:6–27)

하나님이 다윗을 심판하심(12–20장)

다윗 집안의 재난(12:1–13:36)

다윗 왕국의 재난(13:37–20:26)

다윗의 통치에 대한 평가(21–24장)

다윗에 대한 평가와 다윗의 고백(21:1–23:39)

다윗의 인구 조사(24:1–25)

## 차례

## 2부 | 11-20장 |
# 다윗의 범죄와 하나님의 심판

## 3부 | 21-24장 |
# 다윗의 통치에 대한 평가

1부

# 다윗을 향한 하나님의 축복

| 1-10장 |

# Part 01

| 1:1–5:25 |

# 다윗의 정치적 축복

## 1:1–16
## 사울의 죽음을 전한 아말렉 사람

시글락에 머물고 있던 다윗에게 한 아말렉 사람이 찾아와 사울과 그의 아들 요나단의 죽음을 전한다. 아말렉 사람은 자신의 손으로 사울을 죽였다고 고백하며 다윗에게서 상급을 바란다. 그러나 다윗은 사울과 요나단의 죽음을 슬퍼하며 하나님의 기름부음 받은 사울을 죽인 아말렉 사람을 죽인다.

**1:1** **사울이 죽은 후에 다윗이 아말렉 사람을 쳐죽이고 돌아와 다윗이 시글락에서 이틀을 머물더니**

**사울이 죽은 후** 사무엘상과 사무엘하는 본래 하나의 책이었다. 따라서 사울이 죽었음을 기록하는 본절은 사무엘상 31장을 요약하며 이것과 관계된 새로운 이야기를 시작하는 것이다. 또 사울 왕의 시대는 가고 다윗 왕의 시대가 도래했음을 나타낸다.

**시글락에서 이틀을 머물더니** 사울이 죽었을 그때 다윗은 아말렉과 전쟁 중이었다. 다윗은 아말렉과 싸워 이긴 후에 자신의 본거지인 시글락으로 돌아왔다. 시글락에서 이틀을 머물렀다는 것은 다윗이 사울의 죽음과 아무런 관계가 없음을 암시한다.

**1:2** **사흘째 되는 날에 한 사람이 사울의 진영에서 나왔는데 그의 옷은 찢어졌고 머리에는 흙이 있더라 그가 다윗에게 나아와 땅에 엎드려 절하매**

**옷은 찢어졌고 머리에는 흙이 있더라** 고대 근동 사람들은 죽음이나 패전과 같은 상황에 대한 극도의 슬픔을 표현하기 위해 옷을 찢고 머리에 흙을 뒤집어썼다(창 37:34). 그러나 아말렉 사람은 다윗의 마음을 얻기 위해 거짓으로 슬픔을 표현한 것이다. 아말렉 사람인 그가 이스라엘 왕의 죽음을 슬퍼할 이유는 전혀 없었기 때문이다.

**1:3-5** **3다윗이 그에게 묻되 너는 어디서 왔느냐 하니 대답하되 이스라엘 진영에서 도망하여 왔나이다 하니라 4다윗이 그에게 이르되 일이 어떻게 되었느냐 너는 내게 말하라 그가 대답하되 군사가 전쟁 중에 도망하기도 하였고 무리 가운데에 엎드러져 죽은 자도 많았고 사울과 그의 아들 요나단도 죽었나이다 하는지라 5다윗이 자기에게 알리는 청년에게 묻되 사울과 그의 아들 요나단이 죽은 줄을 네가 어떻게 아느냐**

**네가 어떻게 아느냐** 다윗은 사울과 그의 아들 요나단이 죽었다는 것을 믿을 수가 없었다. 따라서 더 확실한 증거를 요구한 것이다.

**쉬운성경**

1사울이 죽은 후였습니다. 다윗이 아말렉 사람들을 물리쳐 이긴 후에 시글락으로 돌아와 그곳에서 이틀 동안, 머물렀습니다.
2삼 일째 되던 날, 어떤 젊은이가 사울의 진에서부터 시글락으로 왔는데, 젊은이는 옷을 찢고 머리에 흙을 뒤집어써서 슬픔을 나타냈습니다. 젊은이는 다윗 앞에서 얼굴을 땅에 대고 절을 했습니다.
3다윗이 젊은이에게 물었습니다. "어디에서 오는 길이냐?" 젊은이가 대답했습니다. "이스라엘 진에서 빠져나오는 길입니다."
4다윗이 물었습니다. "무슨 일이 일어났느냐? 말해 보아라." 젊은이가 대답했습니다. "사람들은 전쟁터에서 도망쳤고, 많은 사람들이 죽었습니다. 사울과 그의 아들 요나단도 죽었습니다."
5다윗이 젊은이에게 말했습니다. "사울과 그의 아들 요나단이 죽었다는 것을 네가 어떻게 아느냐?"

**1:6–10** [6]그에게 알리는 청년이 이르되 내가 우연히 길보아 산에 올라가 보니 사울이 자
기 창에 기대고 병거와 기병은 그를 급히 따르는데 [7]사울이 뒤로 돌아 나를 보
고 부르시기로 내가 대답하되 내가 여기 있나이다 한즉 [8]내게 이르되 너는 누구냐 하시기로
내가 그에게 대답하되 나는 아말렉 사람이니이다 한즉 [9]또 내게 이르시되 내 목숨이 아직 내
게 완전히 있으므로 내가 고통 중에 있나니 청하건대 너는 내 곁에 서서 나를 죽이라 하시기로
[10]그가 엎드러진 후에는 살 수 없는 줄을 내가 알고 그의 곁에 서서 죽이고 그의 머리에 있는
왕관과 팔에 있는 고리를 벗겨서 내 주께로 가져왔나이다 하니라

아말렉 사람은 사울이 죽었다는 것을 증명하기 위해 세 가지 증거를 제시한다. 첫째, 전쟁의 상황을 자세히 묘사한다. 둘째, 자신이 죽어가는 사울을 직접 죽였다고 고백한다. 셋째, 사울의 왕관과 팔에 있는 고리를 가져와서 확실한 물적 증거를 보인다.

그런데 사울의 죽음에 대한 아말렉 사람의 설명은 사울의 죽음에 대한 사무엘상의 설명과 다르다(31:1–6). 이것은 아말렉 사람이 상급을 받기 위해 지어낸 거짓말임이 분명하다. 왜냐하면 길보아 산에는 블레셋의 병거나 기병이 갈 수 없었기 때문에 활 쏘는 자들이 이스라엘 군대를 추격했다(삼상 31:3). 또 사울은 할례받지 못한 이방인에게 죽임당하는 것이 두려워 자살을 선택했는데, 이방인인 아말렉 사람에게 죽여 달라고 부탁했다는 것은 이치에 맞지 않는다(삼상 31:4).

**쉬운성경**

[6]젊은이가 대답했습니다. "우연히 길보아 산에 올라갔다가 사울이 자기 창 위에 쓰러져 있는 것을 보았습니다. 블레셋 사람들이 전차 여러 대를 타고 사울에게 가까이 오고 있었습니다.
[7]사울은 뒤를 돌아보다가 저를 보고 불렀습니다. 그래서 제가 대답했습니다. '제가 여기에 있습니다!'
[8]사울이 저에게 '너는 누구냐?'라고 물었습니다. 저는 '아말렉 사람입니다'하고 대답했습니다.
[9]그러자 사울이 저에게 '이리 와서 나를 좀 죽여 다오. 고통이 너무 심한데도 내 목숨이 끊어지지 않는구나'라고 말했습니다.
[10]그래서 저는 가까이 가서 사울을 죽였습니다. 사울은 너무나 심하게 다쳐서 살아날 가망이 없었기 때문입니다. 그리고 나서 저는 사울의 머리에서 왕관을 벗겨 내고 팔에서 팔찌를 벗겨 냈습니다. 내 주여, 그것들을 가지고 왔습니다."

**1:11-12** **[11]이에 다윗이 자기 옷을 잡아 찢으매 함께 있는 모든 사람도 그리하고 [12]사울 과 그의 아들 요나단과 여호와의 백성과 이스라엘 족속이 칼에 죽음으로 말미 암아 저녁 때까지 슬퍼하여 울며 금식하니라**

**다윗이 자기 옷을 잡아 찢으매** 다윗은 자신의 가장 강력한 적인 사울이 죽었음에도 전혀 기뻐하지 않고 오히려 강한 슬픔을 표현한다. 이것은 다윗이 사울을 개인적인 감정의 차원에서 대하지 않고 하나님이 세우신 이스라엘의 왕으로 인정하고 있었음을 보여준다. 다윗의 슬픔은 요나단의 죽음과 이스라엘의 패배에 대한 것이었다.

**1:13-14** **[13]다윗이 그 소식을 전한 청년에게 묻되 너는 어디 사람이냐 대답하되 나는 아 말렉 사람 곧 외국인의 아들이니이다 하니 [14]다윗이 그에게 이르되 네가 어찌 하여 손을 들어 여호와의 기름부음 받은 자 죽이기를 두려워하지 아니하였느냐 하고**

**아말렉 사람** 아말렉은 에서의 아들인 엘리바스로부터 시작된 족속으로, 유다 남부의 네게브 광야와 시나이 광야 지대에 정착해서 살고 있었다(창 36:12). 하나님은 아말렉을 영원히 벌하실 것을 약속하셨는데, 그 이유는 아말렉이 출애굽한 이스라엘의 연약한 자들을 공격했기 때문이다(신 25:17-18). 사울 왕은 아말렉을 멸망시키라는 하나님의 명령을 거역하여 왕위를 박탈당한다(삼상 15:23). 반면 다윗은 왕이 되기 전에 아말렉을 멸망시킴으로 하나님의 명령을 충실하게 행하는 왕으로서 준비를 마친다(삼상 30:17).

**쉬운성경**

11 이 말을 듣고 다윗은 자기 옷을 찢어 슬픔을 나타냈습니다. 다윗과 함께 있던 사람들도 모두 다윗처럼 옷을 찢었습니다.

12 그들은 사울과 그의 아들 요나단과 여호와의 백성과 이스라엘 사람들이 칼에 맞아 죽은 것을 생각하고 너무나 슬퍼서 울었습니다. 그리고 저녁 때까지 아무것도 먹지 않았습니다.

13 다윗이 사울에 대한 소식을 가지고 온 젊은이에게 물었습니다. "너는 어디에서 온 누구냐?" 젊은이가 대답했습니다. "저는 외국 사람의 아들입니다. 저는 아말렉 사람입니다."

14 다윗이 그에게 물었습니다. "너는 왜 여호와께서 기름부으신 사람을 죽이는 일을 두려워하지 않았느냐?"

**1:15–16** [15]**다윗이 청년 중 한 사람을 불러 이르되 가까이 가서 그를 죽이라 하매 그가 치**
**매 곧 죽으니라** [16]**다윗이 그에게 이르기를 네 피가 네 머리로 돌아갈지어다 네 입**
**이 네게 대하여 증언하기를 내가 여호와의 기름부음 받은 자를 죽였노라 함이니라 하였더라**

**그를 죽이라** 사울을 죽인 일로 보상을 받을 것이라고 생각했던 아말렉 사람은 오히려 그 일로 죽임을 당한다. 하나님의 기름부음 받은 자를 죽이는 행위는 하나님에 대한 반역 행위이기 때문이다. 다윗은 자신이 사울 왕을 죽였다고 주장하는 아말렉 소년 한 명까지 심판함으로 아말렉에 대한 철저한 심판을 완성한다.

**네 피가 네 머리로 돌아갈지어다** 피를 흘린 사람의 책임이 그 사람 자신에게 있다는 의미다(수 2:19; 왕상 2:37).

## 마음에 새기기

전투가 벌어졌던 길보아 산에서부터 다윗이 있던 시글락까지는 140킬로미터가 넘는 먼 거리였다. 아말렉 사람은 그 먼 거리를 힘들게 달려와 다윗에게 사울의 죽음을 알린다. 그것은 보상에 대한 욕심 때문이었다. 그는 시체들 가운데 값나가는 물건을 훔치기 위해 전쟁이 치열하게 벌어지는 전쟁터에 갔을 것이다. 그런데 거기서 우연히 사울의 죽음을 목격하였고 사울의 왕관과 고리를 얻은 것이다. 그것들만으로도 그는 상당한 재물을 얻을 수 있었을 것이다. 그러나 그는 더 많은 상을 원했기 때문에 다윗이 있는 곳을 찾아 단숨에 달려온 것이다.

사울 왕의 죽음으로 자기 욕심을 채우고자 했던 아말렉 사람의 잔꾀와 노력은 정반대의 결과를 가져왔다. 다윗은 아말렉 사람을 즉각 죽임으로 왕을 죽인 자에 대한 복수와 함께 아말렉에 대한 복수를 완성한다. 욕망에 사로잡힌 아말렉 사람은 하나님이 세우신 왕을 죽이는 것이 하나님에 대한 반역과 같다는 것을 알지 못했다. 또 다윗이 아말렉 사람을 모두 죽여 하나님의 뜻을 이루는 자라는 사실을 알지 못했다.

**쉬운성경**

15 그리고 나서 다윗은 자기 부하 중 한 사람을 불러서 "자! 저 아말렉 사람을 죽여라!" 하고 명령했습니다. 그 부하는 아말렉 사람을 죽였습니다.

16 다윗이 아말렉 사람에게 말했습니다. "너를 죽이는 사람에게는 책임이 없다. 왜냐하면 네 스스로가 '내가 여호와께서 기름부으신 사람을 죽였습니다'라고 말을 했기 때문이다."

이처럼 인간의 욕망은 끝이 없다. 죽음의 위험도 감수하고 먼 거리를 힘들게 달리며 거짓말을 지어내고 옷을 찢어서라도 더 많은 재물을 얻으려는 것이 인간의 욕망이다. 다른 사람을 죽음으로 몰아넣어서라도 자신의 부요함과 영광을 취하는 것이 욕망이다. 그러나 이러한 욕망의 끝은 아말렉 사람에게 돌아온 것과 같은 죽음임을 기억하자.

## 1:17-27
## 사울과 요나단을 추모하는 노래

다윗은 사울과 요나단의 죽음에 대한 슬픔과 안타까움으로 그들을 기리는 조가(弔歌)를 지어 부른다. 조가(弔歌)의 내용은 크게 사울과 요나단의 죽음을 적에게 알리지 말 것과 그들이 얼마나 용맹한 자들이었는지에 대한 것이다.

### 1:17 다윗이 이 슬픈 노래로 사울과 그의 아들 요나단을 조상하고

**슬픈 노래** 다윗은 사울과 요나단의 죽음을 슬퍼하며 그들을 기리는 조가(弔歌)를 지어 불렀다. 이것은 오늘날 고인을 위해 추모시를 짓는 것과 비슷한 관습이다.

### 1:18 명령하여 그것을 유다 족속에게 가르치라 하였으니 곧 활 노래라 야살의 책에 기록되었으되

**활 노래** 당시 베냐민의 자손들은 활을 잘 쏘는 자들로 유명했다(대상 8:40). 요나단 역시 능숙한 활솜씨로 많은 적들을 죽였기 때문에 다윗은 이를 기념하기 위해 이 노래의 제목을 '활'이라 지었다(22절).

**야살의 책** '야살'은 '의로운 자'라는 뜻이다. 이 책은 이스라엘의 주요한 사건이나 영웅들에 대한 서사 기록이었을 것으로 추측되지만 현재는 전해지지 않는다(수 10:13).

**1:19** **이스라엘아 네 영광이 산 위에서 죽임을 당하였도다 오호라 두 용사가 엎드러졌도다**

**네 영광** 이스라엘의 왕인 사울과 그의 아들 요나단을 의미한다. 왕은 그 나라의 영광을 대표하는 인물로서, 영광스러운 왕의 죽음은 나라의 쇠퇴를 의미하는 것이다.

**1:20** **이 일을 가드에도 알리지 말며 아스글론 거리에도 전파하지 말지어다 블레셋 사람들의 딸들이 즐거워할까, 할례받지 못한 자의 딸들이 개가를 부를까 염려로다**

**가드, 아스글론** 블레셋의 대표적인 성읍들이다. 다윗은 사울과 요나단이 죽임을 당한 사실을 이곳에 전하지 말라고 경고한다. 그것은 왕을 잃어버리고 패전하여 슬픔에 잠겨 있는 이스라엘의 일이 블레셋 사람들에게는 기쁨의 이유가 되기 때문이다.

**할례받지 못한 자의 딸들이 개가를 부를까** 전쟁에 승리하고 돌아오는 용사들을 여자들이 노래와 춤으로 맞이하는 것은 고대에 흔히 볼 수 있는 풍경이었다(출 15:20; 삼상 18:6). 다윗은 이스라엘의 패전이 블레셋이 축하할 사건이 되지 않기를 기원한 것이다.

**1:21** **길보아 산들아 너희 위에 이슬과 비가 내리지 아니하며 제물 낼 밭도 없을지어다 거기서 두 용사의 방패가 버린 바 됨이니라 곧 사울의 방패가 기름부음을 받지 아**

**쉬운성경**

17 다윗은 사울과 그의 아들 요나단을 기리는 장례 노래를 불렀습니다.
18 다윗은 유다 백성에게 이 노래를 가르치라고 명령했습니다. 이 노래는 '활'이라고 부르며, 야살의 책에 씌어 있습니다.
19 "이스라엘아, 너의 지도자들이 언덕에서 죽임을 당했구나. 아, 용사들이 싸움터에서 쓰러졌구나.
20 그 일을 가드에서 말하지 마라. 그 일을 아스글론 거리에서 이야기하지 마라. 그 일을 말하면 블레셋의 딸들이 기뻐할 것이다. 할례받지 않은 자들의 딸이 즐거워할 것이다.
21 길보아 산에 이슬이나 비가 내리지 말지어다. 그 들에서 곡식이 나지 말지어다. 거기에서 용사들의 방패가 부끄러움을 당했도다. 사울의 방패는 더 이상 기름칠 할 수 없게 되었구나.

**니함같이 됨이로다**

**이슬과 비가 내리지 아니하며 제물 낼 밭도 없을지어다** 다윗이 길보아 산을 저주한다. 그곳에서 이스라엘의 왕과 용사들이 죽임을 당했기 때문이다. 그래서 다윗은 그곳이 황폐해져 그 슬픔과 처참함을 대대로 증거하는 장소가 되길 바랐다.

**기름부음** 당시 군인들은 방패에 기름을 칠해 적의 화살이나 칼이 미끄러지도록 했다(사 21:5). 그러므로 "사울의 방패가 기름부음을 받지 아니함같이 됨이로다"라는 표현은 더 이상 전쟁에 나갈 수 없게 된 사울의 모습을 은유적으로 나타낸 것이다.

## 1:22-24

**22죽은 자의 피에서, 용사의 기름에서 요나단의 활이 뒤로 물러가지 아니하였으며 사울의 칼이 헛되이 돌아오지 아니하였도다**
**23사울과 요나단이 생전에 사랑스럽고 아름다운 자이러니 죽을 때에도 서로 떠나지 아니하였도다 그들은 독수리보다 빠르고 사자보다 강하였도다**
**24이스라엘 딸들아 사울을 슬퍼하여 울지어다 그가 붉은 옷으로 너희에게 화려하게 입혔고 금 노리개를 너희 옷에 채웠도다**

다윗은 사울과 요나단이 생전에 멋지고 용맹한 용사들이었음을 노래한다. 그들의 용맹함 덕분에 이스라엘은 번영은 누릴 수 있었다. 다윗은 이스라엘의 여인들에게 그들을 위해 울 것을 요청한다.

**사랑스럽고 아름다운 자** 다윗은 사울과 요나단이 생전에 사람들에게 사랑받고 인기가 있었던 때를 추억한다(삼상 11:15 참조). 비록 사울은 다윗을 적으로 여겨 죽이려고 했지만, 다윗은 끝까지 그에 대한 악평을 삼가고 그를 칭송한다.

**쉬운성경**

22요나단의 활은 많은 적을 죽였고, 사울의 칼도 적들을 죽였다. 그들의 무기는 죽은 자들의 피로 물들었고, 그들의 무기는 강한 자들의 살에 박혔다.
23우리는 사울과 요나단을 사랑했다. 그들이 살아 있는 것을 기뻐했다. 사울과 요나단은 죽을 때에도 함께 죽었다. 그들은 독수리보다 빨랐고 사자보다도 강했다.
24너희 이스라엘의 딸들아, 사울을 위해 울어라. 사울은 너희를 붉은 옷으로 입혔고 너희 옷에 황금 장식을 달게 했다.

**붉은 옷, 금 노리개** 당시의 사치품들이다. 사울의 통치 아래서 사회가 안정되고 번영했음을 의미한다.

## 1:25-26

**[25]오호라 두 용사가 전쟁 중에 엎드러졌도다 요나단이 네 산 위에서 죽임을 당하였도다 [26]내 형 요나단이여 내가 그대를 애통함은 그대는 내게 심히 아름다움이라 그대가 나를 사랑함이 기이하여 여인의 사랑보다 더하였도다**

**내 형 요나단이여 내가 그대를 애통함은** '형'은 친형제와 같이 가깝고 친한 관계를 의미한다. 다윗은 요나단의 죽음을 자신의 친 형제를 잃어버린 것처럼 슬퍼한다. 이것은 이들이 서로 마음이 하나가 되었으며, 특별히 요나단은 다윗을 자기의 생명과 같이 사랑했기 때문이다(삼상 18:1, 3; 20:17). 요나단은 자신에게 돌아올 왕권이 다윗에게 넘어가게 되었는데도 여전히 다윗을 사랑하고 축복하며 자기 희생적인 사랑을 베풀었다(삼상 23:16-17). 이런 이유로 다윗은 이들의 우정이 여인의 사랑보다 더하였다고 표현한 것이다(26절).

## 1:27

**오호라 두 용사가 엎드러졌으며 싸우는 무기가 망하였도다 하였더라**

**싸우는 무기** 사울과 요나단을 비유한 것이다. 요나단의 활과 사울의 칼(22절)이 그들의 죽음으로 인해 전쟁에서 더 이상 활약할 수 없음을 의미한다.

**쉬운성경**

25아, 용사들이 싸움터에서 쓰러졌구나. 요나단이 길보아 언덕에서 죽었구나.
26내 형제 요나단이여, 내가 너를 위해 우노라. 너는 나를 너무나 사랑하였지. 네가 나를 사랑함이 놀라웠으니 여자들의 사랑보다도 놀라웠다.
27아, 용사들이 싸움터에서 쓰러졌구나. 전쟁 무기들이 사라져 버렸구나."

마음에 새기기

다윗은 사울 때문에 모든 것을 잃어버렸다. 사울은 다윗이 맺고 있던 모든 관계를 파괴했고 모든 것을 빼앗았을 뿐 아니라 계속해서 다윗을 죽이려고 했다. 그래서 다윗은 두려움에 떨며 광야에서 도망자의 삶을 살았다. 다윗은 사울에게 아무런 해도 끼치지 않았는데, 사울은 다윗을 질투한 나머지 죽이려고 애썼던 것이다. 분명히 사울은 다윗의 원수였다. 그런데 사무엘상·하 어디에서도 다윗이 사울을 저주하거나 비난했다는 내용을 찾아볼 수 없다. 다윗에게는 사울을 죽일 기회도 있었다. 그러나 오히려 사울의 죽음을 알고 나서 자신의 슬픔과 안타까움을 담은 '활'이라는 노래를 지어 그를 추모했다.

다윗은 원수에게 어떻게 이런 반응을 할 수 있었을까? 그것은 다윗이 눈에 보이는 현실 이면에 있는 하나님의 주권과 통치를 믿었기 때문이다. 사울이 미친 것처럼 보여도 그는 여전히 하나님이 기름부어 세우신 왕이었다. 다윗은 또한 자신의 생명이 하나님의 주권 아래 있기에 사울에게 죽임을 당하지 않을 것을 믿었다. 비록 사울 때문에 고난을 당하고 있었지만, 다윗은 악인조차도 하나님의 주권 아래 있다는 사실을 잊지 않았다. 그렇다고 다윗이 마음이 상하지 않았거나 힘들지 않았던 것은 아니다. 다윗은 그 아픔과 원통함을 하나님께 호소했다. 자신의 무죄함과 억울함을 하나님께 고하고 사울을 향해서는 단 한 마디의 비난이나 저주의 말을 내뱉지 않았다. 바로 이것이 하나님의 온전한 통치를 신뢰하는 하나님의 백성된 모습이다. 예수님은 산상수훈에서 다윗과 같은 모습을 이렇게 가르치셨다. "너희 원수를 사랑하며 너희를 박해하는 자를 위하여 기도하라"(마 5:44).

## 2:1–7
## 헤브론에서 왕이 된 다윗

다윗은 유다로 돌아가는 것에 대해 하나님께 기도 드린다. 헤브론으로 가라는 응답을 받은 다윗은 자기와 함께한 추종자들과 그들의 가족을 데리고 그곳으로 간다. 다윗은 헤브론에서 기름부음을 받고 유다의 왕이 된다. 다윗은 사울의 장례를 대신 치른 길르앗 야베스 사람들을 칭찬하며 복을 빌어 주고, 자신이 유다의 새로운 왕이 되었음을 알린다.

**2:1** **그 후에 다윗이 여호와께 여쭈어 아뢰되 내가 유다 한 성읍으로 올라가리이까 여호와께서 이르시되 올라가라 다윗이 아뢰되 어디로 가리이까 이르시되 헤브론으로 갈**

지니라

**그 후에 다윗이 여호와께 여쭈어 아뢰되** 사울과 요나단의 죽음을 추모한 후에 다윗이 가장 먼저 한 일은, 유다로 돌아가는 문제에 대해 하나님의 뜻을 구한 것이다. 이때 다윗은 대제사장 아비아달의 도움을 받아 우림과 둠밈을 사용하여 하나님의 뜻을 분별했을 것이다.

**헤브론** 예루살렘에서 남서쪽으로 약 40킬로미터 거리에 있는 성이다. 헤브론은 유다 족속의 성읍 중 가장 큰 성읍이었기 때문에 천 명이 넘는 다윗의 무리들이 정착하기에 적합했을 것이다. 또 그곳에는 다윗에게 호의적인 장로들이 있었다(삼상 20:26, 31). 그리고 성읍이 산지로 둘러싸여 있어 적의 침입을 방어하기에도 유리했다.

## 2:2 다윗이 그의 두 아내 이스르엘 여인 아히노암과 갈멜 사람 나발의 아내였던 아비가일을 데리고 그리로 올라갈 때에

**아히노암, 아비가일** 다윗의 아내인 아히노암과 아비가일은 둘 다 유다 족속 사람이었기에 다윗이 유다 족속의 왕이 될 때 든든한 후원자가 될 수 있었다. 특히 헤브론은 아비가일이 속한 갈렙 족속의 성읍으로, 다윗에게는 처가로 돌아가는 것과 같은 상황이었다.

## 2:3 또 자기와 함께한 추종자들과 그들의 가족들을 다윗이 다 데리고 올라가서 헤브론 각 성읍에 살게 하니라

**쉬운성경**

1그 후에 다윗이 여호와께 기도드렸습니다. 다윗은 "유다의 한 성으로 올라갈까요?" 하고 여쭈었습니다. 여호와께서 다윗에게 "올라가거라" 하고 말씀하셨습니다. 다윗이 다시 여쭈었습니다. "어디로 갈까요?" 여호와께서 대답하셨습니다. "헤브론으로 가거라."

2그리하여 다윗은 자기 아내 두 명과 함께 헤브론으로 올라갔습니다. 한 아내는 이스르엘의 아히노암이었고, 다른 아내는 갈멜 사람 나발의 과부 아비가일이었습니다.

3다윗은 자기 부하들과 그 식구들을 모두 데리고 가서 헤브론 성에서 살았습니다.

**자기와 함께한 추종자들과 그들의 가족들** 다윗의 추종자들은 6백 명 이상이었다(삼상 27:2). 거기다 그 가족까지 합하면 천 명이 넘었을 것이고, 아말렉과의 싸움에서 전리품으로 얻은 많은 가축도 함께 있었다. 따라서 이 무리들은 헤브론 인근의 작은 성읍에 흩어져 정착했다.

## 2:4

**유다 사람들이 와서 거기서 다윗에게 기름을 부어 유다 족속의 왕으로 삼았더라 어떤 사람이 다윗에게 말하여 이르되 사울을 장사한 사람은 길르앗 야베스 사람들이니이다 하매**

**유다 족속의 왕** 다윗이 처음부터 왕으로서 이스라엘 전체를 다스리지는 않았다. 헤브론에 거주한 초기 7년 동안은 유다 족속만을 다스리는 왕이었지만, 점차 세력을 확장해 나중에는 이스라엘 전체의 왕이 된다.

**길르앗 야베스 사람들** 요단 강 동쪽의 므낫세 반 지파에 속한 사람들로 사울과 요나단의 시체를 거두어 장사지냈다. 이들은 암몬 족속의 침공을 받았을 때 사울의 도움을 받았기에(삼상 11장) 사울을 장사지냄으로 그 은혜를 갚은 것이다.

## 2:5–7

**5다윗이 길르앗 야베스 사람들에게 전령들을 보내 그들에게 이르되 너희가 너희
주 사울에게 이처럼 은혜를 베풀어 그를 장사하였으니 여호와께 복을 받을지어
다 6너희가 이 일을 하였으니 이제 여호와께서 은혜와 진리로 너희에게 베푸시기를 원하고 나
도 이 선한 일을 너희에게 갚으리니 7이제 너희는 손을 강하게 하고 담대히 할지어다 너희 주**

**쉬운성경**

4그때에 유다 사람들이 헤브론으로 왔습니다. 그들은 다윗에게 기름을 부어 유다 왕으로 세웠습니다. 그들은 다윗에게 길르앗의 야베스 사람들이 사울을 묻어 주었다고 이야기했습니다.
5그래서 다윗은 길르앗의 야베스 사람들에게 사자들을 보내어 다윗의 말을 전하게 했습니다. "여호와께서 여러분에게 복 주시기를 바라오. 여러분은 친절하게도 여러분의 주인인 사울을 묻어 주었소.
6이제 여호와께서 여러분에게 은혜와 진리를 베푸시기 바라오. 나도 여러분의 선한 일을 갚아 주겠소.
7강하게 마음먹고, 용기를 내시오. 여러분의 주인인 사울은 죽었소. 유다 백성이 나에게 기름을 부어 자기들의 왕으로 세웠소."

**사울이 죽었고 또 유다 족속이 내게 기름을 부어 그들의 왕으로 삼았음이니라 하니라**

다윗은 길르앗 야베스 사람들에게 전령을 보내 그들이 한 행동을 칭찬하고 복을 빌어주며, 자신이 유다의 왕이 되었음을 알린다. 다윗이 이렇게 한 이유는, 유다 동쪽에 살고 있는 야베스 거민들이 다윗이 사울을 죽이는 일에 가담했을지도 모른다고 생각하지 않도록 하기 위해서다. 또 그들이 사울에게 충성했던 대로 자신에게도 충성하기를 바랐기 때문이기도 하다.

### 마 음 에 새 기 기

다윗의 마음이 하나님의 마음과 합하였다는 가장 중요한 증거는, 그가 하나님의 뜻과 인도하심을 구하는데 있어서 그 누구보다도 적극적이었다는 점이다. 다윗만큼 하나님의 뜻을 알기에 열심이었던 사람은 없다. 제사장의 도움을 받아야 하고 우림과 둠밈을 사용해 하나님의 뜻을 제한적으로 분별해야 하는 상황이었지만 다윗은 개의치 않았다(삼상 30:7-10). 또 하나님의 뜻을 확인하면 그는 상황이 불리하고 사람들의 반대가 있어도 하나님의 뜻을 따라 행동했다(삼상 23:1-13). 이렇게 하나님의 뜻에 민감하게 반응하여 순종하는 태도를 성경은 온유라고 부른다(마 5:5). 예수님은 자신을 온유한 분이라고 말씀하셨다(마 11:29). 예수님의 온유하심은 십자가의 죽음까지도 순종한 데서 절정을 이루었다(눅 22:42).

우리가 하나님의 뜻에 온유하게 반응하지 못하는 데는 여러 가지 이유가 있다. 첫째, 하나님께 묻고 그 응답 듣는 것을 훈련하지 않아서다. 대부분의 사람들은 자신이 결정하고 행동하는 것에 익숙하다. 둘째, 이미 자신이 원하는 것을 결정한 뒤에 하나님께 묻기 때문이다. 이런 경우에는 자신의 뜻을 바꾸는 것이 쉽지 않다. 셋째, 하나님의 뜻을 알더라도 그것을 받아들이고 행동할 수 있는 믿음이 없기 때문이다. 우리는 하나님의 뜻을 따를 때 치러야 할 희생과 어려움을 두려워하기 때문에 선뜻 순종하지 못한다. 그러나 하나님의 뜻을 따른 온유한 다윗과 같은 삶이 바로 예수님을 닮아가는 삶임을 기억해야 할 것이다.

## 2:8–17
# 확장되어 가는 다윗의 영향력

사울의 아들인 이스보셋이 요단 강 동쪽에서 유다 족속의 땅을 제외한 온 이스라엘의 왕이 되어 2년 동안 다스린다. 이스보셋의 군대를 이끄는 아브넬과 다윗의 군대를 이끄는 요압이 기브온에서 전쟁을 한다. 이 전쟁에서 다윗의 군대는 큰 승리를 거둔다.

**2:8–10** **8사울의 군사령관 넬의 아들 아브넬이 이미 사울의 아들 이스보셋을 데리고**
**마하나임으로 건너가 9길르앗과 아술과 이스르엘과 에브라임과 베냐민과 온**
**이스라엘의 왕으로 삼았더라 10사울의 아들 이스보셋이 이스라엘 왕이 될 때에 나이가 사십**
**세이며 두 해 동안 왕위에 있으니라 유다 족속은 다윗을 따르니**

**이스보셋** '수치의 사람'이라는 뜻으로 사울의 아들이다. 이스라엘과 블레셋 사이에 전쟁이 일어났을 때 패할 경우를 대비해 이스보셋은 전투에 참가하지 않은 것으로 보인다. 사울의 사촌이면서 군사령관이었던 아브넬은 이스보셋을 온 이스라엘의 왕으로 삼았다.

**마하나임** 갓 지파에 속한 요단 강 동쪽 지역으로, 아브넬은 블레셋이나 다윗의 영향력이 미치지 않는 곳에 근거지를 마련했다. 길르앗, 아술, 이스르엘, 에브라임, 베냐민 같은 지명들(9절)은 블레셋과 다윗의 영향력 때문에 이스보셋이 차지한 땅이 그리 많지 않았음을 보여준다.

**쉬운성경**

8넬의 아들 아브넬은 사울의 군대 지휘관이었습니다. 아브넬은 사울의 아들 이스보셋을 마하나임으로 데리고 갔습니다.
9아브넬은 그곳에서 이스보셋을 길르앗과 아술과 이스르엘과 에브라임과 베냐민과 온 이스라엘의 왕으로 세웠습니다.
10사울의 아들 이스보셋이 이스라엘 왕이 되었을 때, 그의 나이는 마흔 살이었습니다. 이스보셋이 이 년 동안 나라를 다스렸지만, 유다 백성은 다윗을 따랐습니다.

**2:11** **다윗이 헤브론에서 유다 족속의 왕이 된 날 수는 칠 년 육 개월이더라**

**칠 년 육 개월** 이스보셋이 이스라엘의 왕이 되어 다스린 2년은 다윗이 헤브론에서 왕이 되어 다스린 7년 6개월의 후반기에 해당하는 기간이었다. 다윗은 이스보셋이 죽자 바로 예루살렘으로 옮겨서 온 이스라엘의 왕이 된다.

**2:12** **넬의 아들 아브넬과 사울의 아들 이스보셋의 신복들은 마하나임에서 나와 기브온에 이르고**

**2:13** **스루야의 아들 요압과 다윗의 신복들도 나와 기브온 못가에서 그들을 만나 함께 앉으니 이는 못 이쪽이요 그는 못 저쪽이라**

**요압** 요압은 '여호와가 아버지시다'라는 뜻이다. 그는 다윗의 조카로서 다윗의 군사령관이 되었다. 그는 다윗 왕조를 세우는 데 많은 공을 세웠지만, 또한 다윗의 뜻을 거역하고 자기 마음대로 아브넬, 아마사, 압살롬 등을 죽였다. 다윗은 군사적으로 요압을 의존했지만, 그로 인해 늘 고민하고 괴로워했다.

**기브온 못가** 아브넬이 군사를 이끌고 온다는 소식을 들은 요압은 헤브론에서 북쪽으로 37킬로미터나 떨어진 기브온으로 군사를 이끌고 나간다. 이들 군대는 기브온 못을 사이에 두고 서로 대치했다.

**2:14-16** **14아브넬이 요압에게 이르되 원하건대 청년들에게 일어나서 우리 앞에서 겨
루게 하자 요압이 이르되 일어나게 하자 하매 15그들이 일어나 그 수대로 나**

**쉬운성경**

11다윗은 헤브론에서 칠 년 육 개월 동안 왕으로 있었습니다.
12넬의 아들 아브넬과 사울의 아들 이스보셋의 종들은 마하나임을 떠나서 기브온으로 갔습니다.
13스루야의 아들 요압과 다윗의 부하들도 그곳으로 갔는데, 기브온 연못가에서 아브넬과 이스보셋의 부하들을 만나게 되었습니다. 아브넬의 무리는 연못가에 앉았고, 요압의 무리는 그 맞은편에 앉았습니다.
14아브넬이 요압에게 말했습니다. "젊은이들을 일으켜서 여기에서 겨루어 보자." 요압이 말했습니다. "좋다. 한번 겨루어 보자."

**아가니 베냐민과 사울의 아들 이스보셋의 편에 열두 명이요 다윗의 신복 중에 열두 명이라** 16
**각기 상대방의 머리를 잡고 칼로 상대방의 옆구리를 찌르매 일제히 쓰러진지라 그러므로 그곳**
**을 헬갓 핫수림이라 일컬었으며 기브온에 있더라**

**청년들에게 일어나서 우리 앞에서 겨루게 하자** 기브온 못을 사이에 두고 서로 대치하고 있던 두 군대는 12명의 대표자를 뽑아 대결하자고 제안한다. 12명을 뽑은 이유는 열두 지파를 대표하는 인원을 뽑기 위한 것으로 보인다. 이때 상대방의 머리를 잡고 칼로 상대방의 옆구리를 찌르는 이 대결에 참가한 24명 전부가 죽었다.

**헬갓 핫수림** '적개심의 밭'이라는 뜻으로 두 무리가 적대적으로 싸워 서로 죽인 것을 언급한 것이다.

## 2:17 그날에 싸움이 심히 맹렬하더니 아브넬과 이스라엘 사람들이 다윗의 신복들 앞에서 패하니라

**싸움이 심히 맹렬하더니** 대표자들을 뽑아 대결한 것이 무승부로 끝나자 전면전이 벌어졌다. 여기서 요압이 이끄는 다윗의 신복들이 승리한다.

**쉬운성경**

15그리하여 젊은이들이 자리에서 일어났습니
다. 두 무리는 나가 싸울 사람들의 수를 세었
습니다. 사울의 아들 이스보셋을 위하여 베
냐민 백성 중에서 열두 명이 뽑혔고, 다윗의
부하들 중에서도 열두 명이 뽑혔습니다.
16각 사람은 자기 적의 머리를 잡고 옆구리를
칼로 찔렀습니다. 칼에 찔린 사람들은 한꺼번
에 쓰러졌습니다. 그래서 기브온에 있는 이곳
의 이름을 헬갓핫수림이라고 불렀습니다.
17그날의 힘겨루기는 끔찍한 전쟁이 되어버렸
고, 그 결과 다윗의 부하들이 아브넬과 이스
라엘 사람들을 물리쳐 이겼습니다.

### 마음에 새기기

다윗은 유다 족속의 왕이 되었지만 그가 온 이스라엘의 왕이 될 가능성은 적었다. 다윗은 단 한 개 족속의 왕에 불과했고, 이스보셋은 사울의 공식적인 후계자로 남은 열한 개 족속의 왕으로 세워졌기 때문이다. 또 요압은 다윗을 따르는 신복들로 구성된 군대의 사령관에 불과했지만, 아브넬은 이스라엘의 공식적인 군사령관이었다. 만일 다윗이 이스보셋과 싸워서 억지로 왕이 되려 했다면 많은 희생이 있었을 것이다. 불리한 군사력은 말할 것도 없거니와 정통 사울 왕조를 거스르는 반역자로 인식될 우려가 있었기 때문이다. 또 이런 무모한 전쟁은 백성들에게 많은 피해를 끼쳤을 것이다. 그래서 다윗은 온 이스라엘의 왕이 되기까지 7년 반의 시간을 인내심 있게 기다렸고, 그 기다림 끝에 이스보셋의 세력이 약화되는 기회를 잡게 되었다.

아브넬이 이끄는 군대가 먼저 공격을 시도했지만, 이 싸움은 다윗 군대의 승리로 끝났다. 그리고 이것을 시작으로 이스보셋의 세력은 점점 약화되고, 반대로 다윗은 온 이스라엘의 왕이 될 기반을 마련하게 된다. 다윗은 하나님의 약속을 기다릴 수 있는 사람이었다. 특히 자신의 힘으로 싸워 어떤 것을 성취할 수 있을 것 같은 때도 무리하게 시도하지 않고 기다렸다. 하나님이 약속하셨기에 분명히 이루어질 거라 믿었던 것이다. 이처럼 하나님의 약속이 성취되기를 기다리는 것은 믿음으로만 가능하다. 그리고 하나님은 하나님의 약속을 기다리는 자의 기다림이 헛되지 않게 하신다.

## 2:18–32
## 아사헬의 죽음과 다윗 군대의 승리

요압의 동생 아사헬이 아브넬을 쫓다가 죽임을 당한다. 그럼에도 요압과 아비새는 계속해서 아브넬을 쫓는다. 어느덧 밤이 되어 아브넬이 휴전을 제의하자 요압은 이를 받아들이고 헤브론으로 돌아온다. 요압이 이끄는 다윗 군대는 이 싸움에서 큰 승리를 얻는다.

**2:18** **그곳에 스루야의 세 아들 요압과 아비새와 아사헬이 있었는데 아사헬의 발은 들노루같이 빠르더라**

**아비새** 다윗의 누이인 스루야의 아들로 '선물의 아비'라는 뜻이다. 요압의 형제인 그는 요압과 함께 다윗 왕조를 세우는 데 큰 역할을 담당한다. 압살롬의 반역을 평정했고, 다윗의 목숨을 구하기도 했으며, 혼자서 창으로 3백 명을 무찌르기도 한 용사였다.



**아사헬** 요압의 형제로 '하나님이 만드심'이라는 뜻이다. 다윗의 삼십 용사 가운데 한 명이었고 군사령관이었으나 아브넬에게 죽임을 당했다.

## 2:19-21

**[19]아사헬이 아브넬을 쫓아 달려가되 좌우로 치우치지 않고 아브넬의 뒤를 쫓**
**으니 [20]아브넬이 뒤를 돌아보며 이르되 아사헬아 너냐 대답하되 나로라 [21]아**
**브넬이 그에게 이르되 너는 왼쪽으로나 오른쪽으로나 가서 청년 하나를 붙잡아 그의 군복을 빼앗으라 하되 아사헬이 그렇게 하기를 원하지 아니하고 그의 뒤를 쫓으매**

**아브넬의 뒤를 쫓으니** 아사헬은 아브넬을 죽이면 다윗과 사울 가문의 전쟁이 끝날 것이라고 생각했던 것 같다. 또 이스라엘의 군대 장관인 아브넬을 죽이는 것은 유다의 군인으로서 가장 큰 공을 세우는 일이었다. 아사헬은 들노루같이 빨리 달릴 수 있었고 아브넬을 죽이고자 하는 열의가 매우 강해서 그를 쫓는 것을 멈추지 않았다.

## 2:22

**아브넬이 다시 아사헬에게 이르되 너는 나 쫓기를 그치라 내가 너를 쳐서 땅에 엎드러지게 할 까닭이 무엇이냐 그렇게 하면 내가 어떻게 네 형 요압을 대면하겠**

**쉬운성경**

18스루야의 세 아들인 요압과 아비새와 아사헬이 그 싸움터에 있었습니다. 아사헬의 발은 마치 들의 사슴처럼 빨랐습니다.
19아사헬이 아브넬에게 곧장 나아가서 아브넬을 뒤쫓았습니다.
20아브넬이 뒤를 돌아보며 물었습니다. "네가 아사헬이냐?" 아사헬이 대답했습니다. "그렇다. 내가 아사헬이다."
21아브넬이 아사헬에게 말했습니다. "나를 그만 쫓고, 오른쪽이나 왼쪽으로 방향을 돌려서 다른 젊은 군인을 붙잡고 그의 무기를 빼앗아 가거라." 그러나 아사헬은 그 말을 듣지 않고 계속해서 아브넬을 뒤쫓았습니다.
22아브넬이 아사헬에게 다시 말했습니다. "나를 쫓아오지 마라. 그래도 나를 쫓아온다면 너를 죽일 수밖에 없다. 그렇게 되면 내가 너의 형 요압의 얼굴을 어찌 볼 수 있겠느냐?"

**느냐 하되**

**어떻게 네 형 요압을 대면하겠느냐** 아브넬과 요압은 다윗이 망명 생활을 하기 전부터 친분 관계가 있었다. 그 때문에 아브넬은 요압의 동생인 아사헬과 싸우지 않으려고 그를 말로 설득한다.

## 2:23

**그가 물러가기를 거절하매 아브넬이 창 뒤 끝으로 그의 배를 찌르니 창이 그의 등을 꿰뚫고 나간지라 곧 그곳에 엎드러져 죽으매 아사헬이 엎드러져 죽은 곳에 이르는 자마다 머물러 섰더라**

**창 뒤 끝** 아브넬이 아사헬을 죽일 의도가 없었음은 그가 창 뒤 끝으로 아사헬의 배를 찌른 것에서 드러난다. 그러나 아사헬이 너무 빠르게 달려왔기 때문에 창 뒤로 찔렀음에도 창이 등을 꿰뚫고 나와 결국 죽고 만다.

## 2:24-25

**24 요압과 아비새가 아브넬의 뒤를 쫓아 기브온 거친 땅의 길가 기아 맞은쪽 암마 산에 이를 때에 해가 졌고 25 베냐민 족속은 함께 모여 아브넬을 따라 한 무리를 이루고 작은 산 꼭대기에 섰더라**

요압과 아비새가 계속 아브넬을 뒤쫓았지만 전투를 계속하기에는 상황이 불리했다. 이미 해가 졌고 아브넬은 벌써 작은 산 꼭대기에 올라가 베냐민 족속의 호위를 받고 있었다.

**쉬운성경**

23 아사헬은 계속해서 아브넬을 뒤쫓아 왔습니다. 그러자 아브넬은 창으로 아사헬의 배를 찔렀습니다. 창이 아사헬의 배에 깊이 박혀 창끝이 등을 뚫고 나왔습니다. 아사헬은 그 자리에서 죽었습니다. 아사헬의 시체가 쓰러져 있는 곳에 도착한 사람들은 모두 그 자리에 멈춰 섰습니다.
24 그러나 요압과 아비새는 계속해서 아브넬을 뒤쫓았습니다. 그들이 암마 언덕에 이르렀을 때에 날이 저물었습니다. 암마 언덕은 기아에서 그리 멀리 떨어져 있지 않으며, 기아는 기브온에서 가까운 광야로 가는 길에 있습니다.
25 그때에 베냐민 사람들이 언덕 꼭대기에서 아브넬을 호위하며 함께 서 있었습니다.
26 아브넬이 요압에게 소리질렀습니다. "언제까지 칼로 싸워야 하겠느냐? 이렇게 싸우면 슬픔만이 있을 뿐이라는 것을 너도 알지 않느냐? 사람들에게 우리를 뒤쫓는 일을 그만두게 하여라."

**2:26** **아브넬이 요압에게 외쳐 이르되 칼이 영원히 사람을 상하겠느냐 마침내 참혹한 일이 생길 줄을 알지 못하느냐 네가 언제 무리에게 그의 형제 쫓기를 그치라 명령하겠느냐**

**그치라 명령하겠느냐** 아브넬은 전세가 자신에게 유리하게 돌아가자 즉각 휴전을 제의한다. 자신이 휴전을 제의하지 않으면 요압이 동생 아사헬의 죽음에 대한 원한으로 계속 공격할 것이라고 생각한 것이다.

**2:27-28** **27요압이 이르되 하나님이 살아 계심을 두고 맹세하노니 네가 말하지 아니하**
**였더면 무리가 아침에 각각 다 돌아갔을 것이요 그의 형제를 쫓지 아니하였**
**으리라 하고 28요압이 나팔을 불매 온 무리가 머물러 서고 다시는 이스라엘을 쫓아가지 아니**
**하고 다시는 싸우지도 아니하니라**

**요압이 나팔을 불매** '나팔을 부는 것'은 군사들에게 싸움을 중지하고 퇴각하라는 신호를 보낸 것이다. 요압은 아브넬의 휴전 제의를 듣고 나서야 계속 공격하기에는 어려운 상황임을 이성적으로 판단하게 되었을 것이다.

**2:29** **아브넬과 그의 부하들이 밤새도록 걸어서 아라바를 지나 요단을 건너 비드론 온 땅을 지나 마하나임에 이르니라**

**쉬운성경**

27요압이 말했습니다. "살아 계신 하나님께 맹
세하지만 만약 네가 아무 말도 하지 않았다
면, 사람들이 너희들을 내일 아침까지 뒤쫓
았을 것이다."
28그리고 나서 요압은 나팔을 불었고, 그의 부
하들은 이스라엘 사람들을 뒤쫓는 일을 그만
두었습니다. 요압의 부하들은 이스라엘 사람
들과 더 이상 싸우려 하지 않았습니다.
29아브넬과 그의 부하들은 밤새도록 걸어서 아
라바를 지나 요단 강 골짜기를 건너갔습니
다. 하루 종일 걸은 뒤에 그들은 마침내 마하
나임에 이르렀습니다.
30요압은 아브넬 뒤쫓기를 멈추고 돌아와서 백
성들을 모았습니다. 아사헬을 비롯해서 다윗
의 부하 열아홉 명이 보이지 않았습니다.
31다윗의 부하들은 아브넬을 따랐던 베냐민 사
람 삼백육십 명을 죽였습니다.
32다윗의 부하들은 아사헬의 시체를 거두어 베
들레헴에 있는 그의 아버지의 무덤에 묻어
주었습니다. 그리고 나서 요압과 그의 부하
들은 밤새도록 걸었습니다. 그들이 헤브론에
이르자, 동이 트기 시작했습니다.

**아라바, 비드론** 요단 강 동편의 계곡 지역을 의미한다.

**마하나임** 요단 강 동편의 얍복 강 근처다(창 32:2). 헤브론에 도착하기 전 요압의 군대가 인원 점검을 위해 임시로 모인 장소다.

## 2:30–31

**[30]요압이 아브넬 쫓기를 그치고 돌아와 무리를 다 모으니 다윗의 신복 중에 열아홉 명과 아사헬이 없어졌으나 [31]다윗의 신복들이 베냐민과 아브넬에게 속한 자들을 쳐서 삼백육십 명을 죽였더라**

**열아홉 명, 삼백육십 명** 다윗의 신복은 19명과 아사헬이 죽었지만 아브넬의 신복은 360명이 죽었다. 기브온 못가에서 벌어진 첫 대결에서 죽은 12명(16절)을 제외한다면 다윗의 군대는 8명의 희생으로 348명을 죽이는 큰 승리를 얻은 것이다.

## 2:32

**무리가 아사헬을 들어올려 베들레헴에 있는 그의 조상 묘에 장사하고 요압과 그의 부하들이 밤새도록 걸어서 헤브론에 이른 때에 날이 밝았더라**

### 마음에 새기기

아사헬은 안타까운 죽음을 맞이했다. 그러나 그 원인은 아사헬 자신에게 있었다. 아사헬이 죽은 이유는, 첫째 아브넬과 싸워 이길 수 있다고 자만했기 때문이다. 다른 사람들의 도움을 받을 수 있었음에도 그는 홀로 아브넬을 뒤쫓았다. 둘째, 아사헬은 자신의 달리기 실력을 과신했다. 만약 그가 잘 달리지 못했더라면 다른 사람들과 함께 달려 아무 일도 일어나지 않았을 수도 있다. 아사헬의 장점이 오히려 그를 죽음으로 몰고 간 것이다. 셋째, 그는 오직 눈앞에 보이는 목표에만 몰두했다. 아사헬은 아브넬만 죽이면 전쟁이 끝날 것이라고 생각했기에 열심히 아브넬을 뒤쫓았다. 마지막으로 아사헬은 아브넬의 경고를 듣지 않았다. 그 결과 아까운 목숨을 잃고 만다.

우리도 아사헬처럼 자기 잘못으로 인해 소중한 것들을 잃어버리는 경우가 많다. 다른 사람과 함께하지 못하게 하는 자만심, 자신의 실력에 대한 과신, 눈앞의 목표만을 보는 좁은 시야, 다른 사람들의 말은 듣지 않는 강팍함은 우리가 행하는 잘못의 중요한 원인이다. 인생은 장거리 경주와 같다. 한두 번의 승리나 실패로 모든 것이 결정되지 않는다. 그러므로 자신의 모습을 잘 돌아보아 주어진 기회와 소중한 것들을 놓쳐버리는 안타까운 일이 없어야 할 것이다.

## 3:1–11
# 안정되어 가는 다윗 왕권

3장

다윗의 왕권은 안정되어 간 반면에 사울의 아들인 이스보셋의 왕권은 점점 약해졌다. 또 다윗에게서 많은 아들들이 태어난다. 한편 이스보셋이 아버지 사울의 첩의 일로 자신의 군사령관 아브넬을 비난하자 아브넬은 다윗 편으로 돌아선다.

**3:1** **사울의 집과 다윗의 집 사이에 전쟁이 오래매 다윗은 점점 강하여 가고 사울의 집은 점점 약하여 가니라**

**다윗은 점점 강하여 가고** 이 절은 계속되는 내전이 어떤 결과를 가져왔는지 요약적으로 제시한다. 사울의 집은 점점 약해져 가고 다윗의 집은 점점 강해진 이유는 하나님이 개입하신 결과다. 이처럼 하나님은 자신의 목적대로 역사를 인도하기 위해 인간의 눈에는 보이지 않지만 섭리적으로 개입하신다.

**3:2–5** **2다윗이 헤브론에서 아들들을 낳았으되 맏아들은 암논이라 이스르엘 여인 아히**
**노암의 소생이요 3둘째는 길르압이라 갈멜 사람 나발의 아내였던 아비가일의 소**
**생이요 셋째는 압살롬이라 그술 왕 달매의 딸 마아가의 아들이요 4넷째는 아도니야라 학깃의**

**쉬운성경**

1사울의 집안을 따르는 백성과 다윗의 집안을 따르는 백성 사이에 오랫동안 싸움이 있었습니다. 다윗 집안을 따르는 사람들은 점점 강해졌고, 반대로 사울 집안을 따르는 사람들은 점점 약해졌습니다.
2헤브론에서 다윗의 아들들이 태어났습니다. 첫 번째 아들은 암논이었습니다. 암논의 어머니는 이스르엘 사람 아히노암이었습니다.
3두 번째 아들은 길르압이었으며, 길르압의 어머니는 갈멜 사람 나발의 과부 아비가일이었습니다. 세 번째 아들은 압살롬이었고, 압살롬의 어머니는 그술 왕 달매의 딸 마아가였습니다.
4네 번째 아들은 아도니야였습니다. 아도니야의 어머니는 학깃이었습니다. 다섯 번째 아들은 스바댜였으며, 스바댜의 어머니는 아비달이었습니다.
5여섯 번째 아들은 이드르암이었고, 이드르암의 어머니는 에글라였습니다. 이들은 헤브론에서 태어난 다윗의 아들들입니다.

**아들이요 다섯째는 스바댜라 아비달의 아들이요 5여섯째는 이드르암이라 다윗의 아내 에글라
의 소생이니 이들은 다윗이 헤브론에서 낳은 자들이더라**

이곳에는 다윗의 여섯 아내와 그 자녀들이 소개된다. 이것은 다윗의 왕권이 안정되어 감을 보여주기 위한 것이다. 이는 다음에 소개되는 이스보셋이 자신의 군사령관 아브넬과 갈등을 겪고 있는 것과 반대되는 모습이다. 또 다윗은 정략결혼을 통해 자신의 왕권을 강화시키려고 했다. 다윗은 이스라엘 북쪽에 위치한 그술 왕 달매의 딸 마아가와 정략결혼하여 이스보셋을 압박하려 했다. 그러나 다윗이 많은 아내를 얻은 것은 하나님의 율법을 어긴 것이었다(신 17:17). 이후에 이것은 다윗 가정에 일어난 많은 문제의 원인이 된다.

**암논** 다윗의 맏아들로 후에 이복형제인 압살롬의 누이 다말을 강간한다. 그 일로 압살롬에게 죽임을 당한다.

**길르압** 나발의 아내였던 아비가일에게서 태어난 아들로 다니엘로도 언급된다(대상 3:1). 그런데 암논과 압살롬이 죽은 후에 넷째 아들이었던 아도니야가 맏아들 노릇을 하려고 한다. 이 사실로 미루어 볼 때 길르압은 일찍 죽었거나 나발의 족보에 속해서 다윗 왕권의 후계자가 되지 못한 것으로 보인다.

**압살롬** 아버지 다윗을 반역하여 왕이 되지만 전쟁 중에 요압에게 죽임을 당한다.

**마아가** 다윗이 결혼한 그술 왕 달매의 딸로 이스보셋의 근거지인 마하나임 북쪽에 위치한 작은 나라 출신이었다. 다윗은 마아가와 결혼함으로 그술 왕을 통해 이스보셋을 정치적으로 압박하고자 했다. 마아가는 압살롬을 낳았다.

**아도니야** 넷째 아들이었지만 솔로몬과 왕위 쟁탈전을 벌이다 죽임을 당한다.

**스바댜** 스바댜와 그의 어머니 아비달에 대해서는 성경에 특별히 언급되어 있지 않다.

**쉬운성경**

6아브넬은 사울을 따르는 사람들 사이에서도 중요한 지도자가 되었습니다. 그때에 사울 집안의 지지자들과 다윗 집안의 지지자들 사이에 전쟁이 일어났습니다.
7사울에게는 리스바라고 하는 후궁이 있었는데, 리스바는 아야의 딸이었습니다. 이스보셋이 아브넬에게 말했습니다. "당신은 왜 내 아버지의 후궁과 잠자리를 같이했소?"

**이드르암** 헤브론에서 태어난 다윗의 여섯째 아들로 특별한 행적은 알려지지 않았다.



## 3:6 사울의 집과 다윗의 집 사이에 전쟁이 있는 동안에 아브넬이 사울의 집에서 점점 권세를 잡으니라

**아브넬이 사울의 집에서 점점 권세를 잡으니라** 아브넬은 사울의 집에서 가장 강력한 영향력을 미치는 사람이 된다. 사울의 집과 다윗의 집 사이에 전쟁이 계속되는 상황이었기 때문에 강력한 군사적 영향력을 지닌 아브넬이 점차 힘을 갖게 된 것은 이상한 일이 아니다.

## 3:7 사울에게 첩이 있었으니 이름은 리스바요 아야의 딸이더라 이스보셋이 아브넬에게 이르되 네가 어찌하여 내 아버지의 첩과 통간하였느냐 하니

**네가 어찌하여 내 아버지의 첩과 통간하였느냐** 아브넬에 대한 이스보셋의 비난이 사실에 근거한 것인지는 알 수 없다. 고대에는 이전 왕의 아내나 첩을 후계자의 소유로 여겼다(삼하 16:22). 따라서 아브넬이 사울의 첩과 통간했다는 소문은 아브넬이 사울 왕의 후계자로 자처했다는 주장과 같은 것이다. 그러나 이 소문은 점점 강해지는 아브넬의 권력을 질투한 사람들이 퍼뜨렸을 가능성이 크다. 이 소문을 사실로 믿은 이스보셋 또한 아브넬의 커지는 권력을 염려했을 것이다.

**쉬운성경**

8아브넬은 이스보셋의 말을 듣고 매우 화가 났
습니다. 아브넬이 말했습니다. "나는 사울과
그의 집안과 그 친구들에게 충성을 바쳐왔소.
나는 당신을 다윗에게 넘겨 주지 않았소. 나
는 유다를 위해 일하는 배신자가 아니오. 그
런데 당신은 내가 이 여자와 나쁜 일을 저질
렀다고 말하고 있소.
9이제부터 내가 다윗을 돕지 않는다면, 하나님
께서 나에게 끔찍한 벌을 내리실 것이오. 나
는 이제 하나님께서 다윗에게 약속하신 일을
반드시 이루도록 할 것이오.
10나는 사울의 집안에서 나라를 빼앗을 것이
오. 나는 다윗을 이스라엘과 유다의 왕으로
세울 것이오. 다윗이 단에서 브엘세바까지
다스릴 것이오."
11이스보셋은 아브넬에게 아무 말도 할 수 없
었습니다. 이스보셋은 아브넬을 너무나 무서
워했습니다.

## 3:8-10

**8아브넬이 이스보셋의 말을 매우 분하게 여겨 이르되 내가 유다의 개 머리냐**
**내가 오늘 당신의 아버지 사울의 집과 그의 형제와 그의 친구에게 은혜를 베**
**풀어 당신을 다윗의 손에 내주지 아니하였거늘 당신이 오늘 이 여인에게 관한 허물을 내게 돌**
**리는도다 9여호와께서 다윗에게 맹세하신 대로 내가 이루게 하지 아니하면 하나님이 아브넬**
**에게 벌 위에 벌을 내리심이 마땅하니라 10그 맹세는 곧 이 나라를 사울의 집에서 다윗에게 옮**
**겨서 그의 왕위를 단에서 브엘세바까지 이스라엘과 유다에 세우리라 하신 것이니라 하매**

**매우 분하게 여겨** 아브넬은 이스보셋의 비난을 매우 분하게 여기며 화를 낸다. 이 일로 아브넬이 이스보셋을 배반한 것을 볼 때, 그는 실제로 사울의 첩과 통간하지 않은 것으로 보인다. 아브넬은 화가 난 나머지 자신의 적인 다윗 편에 서서 그를 돕겠다고 하나님 앞에 맹세한다. 다윗은 아무 노력 없이 적들의 내분으로 이스라엘의 왕이 되는 기회를 얻게 된다.

**단에서 브엘세바까지** 이스라엘 전체를 의미하는 관용적인 표현이다.

## 3:11

**이스보셋이 아브넬을 두려워하여 감히 한 마디도 대답하지 못하니라**

**감히 한 마디도 대답하지 못하니라** 본절을 통해 이스보셋이 명분상으로만 왕이었음을 알 수 있다. 아브넬이 왕 앞에서 반역 선언을 했는데도 오히려 두려워 아무 말도 할 수 없었던 이스보셋의 운명은 이미 결정된 것이나 다름없었다.

### 마음에 새기기

사무엘하 3장은 다윗이 왕이 되기까지의 복잡한 관계들을 묘사한다. 무력한 이스보셋 왕, 왕을 조종하고 나라를 뒤흔드는 아브넬, 왕인 다윗도 통제할 수 없는 군사령관 요압, 남의 아내가 되어 버린 다윗의 아내 미갈 등. 다윗도 나름대로 미갈을 되찾아 사울 왕조의 적법한 후계자라는 인정을 받고자 애쓴다. 그러나 다윗이 결정적으로 이스라엘 전체의 왕으로 추대받게 된 것은 이스보셋과 아브넬의 갈등 때문이었다. 이들의 갈등으로 아브넬이 자신의 왕을 배반하고 다윗을 지지함으로 문제가 해결된 것이다. 다윗이 왕이 되는 것은 하나님의 계획 아래 있었기 때문에, 모든 상황은 이 목적을 위해 인도된 것이다.

이처럼 역사는 하나님의 계획과 목적에 따라 이끌려가게 되어 있다. 하나님은 인간관계의 갈

등, 속임수, 배반, 폭력 같은 죄악과 문제들 가운데서도 자신의 뜻을 신실하게 이루어 가신다. 성도의 모든 인생과 결과는 하나님의 계획 아래 있다. 이런 사실을 믿는 사람은 어떤 복잡한 상황과 관계 속에서도 낙담하거나 조급해하지 않을 수 있다. 또 인간적인 꾀나 세상적인 방법에 호소하지 않을 수 있다. 우리가 할 수 있는 것이 아무것도 없을 때 가만히 있으면서 하나님의 구원을 기다리는 것이 믿음의 반응이다(출 14:13-14).



## 3:12-21
## 아브넬의 도움으로 큰 유익을 얻은 다윗

다윗 편에 서기로 결심한 아브넬은 다윗에게 사람을 보내 화해의 언약을 제안한다. 다윗은 이를 받아들이고 첫째 부인이었던 미갈을 되찾아 자신이 사울의 적법한 후계자임을 보이고자 한다. 한편 아브넬은 이스라엘 장로들과 베냐민 사람들을 설득해 다윗을 왕으로 섬기기로 한 뒤 다윗을 만난다.

**3:12** **아브넬이 자기를 대신하여 전령들을 다윗에게 보내어 이르되 이 땅이 누구의 것이니이까 또 이르되 당신은 나와 더불어 언약을 맺사이다 내 손이 당신을 도와 온 이스라엘이 당신에게 돌아가게 하리이다 하니**

**이 땅이 누구의 것이니이까** 이것은 이중적인 의미의 질문이다. 표면적으로는 '이 땅이 다윗, 당신의 것이니 내가 되찾도록 돕겠습니다'라는 의미다. 그러나 그 이면에는 '이 땅을 실제로 장악하고 있는 자는 나 아브넬이니 내 도움이 없이는 땅을 전부 얻는 것이 불가능합니다'라는 숨겨진 뜻이 존재한다. 아브넬은 다윗에게 적절한 보상과 보호를 얻어내기 위해 제안한 것이다.

**나와 더불어 언약을 맺사이다** 다윗의 가장 강력한 적인 아브넬이 다윗에게 화해의 언약을 맺자고 제의한다. 이것은 다윗에게 매우 놀라운 일이었을 것이다. 더 이상의 싸움 없이 온 이스라엘의 왕이 되는 길이 열린 것이기 때문이다.

## 3:13 다윗이 이르되 좋다 내가 너와 언약을 맺거니와 내가 네게 한 가지 일을 요구하노니 나를 보러올 때에 우선 사울의 딸 미갈을 데리고 오라 그리하지 아니하면 내 얼굴을 보지 못하리라 하고

**미갈을 데리고 오라** 다윗은 정치적인 이유로 미갈을 되찾으려고 한다. 사울의 딸 미갈을 되찾음으로 다윗은 사울 왕조의 적법한 후계자로서 지위를 지닐 수 있었기 때문이다.

## 3:14–15

**[14]다윗이 사울의 아들 이스보셋에게 전령들을 보내 이르되 내 처 미갈을 내게로 돌리라 그는 내가 전에 블레셋 사람의 포피 백 개로 나와 정혼한 자니라 하니 [15]이스보셋이 사람을 보내 그의 남편 라이스의 아들 발디엘에게서 그를 빼앗아 오매**

다윗은 아브넬과 몰래 조약을 맺은 후 이스보셋에게는 공식적으로 전령들을 보내 미갈을 돌려달라고 요청한다. 이스보셋이 누이 미갈을 적인 다윗에게 순순히 보낸 이유는 아브넬의 압력 때문이었을 것이다. 미갈은 다윗과 헤어진 후에 다시 결혼한 상태였지만 다윗과 이혼한 것은 아니었기 때문에 다윗에게는 미갈을 되찾을 권리가 있었다.

## 3:16 그의 남편이 그와 함께 오되 울며 바후림까지 따라왔더니 아브넬이 그에게 돌아가라 하매 돌아가니라

**쉬운성경**

12그 후에 아브넬이 다윗에게 사람들을 보냈습니다. 아브넬이 말했습니다. "이 땅을 장차 누가 다스리게 되겠습니까? 나와 언약을 맺읍시다. 그러면 당신이 온 이스라엘의 왕이 되도록 도와 드리겠습니다."
13다윗이 대답했습니다. "좋소! 당신과 언약을 맺겠소. 그러나 한 가지 부탁할 일이 있소. 당신이 사울의 딸 미갈을 나에게 데리고 오기 전에는 당신을 만나지 않겠소."
14그 후에 다윗은 사울의 아들 이스보셋에게 사람들을 보냈습니다. 다윗이 말했습니다. "내 아내 미갈을 돌려주시오. 그 여자는 나에게 약속된 사람이오. 나는 그 여자와 결혼하기 위해 블레셋 사람 백 명을 죽였소."
15그래서 이스보셋은 사람들을 보내어 미갈을 그의 남편에게서 빼앗아 오게 했습니다. 미갈의 남편은 라이스의 아들 발디엘이었습니다.

**울며 바후림까지 따라왔더니** 당시는 미갈이 발디엘의 아내가 된 지 10여 년의 시간이 지난 후였다. 그래서 그 사이 미갈에게 정든 발디엘이 울면서 그녀를 따라온 것이다. 과거에 발디엘은 미갈이 다윗의 아내라는 사실을 알면서도 그녀를 자기 아내로 삼았다(삼상 25:44). 발디엘은 다윗이 과거에 느꼈을 똑같은 슬픔과 고통을 당함으로 자신이 뿌린 씨앗의 열매를 스스로 거둔 것이다(잠 22:8).

## 3:17 **아브넬이 이스라엘 장로들에게 말하여 이르되 너희가 여러 번 다윗을 너희의 임금으로 세우기를 구하였으니**

**이스라엘 장로들에게 말하여** 아브넬은 이스라엘 장로들을 모으고 다윗을 임금으로 세우도록 여론을 형성한다.

**너희가 여러 번 다윗을 너희의 임금으로 세우기를 구하였으니** '여러 번'의 원어는 '어제도 삼일 후에도'로서 '계속해서 자주'라는 의미다. 이스라엘 장로들은 사울의 악행을 오랫동안 목격했다. 또 사울이 블레셋과의 기브온 전투에서 패배한 뒤에는 골리앗으로부터 자신들을 구원했던 다윗을 사모하는 마음이 생겼을 것이다. 그래서 다윗을 왕으로 세울 것을 자주 요청했다.

## 3:18 **이제 그대로 하라 여호와께서 이미 다윗에 대하여 말씀하시기를 내가 내 종 다윗의 손으로 내 백성 이스라엘을 구원하여 블레셋 사람의 손과 모든 대적의 손에서 벗어나게 하리라 하셨음이니라 하고**

**여호와께서 이미 다윗에 대하여 말씀하시기를** 아브넬은 다윗이 왕이 될 것에 대해

**쉬운성경**

16미갈의 남편은 울면서 바후림까지 자기 아내 뒤를 좇아왔습니다. 그러나 아브넬이 발디엘에게 "집으로 돌아가거라" 하고 말하자, 발디엘은 집으로 돌아갔습니다.
17아브넬이 이스라엘의 장로들에게 말을 전했습니다. "여러분은 다윗을 여러분의 왕으로 세우기를 원하고 있었습니다.
18자, 이제 그 일을 하십시오! 여호와께서 다윗에 관해 이렇게 말씀하셨습니다. '나는 나의 종 다윗의 손을 통해 내 백성 이스라엘을 이스라엘의 원수 블레셋 사람들로부터 구원하겠다!'"

하나님의 말씀을 인용한다. 그런데 이것은 성경에 기록된 것이 아니다. 아마 그 당시 민간에 퍼져 있던 예언이었을 가능성이 크다. 이전까지 다윗을 대적해 오던 아브넬이 지금은 다윗 왕권의 옹호자로 급격하게 자신의 입장을 바꾼다. 아브넬의 기회주의적인 모습을 볼 수 있다.

## 3:19 **아브넬이 또 베냐민 사람의 귀에 말하고 아브넬이 이스라엘과 베냐민의 온 집이 선하게 여기는 모든 것을 다윗의 귀에 말하려고 헤브론으로 가니라**

**베냐민 사람** 사울이 속해 있던 베냐민 지파는 다윗에게 가장 적대적이었다. 그들은 사울이 왕이었을 당시 많은 정치적 권력과 이권을 누렸다. 그래서 다윗이 왕이 되면 자신들의 권세와 이익을 빼앗길 거라는 우려가 있었다. 그러나 베냐민 지파의 가장 강력한 권세를 가진 아브넬은 그들마저도 설득한다.

## 3:20-21 **[20]아브넬이 부하 이십 명과 더불어 헤브론에 이르러 다윗에게 나아가니 다윗**
**이 아브넬과 그와 함께한 사람을 위하여 잔치를 배설하였더라 [21]아브넬이 다**
**윗에게 말하되 내가 일어나 가서 온 이스라엘 무리를 내 주 왕의 앞에 모아 더불어 언약을 맺게 하고 마음에 원하시는 대로 모든 것을 다스리시게 하리이다 하니 이에 다윗이 아브넬을 보내매 그가 평안히 가니라**

**내 주 왕** 아브넬은 다윗을 내 주 왕으로 부르며 충성을 맹세한다. 이러한 아브넬의 변심은 다윗에게 놀라운 유익을 가져오는 사건이었다. 아브넬의 이런 적극적

**쉬운성경**

[19]아브넬은 또 이 말을 베냐민 백성에게도 했습니다. 그리고 나서 아브넬은 헤브론으로 가서, 베냐민 사람들과 이스라엘 사람들의 생각을 다윗에게 말해 주었습니다.
[20]아브넬은 부하 이십 명을 데리고 헤브론에 있던 다윗에게 갔습니다. 다윗은 헤브론에서 아브넬을 위해 잔치를 베풀어 주었습니다.
[21]그때에 아브넬이 다윗에게 말했습니다. "나의 주, 나의 왕이시여, 이제 가서 모든 이스라엘 사람을 당신에게 데리고 오겠습니다. 그러면 그들은 당신과 언약을 맺을 것입니다. 당신은 당신 뜻대로 온 이스라엘을 다스리게 될 것입니다." 그리하여 다윗은 아브넬을 보내 주었고, 아브넬은 평안히 길을 떠났습니다.

인 협조가 없었다면 다윗이 온 이스라엘의 왕이 되는데 얼마나 더 많은 희생과 시간이 필요할지 알 수 없는 상황이었다. 이것은 다윗의 적을 통해서 다윗이 온 이스라엘의 왕이 될 수 있도록 하나님이 역사하셨음을 보여준다.



### 마 음 에 새 기 기

다윗이 미갈을 되찾아 오려고 한 것은 왕권을 합법적으로 되찾기 위함이었다. 그런데 이런 다윗의 인간적 노력은 실제로 그가 왕이 되는데 아무런 영향을 미치지 못했다. 하나님은 다윗이 예측하지 못한 방법으로 그가 왕이 될 수 있도록 행하셨다. 바로 다윗의 적이었던 아브넬과 이스보셋의 사이가 멀어지면서 아브넬이 다윗의 편으로 돌아선 것이다. 아브넬의 역할은 실로 지대한 것이었다. 다윗을 가장 반대했던 베냐민 지파까지도 설득하여 다윗을 왕으로 받아들이도록 모든 준비를 마쳤기 때문이다.

하나님은 이처럼 인간이 예측할 수 없는 방법으로 그분의 약속을 이루어가신다. 하나님의 약속의 성취가 인간의 노력이나 능력에 달린 것이 아니기에 하나님의 약속은 신뢰할 수 있다. 또 하나님은 하나님의 방법으로 약속을 이루신다. 아브라함 또한 모든 인간적인 소망을 포기하게 되었을 때 이삭을 낳음으로 하나님이 직접 약속을 이루셨음을 고백했다. 하나님은 성도들에게 인간의 능력이나 상황으로는 도저히 이루어질 수 없는 약속을 주셨다. 그 가운데 가장 불가능한 것처럼 보이는 것이 우리가 그리스도와 같은 모습으로 변화될 것이라는 약속이다(롬 8:29; 엡 4:13). 그러나 하나님은 불가능한 상황 속에서 다윗을 왕으로 세우신 것처럼 우리 또한 왕이신 예수님의 완전한 다스림을 받는 자들이 되게 하실 것이다.

## 3:22-30
## 요압에게 죽임당한 아브넬

전쟁터에서 돌아온 요압은 아브넬이 다윗과 화해의 언약을 맺고 평안히 갔다는 사실을 알게 된다. 이에 요압은 다윗 몰래 아브넬을 헤브론으로 불러와 죽인다. 이는 동생 아사헬의 죽음에 대한 원수를 갚고 자신의 지위를 유지하기 위함이었다. 이후에 이 소식을 들은 다윗은 요압의 악한 행위를 저주한다.

**3:22** **다윗의 신복들과 요압이 적군을 치고 크게 노략한 물건을 가지고 돌아오니 아브넬은 이미 보냄을 받아 평안히 갔고 다윗과 함께 헤브론에 있지 아니한 때라**

**크게 노략한 물건을 가지고 돌아오니** 당시는 아직 왕권이 체계적으로 성립되지 않은 시기였기 때문에 왕이 군대와 권력을 유지하기 위해 주변의 적들을 공격해 전리품을 빼앗는 것이 일반적이었다(삼상 27:8–9 참고). 다윗의 군대도 아마 주변의 적들인 블레셋, 아말렉, 미디안, 암몬 족속들과 전쟁을 벌였을 것이다.

**3:23–25** **[23]요압 및 요압과 함께한 모든 군사가 돌아오매 어떤 사람이 요압에게 말하여 이르되 넬의 아들 아브넬이 왕에게 왔더니 왕이 보내매 그가 평안히 갔나이다 하니 [24]요압이 왕에게 나아가 이르되 어찌 하심이니이까 아브넬이 왕에게 나아왔거늘 어찌하여 그를 보내 잘 가게 하셨나이까 [25]왕도 아시려니와 넬의 아들 아브넬이 온 것은 왕을 속임이라 그가 왕이 출입하는 것을 알고 왕이 하시는 모든 것을 알려 함이니이다 하고**

**아브넬이 왕에게 나아왔거늘 어찌하여 그를 보내 잘 가게 하셨나이까** 아브넬이 다윗과 언약을 맺은 뒤에 평안히 갔다는 사실을 알게 된 요압이 불평한 것은 당연한 것이었다. 아브넬은 요압의 군사령관 자리를 위협할 수 있는 인물이었다. 더구나 그의 동생 아사헬을 죽인 장본인이었다. 게다가 요압이 없는 틈을 타서 다윗과 아브넬이 조약을 맺은 것은 나라의 중요한 일에 요압을 배제시킨 것이었다. 그래서

**쉬운성경**

22바로 그때에 요압과 다윗의 부하들이 전쟁터에서 돌아왔습니다. 그들은 적에게서 소중한 것들을 많이 빼앗아 가지고 왔습니다. 다윗은 이미 아브넬을 평안히 돌려보낸 후였고, 아브넬은 다윗과 함께 헤브론에 있지 않았습니다.

23요압과 그의 모든 군대가 헤브론에 이르렀습니다. 요압의 군대가 요압에게 말했습니다. "넬의 아들 아브넬이 다윗 왕에게 왔었습니다. 그런데 다윗 왕은 아브넬을 평안히 돌아가게 했습니다."

24요압이 다윗 왕에게 가서 물었습니다. "왜 이런 일을 하셨습니까? 아브넬이 왕에게 왔는데, 왕께서는 왜 그를 돌려보냈습니까?

25왕께서도 넬의 아들 아브넬을 아시지 않습니까? 그는 왕을 속이러 왔습니다. 그는 왕께서 하시는 모든 일을 엿보러 왔습니다."

26그리고 나서 요압은 다윗을 떠나 아브넬에게 사람들을 보냈습니다. 사람들은 시라 연못에서 아브넬을 다시 데리고 왔습니다. 그러나 다윗은 이 일을 모르고 있었습니다.

요압은 아브넬을 모함하고 다윗을 비난한다.

## 3:26 이에 요압이 다윗에게서 나와 전령들을 보내 아브넬을 쫓아가게 하였더니 시라 우물가에서 그를 데리고 돌아왔으나 다윗은 알지 못하였더라



**전령들을 보내** 요압은 다윗 몰래 전령들을 보내 마치 다윗이 아브넬을 다시 부른 것처럼 거짓말을 한다. 그래서 아브넬을 헤브론으로 오게 한다.

**시라 우물가** 헤브론에서 북쪽으로 약 4킬로미터 떨어진 지점에 있었던 연못이다. 아브넬이 다윗을 떠난 지 얼마 되지 않았음을 보여준다.

## 3:27 아브넬이 헤브론으로 돌아오매 요압이 더불어 조용히 말하려는 듯이 그를 데리고 성문 안으로 들어가 거기서 배를 찔러 죽이니 이는 자기의 동생 아사헬의 피로 말미암음이더라

**헤브론** 실수로 사람을 죽인 사람들이 피신할 수 있었던 도피성 중 하나였다(수 20:7, 9). 아브넬이 아사헬을 죽인 것은 고의적인 것이 아니었다. 그러나 요압이 헤브론에서 원수를 갚기 위해 아브넬은 죽인 것은 하나님의 율법을 어긴 악한 일이었다.

**쉬운성경**

27 아브넬이 헤브론에 이르렀을 때, 요압은 아브넬을 성문으로 데리고 갔습니다. 요압은 마치 아브넬과 조용히 할 이야기가 있는 것처럼 행동하다가 칼로 아브넬의 배를 찔러 죽였습니다. 아브넬이 요압의 동생 아사헬을 죽인 일이 있었기 때문에, 요압은 원수를 갚기 위해 아브넬을 죽인 것입니다.
28 그 후에 다윗이 이 소식을 들었습니다. 다윗이 말했습니다. "내 나라와 나는 여호와 앞에서 영원히 죄가 없다. 우리는 넬의 아들 아브넬을 죽이지 않았다. 여호와께서 이 일을 알고 계신다.
29 이 일은 요압과 그의 집안에게 책임이 돌아갈 것이다. 그 집안에 성병 환자나 문둥병 환자, 그리고 다리 저는 사람이 끊이지 않을 것이다. 그의 집안 중에 전쟁에서 죽는 사람과 먹을 것이 없어 굶주리는 사람도 끊임없이 나올 것이다."
30 요압과 그의 동생 아비새가 아브넬을 죽인 것은 아브넬이 기브온 전쟁터에서 자기들의 동생 아사헬을 죽였기 때문이었습니다.

**3:28–29** [28]그 후에 다윗이 듣고 이르되 넬의 아들 아브넬의 피에 대하여 나와 내 나라는 여호와 앞에 영원히 무죄하니 [29]그 죄가 요압의 머리와 그의 아버지의 온 집으로 돌아갈지어다 또 요압의 집에서 백탁병자나 나병 환자나 지팡이를 의지하는 자나 칼에 죽는 자나 양식이 떨어진 자가 끊어지지 아니할지로다 하니라

**나와 내 나라는 여호와 앞에 영원히 무죄하니** 아브넬이 살해당했다는 소식을 들은 다윗은 크게 놀랐을 것이다. 평화 조약을 맺으러 온 전령이 죽었다는 것은 다윗과 사울 가문의 싸움이 계속될 것임을 의미했다. 또 아브넬의 죽음으로 다윗이 온 이스라엘의 왕이 되는 데 갑작스러운 어려움이 생긴 것이다. 그래서 다윗은 하나님 앞에서 자신의 무죄함을 선포한다. 그리고 요압이 하나님의 율법을 어기고 개인적으로 아브넬을 죽였기 때문에 요압과 그의 집에 모든 율법의 저주들이 임할 것임을 선포한다.

**3:30** 요압과 그의 동생 아비새가 아브넬을 죽인 것은 그가 기브온 전쟁에서 자기 동생 아사헬을 죽인 까닭이었더라

**아브넬을 죽인 것은** 요압과 아비새가 아브넬을 죽인 이유를 다시 한번 강조하는 것은 아브넬을 죽인 사건과 다윗이 무관함을 확실히 하기 위해서다.

### 마음에 새기기

다윗이 온 이스라엘의 왕이 되는 일은 이제 시간문제인 것처럼 보였다. 그런데 갑자기 아브넬이 요압에게 죽임을 당함으로 평화 조약이 물거품이 될 상황에 처했다. 요압의 개인적인 복수와 야망 때문에 다윗의 왕권이 세워지는 데 큰 위협이 가해진 것이다. 그러나 다윗은 큰 잘못을 저지른 요압에게 개인적인 분풀이를 하거나 싸우지 않았다. 단지 하나님의 벌이 그에게 내릴 것을 기도하고 선포했다. 그것은 요압의 행위가 하나님의 율법에 비추어 볼 때 저주받을 죄악이었기 때문이다. 또 다윗은 낙심하지 않고 자신이 처한 상황에서 해야 할 가장 적절한 행동들을 차분하게 해나갔다.

이처럼 하나님이 약속하신 것이 어떤 사람이나 우발적인 상황으로 인해 위협받는 경우가 종종 있다. 그렇다고 낙심하거나 좌절해서는 안 된다. 하나님이 약속하셨으면 반드시 성취할 길도 열어주신다. 어떤 상황에서도 요동하거나 낙심하지 않고 차분하게 지혜를 구하며 끝까지 하나님의 약속을 신뢰할 때 궁극적 승리를 얻게 될 것이다.

## 3:31–39
# 아브넬의 죽음을 슬퍼하는 다윗

다윗은 아브넬의 죽음을 크게 슬퍼하며 모든 백성에게 그의 죽음을 애도하게 한다. 또 아브넬을 헤브론에 장사하고 그를 위해 애가를 지어 부른다. 이런 다윗의 행동을 지켜 본 백성들은 다윗이 아브넬의 죽음과 무관함을 확신하게 된다.

## 3:31–32

**31다윗이 요압과 및 자기와 함께 있는 모든 백성에게 이르되 너희는 옷을 찢**
**고 굵은 베를 띠고 아브넬 앞에서 애도하라 하니라 다윗 왕이 상여를 따라가**
**32아브넬을 헤브론에 장사하고 아브넬의 무덤에서 왕이 소리를 높여 울고 백성도 다 우니라**

**모든 백성에게 이르되** 다윗은 아브넬의 장례를 모든 백성이 참여하는 국가적인 행사로 만들고자 했다. 이렇게 함으로써 다윗이 아브넬을 죽였을 것이라는 사람들의 의심을 잠재우려 한 것이다. 또 억울하게 죽은 아브넬을 명예롭게 장사지냄으로 그의 명예를 회복시키려 한 것이다.

**다윗 왕이 상여를 따라가** 아브넬의 죽음은 다윗이 온 이스라엘의 왕이 되는데 치명적인 사건이었다. 그러나 성경 기자는 다윗을 '왕'으로 부르기 시작하면서, 오히려 이 사건이 다윗이 본격적으로 왕으로 인정받게 된 계기가 됨을 보여준다(성경 원문에는 31–39절까지 다윗을 일곱 번이나 '왕'으로 부르고 있다). 다윗이 이 위기를 타개한 첫 번째 방법은 아브넬의 장례를 직접 주관하고 큰 슬픔을 표현한 것이다.

**쉬운성경**

31그때에 다윗이 요압과 자기와 함께한 모든 사람들에게 말했습니다. "너희 옷을 찢고 거친 베옷을 걸치고 너희 슬픔을 나타내어라. 아브넬을 위해 울어라." 다윗 왕 스스로가 아브넬의 상여 뒤를 따라갔습니다.
32그리하여 그들은 아브넬을 헤브론에서 장사 지내 주었습니다. 다윗과 모든 백성은 아브넬의 무덤에서 울었습니다.

**3:33-34** [33]왕이 아브넬을 위하여 애가를 지어 이르되 아브넬의 죽음이 어찌하여 미련
한 자의 죽음 같은고 [34]네 손이 결박되지 아니하였고 네 발이 차꼬에 채이지
아니하였거늘 불의한 자식의 앞에 엎드러짐같이 네가 엎드러졌도다 하매 온 백성이 다시 그를
슬퍼하여 우니라

**애가** 두 번째로 다윗은 아브넬을 추모하는 애가를 지어 그가 아브넬의 죽음을 진심으로 안타까워하고 있음을 보여준다. 아브넬은 오랫동안 이스라엘의 군사령관이었기에 많은 사람들이 그의 죽음을 안타까워했다. 다윗이 아브넬을 위해 지은 애가는 많은 사람들의 감정을 자극하는 효과를 가져왔다.

**3:35** 석양에 뭇 백성이 나아와 다윗에게 음식을 권하니 다윗이 맹세하여 이르되 만일 내가 해 지기 전에 떡이나 다른 모든 것을 맛보면 하나님이 내게 벌 위에 벌을 내리심이 마땅하니라 하매

**음식을 권하니** 세 번째로 다윗은 해 지기 전까지 금식함으로써 자신이 아브넬의 죽음에 대해서 깊이 슬퍼하고 있음을 행동으로 보여준다. 가까운 사람의 죽음을 슬퍼하기 위해 금식하는 것은 당시 이스라엘 사람들의 관습이었다(1:12).

**3:36-37** [36]온 백성이 보고 기뻐하며 왕이 무슨 일을 하든지 무리가 다 기뻐하므로 [37]
이날에야 온 백성과 온 이스라엘이 넬의 아들 아브넬을 죽인 것이 왕이 한

**쉬운성경**

33다윗 왕이 아브넬을 위해 다음과 같은 슬픔의 노래를 불렀습니다. "아브넬이 어찌 이렇게 바보처럼 죽었는가?
34그의 손은 묶이지 않았고 그의 발은 사슬에 매이지 않았는데, 아브넬은 악한 사람 앞에서 쓰러지듯 죽었구나." 이 노래를 듣고 모든 백성은 다시 아브넬을 위해 울었습니다.
35모든 백성은 해가 저물기 전에 다윗에게 나아와 음식을 먹으라고 권했습니다. 그러나 다윗은 이렇게 약속을 했습니다. "해가 지기 전에 내가 빵이나 그 밖의 다른 음식을 먹는다면, 하나님께서 나에게 끔찍한 벌을 내리셔도 마땅하다."
36모든 백성은 다윗이 하는 행동을 보고 기뻐했습니다.
37그날에 유다의 모든 백성과 이스라엘의 모든 백성은 넬의 아들 아브넬을 죽인 사람이 다윗이 아니라는 것을 알게 되었습니다.

**것이 아닌 줄을 아니라**

**왕이 무슨 일을 하든지 무리가 다 기뻐하므로** 다윗의 이런 행동은 유다와 이스라엘의 모든 백성들을 기쁘게 했다. 그들은 다윗이 아브넬을 죽였을 것이라고 추측했는데, 진심으로 아브넬의 죽음을 슬퍼하는 다윗의 모습을 보고 그의 무죄함을 알 수 있었기 때문이다.

3장

**3:38** **왕이 그의 신복에게 이르되 오늘 이스라엘의 지도자요 큰 인물이 죽은 것을 알지 못하느냐**

**3:39** **내가 기름부음을 받은 왕이 되었으나 오늘 약하여서 스루야의 아들인 이 사람들을 제어하기가 너무 어려우니 여호와는 악행한 자에게 그 악한 대로 갚으실지로다 하니라**

**여호와는 악행한 자에게 그 악한 대로 갚으실지로다** 다윗은 그의 신복에게 악행을 저지른 요압에 대해서 하나님이 직접 벌을 내리시길 바란다고 말한다. 이것은 다윗이 자신의 군사령관인 요압을 직접 처벌할 수 없는 안타까움의 표현이다. 또 요압을 처벌하지 않는 것에 대한 신복들의 불평을 잠재우기 위한 것이기도 했다. 다윗의 이런 모습은 사울 왕의 폭력적이고 권위주의적인 모습과 대조된다.

**쉬운성경**

38다윗이 신하들에게 말했습니다. "너희도 알듯이 오늘 이스라엘에서 매우 중요한 지도자가 죽었다.
39내가 비록 기름부음 받은 왕이지만, 오늘은 내가 약하여서 이 스루야의 아들들을 어떻게 할 수가 없다. 여호와께서 직접 그들에게 벌을 내리시기를 바랄 뿐이다."

마음에 새기기

아브넬의 갑작스러운 죽음은 다윗에게 큰 위기로 작용할 수 있는 치명적인 사건이었다. 그러나 다윗은 위기를 기회로 바꾸었다. 위기의 상황에서 자신의 솔직한 슬픔을 표현하고 적절한 말과 행동을 취함으로써 사람들의 의혹을 단번에 털어버렸다. 오히려 사람들이 다윗의 감정에 동화되어 그의 마음을 느낄 수 있는 기회가 되었다. 이것으로 다윗은 한 족속의 지도자에서 온 이스라엘의 왕으로 등극할 수 있는 기회를 얻게 되었다. 큰 위기의 상황에 대한 다윗의 반응은 그가 오랫동안 기다려 온 왕이 될 수 있는 문을 열어주는 기회가 되었다.

인생에 위기는 늘 닥쳐온다. 그런데 위기에 대처하는 반응에 따라 그 위기가 기회로 바뀌기도 한다. 위기의 상황에서도 낙심하지 않고 지혜롭고 침착하게 반응하기 위해서는, 하나님의 약속과 궁극적인 목적은 절대로 실패하지 않는다는 믿음을 가져야 한다. 다윗은 수없이 많은 환난과 어려움을 겪었다. 생명이 아주 위험한 순간도 있었고, 자신의 신복들에게 죽임을 당할 뻔한 적도 있었다. 또 가족을 전부 적들에게 빼앗긴 때도 있었고, 동족과 싸우는 전쟁에서 선봉에 설 뻔한 일도 있었다. 그러나 그 결정적인 순간마다 하나님은 그를 보호하셨고 위기를 지나가게 하셨다. 다윗은 이 과정을 통해, 그를 온 이스라엘의 왕으로 삼으시겠다는 하나님의 약속이 상황 때문에 실패하지 않는다는 사실을 믿게 되었다. 다윗은 이 믿음이 있었기에 위기의 상황에서도 지혜롭게 행동할 수 있었다. 그리고 이것이 약속의 문을 여는 열쇠가 되었다.

## 4:1–12
## 부하들에게 살해당한 이스보셋

아브넬이 죽었다는 소식을 들은 이스보셋은 크게 놀란다. 어느 날 이스보셋의 집에 사울의 군지휘관인 바아나와 레갑이 찾아오고 이스보셋은 이들에게 살해된다. 한편 다윗은 상급을 바라고 이스보셋의 머리를 가져온 바아나와 레갑을 죽인다. 이제 사울의 혈통은 전쟁 중에 도망치다 절름발이가 된 요나단의 아들인 므비보셋만 남게 되었다.

**4:1** **사울의 아들 이스보셋은 아브넬이 헤브론에서 죽었다 함을 듣고 손의 맥이 풀렸고 온 이스라엘이 놀라니라**

**온 이스라엘이 놀라니라** 고대 사회에서는 사회 전체가 한두 사람의 영웅을 의존하는 경우가 많았다. 군사령관인 아브넬의 죽음에 대한 이스보셋과 백성들의 반응을 통해 그들이 얼마나 아브넬을 의존하고 있었는지를 알 수 있다.



**4:2** **사울의 아들 이스보셋에게 군지휘관 두 사람이 있으니 한 사람의 이름은 바아나요 한 사람의 이름은 레갑이라 베냐민 족속 브에롯 사람 림몬의 아들들이더라 브에롯도 베냐민 지파에 속하였으니**

**바아나, 레갑** 이 둘은 형제로서 사울의 군대에서 군지휘관 역할을 하던 자들이었다. 이들은 아브넬이 죽었으므로 다윗이 곧 온 이스라엘의 왕이 될 것이라고 생각했다. 그래서 다윗이 왕이 되기 전에 이스보셋을 죽임으로 다윗에게서 상급과 호의를 얻고자 한 것이다.

**브에롯** 이스라엘이 기브온으로부터 얻은 네 성 중 하나(수 9:17)로, 예루살렘에서 북쪽으로 15킬로미터 정도 떨어진 곳으로 보인다.

**4:3** **일찍이 브에롯 사람들이 깃다임으로 도망하여 오늘까지 거기에 우거함이더라**

**깃다임** 본래 브에롯에 살고 있던 기드온 사람들이 베냐민 사람들을 피해서 이주한 곳으로 어디인지는 밝혀져 있지 않다.

**4:4** **사울의 아들 요나단에게 다리 저는 아들 하나가 있었으니 이름은 므비보셋이라 전에 사울과 요나단이 죽은 소식이 이스르엘에서 올 때에 그의 나이가 다섯 살이었는데 그 유모가 안고 도망할 때 급히 도망하다가 아이가 떨어져 절게 되었더라**

**쉬운성경**

1 사울의 아들 이스보셋도 아브넬이 헤브론에서 죽었다는 이야기를 들었습니다. 그러자 이스보셋과 온 이스라엘은 두려움에 떨었습니다.
2 사울의 군대에서 장교로 있던 두 사람이 이스보셋에게 왔습니다. 한 사람의 이름은 바아나였고, 다른 사람의 이름은 레갑이었습니다. 그들은 베냐민 사람인 브에롯 마을 림몬의 아들이었습니다. 브에롯 마을은 베냐민 지파의 마을이었습니다.
3 브에롯 백성들은 깃다임으로 도망하여 오늘날까지 그곳에서 살고 있습니다.

**므비보셋** 요나단의 아들로 '므립바알'이라는 이름을 가지고 있었다(대상 8:34). 여기서 므비보셋에 대해 설명하는 이유는 그가 불구이고 나이가 어려 사울 가문의 왕권이 회복될 가능성이 전혀 없음을 보여주기 위함이다. 이것은 사울 가문이 완전히 몰락했음을 보여주는 것이다.

**4:5** **브에롯 사람 림몬의 아들 레갑과 바아나가 길을 떠나 볕이 쬘 때 즈음에 이스보셋의 집에 이르니 마침 그가 침상에서 낮잠을 자는지라**

**낮잠** 팔레스타인 지방은 낮에 무덥기 때문에 낮잠을 자는 것은 일상적인 일이었다. 레갑과 바아나가 한낮에 이스보셋의 집에 이른 것은 이스보셋이 낮잠 자는 시간을 일부러 노렸을 가능성이 크다.

**4:6** **레갑과 그의 형제 바아나가 밀을 가지러 온 체하고 집 가운데로 들어가서 그의 배를 찌르고 도망하였더라**

**밀을 가지러 온 체하고** 레갑과 바아나는 군대에서 필요한 밀을 가지러 온 것처럼 가장함으로써 집 가운데까지 들어갈 수 있었다.

**4:7** **그들이 집에 들어가니 이스보셋이 침실에서 침상 위에 누워 있는지라 그를 쳐죽이고 목을 베어 그의 머리를 가지고 밤새도록 아라바 길로 가**

**쉬운성경**

4사울의 아들 요나단에게는 두 다리를 저는 아들이 있었는데, 그의 이름은 므비보셋입니다. 사울과 요나단이 죽었다는 소식이 이스라엘에 전해졌을 때, 므비보셋의 나이는 다섯 살이었습니다. 그때 므비보셋의 유모가 므비보셋을 안고 급히 도망치다가 그만 므비보셋을 떨어뜨려, 그때부터 다리를 절게 되었습니다.
5림몬의 아들 레갑과 바아나는 브에롯에서 길을 떠나 한낮에 이스보셋의 집에 이르렀습니다. 이스보셋은 낮잠을 자고 있었습니다.
6-7그들은 집 한가운데로 들어갔습니다. 레갑과 바아나는 밀을 가지러 온 체했습니다. 이스보셋은 안방 침대 위에 누워 있었습니다. 레갑과 바아나는 이스보셋의 배를 찌르고, 이스보셋의 머리를 베어 가지고 도망쳤습니다. 그들은 밤새도록 요단 강 계곡을 따라 걸었습니다.

**밤새도록** 마하나임에서 헤브론까지의 거리는 약 95킬로미터 정도로, 레갑과 바아나는 이 먼 거리를 걸어서 밤 동안 이동한 것이다. 악한 일을 행하는 자들의 놀라운 열심을 엿볼 수 있다.

**아라바 길** 마하나임에서 헤브론까지 연결하는 최단의 지름길로 '아라바 길'이라고 불렸다.

4장

**4:8** **헤브론에 이르러 다윗 왕에게 이스보셋의 머리를 드리며 아뢰되 왕의 생명을 해하려 하던 원수 사울의 아들 이스보셋의 머리가 여기 있나이다 여호와께서 오늘 우리 주 되신 왕의 원수를 사울과 그의 자손에게 갚으셨나이다 하니**

**여호와께서 오늘 우리 주 되신 왕의 원수를 사울과 그의 자손에게 갚으셨나이다** 레갑과 바아나는 자신들의 악행을 다윗 왕의 원수를 갚기 위해 하나님의 뜻을 시행한 것으로 설명한다. 악인들은 악한 일을 하면서도 그것이 하나님의 뜻이라고 변명한다.

**4:9** **다윗이 브에롯 사람 림몬의 아들 레갑과 그의 형제 바아나에게 대답하여 그들에게 이르되 내 생명을 여러 환난 가운데서 건지신 여호와께서 살아 계심을 두고 맹세하노니**

**내 생명을 여러 환난 가운데서 건지신 여호와** 레갑과 바나아의 도움 없이도 하나님께서 얼마든지 그의 원수를 처리하실 것이라는 다윗의 믿음의 고백이다.

**쉬운성경**

8 그들은 헤브론에 이르러서 그 머리를 다윗에게 건네주었습니다. 그들은 다윗 왕에게 이렇게 말했습니다. "여기에 사울의 아들 이스보셋의 머리가 있습니다. 그는 왕을 죽이려 하던 왕의 원수입니다. 오늘 여호와께서 사울과 그의 집안이 왕에게 한 일의 원수를 갚으셨습니다."
9 다윗은 브에롯의 사람 림몬의 아들인 레갑과 그의 동생 바아나에게 이렇게 말했습니다. "모든 어려움에서 나의 생명을 건져 주신 여호와의 이름으로 맹세한다.

**4:10-11** [10]전에 사람이 내게 알리기를 보라 사울이 죽었다 하며 그가 좋은 소식을 전하는 줄로 생각하였어도 내가 그를 잡아 시글락에서 죽여서 그것을 그 소식을 전한 갚음으로 삼았거든 [11]하물며 악인이 의인을 그의 집 침상 위에서 죽인 것이겠느냐 그런즉 내가 악인의 피흘린 죄를 너희에게 갚아서 너희를 이 땅에서 없이하지 아니하겠느냐 하고

다윗은 사울의 죽음을 알리면서 상급을 얻으려고 했던 아말렉 사람을 죽인 사건을 언급하면서, 레갑과 바아나 또한 왕을 살해한 것에 대한 보응으로 죽임을 당해야 마땅하다고 말한다. 상급을 기대했던 레갑과 바아나는 큰 충격을 받았을 것이다.

**의인** 다윗이 이처럼 표현한 것은, 이스보셋이 다윗의 적이기는 했지만 그가 이스라엘의 왕이 된 것은 합법적이었기 때문이다. 다윗과 전쟁을 한 것도 자신의 지위와 국가를 위한 합법적 반응이었다.

**4:12** 청년들에게 명령하매 곧 그들을 죽이고 수족을 베어 헤브론 못가에 매달고 이스보셋의 머리를 가져다가 헤브론에서 아브넬의 무덤에 매장하였더라

**수족을 베어 헤브론 못가에 매달고** 레갑과 바아나의 수족을 매단 것은, 그들의 수족이 무죄한 사람을 죽이는 도구로 사용되었기 때문에 사람들에게 그들의 악행을 알리기 위함이었다.

**쉬운성경**

10 언젠가 어떤 사람이 나에게 좋은 소식이라고 생각해서 '왕이시여! 사울이 죽었습니다'라는 말을 전한 적이 있다. 그러나 나는 그가 가진 것을 모두 빼앗고 그를 시글락에서 죽여 버렸다. 그런 소식을 가지고 오는 자는 그런 보답을 받아야 마땅하다.
11 하물며 죄 없는 사람을 그의 침대 위에서 죽인 너희는 말할 것도 없다. 그의 피 흘린 값을 너희의 죽음으로 갚아야 하지 않겠느냐?"
12 다윗은 자기 부하들에게 레갑과 바아나를 죽이라고 명령했습니다. 그들은 레갑과 바아나를 죽이고 나서 그들의 손과 발을 잘라 냈습니다. 그들은 레갑과 바아나의 손과 발을 헤브론의 연못 위에 매달았습니다. 그리고 나서 이스보셋의 머리를 가져다가 그것을 헤브론에 있는 아브넬의 무덤에 묻어 주었습니다.

마음에 새기기

레갑과 바아나는 아주 악한 자들이었다. 자신들의 왕인 이스보셋을 반역하고 죽였을 뿐 아니라 그것을 통해 큰 상급을 기대했기 때문이다. 그런데 이런 악한 자들의 악행으로 다윗은 이스보셋과 힘겨운 싸움을 하지 않고도 온 이스라엘의 왕위에 오를 수 있었다. 하나님의 섭리적 목적을 이루는 데 악인들이 사용된 것임을 알 수 있다. 지금 이 시대에도 많은 악인들이 존재한다. 이들은 기회만 있으면 사람들을 해하고 자신의 이익만을 추구하며 교회를 분열시키고 약한 자들에게 상처와 아픔을 준다. 또 이들은 악한 일을 하면서도 그것이 하나님의 뜻을 행하는 것이라고 주장한다. 그러나 이런 사람들도 하나님의 백성과 관련한 일에서는 결국 하나님의 큰 계획과 다스리심 안에 존재한다. 이런 믿음이 있을 때 우리는 악인들이 권세를 부리는 상황에서도 담대할 수 있다.

사실 다윗의 삶은 사울이라는 악인을 빼놓고는 이야기할 수 없다. 다윗이 사울을 만나지 않았더라면 메시아의 통치를 이 땅에 모델로 보여줄 수 있는 왕이 되지 못했을 것이다. 하나님은 악인 사울을 통해 다윗을 단련하셨다. 결국 다윗이 일평생 하나님을 의지하며 살아가게 된 것은 '내 생명을 여러 환난 가운데서 건져 주셨다'라는 다윗의 고백처럼 하나님의 도우심을 경험했기 때문이다. 다윗은 악인 사울에 의해 왕위에 적합한 인물로 만들어졌을 뿐 아니라, 레갑과 바아나 같은 악인들의 악행을 통해서 왕위에 좀더 쉽게 오를 수 있었다. 이를 통해 악인들 또한 하나님의 역사를 이루는 데 중요한 역할을 감당하고 있음을 알 수 있다.

5장

## 5:1-5
## 이스라엘의 왕이 된 다윗

아브넬과 이스보셋이 죽은 후에 이스라엘 모든 지파와 장로들은 다윗이 있는 헤브론으로 온다. 그들은 다윗과 언약을 맺고 기름을 부어 다윗을 이스라엘 왕으로 세운다. 드디어 다윗은 30세에 하나님의 약속대로 이스라엘을 보호하고 다스리는 목자가 된다.

**5:1** **이스라엘 모든 지파가 헤브론에 이르러 다윗에게 나아와 이르되 보소서 우리는 왕의 한 골육이니이다**

**모든 지파** 헤브론으로 온 사람들은 이스라엘 모든 지파 가운데 싸울 능력이 있는 남자들이었다. 이들은 다윗을 왕으로 세우는 일에 참여했으며, 그 수는 35만 명에 달했다(대상 12:23–40).

**왕의 한 골육** 원어를 보면 '당신의 살과 뼈'라는 뜻으로, 이스라엘 민족이 혈연 관계를 의미할 때 이렇게 표현했다(삿 9:2). 백성들은 자신들이 다윗과 밀접한 혈연임을 밝힘으로써 한 몸과 같이 돌보아 달라고 청원한 것이다.

**5:2** **전에 곧 사울이 우리의 왕이 되었을 때에도 이스라엘을 거느려 출입하게 하신 분은 왕이시었고 여호와께서도 왕에게 말씀하시기를 네가 내 백성 이스라엘의 목자가 되며 네가 이스라엘의 주권자가 되리라 하셨나이다 하니라**

**목자** 하나님께서 백성의 통치자를 '목자'로 표현하신 것은 이스라엘 왕에게 기대하신 바를 말해 준다. 목자의 사명은 양들을 잘 돌보는 것이다. 다윗은 생명을 바쳐 양들을 지키던 목동이었기 때문에 누구보다 이 의미를 잘 이해하고 있었을 것이다. 예수님 또한 우리의 선한 목자가 되셔서 양들을 위해 목숨을 버리셨다(요 10:11).

**5:3** **이에 이스라엘 모든 장로가 헤브론에 이르러 왕에게 나아오매 다윗 왕이 헤브론에서 여호와 앞에 그들과 언약을 맺으매 그들이 다윗에게 기름을 부어 이스라엘 왕으로 삼으니라**

**쉬운성경**

1 그 일이 있은 후에 이스라엘의 모든 지파들이 헤브론에 있는 다윗에게 왔습니다. 그들은 다윗에게 이렇게 말했습니다. "왕이시여, 우리는 당신의 집안 사람들입니다.
2 전에 사울이 우리 왕이었을 때에도 당신은 이스라엘을 위해 우리를 싸움터에서 이끈 분이었습니다. 여호와께서는 당신에게 '너는 내 백성 이스라엘을 위한 목자가 될 것이다. 너는 그들의 통치자가 될 것이다'라고 말씀하셨습니다."
3 이스라엘의 모든 장로들은 헤브론에 있던 다윗에게 왔습니다. 헤브론에서 다윗은 여호와 앞에서 그들과 언약을 맺었습니다. 그리고 그들은 다윗에게 기름을 부어 다윗을 이스라엘의 왕으로 삼았습니다.

**모든 장로** 이스라엘은 지파별로 장로들이 지도자의 역할을 담당했다. 그러므로 이들이 다윗을 왕으로 세우는 예식에 참여하는 것은 꼭 필요한 절차였다.

**언약** 본래는 언약을 맺는 쌍방이 쪼개 놓은 짐승 사이를 지나가면서 조약을 체결하는 의식이다. 그런데 이것을 여호와 앞에서 맺었다는 것은, 이 언약 체결식이 정치적인 형식뿐 아니라 종교적인 형식도 가진 것이었음을 보여준다. 이 언약을 통해 다윗은 공식적으로 이스라엘 왕이 되었고, 백성들은 다윗의 통치에 따를 것을 맹세했다.

5장

**이스라엘 왕으로 삼으니라** 이스라엘 백성들이 다윗을 왕으로 삼은 이유는 네 가지다. 첫째, 다윗은 사울 왕의 신하였을 때 놀라운 군사적 업적을 남겼다. 둘째, 다윗이 이스라엘의 지도자가 될 것이라는 하나님의 예언이 주어졌다. 셋째, 아브넬이 이스라엘 모든 지파의 여론을 미리 조성했다(3:17-19). 넷째, 사울의 계승자인 요나단은 죽어 왕위를 계승할 수 없었던 반면, 다윗은 사울의 사위로서 적법한 왕위 계승자였다.

## 5:4 다윗이 나이가 삼십 세에 왕위에 올라 사십 년 동안 다스렸으되

**사십 년 동안** 다윗은 30세에 왕이 되어 70세의 일기로 죽을 때까지 40년간 왕으로 있었다. 그가 골리앗을 죽였을 때가 10대 후반이었고 짧은 기간 동안 사울 왕의 신하로 있었다고 한다면, 그는 거의 10여 년의 긴 시간 동안 망명생활을 한 것이다. 다윗은 20대의 전부를 사울에게 쫓겨 다니며 망명자로 살았던 것이다.

## 5:5 헤브론에서 칠 년 육 개월 동안 유다를 다스렸고 예루살렘에서 삼십삼 년 동안 온 이스라엘과 유다를 다스렸더라

**쉬운성경**

4다윗이 왕이 되었을 때의 나이는 서른 살이었습니다. 다윗은 사십 년 동안 왕으로 있었습니다.

5다윗은 헤브론에서 칠 년 반 동안 유다의 왕으로 있었고, 예루살렘에서 삼십삼 년 동안 온 이스라엘과 유다의 왕으로 있었습니다.

**유다를 다스렸고** 다윗이 헤브론에서 유다의 왕이 되어 다스린 기간은 온 이스라엘의 왕이 되기 위한 준비 기간이었다. 그 덕분에 다윗은 온 이스라엘의 왕위에 오르자마자 여러 가지 업적을 이룰 수 있었다. 이를 통해 볼 때 다윗이 곧바로 온 이스라엘의 왕이 되지 않은 것도 하나님의 계획 가운데서 이루어진 일임을 알 수 있다.

### 마음에 새기기

이스라엘의 모든 왕 가운데 오직 다윗만이 하나님의 마음에 합한 사람이라는 인정을 받았다(행 13:22). 그래서 이스라엘의 다른 왕들은 다윗을 기준으로 그들의 신실함을 평가받았다(왕하 22:2). 또 다윗은 온 인류의 왕으로 오신 메시아 예수님의 모델이 되는 왕이었다(마 22:42). 그가 이런 왕이 될 수 있었던 이유는 바로 왕이 되기 전에 혹독한 훈련의 과정을 거쳤기 때문이다. 하나님의 마음에 합한 지도자가 되려면 이처럼 어려움이 뒤따른다. 그러나 그것은 그 사람을 변화시키고 성숙하게 만든다.

사울은 훌륭한 가문과 외모 등 좋은 조건을 갖추었지만 악한 지도자의 모델이 되었다. 그것은 왕이 된 후에 드러난 그의 자기중심적인 죄성이 다루어지지 않았기 때문이다. 반면 다윗은 극심한 어려움을 통해 자기중심성과 죄악이 다루어졌다. 그 결과 그는 절대 권력을 가진 왕임에도 철저하게 하나님 중심적이며 백성 중심적인 왕이 되었다.

오늘날에도 다윗 같은 좋은 리더가 많이 필요하다. 좋은 리더가 되기 위해서는 반드시 자기중심적인 죄악을 깨뜨리는 훈련의 과정을 거쳐야 한다. 다윗은 20대의 혈기 왕성한 시절을 도망자로 광야에서 살아야만 했다. 그러나 그 시련은 메시아적 모델인 왕이 될 수 있는 밑거름이 되었다. 인간의 자기중심성은 권력과 힘을 갖게 되었을 때 더 극명하게 드러난다. 따라서 리더가 되기 원하는 사람일수록 힘과 영향력을 갖기 전에 자아가 완전히 죽어야 한다. 그래서 하나님과 타인을 위해 살아갈 수 있도록 준비되어야 한다. 리더로 세워질 사람들에게 주어진 시련과 훈련은 좀더 훌륭한 리더로 만들기 위한 하나님의 손길임을 잊지 말자.

5:6-10

# 예루살렘을 수도로 삼는 다윗

다윗은 중앙 집권적 통치를 위해 이스라엘의 수도를 견고한 성인 예루살렘으로 옮긴다. 그런데 이미 예루살렘에는 여부스 사람들이 살고 있었다. 그러나 다윗은 지혜로 성을 쉽게 함락시킨다. 또 하나님의 능력과 도우심으로 점점 강성해져 간다.

5장

**5:6 왕과 그의 부하들이 예루살렘으로 가서 그 땅 주민 여부스 사람을 치려 하매 그 사람들이 다윗에게 이르되 네가 결코 이리로 들어오지 못하리라 맹인과 다리 저는 자라도 너를 물리치리라 하니 그들 생각에는 다윗이 이리로 들어오지 못하리라 함이나**

**예루살렘** 다윗이 이스라엘 왕이 된 후에 가장 먼저 한 일은 예루살렘으로 수도를 옮기는 것이었다. 예루살렘은 온 이스라엘의 수도가 되기에 많은 이점이 있었다. 이스라엘의 중심지와 가까운 곳에 위치했고, 성 주변이 깊은 골짜기여서 외적을 방비하기에 좋았다. 또 기드론 골짜기의 기혼 샘에서 성에 필요한 물을 충분히 공급받을 수 있었다. 그리고 예루살렘은 유다 지파와 베냐민 지파의 경계에 있었기 때문에, 다윗은 자신의 근거지를 완전히 떠나지 않고도 베냐민 지파와 화합을 도모할 수 있었다.

**여부스 사람** 이스라엘 백성이 가나안을 정복하기 전부터 예루살렘에 살고 있었던 가나안 일곱 족속 중 하나다(출 3:8). 이들은 다윗 시대가 될 때까지 계속해서 그곳에 살고 있었다. 그 때문에 예루살렘이 여부스로 불리기도 했다(수 15:8).

**맹인과 다리 저는 자** 여부스 사람들은 삼면이 골짜기로 둘러싸인 예루살렘 성을

**쉬운성경**

6 다윗 왕과 그의 부하들은 예루살렘으로 가서 그곳에 살고 있던 여부스 사람들을 공격했습니다. 여부스 사람들이 다윗에게 말했습니다. "너는 우리 성에 들어오지 못한다. 우리 중 보지 못하는 사람이나 다리 저는 사람들도 얼마든지 너를 물리칠 수 있다." 여부스 사람들이 이런 말을 한 것은 다윗이 그들의 성에 들어올 수 없다고 생각했기 때문이었습니다.

아무도 정복할 수 없다고 생각했다. 그래서 신체에 장애가 있는 사람도 능히 침략자들을 물리칠 수 있다고 자만했다.

**5:7** **다윗이 시온 산성을 빼앗았으니 이는 다윗 성이더라**

**시온 산성** 시온은 '요새'를 뜻하며 성경에서 예루살렘을 의미하는 표현으로 자주 사용된다(왕상 8:1). 이는 하나님이 임재하시는 하나님의 도성을 상징하는 것으로, 하나님의 보호하심이나 영광을 나타낸다(시 102:16; 사 24:23).

**5:8** **그날에 다윗이 이르기를 누구든지 여부스 사람을 치거든 물 긷는 데로 올라가서 다윗의 마음에 미워하는 다리 저는 사람과 맹인을 치라 하였으므로 속담이 되어 이르기를 맹인과 다리 저는 사람은 집에 들어오지 못하리라 하더라**

**물 긷는 데** 예루살렘 성은 땅속에 파놓은 물 긷는 데를 통해 기혼 샘에서 흘러나오는 물을 공급받았다. 기혼 샘에서 흘러들어온 물은 예루살렘 성 남쪽의 지하 저수지에 모였는데, 이곳에 모인 물을 끌어올리기 위해 성 안에 수직으로 통로를 파놓았다. 이 물 긷는 곳은 19세기 말에 그 존재가 확인되었고, 1867년 고고학자 찰스 워렌(Charles Warren)이 발견하여 현재는 '워렌의 수직통로'로 불린다. 다윗은 이곳을 통해 성에 침투하는 자에게 상을 내리겠다고 약속하는데, 요압이 가장 먼저 이곳을 통해 성에 들어가 다윗 군대의 우두머리가 된다(대상 11:6).

**다리 저는 사람과 맹인** 다윗이 예루살렘 성의 지리적 이점만 믿고 자만했던 여부스 사람들을 비꼬는 말이다. 이것은 후일에 '미움받는 사람들'을 의미하는 속담이

**쉬운성경**

7 그러나 다윗은 요새인 시온 성을 점령했습니다. 그 성은 다윗 성이 되었습니다.
8 그날, 다윗이 자기 부하들에게 말했습니다. "여부스 사람들을 물리치려면 땅속 물길로 가야 한다. 그러면 저 다리 저는 사람과 보지 못하는 사람이 있는 곳에 이를 수 있을 것이다." 이 일 때문에 사람들 사이에 '보지 못하는 사람과 다리 저는 사람은 왕궁에 들어갈 수 없다'라는 속담이 생겼습니다.

되었다. 또 실제로 여부스 사람들은 이후에 예루살렘 성 안에 들어가지 못했던 것으로 보인다.

**5:9** **다윗이 그 산성에 살면서 다윗 성이라 이름하고 다윗이 밀로에서부터 안으로 성을 둘러 쌓으니라**

**밀로** 성을 방어하기 위해 돌과 흙으로 쌓아올린 성채로 여부스 사람들이 예루살렘 북쪽에 이것을 세웠다. 다윗은 밀로에서부터 안으로 성을 둘러 쌓아 예루살렘 성을 더욱 견고하게 만들었다. 후에 솔로몬 왕과 히스기야 왕도 밀로를 증축하고 무너진 성벽을 수축했다(왕상 11:27; 대하 32:5).

**5:10** **만군의 하나님 여호와께서 함께 계시니 다윗이 점점 강성하여 가니라**

**만군의 하나님 여호와** '만군'은 '수많은 하늘의 군대들'이라는 뜻이다. 하나님의 위엄과 능력을 강조할 때 사용되는 표현으로, 본절에서 다윗이 점점 강성해진 이유가 하나님의 권세와 능력에 있었음을 나타낸다(삼상 17:45).

5장

**마 음 에 새 기 기**

다윗의 예루살렘 정복은 아주 중요한 의미를 지닌다. 이스라엘 백성이 가나안을 정복한 지 수백 년이 지났지만 그때까지도 예루살렘 성에 거주하는 여부스 사람들을 쫓아내지 못했기 때문이다. 다윗은 이들을 몰아내고 예루살렘을 하나님의 통치와 영광의 근거지가 되는 시온 성으로 삼는다. 수백 년간 이스라엘 백성들이 해결하지 못한 문제를 왕이 되자마자 단번에 해결한 것이다. 그것은 바로 만군의 하나님이 그와 함께하셨기 때문에 가능했다. 또 다윗이 삼면

**쉬운성경**

9그리하여 다윗은 요새에서 살게 되었습니다. 다윗은 그 성을 다윗 성이라고 불렀습니다. 다윗은 밀로에서부터 성벽을 둘러 쌓았습니다. 10다윗은 점점 강해졌습니다. 만군의 하나님 여호와께서 다윗과 함께 계셨기 때문입니다.

이 골짜기로 이루어진 견고한 예루살렘 성에 들어갈 수 있는 물 긷는 데를 발견하고, 그곳을 통해 성을 점령하는 지혜를 발휘하게 된 것도 하나님의 도우심 덕분이었을 것이다.
인생을 살다 보면 여부스 사람이 점령하고 있는 예루살렘 성 같은 견고한 진을 만나게 된다. 평소에는 드러나지 않다가 연약해지고 위기 가운데 있을 때는 여지없이 나타나서 공격하는 세력들이 숨어 있는 곳이다. 그러나 만군의 하나님이 함께하시면 적의 세력들은 무너지고 적의 진지까지도 하나님의 통치와 영광이 임하게 된다. 그곳은 하나님의 영광을 드러낼 시온 성과 같이 변하게 된다. 원수들이 점령한 당신의 견고한 성은 무엇인가? 하나님의 지혜로 되찾아 개인과 공동체가 하나님의 온전하신 다스림을 받도록 힘써야 할 것이다.

## 5:11–16
# 다윗 왕권의 번영

다윗이 예루살렘으로 옮겨간 후 다윗과 이스라엘은 계속 번영한다. 두로 왕 히람은 다윗과 우호 관계를 맺기 위해 사절들을 보낸다. 또 다윗 왕궁 건설에 필요한 자재와 사람들도 보낸다. 다윗은 예루살렘에서 많은 처첩들을 맞아들이고 그들에게서 많은 자녀를 낳아 생육하고 번성하는 복을 누린다.

**5:11** **두로 왕 히람이 다윗에게 사절들과 백향목과 목수와 석수를 보내매 그들이 다윗을 위하여 집을 지으니**

**두로** 시돈과 함께 BC 10–8세기에 중계 무역으로 성장한 도시 국가다. 이스라엘 북서쪽 해안에 위치한 두로는 지중해를 통해 목재, 기름, 말, 귀금속, 포도주, 노예 등을 중계 무역하여 크게 번성했다.
**히람** '후람'으로도 불리며(대하 2:3), 다윗과 솔로몬 시대에 두로를 다스리던 왕이다. 다윗은 히람의 도움으로 왕궁을 건설했고, 솔로몬 또한 그의 도움을 받아 왕궁과 성전을 건설했다(대하 2:11–16).
**다윗을 위하여 집을 지으니** 다윗이 이스라엘 북쪽에 위치한 두로 왕의 도움을 받아 왕궁을 건설했다는 것은 다윗의 명성이 이스라엘 외부 지역까지 퍼져 나갔음을 보여준다. 또 다윗이 요청하지 않았는데도 히람이 먼저 왕궁 건축을 위한 자재와 사람들을 보낸 것은, 다윗과 우호 관계를 유지함으로 자신의 중계 무역이 안정되기를 기대했기 때문이다.



## 5:12 다윗이 여호와께서 자기를 세우사 이스라엘 왕으로 삼으신 것과 그의 백성 이스라엘을 위하여 그 나라를 높이신 것을 알았더라

**그의 백성 이스라엘을 위하여** 다윗은 자신의 명성이 높아지고 나라가 강성해졌어도 두 가지 중요한 점을 잊지 않았다. 첫째는 하나님이 자신을 왕으로 세우셨다는 것이고, 둘째는 이스라엘 백성을 위해 나라의 번영이 주어졌다는 것이다. 이것은 다윗이 백성의 목자로서 그들을 섬기기 위해 왕으로 세워졌음을 증거한다. 다윗은 절대 권력을 가진 왕이 되었지만, 자신이 하나님의 다스림 아래 있음과 자신에게 주어진 번영의 목적이 무엇인지 잊지 않았다.

**알았더라** 다윗은 번영의 증거가 외교적으로 나타나고 왕궁이 건설되자 자신이 하나님의 손에 의해서 진실로 왕이 되었음을 실감하기 시작했다.

## 5:13 다윗이 헤브론에서 올라온 후에 예루살렘에서 처첩들을 더 두었으므로 아들과 딸들이 또 다윗에게서 나니

**처첩들, 아들과 딸들** 고대의 왕들에게 많은 처첩과 자녀는 큰 권세와 영광의 상징

**쉬운성경**

11 두로 왕 히람이 다윗에게 사절단을 보냈습니다. 히람은 또 백향목과 목수들과 석수들도 보냈습니다. 그들은 다윗의 왕궁을 지었습니다.
12 그때에 다윗은 여호와께서 정말로 자기를 이스라엘 왕으로 세우셨다는 것을 알았습니다. 그리고 다윗은 여호와께서 자기 백성 이스라엘을 위하여 자기 나라를 매우 강한 나라로 만드셨다는 것도 알았습니다.
13 다윗이 헤브론에서 예루살렘으로 옮겨 온 후, 예루살렘에서 후궁과 아내들을 더 많이 맞아들였습니다. 다윗에게는 더 많은 아들과 딸들이 태어났습니다.
14 다윗이 예루살렘에서 낳은 아들들의 이름은 삼무아, 소밥, 나단, 솔로몬,
15 입할, 엘리수아, 네벡, 야비아,
16 엘리사마, 엘랴다, 엘리벨렛입니다.

이었다. 그 때문에 왕들은 권세가 커질수록 많은 처와 첩을 맞아들였다. 다윗도 왕들의 관습에 따라 많은 여자를 거느리고 그들에게서 많은 자녀를 낳았다. 이것은 그의 권세가 커지고 그가 생육하고 번성하는 복을 누렸음을 보여준다. 그러나 한편으로는 '왕은 아내를 많이 두지 말라'는 하나님의 율법을 어긴 것이기도 하다(신 17:17). 이로 인해 다윗 왕가는 후일 큰 환난을 겪는다.

## 5:14 **예루살렘에서 그에게서 난 자들의 이름은 삼무아와 소밥과 나단과 솔로몬과**

**삼무아와 소밥과 나단과 솔로몬** 이들은 전부 다윗이 밧세바를 통해 낳은 아들이다.

## 5:15-16 **[15]입할과 엘리수아와 네벡과 야비아와 [16]엘리사마와 엘랴다와 엘리벨렛이었더라**

계속해서 다윗의 아들들이 소개된다. 이들은 모두 어머니가 누구인지 알려지지 않았다. 그럼에도 이들의 이름이 기록된 이유는 다윗이 생육하고 번성하는 복을 누렸음을 보여주기 위함이다. 특별히 이들이 예루살렘에서 태어난 자들임을 밝힘으로써(13절), 다윗이 예루살렘을 취한 이후로 하나님이 그에게 자녀의 복을 계속해서 허락하셨음을 보여준다.

### 마음에 새기기

다윗은 통치 초기부터 놀라운 번영을 누린다. 다윗은 번영의 증거를 보며 감동하고 즐거워했다. 그리고 성공의 순간에도 그 은혜를 베푸신 분이 하나님임을 기억했다. 또 하나님께서 자신에게 이런 영향력을 주신 목적도 잊지 않았다. 다윗이 번영한 뒤에도 하나님을 기억할 수 있었던 것은 그가 가장 낮았을 때 하나님이 베푸신 은혜가 너무나 컸기 때문이다. 다윗은 자신의 힘으로는 왕이 될 가능성이 전혀 없는 상태에서 하나님의 개입으로 왕이 되었음을 확실하게 깨달았다. 따라서 왕이 된 뒤 누리게 된 모든 번영 또한 하나님의 전적인 공급과 은혜임을 고백할 수 있었다.
많은 사람들이 성공한 후에 영적으로나 도덕적으로 실패하는 이유는, 하나님이 모든 은혜를 베푸신 분이며 또한 번영에는 반드시 목적이 있다는 사실을 쉽게 잊기 때문이다. 하나님은 한 사람의 쾌락을 위해 성공과 명성과 부를 허락하시는 것이 아니다. 만약 이런 능력과 영향력이 있다면 그것에 따르는 목적과 책임이 존재한다. 그러나 많은 사람들이 성공하면 그 공을 자신의 노력과 열심으로 보고 하나님을 기억하지 못한다. 또 이런 힘과 영향력이 주어진 목적을 잊어버리고 자신의 이익을 위해서만 사용하고자 한다. 그 때문에 오히려 성공이 그 사람의 영혼과 하나님과의 관계를 파괴하는 경우가 많다. 따라서 하나님의 은혜를 어떤 순간에도 잊지 않기 위해서는 자신의 불가능함과 무력함을 절실히 깨닫는 낮아짐의 시간이 반드시 필요하다.



## 5:17–25
## 블레셋과의 전쟁에서 승리한 다윗

다윗이 이스라엘 왕이 된 것을 알게 된 블레셋 사람들은 전면적인 전쟁을 일으킨다. 이에 다윗이 먼저 기도로써 하나님의 도우심을 구하자 하나님께서는 다윗을 도우실 것과 전쟁에서 승리할 것을 약속하신다. 다윗은 블레셋과 싸워 두 번이나 크게 승리한다.

**5:17** **이스라엘이 다윗에게 기름을 부어 이스라엘 왕으로 삼았다 함을 블레셋 사람들이 듣고 블레셋 사람들이 다윗을 찾으러 다 올라오매 다윗이 듣고 요새로 나가니라**

**다윗에게 기름을 부어 이스라엘 왕으로 삼았다 함을 블레셋 사람들이 듣고** 블레셋은 다윗과 이스보셋이 전쟁하는 동안에는 다윗을 큰 위험거리로 여기지 않았다. 내전으로 이스라엘의 세력이 약화될 것이라고 생각했기 때문이다. 그러나 다윗이 왕이 되자 위협을 느낀 블레셋은 즉시 이스라엘과 전쟁을 시작한다.

**5:18** **블레셋 사람들이 이미 이르러 르바임 골짜기에 가득한지라**

**르바임 골짜기** '르바임'은 '거인들'이라는 뜻이다. 예루살렘 서남쪽에 위치한 골짜기로 그 지역에는 거인족인 르바임 사람들이 살았다(신 2:20).

**5:19** **다윗이 여호와께 여쭈어 이르되 내가 블레셋 사람에게로 올라가리이까 여호와께서 그들을 내 손에 넘기시겠나이까 하니 여호와께서 다윗에게 말씀하시되 올라가라 내가 반드시 블레셋 사람을 네 손에 넘기리라 하신지라**

**다윗이 여호와께 여쭈어 이르되** 다윗은 제사장의 도움을 받아 우림과 둠밈을 통해 하나님의 뜻을 구했을 것이다. 다윗은 블레셋 사람들을 잘 알고 있었고 그들과의 전투 경험도 많았다. 그럼에도 중요한 전투를 앞두고 먼저 하나님의 도우심을 구했다. 하나님은 다윗에게 함께하실 것과 승리의 약속을 주심으로써 다윗이 담대하게 전투에 나아갈 수 있게 하셨다.

**5:20** **다윗이 바알브라심에 이르러 거기서 그들을 치고 다윗이 말하되 여호와께서 물을 흩음같이 내 앞에서 내 대적을 흩으셨다 하므로 그곳 이름을 바알브라심이라 부르니라**

**바알브라심** '흩으시는 주님'이라는 뜻이다. 다윗은 하나님이 물을 흩음같이 블레셋 사람들을 흩으시고 무너뜨리셨음을 기념하기 위해 르바임 골짜기의 이름을 바알브라심으로 새롭게 지었다.

**5:21** **거기서 블레셋 사람들이 그들의 우상을 버렸으므로 다윗과 그의 부하들이 치우니라**

**쉬운성경**

17블레셋 사람들은 다윗이 이스라엘의 왕으로 세워졌다는 이야기를 듣고 다윗을 찾으러 올라왔습니다. 다윗이 그 소식을 듣고 요새로 내려갔습니다.
18블레셋 사람들은 르바임 골짜기에 진을 쳤습니다.
19다윗이 여호와께 여쭤 보았습니다. "블레셋 사람들을 공격할까요? 여호와여, 저를 도와주셔서 그들을 물리치게 해 주시겠습니까?" 여호와께서 다윗에게 말씀하셨습니다. "가거라! 내가 틀림없이 너를 도와 그들을 물리치도록 해 주겠다."
20다윗은 바알브라심으로 내려가서, 그곳에서 블레셋 사람들을 물리쳐 이겼습니다. 다윗이 말했습니다. "여호와께서는 마치 홍수처럼 나의 원수들을 덮치셨다." 그래서 다윗은 그곳의 이름을 바알브라심이라고 불렀습니다.

**우상** 고대 사람들은 전쟁의 승패가 자신들이 섬기는 신의 능력에 달려 있다고 생각했다. 전에 이스라엘 백성들이 블레셋과의 싸움에 하나님의 언약궤를 가지고 나갔던 것처럼(삼상 4:3), 블레셋 사람들도 그들이 섬기는 바알이나 다곤 등의 우상들을 전쟁터에 가지고 나왔을 것이다. 본절은 블레셋 사람들이 그들의 우상을 버리고 갈 정도로 대패했음을 보여준다.

**치우니라** 다른 성경 본문에서는 다윗이 블레셋 우상을 불에 태워 버린 것으로 기록한다(대상 14:12).

5장

## 5:22 블레셋 사람들이 다시 올라와서 르바임 골짜기에 가득한지라

**다시** 블레셋 사람들은 한 번의 패배로 완전히 물러가지 않았다. 그들은 한때 다윗을 자신들 편이라고 생각했기 때문에(삼상 27:7–12) 그의 공격에 심한 배신감을 느꼈을 것이다. 그래서 복수심에 불타올라 패배했음에도 다시 전쟁을 시작한 것이다.

## 5:23–24 [23]다윗이 여호와께 여쭈니 이르시되 올라가지 말고 그들 뒤로 돌아서 뽕나무 수풀 맞은편에서 그들을 기습하되 [24]뽕나무 꼭대기에서 걸음 걷는 소리가 들리거든 곧 공격하라 그때에 여호와가 너보다 앞서 나아가서 블레셋 군대를 치리라 하신지라

**다윗이 여호와께 여쭈니** 두 번째 전투에서도 다윗은 하나님께 기도하고 도움과 지

**쉬운성경**

21블레셋 사람들은 바알브라심에 자기들의 우상들을 놓고 도망쳤습니다. 그래서 다윗과 그의 부하들이 그 우상들을 치워 버렸습니다.
22또다시 블레셋 사람들이 와서 르바임 골짜기에 진을 쳤습니다.
23다윗은 여호와께 기도드렸습니다. 이번에는 여호와께서 다윗에게 이렇게 말씀하셨습니다. "앞쪽에서 블레셋 사람들을 공격하지 마라. 그들 뒤로 돌아가 뽕나무 숲 맞은편에서 그들을 빠르게 공격하여라.
24뽕나무 밭머리에서 행군하는 소리가 들리거든 즉시 공격하여라. 나 여호와가 너보다 먼저 가서 블레셋 군대를 물리치겠다."
25그리하여 다윗은 여호와께서 명령하신 대로 했습니다. 다윗은 블레셋 사람들을 물리쳐 이기고 게바에서 게셀까지 이르는 모든 길에서 블레셋 사람들을 뒤쫓았습니다.

혜를 구한다. 이번에는 하나님께서 함께하신다는 약속뿐 아니라 구체적인 전투 방법과 공격 시기까지 알려주신다. 하나님의 이런 구체적인 인도는 다윗에게 하나님의 약속이 이루어질 것이라는 확신을 주었을 것이다.

**걸음 걷는 소리** 하나님은 이 전쟁을 통해 하나님의 군대가 다윗과 함께한다는 것을 보여주시고자 했다. 뽕나무 꼭대기에서 들린 걸음 걷는 소리는 바로 하나님이 보내신 군대가 블레셋을 공격하는 소리였을 것이다.

**5:25** **이에 다윗이 여호와의 명령대로 행하여 블레셋 사람을 쳐서 게바에서 게셀까지 이르니라**

**게바에서 게셀까지** 게바는 예루살렘 북동쪽에 위치한 곳이며, 게셀은 르바임에서 동쪽으로 24킬로미터나 떨어진 곳으로 블레셋 영토에 근접한 곳이다. 이것은 곧 이스라엘 깊숙이 침범했던 블레셋 군대가 완전히 패배했음을 보여준다.

### 마음에 새기기

다윗은 전쟁이 일어나자 먼저 하나님께 기도한 후 담대하게 블레셋과 싸웠다. 그는 하나님의 약속을 믿었고 하나님의 인도하심에 따라 싸운 것이다. 그리고 결과는 승리였다. 그것은 다윗이 하나님을 온전히 믿었기 때문에 가능한 일이었다. 이처럼 한 사람이 정말로 하나님을 신뢰하는가는 그 사람의 기도와 행동을 통해 드러난다. 기도하지 않으면 하나님을 신뢰할 수 없다. 또 말씀에 순종하지 않으면서 믿음이 있다고 말할 수 없다. 하나님에 대한 전적 의탁은 영적인 것이면서 또한 행동으로 드러나는 것이다. 그래서 야고보는 '행함이 없는 믿음은 그 자체가 죽은 것'(약 2:17)이라고 가르쳤다. 그러므로 기도와 행동, 이 둘 사이의 균형을 잡는 것은 믿음이 성장하는 데 매우 중요하다.

기도하지 않고 행동만 앞서는 사람은 세속주의와 신학적 자유주의에 빠질 우려가 크다. 세속주의자는 하나님의 뜻에는 관심이 없고 세상의 시선과 경향만을 따라간다. 신학적 자유주의자는 신앙에서 하나님의 자리에 인간을 집어넣는다. 또 기도만 하고 행동하지 않는 사람은 이상주의와 영적 이원론에 빠지기 쉽다. 이상주의자들은 현실 세계는 무시하고 이상적이고 초월적인 것만을 중요시 한 나머지 현실 도피로 치닫기 쉽다. 영적 이원론에 빠진 사람들은 모든 것을 영적인 것과 육적인 것으로 나누고, 영적인 것만을 가치 있고 중요한 것으로 추구하는 오류를 범한다. 그러나 참된 그리스도인은 열심히 기도하는 만큼 열심히 하나님의 뜻에 순종해야 한다. 하나님에 대한 믿음과 사랑은 기도와 순종으로 이루어진다고 해도 과언이 아니다.

Part 02

| 6:1–7:29 |

# 다윗의 영적 축복



6:1–11

## 하나님의 궤를 만진 웃사의 죽음

다윗은 하나님의 궤를 바알레유다에서 예루살렘으로 옮겨오려고 한다. 그런데 궤를 운반하던 중 소들이 뛰어 궤가 수레에서 떨어지려 하자 웃사가 이를 붙든다. 그러나 이 일에 노하신 하나님은 웃사를 죽이신다. 다윗은 이 일 때문에 화가 나고 두려워서 하나님의 궤를 오벧에돔의 집으로 보낸다.

**6:1** **다윗이 이스라엘에서 뽑은 무리 삼만 명을 다시 모으고**

**삼만 명** 하나님의 궤를 옮기는 데 이렇게 많은 인원을 동원한 것은 궤를 옮기는 것을 국가적인 행사로 만들려는 목적 때문이었다. 다윗은 온 이스라엘에서 사람들을 뽑아 행사에 참여시킴으로 이 기회를 통해 통일 왕국의 결속을 다지고자 했을 것이다.

**6:2** **다윗이 일어나 자기와 함께 있는 모든 사람과 더불어 바알레유다로 가서 거기서 하나님의 궤를 메어 오려 하니 그 궤는 그룹들 사이에 좌정하신 만군의 여호와의 이름으로 불리는 것이라**

**바알레유다** 하나님의 궤가 머물렀던 곳으로 기럇여아림의 옛 이름이다. 예루살렘에서 서쪽으로 15킬로미터 떨어진 곳으로 블레셋의 국경과 근접한 곳이기도 했다.

**하나님의 궤** 하나님의 임재를 상징한다. 즉, 이 궤를 예루살렘에 옮겨오는 것은 하나님이 다윗 왕과 함께하심을 보여주는 증거가 될 수 있었다. 5장은 정치, 군사, 외교, 가문 등 모든 분야에서 다윗이 번영했음을 보여준다. 이 기회에 하나님의 궤를 예루살렘으로 옮겨옴으로써 종교적인 번영의 증거까지 얻고자 한 것이다.

**그룹들** 하나님의 보좌를 둘러싸고 있는 천사들을 가리킨다.

## 6:3 그들이 하나님의 궤를 새 수레에 싣고 산에 있는 아비나답의 집에서 나오는데 아비나답의 아들 웃사와 아효가 그 새 수레를 모니라

**새 수레** 하나님께서는 레위 사람 가운데 고핫 자손들만이 하나님의 궤를 어깨에 메고 운반할 수 있도록 하셨다(민 4:15). 다윗의 부하들이 하나님의 궤를 운반하기 위해 새 수레를 사용한 것은 그들 나름대로 신경을 쓴 행위였다. 그러나 이들은 하나님에 대한 열심은 있었지만, 정작 하나님이 명령하신 방법대로 하나님을 섬기는 것에는 관심을 기울이지 않았다.

**아비나답의 아들** 하나님의 궤는 아비나답의 아들 엘르아살이 70여 년 전부터 지켜왔다. 웃사와 아효는 아비나답의 아들들(혹은 손자들)로서 이들은 레위인이었지만 고핫 자손은 아니었다.

**쉬운성경**

1다윗은 또다시 이스라엘에서 뽑힌 사람 삼만 명을 모았습니다.
2다윗은 그의 모든 백성들과 함께 유다의 바알레로 가서, 그곳에 있는 하나님의 궤를 예루살렘으로 옮겼습니다. 그 궤는 그룹들 사이에 계신 만군의 여호와의 이름으로 부르는 궤였습니다.
3다윗의 부하들은 하나님의 궤를 새 수레 위에 놓았습니다. 그들은 그것을 언덕 위에 있는 아비나답의 집에서 가지고 나왔고, 아비나답의 아들인 웃사와 아효가 그것을 끌었습니다.

**6:4–5** [4]그들이 산에 있는 아비나답의 집에서 하나님의 궤를 싣고 나올 때에 아효는 궤 앞에서 가고 [5]다윗과 이스라엘 온 족속은 잣나무로 만든 여러 가지 악기와 수금과 비파와 소고와 양금과 제금으로 여호와 앞에서 연주하더라

**여호와 앞에서 연주하더라** 이스라엘 백성들은 종교적 행사 때마다 음악을 연주하였다(대하 5:11–14). 이때 다양한 악기들을 동원하여 연주한 것은 이 행사를 거룩한 종교의식으로 만들면서 또한 잔치 분위기도 내기 위한 것이었다(대상 13:8).

6장

**6:6** 그들이 나곤의 타작 마당에 이르러서는 소들이 뛰므로 웃사가 손을 들어 하나님의 궤를 붙들었더니

**나곤의 타작 마당** 다른 성경 본문에서는 '기돈의 타작 마당'(대상 13:9)이라고 기록한다. 기돈은 타작 마당 주인인 나곤의 다른 이름이었을 것이다.

**하나님의 궤를 붙들었더니** 소들이 뛰어서 하나님의 궤가 수레에서 떨어지려 하자 웃사는 무의식적으로 궤를 붙든다. 그러나 이것은 신성한 하나님의 궤를 보거나 함부로 만져서는 안 된다는 하나님의 명령을 어긴 것이었다(민 4:15).

**6:7** 여호와 하나님이 웃사가 잘못함으로 말미암아 진노하사 그를 그곳에서 치시니 그가 거기 하나님의 궤 곁에서 죽으니라

**그를 그곳에서 치시니** 하나님은 하나님의 궤를 손으로 만진 웃사를 죽이신다. 웃사는 자신의 잘못으로 죽었다. 그러나 한편으로 하나님은 웃사의 죽음을 통해 하

**쉬운성경**

[4]그들이 아비나답의 집에서 하나님의 궤를 싣고 나올 때에 아효가 그 앞에서 걸었습니다.
[5]다윗과 모든 사람들은 여호와 앞에서 잣나무로 만든 온갖 악기를 연주했고, 수금과 비파와 소고와 양금과 제금으로도 연주했습니다.
[6]다윗의 부하들이 나곤의 타작마당에 이르렀을 때, 소들이 뛰어서 하나님의 궤가 수레에서 떨어지려 했습니다. 그때 웃사가 손을 내밀어 궤를 붙잡았습니다.
[7]여호와께서 웃사에게 노하셔서 그를 죽이셨습니다. 이는 웃사가 아무나 만질 수 없는 궤를 만졌기 때문입니다. 웃사는 하나님의 궤 곁에서 죽었습니다.

나님께 절대적인 주권이 있음을 다윗과 이스라엘 백성에게 전하신 것이다.

## 6:8 여호와께서 웃사를 치시므로 다윗이 분하여 그곳을 베레스웃사라 부르니 그 이름이 오늘까지 이르니라

**다윗이 분하여** 다윗이 화가 난 진짜 이유는, 하나님의 궤를 옮기는 데 실패함으로 하나님이 자신과 함께하신다는 종교적인 번영의 증거를 얻는 데 실패했기 때문이다. 다윗은 하나님이 여호와의 궤를 옮기는 것을 축복하실 거라 생각했을 것이다. 그러나 하나님은 그의 기대와는 정반대로 행동하셔서, 인간의 뜻대로 움직이는 분이 아님을 경고하셨다.

**베레스웃사** '웃사를 치다'라는 뜻으로 나곤의 타작 마당의 새 이름이 된다.

## 6:9 다윗이 그날에 여호와를 두려워하여 이르되 여호와의 궤가 어찌 내게로 오리요 하고

**여호와를 두려워하여** 다윗은 웃사의 죽음을 통해 하나님은 인간의 마음대로 움직일 수 있는 분이 아님을 깨닫는다. 그래서 하나님을 두려워하기 시작한다. 하나님을 향한 경외는 하나님의 주권과 능력을 직접 경험하게 될 때 시작되는 것이다.

## 6:10 다윗이 여호와의 궤를 옮겨 다윗 성 자기에게로 메어 가기를 즐겨하지 아니하고 가드 사람 오벧에돔의 집으로 메어 간지라

**쉬운성경**

8 다윗은 여호와께서 웃사를 죽이신 일 때문에 화가 났습니다. 그래서 그곳의 이름을 '웃사의 벌'이라는 뜻으로 '베레스웃사'라고 불렀습니다. 오늘날도 그 이름이 남아 있습니다.
9 다윗은 그날부터 여호와를 무서워했습니다. 다윗은 "이래서야 어떻게 여호와의 궤를 무사히 옮길 수 있겠느냐?"고 말했습니다.
10 그래서 다윗은 여호와의 궤를 다윗 성으로 옮기지 않고 그 대신 그것을 가드 사람인 오벧에돔의 집으로 가지고 갔습니다.
11 여호와의 궤는 오벧에돔의 집에 세 달 동안 머물러 있었는데, 여호와께서는 오벧에돔과 그의 온 집안에 복을 주셨습니다.

**가드 사람 오벧에돔** 레위 지파의 고핫 자손으로 하나님의 궤를 맡을 수 있는 사람이었다(대상 26:1-4). 여기서 '가드'는 블레셋 땅이 아니라 레위 사람들의 성읍 가운데 하나로, 고핫 자손들에게 주어졌던 '가드림몬'(대상 6:69)을 가리킨다.

## 6:11 여호와의 궤가 가드 사람 오벧에돔의 집에 석 달을 있었는데 여호와께서 오벧에돔과 그의 온 집에 복을 주시니라



**온 집에 복을 주시니라** 구약 시대의 복은 가족, 가축, 농사 등이 풍성해지는 가시적인 형태로 나타났다(창 30:30). 오벧에돔의 집에 임한 복은 하나님의 진노가 풀렸음을 보여주는 증거였다.

### 마 음 에 새 기 기

웃사의 죽음은 충격적이다. 왜냐하면 하나님은 단 한 번의 무의식적인 실수도 용납하지 않으시는 무서운 분이라는 인상을 받기 때문이다. 그러나 웃사의 죽음은 그의 잘못에 대한 심판이라기보다는 다윗과 온 이스라엘에게 중요한 메시지를 전달하기 위한 것이었다. 웃사의 죽음이 충격적인 만큼 하나님의 메시지 또한 충격적이고 중요한 것이었다.

다윗은 정치, 외교, 가문, 군사 등 모든 분야에서 최고의 전성기를 구사하고 있었다(5장). 이제 하나님의 궤만 예루살렘으로 옮겨 오면 종교적으로도 하나님이 자신과 함께하신다는 확실한 증거가 생기는 것이었다. 다윗은 자신의 뜻이 너무 분명했기 때문에 하나님의 생각도 자신과 동일하다고 간주해 버렸다. 그 때문에 블레셋과 싸울 때는 하나님의 뜻을 계속 구했던 다윗이 하나님의 궤를 옮기는 일에서는 기도도 하나님의 율법도 소홀히 하며 자기 생각대로 추진했다. 그러나 하나님은 다윗의 생각과 목적에 따라 움직이는 분이 아니었다. 하나님은 웃사를 죽이심으로 다윗과 이스라엘 백성에게 하나님은 인간의 마음대로 움직일 수 없는 주권자라는 메시지를 전하셨다.

다윗이 충격적인 사건을 통해 깨닫게 된 그 메시지는 지금 우리에게도 동일하게 적용된다. 하나님은 인간의 목적을 위해 이용할 수 있는 분이 아니다. 그러나 많은 그리스도인들이 하나님을 동원해 자신의 필요를 채우고 뜻을 이루려는 잘못을 범한다. 하나님은 지금도 동일하게 웃사의 죽음을 통해 말씀하신다. 하나님은 인간의 목적과 욕망에 따라 이리저리 움직이는 분이 아니라는 사실을 말이다.

# 6:12–19
# 예루살렘으로 옮긴 하나님의 궤

다윗은 하나님의 궤가 머무른 오벧에돔의 집과 그의 모든 소유에 복이 임한 것을 보고 하나님께서 진노를 푸셨음을 알게 된다. 그래서 다윗은 다시 하나님의 율법에 따라 언약궤를 예루살렘으로 옮긴다. 또 이날을 온 이스라엘 족속이 축하하는 예배와 축제의 날로 지킨다.

**6:12** **어떤 사람이 다윗 왕에게 아뢰어 이르되 여호와께서 하나님의 궤로 말미암아 오벧에돔의 집과 그의 모든 소유에 복을 주셨다 한지라 다윗이 가서 하나님의 궤를 기쁨으로 메고 오벧에돔의 집에서 다윗 성으로 올라갈새**

**하나님의 궤로 말미암아** 오벧에돔의 집과 그의 모든 소유에 복을 주신 것은 하나님이 진노를 푸셨음을 보여주는 증거였다. 그래서 다윗은 다시 하나님의 궤를 옮긴다. 이번에는 다윗과 레위 사람들이 하나님의 말씀에 따라 거룩하게 준비하고 궤를 어깨에 메고 운반했다(대상 15:2–3).

**6:13** **여호와의 궤를 멘 사람들이 여섯 걸음을 가매 다윗이 소와 살진 송아지로 제사를 드리고**

**여섯 걸음을 가매** 하나님의 궤를 옮겨도 아무런 문제가 없다는 것을 확인하고자 먼저 여섯 걸음을 시험적으로 걸어 본 것이다.

**제사** 다윗은 소와 숫양을 각각 일곱 마리씩 제물로 드렸다(대상 15:26). 하나님이

**쉬운성경**

12백성들이 다윗에게 말했습니다. "여호와께서는 오벧에돔의 집에 복을 주셨습니다. 그에게 속한 모든 것이 복을 받았습니다. 이것은 하나님의 궤가 그곳에 있었기 때문입니다." 그 이야기를 들은 다윗은 기쁜 마음으로 오벧에돔의 집으로 가서 하나님의 궤를 가지고 다윗 성으로 올라갔습니다.
13여호와의 궤를 나르는 사람들이 여섯 걸음을 걸었을 때, 다윗은 소와 살진 송아지를 제물로 바쳤습니다.

언약궤를 옮길 수 있도록 허락하신 것에 대해 감사 제사를 드린 것이다.

**6:14** **다윗이 여호와 앞에서 힘을 다하여 춤을 추는데 그때에 다윗이 베 에봇을 입었더라**

**춤** 축제 때 춤을 추는 것은 이스라엘 사람들의 일상적인 풍습이었다(출 15:20; 시 149:3). 다윗은 드디어 언약궤를 예루살렘으로 옮길 수 있게 된 감격과 기쁨을 춤을 추며 온몸으로 표현한 것이다.

6장

**베 에봇** 제사장이 직무를 수행할 때 입었던 겉옷이다. 다윗은 베 에봇을 입음으로써 그가 하나님나라를 섬기는 제사장적 왕임을 드러낸 것이다. 본래 예루살렘은 하나님의 제사장 멜기세덱이 왕으로 다스렸던 도시로(창 14:18), 다윗이 예루살렘을 얻은 것은 그가 멜기세덱의 뒤를 잇는 제사장적 왕이 되었음을 상징한다(시 110:4). 예수님 또한 레위 지파가 아니었지만 멜기세덱의 계통을 따른 영원한 대제사장으로 묘사된다(히 5:6).

**6:15** **다윗과 온 이스라엘 족속이 즐거이 환호하며 나팔을 불고 여호와의 궤를 메어오니라**

**환호하며** 백성들의 이러한 반응은 하나님이 이스라엘 왕으로 수도에 입성하신 것에 대한 축하로, 새로운 왕이 세워졌을 때 만세를 외치며 환영하는 모습과 같다(왕상 1:34). 또 예수님이 예루살렘에 입성하실 때 백성들이 '호산나'를 외치며 예수님을 환영하는 모습을 연상시킨다(마 21:9).

**쉬운성경**

14그리고 나서 다윗은 여호와 앞에서 온 힘을 다해 춤을 추었습니다. 다윗은 거룩한 베 에봇을 입고 있었습니다.

15다윗과 모든 이스라엘 백성들은 기쁨으로 소리를 질렀습니다. 그들은 여호와의 궤를 성으로 가지고 들어가면서 나팔을 불었습니다.

## 6:16 여호와의 궤가 다윗 성으로 들어올 때에 사울의 딸 미갈이 창으로 내다보다가 다윗 왕이 여호와 앞에서 뛰놀며 춤추는 것을 보고 심중에 그를 업신여기니라

**업신여기니라** '깔보다' 혹은 '멸시하다'는 뜻으로 골리앗이 다윗을 업신여겼을 때 사용된 말이다(삼상 17:42). 미갈은 우상을 섬기는 자였기 때문에 하나님을 열정적으로 예배하는 다윗을 이해하지 못했을 것이다(삼상 19:13). 또 다윗이 자신을 전 남편 발디엘과 억지로 헤어지게 하고 성으로 데려온 것 때문에 다윗에 대한 원망도 있었을 것이다.

## 6:17 여호와의 궤를 메고 들어가서 다윗이 그것을 위하여 친 장막 가운데 그 준비한 자리에 그것을 두매 다윗이 번제와 화목제를 여호와 앞에 드리니라

**장막** 다윗이 하나님의 궤를 모셔 놓으려고 세운 성막이다. 이후에 솔로몬이 성전을 건립하고 여기에 언약궤를 모신다.

**번제** 짐승을 태워서 드리는 제사로, 이때 다윗과 모든 백성은 하나님께 헌신하겠다는 의미로 번제를 드렸다.

**화목제** 다윗은 하나님과 이스라엘의 관계 회복을 위해 화목제를 드렸다.

## 6:18 다윗이 번제와 화목제 드리기를 마치고 만군의 여호와의 이름으로 백성에게 축복하고

**쉬운성경**

16여호와의 궤가 다윗 성으로 들어올 때에 사울의 딸 미갈이 창에서 보고 있었습니다. 미갈은 다윗이 여호와 앞에서 뛰며 춤추는 것을 보고 다윗을 깔보았습니다.
17다윗은 여호와의 궤를 위한 장막을 세웠습니다. 그리고 이스라엘 백성은 여호와의 궤를 장막 안의 제자리에 두었습니다. 다윗은 태워 드리는 제사인 번제와 화목제를 여호와 앞에 드렸습니다.
18다윗은 번제와 화목제를 바치고 나서 만군의 여호와의 이름으로 백성을 축복했습니다.
19다윗은 빵 한 조각과 고기 한 점과 건포도 과자 한 개씩을 남자든지 여자든지 모든 이스라엘 사람에게 나눠 주었습니다. 그러자 모든 백성들은 집으로 돌아갔습니다.

**백성에게 축복하고** 이스라엘에서는 지위가 높은 사람이 아랫사람에게 축복의 말을 건네는 것이 일상적이었다. 다윗은 예식을 끝낸 후 왕의 권한으로 백성에게 하나님의 축복의 말을 전한다. 그럼으로써 예배에 참여한 백성에게도 복이 임할 수 있게 한 것이다.

**6:19** **모든 백성 곧 온 이스라엘 무리에게 남녀를 막론하고 떡 한 개와 고기 한 조각과 건포도 떡 한 덩이씩 나누어 주매 모든 백성이 각기 집으로 돌아가니라**



**떡, 고기, 건포도** 화목 제사에 참여한 모든 백성은 그 제물을 함께 나누어 먹게 되어 있었다(레 7:15). 이것은 그들이 하나님과 화평을 이룰 뿐 아니라 서로 연합하게 되었음을 보여주는 것이다. 다윗은 고기뿐 아니라 떡과 건포도까지 나누어줌으로 예식에 참여한 모든 백성이 육신적으로도 만족할 수 있게 배려했다.

### 마음에 새기기

다윗이 메시아의 모델로서 왕이 된 것은 그가 완벽해서가 아니었다. 그 역시 실수했고 죄악을 저질렀다. 그러나 그는 잘못을 깨달았을 때 즉시 회개하고 죄악에서 돌이켰다. 다윗은 왕이었지만 동시에 자신이 철저히 하나님의 다스림을 받는 자임을 알았던 것이다. 즉, 다윗은 하나님을 철저하게 의존하여 하나님의 마음으로 백성을 다스렸기 때문에 메시아의 모델이 된 것이다. 다윗은 자신의 생각대로 하나님의 궤를 옮기다가 실패한 후에 하나님의 뜻을 깨닫는다. 그래서 다시 궤를 옮길 때는 철저하게 하나님의 뜻과 말씀에 따라 행동한다. 그것은 하나님이 자신과 이스라엘의 실제적인 왕이심을 중심에서부터 인정한 태도였다. 그 때문에 다윗은 실수와 죄악을 저질렀음에도 이스라엘의 가장 존경받는 왕이 된다.

인간의 모든 죄악은 하나님을 주인으로 인정하지 않는 데서 비롯된다. 죄악의 가장 깊은 뿌리는 바로 하나님 대신에 자신이 왕이 되려고 하는 자기중심성이다. 오랫동안 신앙생활을 해 왔어도 자기중심적인 성향이 변화되지 못한 사람들이 많다. 신앙의 목적은 죽은 다음에 천국 가는 것이 아니다. 그것은 다윗처럼 하나님의 주권을 철저하게 인정하지 못한 것을 깨달았을 때 즉시 회개하고, 인생의 모든 영역에서 하나님을 주인으로 모시는 것이다. 하나님을 온전히 주인으로 섬기지 못하는 사람에게 천국은 절대 행복한 곳이 될 수 없다. 예수님을 주님이라 부르면서도 자신의 생각을 좇아 이익만을 위해 살아가고 있다면, 실제로는 자기 자신을 주인으로 섬기는 가장 악한 죄를 저지르는 것이다. 예수님을 마음과 삶의 모든 영역에서 주인으로 모시는 사람만이 하나님의 마음에 합한 자라는 칭찬을 듣게 될 것이다.

## 6:20-23
# 저주받은 미갈

하나님의 궤를 무사히 예루살렘으로 옮긴 다윗은 자기의 가족을 축복하려고 집으로 돌아온다. 그런데 다윗을 맞으러 나온 미갈은 다윗이 춤을 추어 천하게 보였다고 비난한다. 그러나 다윗은 비천한 자신을 왕으로 세우신 하나님 앞에서 더 낮아질 수도 있다고 말한다. 하나님과 다윗을 무시한 미갈은 평생 자식을 낳지 못하게 된다.

**6:20** **다윗이 자기의 가족에게 축복하러 돌아오매 사울의 딸 미갈이 나와서 다윗을 맞으며 이르되 이스라엘 왕이 오늘 어떻게 영화로우신지 방탕한 자가 염치없이 자기의 몸을 드러내는 것처럼 오늘 그의 신복의 계집종의 눈앞에서 몸을 드러내셨도다 하니**

**자기의 가족에게 축복하러** 구약 시대에는 아버지가 가족을 축복하는 것이 아주 중요한 일이었다(창 27: 7). 특히 다윗은 기쁜 마음에서 가족에게 하나님의 복을 빌어 주려 했을 것이다.

**미갈이 나와서 다윗을 맞으며** 미갈은 다윗의 행동을 아주 못마땅하게 여겼다. 다윗에 대한 불편한 마음을 참을 수 없었던 미갈은 즐거운 마음으로 집에 들어오는 다윗을 직접 맞으러 나가 그를 비난한다.

**이스라엘 왕이 오늘 어떻게 영화로우신지** 원문은 '당신의 행동이 얼마나 영광스러웠는지 모르겠군요!'이다. 미갈은 다윗이 춤을 춘 행동이 영광스러웠다며 비꼰다.

**방탕한 자** 원어는 '쓸모없는 바보 같은 자' 또는 '쓸모없는 자'라는 뜻이다. 미갈은 다윗이 염치없이 자기의 몸을 드러내는 방탕한 자 같다고 지적한다.

**쉬운성경**

20다윗은 자기 집 사람들을 축복하기 위해 집으로 돌아갔습니다. 그런데 사울의 딸 미갈이 다윗을 맞으러 나와서 말했습니다. "오늘은 이스라엘의 왕이 체면을 잃었군요. 당신은 당신 신하들의 여종이 보는 앞에서 몸을 드러내었어요. 당신은 부끄러움도 모르고 몸을 드러내는 바보 같았어요."

**6:21** **다윗이 미갈에게 이르되 이는 여호와 앞에서 한 것이니라 그가 네 아버지와 그의 온 집을 버리시고 나를 택하사 나를 여호와의 백성 이스라엘의 주권자로 삼으셨으니 내가 여호와 앞에서 뛰놀리라**

**여호와 앞에서** 미갈이 '계집종의 눈앞에서' 몸을 드러냈다고 비난하자 다윗은 '하나님 앞에서' 춤춘 것이라고 반박한다. 미갈은 다윗의 중심을 보지 못하고 그에게서 비난할 거리만 찾아냈다.

**뛰놀리라** 다윗은 하나님이 왕족인 사울 집안이 아닌 목동이었던 비천한 자신을 이스라엘의 왕으로 세우셨음을 고백한다. 그 때문에 다윗은 하나님 앞에서 뛰놀며 그 앞에서 춤을 추어도 부족함이 없다고 말한다.

6장

**6:22** **내가 이보다 더 낮아져서 스스로 천하게 보일지라도 네가 말한바 계집종에게는 내가 높임을 받으리라 한지라**

**더 낮아져서 스스로 천하게 보일지라도** 다윗은 언약궤를 옮기는 과정에서 자신이 참으로 하나님의 종이라는 사실을 더 깊이 깨닫는다. 그 때문에 낮아지고 천하게 보이는 것이 그에게 별로 문제가 되지 않았다. 다윗은 하나님 앞에서 낮아지더라도 사람들 앞에서 낮아지는 것이 아님을 잘 알고 있었다.

**6:23** **그러므로 사울의 딸 미갈이 죽는 날까지 그에게 자식이 없으니라**

**자식이 없으니라** 다윗이 이 일 때문에 미갈과 다시는 잠자리를 함께하

**쉬운성경**

21 다윗이 미갈에게 말했습니다. "나는 여호와 앞에서 그런 일을 했소. 여호와께서는 당신 아버지가 아니라 나를 선택하셨소. 여호와께서는 사울의 집안 사람 중에서 그 누구도 선택하지 않으셨소. 여호와께서는 나를 여호와의 백성인 이스라엘의 지도자로 세워 주셨소. 그러므로 나는 여호와 앞에서 즐거워할 것이오.
22 앞으로 더 낮아져서 체면을 잃는 일이 많을지라도, 여호와 앞에서는 그렇게 되고 싶소. 그러나 당신이 말한 그 여종들은 나를 존경할 것이오."
23 이런 일 때문에 사울의 딸 미갈은 죽는 날까지 자식을 낳지 못했습니다.

지 않아서 자식이 없게 된 것이라는 해석도 있다. 그러나 여자에게 자녀는 하나님의 복으로 약속된 것이었다(신 28:11). 따라서 하나님을 기쁘시게 하려고 애쓴 다윗을 미갈이 무시하여 자식을 낳지 못한 것은 하나님의 법에 따라 저주를 받은 것이다(신 28:18).

### 마음에 새기기

미갈은 공주로 태어나 이스라엘의 영웅 다윗과 결혼했으며 또한 이스라엘 왕의 왕비가 되었다. 그 당시 미갈보다 더 높고 화려한 지위를 가진 여자는 없었다. 그러나 미갈은 자식을 낳지 못하는 저주를 받았을 뿐 아니라 다윗의 사랑도 빼앗기는 불행을 겪었다. 왜일까? 첫째, 미갈이 우상을 섬겼기 때문이다. 다윗이 위험에 처했을 때 미갈은 집에 두었던 사람 모양의 우상을 취하여 다윗처럼 분장했다(삼상 19:13). 사람 크기의 우상을 집에 두고 섬긴 것으로 보아 미갈이 하나님을 제대로 섬기지 않았음을 알 수 있다. 둘째, 미갈은 하나님의 임재가 다윗과 예루살렘에 함께한다는 것의 의미를 알지 못했다. 만일 미갈은 그 중요성을 알았더라면 백성들과 함께 궤를 옮기는 예식에 참여하며 즐거워했을 것이다. 셋째, 미갈이 하나님 앞에서 예배하며 춤춘 다윗을 비하하며 비난했다. 그녀는 사람들의 시선만 중요하게 여겼을 뿐 하나님의 시선에는 관심이 없었다. 그 때문에 하나님을 경외하지 않거나 그분의 말씀을 지키지 않는 자에게 임하는 저주를 받게 된 것이다(신 28:15).

미갈처럼 좋은 환경과 조건 가운데 태어나 남들이 부러워할 만한 모습으로 살아가는 사람들이 있다. 그러나 아무리 좋은 환경과 조건을 가졌더라도 하나님을 중요하게 여기지 않고 예배하지 않는다면 하나님의 저주 아래 있는 것이다. 하나님은 다윗같이 미천한 사람도 하나님을 온전히 경외할 때 높이셔서 왕으로 삼으신다. 성경은 미갈이 낮아지는 것을 보여줌으로, 하나님이 교만한 자는 낮추시고 겸손한 자는 높이신다는 것을 보여준다(잠 29:23; 약 4:6).

7:1–7

## 성전을 지으려는 다윗

다윗은 자신은 궁에 거하면서 하나님의 궤는 휘장 가운데 머무는 것을 마음 아파한다. 그래서 하나님의 성전을 건축하려 한다. 그러나 하나님은 선지자 나단을 통해 다윗에게 성전을 짓지 말라고 명령하신다.

7장

**7:1** **여호와께서 주위의 모든 원수를 무찌르사 왕으로 궁에 평안히 살게 하신 때에**

**왕으로 궁에 평안히 살게 하신 때** 왕궁을 다 짓고 주위의 모든 적들과의 전쟁에서도 이겨 평화로운 시기였다면, 다윗이 왕이 되고 나서 오랜 시간이 지난 후였을 것이다.

**7:2** **왕이 선지자 나단에게 이르되 볼지어다 나는 백향목 궁에 살거늘 하나님의 궤는 휘장 가운데에 있도다**

고대 근동에서는 신을 위해 국가에서 큰 성전을 짓는 것이 일반적이었다. 당시에는 신이 국가의 운명과 번영을 좌우한다고 믿었기 때문에 성전을 지어 신을 기쁘게 하려고 했다. 그러나 다윗은 하나님의 축복을 받기 위해 성전을 지으려 한 것이 아니었다. 그때는 이미 하나님의 놀라운 복을 많이 받은 후였다.

**나단** 왕궁 선지자로 다윗 시대와 솔로몬 시대 초기까지 활동했다. 나단은 다윗에 대한 하나님의 언약을 전했을 뿐 아니라, 후에 다윗이 밧세바와 죄를 지었을 때도 그를 질책하는 하나님의 메시지를 전한 선지자였다(삼하 12:1–14). 나단은 솔로몬을 왕위에 세우는 데도 큰 영향력을 미쳤다(왕상 1:34).

**백향목** 높이가 약 40미터까지 자라는 나무로 견고함과 강한 내구성 때문에 큰 건물을 짓는 데 사용되는 최고급 건축 자재다. 레바논 산에서 많이 자랐기 때문에 레바논 백향목이 유명했다. 다윗 성뿐 아니라 솔로몬 성전과 왕궁도 백향목으로 지어졌다.

**7:3** **나단이 왕께 아뢰되 여호와께서 왕과 함께 계시니 마음에 있는 모든 것을 행하소서 하니라**

**마음에 있는 모든 것을 행하소서** 나단이 성전 건축에 대해서 찬성했던 것은 그의 개인적인 생각이었다.

**7:4** **그 밤에 여호와의 말씀이 나단에게 임하여 이르시되**

**여호와의 말씀이 나단에게 임하여** 구약 시대에 하나님은 대체로 선지자에게 직접 말씀을 주시거나 꿈이나 환상을 통해 말씀하셨다.

**7:5** **가서 내 종 다윗에게 말하기를 여호와께서 이와 같이 말씀하시되 네가 나를 위하여 내가 살 집을 건축하겠느냐**

**네가 나를 위하여 내가 살 집을 건축하겠느냐** '너는 내가 살 집을 지을 사람이 아니다'라는 말씀을 반어적으로 표현한 것이다. 하나님은 나단을 통해 다윗에게 성전을 건축하지 말라고 말씀하신다. 그것은 다윗이 수많은 전쟁으로 피를 많이 흘려 하나님의 이름을 위한 성전을 건축하는 데 적합하지 않았기 때문이다(대상 22:8). 다윗은 진실하고 자원하는 마음으로 성전을 건축하려고 했지만, 하나님은 그의 아들 솔로몬을 통해 성전을 지을 것을 계획하셨다. '솔로몬'은 '평화'라는 뜻으로 참된 성전은 평화의 왕으로 오실 예수님에 의해 완성될 것을 보여준다(요 2:19).

**쉬운성경**

1다윗 왕은 자기 왕궁에서 살았습니다. 그리고 여호와께서는 주변의 모든 원수를 막아 주셔서 다윗에게 평화를 주셨습니다.
2다윗이 예언자 나단에게 말했습니다. "나는 백향목으로 지은 왕궁에 살고 있는데, 하나님의 궤는 아직도 장막 안에 있소."
3나단이 다윗 왕에게 말했습니다. "가셔서 무엇이든지 왕의 뜻대로 하십시오. 여호와께서는 왕과 함께 계십니다."
4그러나 그날 밤에 여호와께서 나단에게 말씀하셨습니다.
5"가서 내 종 다윗에게 이렇게 전하도록 해라. '너는 내가 살 집을 지을 사람이 아니다.

**7:6** **내가 이스라엘 자손을 애굽에서 인도하여 내던 날부터 오늘까지 집에 살지 아니하고 장막과 성막 안에서 다녔나니**

**장막** 하나님의 임재를 상징하는 하나님의 궤가 있었던 성막을 말한다. 모세가 출애굽한 이후에 광야에서 하나님의 궤를 모셔 둘 회막(장막)을 만들었다(출 33:7). 그 이후로 수백 년 간이나 하나님의 궤는 계속해서 장막에 머무른다.

**7:7** **이스라엘 자손과 더불어 다니는 모든 곳에서 내가 내 백성 이스라엘을 먹이라고 명령한 이스라엘 어느 지파들 가운데 하나에게 내가 말하기를 너희가 어찌하여 나를 위하여 백향목 집을 건축하지 아니하였느냐고 말하였느냐**

**백향목 집을 건축하지 아니하였느냐고 말하였느냐** 하나님은 한 번도 이스라엘 백성에게 성전 건축에 대해 요구하신 적이 없었다. 이 땅에 지어진 성전은 하나님의 임재의 상징적 의미만을 전달할 뿐이다. 하나님은 어디나 계시며 또한 하나님의 백성과 함께하는 분이시다(고전 3:16).

7장

**마 음 에 새 기 기**

하나님의 성전은 성경 전체에 흐르는 중요한 주제다. 온 우주는 하나님의 성전 모형으로 창조되었다. 에덴동산은 하나님의 임재 장소인 지성소와 같은 곳으로, 아담은 성전의 제사장 같은 역할을 맡은 자였다(창 2:15). 광야에서 성전은 지성소와 성소로 이루어진 성막의 모형으로 나타났다. 이후에 이 성전의 모형은 솔로몬 성전으로 이어졌다. 신약에서는 예수님이 바로 하나님의 성전임이 드러났다(요 2:21). 하나님이 예수님을 통해 이 땅에 오셨음을 의미하는 것이다. 바울은 성도들을 가리켜 하나님의 성전이라고 이야기한다(고전 3:16). 성도들이 성령을 통

**쉬운성경**

6나는 이스라엘 백성을 이집트에서 이끌어 낼 때부터 지금까지 장막을 내 집으로 여기면서 옮겨 다녔다.
7나는 계속해서 이스라엘의 지파들과 함께 옮겨 다녔고, 한 번도 이스라엘 백성을 돌보는 지도자들에게 백향목 집을 지어 달라고 한 적이 없다.'

해 임재하시는 하나님을 모신 성전이 된 것이다. 그런데 여기서 끝난 것이 아니다. 우리는 이제 계시록에 약속된 하나님의 성전이 완성될 그날을 기다리고 있다. 하나님은 그의 백성과 영원히 함께하고자 새 하늘과 새 땅을 창조하실 것이고, 하나님의 새 성전이 하늘로부터 이 땅에 임하게 될 것이다. 그리고 그곳에는 하나님과 예수님이 왕이 되어 그의 백성과 함께 영원히 거하실 것이다(계 21:1-4). 이처럼 하나님은 창세기부터 계시록에 이르기까지 자신이 그의 백성과 함께하심을 성전의 모델을 통해 계속해서 보여주신다.

하나님은 눈에 보이는 건물에 계시는 분이 아니다. 하나님은 예수님의 피로 구속하신 그의 백성과 함께하시며, 그들 안에서 하나님의 영광을 보여주신다. 하나님은 우리를 그분의 거룩한 성전으로 만들기 위해 많은 대가를 치루셨다. 그 하나님이 우리 안에서 높임을 받으시고 또 우리를 만나기 위해 기다리고 계신다. 그러므로 우리가 하나님의 성전으로 거룩하게 함께 지어져갈 때 우리는 하나님을 가장 기쁘시게 할 것이다.

## 7:8-17
## 다윗 언약

하나님은 다윗과 영원한 언약을 맺으신다. 하나님은 다윗의 이름을 위대하게 만들 것이며, 모든 원수에게서 벗어나 이스라엘 백성을 편히 쉬게 해주겠다고 말씀하신다. 또 다윗의 자손에서 왕들이 나올 것이며, 나라를 견고하게 해주겠다고 약속하신다.

**7:8** **그러므로 이제 내 종 다윗에게 이와 같이 말하라 만군의 여호와께서 이와 같이 말씀하시기를 내가 너를 목장 곧 양을 따르는 데에서 데려다가 내 백성 이스라엘의 주권자로 삼고**

다윗 언약은 다윗 개인뿐 아니라 메시아와 하나님의 백성에 대한 언약적인 약속이라는 점에서 중요하다. 다윗 언약의 내용은 그의 아들인 솔로몬에게서 성취되지만 좀더 온전한 성취는 예수 그리스도에게서 이루어졌다.

**양을 따르는 데에서** 하나님이 다윗이 목동이었을 때를 언급하신 이유는, 목동이었던 다윗이 이스라엘 왕이 된 것이야말로 하나님이 함께하신다는 가장 확실한 증거기 때문이다. 이것은 하나님의 전적인 은혜로 말미암은 것이었고, 하나님이 이루신 놀라운 업적이었다.

**7:9** **네가 가는 모든 곳에서 내가 너와 함께 있어 네 모든 원수를 네 앞에서 멸하였은즉 땅에서 위대한 자들의 이름같이 네 이름을 위대하게 만들어 주리라**

**네 모든 원수** 하나님이 함께하신다는 또 다른 증거는, 다윗이 수많은 위기에서 구원받았다는 사실이다. 다윗을 죽이려던 골리앗과 블레셋 사람들과 사울로부터 하나님은 다윗을 구해 주셨다.

7장

**네 이름을 위대하게 만들어 주리라** '네 이름을 존귀하게 만들어주겠다'는 의미다. 성경에서 '이름'은 한 사람의 인격과 전 존재를 의미한다. 다윗의 이름이 위대해진다는 것은 그가 이스라엘 밖의 이방 나라에서도 인정과 존경을 받게 될 것을 의미한다. 목동이었던 다윗의 이름이 존귀하게 되는 것은 자신을 낮추신 예수님의 이름이 모든 자들보다 높아지실 것을 모형적으로 보여주는 것이다(빌 2:6-11).

**7:10-11** **10내가 또 내 백성 이스라엘을 위하여 한 곳을 정하여 그를 심고 그를 거주하게 하고 다시 옮기지 못하게 하며 악한 종류로 전과 같이 그들을 해하지 못하게 하여 11전에 내가 사사에게 명령하여 내 백성 이스라엘을 다스리던 때와 같지 아니하게 하고 너를 모든 원수에게서 벗어나 편히 쉬게 하리라 여호와가 또 네게 이르노니 여호와가 너**

쉬운성경

8너는 내 종 다윗에게 전하여라. '나는 네가 양떼를 따라다닐 때, 풀밭에서 너를 데리고 와서 내 백성 이스라엘의 지도자로 세웠다.
9나는 네가 어디로 가든지 너와 항상 함께 있었고, 너를 위해 네 원수들을 물리쳐 주었다. 나는 너를 이 땅 위의 위대한 사람들만큼 유명하게 해 줄 것이다.
10그리고 내 백성 이스라엘을 위해 한 곳을 정하여 거기에서 내 백성들이 정착하여 자기들 집에서 살 수 있게 하겠다. 악한 백성이 전처럼 그들을 괴롭히지 못할 것이다. 그래서 그들이 더 이상 옮겨다니지 않게 하겠다.
11내가 사사들을 세워 나의 백성을 다스리게 했던 때와는 다르게, 나는 너의 모든 원수들을 물리쳐 너에게 평화를 줄 것이다. 또 나는 네 자손들이 너의 뒤를 이어 이스라엘 왕이 되게 할 것이다.

를 위하여 집을 짓고

**너를 모든 원수에게서 벗어나 편히 쉬게 하리라** 사사 시대와 사울 통치 시대만 하더라도 이스라엘 백성은 이방 백성의 침략과 괴롭힘으로 두려움에 떨며 이리저리 피난을 다녀야만 했다. 하나님은 이스라엘 백성에게 평화를 약속하심으로, 하나님이 다윗을 통해 이스라엘을 통치하시는 분임을 보여주겠다는 것이다. 이 약속은 예수님이 왕으로 오셔서 하나님의 백성을 모든 원수의 손에서 구원하실 것을 모형적으로 보여주는 것이다(눅 1:71; 엡 2:16).

## 7:12 네 수한이 차서 네 조상들과 함께 누울 때에 내가 네 몸에서 날 네 씨를 네 뒤에 세워 그의 나라를 견고하게 하리라

**네 씨를 네 뒤에 세워** 솔로몬을 말한다. 사울은 하나님께 불순종했기 때문에 그의 왕권은 한 대에서 끝나 버리고 말았다. 그러나 하나님은 다윗에게 다음 대에도 왕권이 계속될 것을 약속하신다. 다윗이 평생 하나님을 떠나지 않도록 은혜를 베풀어주신 것이다. '씨'에 대한 약속은 아담과 아브라함에게도 주어진 것(창 3:15; 22:18)으로, 궁극적으로는 다윗의 자손으로 오신 예수 그리스도를 의미한다(마 1:1).

## 7:13 그는 내 이름을 위하여 집을 건축할 것이요 나는 그의 나라 왕위를 영원히 견고하게 하리라

**집** 하나님의 약속대로 솔로몬은 하나님을 위한 성전을 짓는다. 그러나 이 성전의 약속은 궁극적으로 예수님이 이 땅에 하나님의 임재와 영광이 머무는 성전으로 오시어 성취된다(요 1:14; 2:21).

**쉬운성경**

12 네가 나이 많아 죽을 때에 나는 너의 몸에서 태어날 아들들 중 하나를 왕으로 세워, 그의 나라를 굳건하게 해 주겠다.
13 그리고 바로 그가 나를 위해 성전을 지을 것이다. 나는 그의 나라를 영원히 강하게 만들 것이다.
14 나는 그의 아버지가 되고, 그는 나의 아들이 될 것이다. 만일 그가 죄를 지으면 다른 사람을 채찍과 막대기로 삼아 그에게 벌을 줄 것이다.

**그의 나라 왕위** 하나님의 약속은 이스라엘을 넘어 메시아 왕국에서 성취된다. 예수님을 통해 이 땅에 시작된 하나님나라는 지금도 그 완전한 성취를 향해 계속해서 확장되고 있다(마 4:17; 5:3).

## 7:14 나는 그에게 아버지가 되고 그는 내게 아들이 되리니 그가 만일 죄를 범하면 내가 사람의 매와 인생의 채찍으로 징계하려니와

**죄를 범하면** 솔로몬은 말년에 하나님을 떠났기 때문에 징계를 받는다. 반면 예수님은 죄가 없었음에도 그의 백성의 죄악을 대신해 벌을 받으셨다(히 4:15; 벧전 2:21-24).

7장

## 7:15 내가 네 앞에서 물러나게 한 사울에게서 내 은총을 빼앗은 것처럼 그에게서 빼앗지는 아니하리라

**은총** 히브리어 '헤세드'를 번역한 것으로 하나님의 '언약적 사랑(covenant love)'을 의미한다. '헤세드'는 하나님이 인간과 언약을 맺으셨기 때문에 인간의 조건에 관계없이 하나님이 계속해서 은혜와 사랑과 긍휼을 베푸심을 의미한다. 본절은 하나님이 인간의 실수와 잘못에도 불구하고 예수님을 이 땅에 보내 은혜를 베푸실 것을 의미한다.

## 7:16 네 집과 네 나라가 내 앞에서 영원히 보전되고 네 왕위가 영원히 견고하리라 하셨다 하라

**네 집과 네 나라** 다윗의 집안을 넘어 예수님으로부터 시작된 하나님나라가 영원함을 말한다(단 7:14; 눅 1:33).

**쉬운성경**

15그러나 나의 사랑과 자비를 거둬들여 사울에게서 마음을 돌렸던 것처럼, 너의 아들에게서는 나의 사랑을 거둬들이지 않을 것이다.
16너의 집안과 너의 나라는 내 앞에서 영원히 이어질 것이다.'"
17나단은 자기가 들은 모든 말을 다윗에게 전했습니다.

## 7:17 나단이 이 모든 말씀들과 이 모든 계시대로 다윗에게 말하니라

마 음 에 새 기 기

다윗 언약은 솔로몬에게 일차적으로 이루어졌지만, 그 궁극적인 성취는 예수 그리스도에게서 이루어진다. 예수님은 다윗의 자손(마 1:1)이었고 하나님의 성전을 짓는 자(요 2:19-22)였으며, 영원한 왕국이 그에게 속했고(엡 5:5), 하나님의 아들(막 1:1)이었다. 그렇다면 이 다윗 언약이 지금 우리와 무슨 관계가 있을까?
첫째, 우리가 예수님을 왕으로 섬길 때 우리는 그 나라의 백성이 된다(벧전 2:10). 다윗은 이스라엘 백성의 대표자로서 이 약속을 받은 것이다. 우리가 예수님을 왕으로 모실 때 예수님은 우리를 하나님의 백성으로 삼으시고 다스리신다. 둘째, 왕이신 예수님으로 말미암아 우리는 하나님이 약속하신 모든 축복을 누릴 수 있다(엡 1:3). 하나님의 왕국은 영원하기 때문에 그곳에 거하는 자들은 영생을 누린다. 또 왕이신 예수님은 그의 백성에게 편히 쉬게 될 것을 약속하셨다. 하나님의 백성은 더 이상 원수들에게 시달리거나 그들을 두려워하지 않아도 된다. 이런 축복은 예수님을 왕으로 섬기는 모든 자들에게 주어진 것이다. 셋째, 이 땅에 하나님의 왕국을 확장하는 왕과 같은 지위와 능력이 우리에게 주어졌다(벧전 2:9). 하나님나라는 예수님이 재림하실 때 완성될 것이다. 그러나 그때까지 하나님나라는 이 땅에서 성도들을 통해 확장되어야 한다. 넷째, 어떤 위협과 공격이 있더라도 하나님나라는 영원하다(롬 8:35-39). 이 땅에서 하나님의 백성은 핍박과 환란을 겪고 심지어는 죽임을 당할 수도 있다. 그러나 영원한 하나님나라에 속한 자들에게 이것은 오히려 하나님나라를 확장하는 계기가 됨을 기억하자.

## 7:18-29
# 다윗의 기도

다윗은 성막으로 들어가 언약을 베풀어주신 하나님께 감사 기도를 드린다. 또 하나님의 위대하심을 고백하며 하나님이 약속하신 것들을 전부 이루어주실 것과 자신의 집에 복을 달라고 기도한다.

## 7:18 다윗 왕이 여호와 앞에 들어가 앉아서 이르되 주 여호와여 나는 누구이오며 내 집은 무엇이기에 나를 여기까지 이르게 하셨나이까

**여호와 앞에** 다윗은 하나님의 궤가 모셔져 있는 성막에 들어가 기도했다. 하나님의 언약을 받은 후에 그 감사와 감격을 하나님 앞에서 기도로 올려 드린 것이다.

**나는 누구이오며** 다윗은 자신의 비천한 신분과 하나님의 위엄을 비교하며 겸손하게 기도했다. 다윗의 기도에서 그의 겸손하면서도 진실한 감사와 믿음과 진지함을 엿볼 수 있다(시 144:3).



## 7:19 주 여호와여 주께서 이것을 오히려 적게 여기시고 또 종의 집에 있을 먼 장래의 일까지도 말씀하셨나이다 주 여호와여 이것이 사람의 법이니이다

**이것** 다윗의 자손이 누리게 될 '먼 장래의 일'과 대조되는 것으로, 다윗이 현재 누리고 있는 하나님의 복을 의미한다.

**이것이 사람의 법이니이다** '이것이 주님이 사람들을 일반적으로 다루시는 방법입니까?'라는 뜻이다. 다윗과 그의 가문에 대한 놀라운 축복이 보통 사람들에게는 흔히 주어지지 않는 예외적인 경우라는 의미다.

## 7:20 주 여호와는 주의 종을 아시오니 다윗이 다시 주께 무슨 말씀을 하오리이까

**주의 종을 아시오니** 속마음까지 다 아시는 하나님의 전지하심에 대한 다윗의 고백이다(시 139:1-4). 다윗은 이런 표현을 통해 자신의 고백이 진실함을 말하고 있다.

**쉬운성경**

18그 후에 다윗 왕은 장막으로 들어가서 여호와 앞에 앉았습니다. 다윗이 말했습니다. "주 여호와여, 제가 누구이기에, 그리고 제 집안이 무엇이기에 그토록 위해 주십니까?
19주 여호와여, 주께서는 장차 제 집안에 말씀하신 것도 부족하여, 인류의 대강령을 주셨습니까?
20더 이상 무슨 말씀을 드리겠습니까? 주 여호와여, 주께서는 주의 종인 저를 너무나 잘 아십니다.

**7:21** **주의 말씀으로 말미암아 주의 뜻대로 이 모든 큰 일을 행하사 주의 종에게 알게 하셨나이다**

**이 모든 큰 일** 나단 선지자를 통해 하나님이 알려주신 미래에 이루어질 일들과 약속을 말한다. 다윗은 이 모든 것이 하나님의 전적인 주권에 의해 결정된 것임을 고백한다.

**7:22** **그런즉 주 여호와여 이러므로 주는 위대하시니 이는 우리 귀로 들은 대로는 주와 같은 이가 없고 주 외에는 신이 없음이니이다**

**위대하시니, 주 외에는 신이 없음이니이다** 하나님의 위대하심과 유일하심을 고백하는 다윗의 고백은 모세의 고백과 비슷하다(출 15:11). 다윗은 하나님 외에는 어느 누구도 미래의 일을 약속하고 그 약속을 말한 대로 이룰 수 없음을 고백한 것이다.

**7:23-24** **[23]땅의 어느 한 나라가 주의 백성 이스라엘과 같으리이까 하나님이 가서 구속하사 자기 백성으로 삼아 주의 명성을 내시며 그들을 위하여 큰 일을, 주의 땅을 위하여 두려운 일을 애굽과 많은 나라들과 그의 신들에게서 구속하신 백성 앞에서 행하셨사오며 [24]주께서 주의 백성 이스라엘을 세우사 영원히 주의 백성으로 삼으셨사오니 여호와여 주께서 그들의 하나님이 되셨나이다**

**주의 백성 이스라엘과 같으리이까** 다른 어떤 나라도 이스라엘이 하나님께 받은 것

**쉬운성경**

21 주께서는 주의 기뻐하시는 대로 이 모든 큰 일을 결정하시고 주의 종에게 알려 주셨습니다.
22 여호와 하나님이시여, 이처럼 주께서는 위대하십니다. 주님과 같으신 분은 없습니다. 주님밖에는 다른 하나님이 없습니다. 우리는 이 모든 일을 우리 귀로 직접 들었습니다.
23 그리고 주님의 백성인 이스라엘과 같은 백성도 없습니다. 하나님께서 이 땅 위에서 오직 한 백성을 구원하사 자기 백성으로 삼으신 것은 이스라엘뿐입니다. 하나님께서는 저희와 주의 땅을 위하여 위대하고 놀라운 기적을 일으키셔서 주의 이름을 널리 알리셨습니다. 하나님께서는 이집트와 여러 나라들과 그 신들에게서부터 이 백성을 구해 주셨습니다.

같은 은혜를 받지 못했다. 다윗은 이스라엘이 얻게 된 명성은 전적으로 하나님의 구속과 은총으로 말미암은 것임을 찬양한다.

**영원히 주의 백성으로 삼으셨사오니** 이것은 하나님이 이스라엘과 맺으신 시내 산 언약의 핵심이다(출 19:5). 시내 산 언약에서는 조건적으로 주어졌던 약속이 다윗 언약에서는 영원히 변치 않을 확고한 것으로 제시된다(7:15). 이 약속은 예수님으로 말미암아 하나님의 백성된 자들과 하나님이 영원히 함께하실 것을 보여주는 것이다(계 21:3).

7장

## 7:25 여호와 하나님이여 이제 주의 종과 종의 집에 대하여 말씀하신 것을 영원히 세우셨사오며 말씀하신 대로 행하사

**말씀하신 대로 행하사** 다윗은 하나님이 약속하신 것을 이루어 달라고 간구한다. 이를 통해 하나님이 약속하신 말씀일지라도 그 성취에 있어서는 우리의 기도와 간구가 필요함을 알 수 있다(겔 36:37).

## 7:26 사람이 영원히 주의 이름을 크게 높여 이르기를 만군의 여호와는 이스라엘의 하나님이라 하게 하옵시며 주의 종 다윗의 집이 주 앞에 견고하게 하옵소서

**사람이 영원히 주의 이름을 크게 높여** 기도가 응답되면 하나님을 찬양하겠다는 조건적인 신앙고백이 아니다. 다윗은 기도가 응답될 것을 알았다. 그래서 결과적으로 하나님을 찬양하게 될 것임을 미리 고백한 것이다.

**쉬운성경**

24주께서는 이스라엘 백성을 세우시고, 영원히 주님의 백성으로 삼으셨습니다. 그리고 여호와께서는 우리의 하나님이 되어 주셨습니다.
25여호와 하나님, 이제 저의 집안과 주님의 종인 저에게 하신 말씀을 이루어 주십시오. 약속하신 것을 영원히 지켜 주십시오.
26그리하시면 주님의 이름을 영원히 높일 것입니다. 그리고 백성들은 '만군의 여호와는 이스라엘의 하나님이시다!'라고 부를 것입니다. 그리고 주님의 종 다윗의 집안을 주님 앞에서 굳게 서게 해 주십시오.

**7:27** **만군의 여호와 이스라엘의 하나님이여 주의 종의 귀를 여시고 이르시기를 내가 너를 위하여 집을 세우리라 하셨으므로 주의 종이 이 기도로 주께 간구할 마음이 생겼나이다**

**주의 종의 귀를 여시고** 다윗은 자신이 하나님의 집을 세울 수 있을 것이라고 생각했다. 그러나 하나님은 하나님 자신이 다윗의 집을 영원히 세울 것임을 말씀하신다. 다윗은 하나님의 계시로 자신이 알지 못했던 비밀을 깨닫게 된 것을 '귀가 열렸다'고 표현했다.

**7:28** **주 여호와여 오직 주는 하나님이시며 주의 말씀들이 참되시니이다 주께서 이 좋은 것을 주의 종에게 말씀하셨사오니**

**주의 말씀들이 참되시니이다** 다윗은 하나님이 약속하신 것을 반드시 이루어주실 것이라고 고백한다. 이것은 그의 신앙이 하나님의 말씀에 근거한 것임을 보여준다.

**7:29** **이제 청하건대 종의 집에 복을 주사 주 앞에 영원히 있게 하옵소서 주 여호와께서 말씀하셨사오니 주의 종의 집이 영원히 복을 받게 하옵소서 하니라**

**복** 다윗에게 약속된 복의 핵심은, 그의 집에서 영원한 이스라엘 백성의 통치자가 나올 거라는 것이다. 이 약속은 예수님이 오셔서 영원한 하나님나라를 이 땅에 시작하심으로 성취되었다.

**쉬운성경**

27만군의 여호와여, 이스라엘의 하나님, 주께서 이 모든 것을 저에게 보여 주셨습니다. 주께서는 '너의 집안을 굳게 세우겠다'고 말씀하셨습니다. 그래서 주님의 종인 제가 감히 주께 기도드리는 것입니다.
28주 여호와여, 주님은 하나님이시며, 주님의 말씀은 진리입니다. 주께서는 이 좋은 것을 주님의 종인 저에게 약속해 주셨습니다.
29저의 집안에 복을 주십시오. 영원히 주님 앞에 있게 해 주십시오. 주 하나님, 주께서는 이 놀라운 일을 말씀하셨습니다. 주님의 은혜로 저의 집안이 영원토록 복을 받게 해 주십시오."

### 마음에 새기기

다윗의 기도는 우리가 어떻게 기도해야 하는지에 대한 몇 가지 모델을 제시한다. 첫째, 우리는 하나님의 말씀에 따라 기도해야 한다. 다윗은 나단이 전한 하나님의 말씀에 따라 기도했다. 주신 말씀에 반응하면서 그 말씀의 핵심을 고백하며 기도했다. 이것은 우리의 기도 또한 하나님의 말씀에 대한 반응이자 고백이 되어야 함을 보여준다. 말씀 없이 기도하는 것은 자신의 뜻과 이익만을 요구하는 자기중심적인 기도가 되기 쉽다. 둘째, 우리는 겸손함으로 기도해야 한다. 다윗은 자신이 하나님의 은혜를 받을 만한 아무런 조건과 자격이 없음을 고백했다. 어떻게 자기 같은 비천하고 연약한 자에게 하나님이 축복과 은혜를 약속하실 수 있는지에 대한 놀라움과 감탄으로 기도했다. 교만한 사람은 절대 기도할 수 없다. 하나님이 베푸신 모든 것을 겸손함으로 받아들이는 사람만이 감사로 기도할 수 있다. 셋째, 우리는 하나님과 그분의 말씀을 신뢰하며 기도해야 한다. 다윗은 하나님의 약속에 대해 철저한 믿음을 표현한다. 다윗은 하나님이 약속하신 '영원한 왕국'에 대해 다 이해할 수 없었지만 그것을 믿음으로 받아들이며 기도했다. 우리의 기도는 하나님이 그를 찾는 자들에게 상 주시는 이심을 믿는 믿음(히 11:6)에 근거한 것이어야 한다. 넷째, 우리는 진실함으로 기도해야 한다. 다윗은 말하지 않아도 자신의 마음을 하나님께서 다 아실 것이라고 고백했다. 이것은 하나님에 대한 그의 감사와 감격이 진실한 것임을 보여준다. 하나님 앞에서 유려한 말보다 중요한 것은 진실한 마음이다. 비록 어눌한 말과 눈물로 호소하는 기도라도 그 중심이 진실하다면 하나님은 그 기도를 들으신다.

# Part 03

| 8:1–10:19 |

# 다윗의 군사적 축복

## 8:1–8
## 이방 나라들에 대한 다윗의 승리

다윗은 이스라엘 서쪽의 블레셋과 동쪽의 모압, 북쪽의 소바와 아람 같은 적국들과의 전쟁에서 계속 승리를 거둔다. 그리고 전쟁에서 패배한 이방 나라들은 모두 다윗의 종이 되어 조공을 바친다. 이는 하나님이 다윗에게 승리를 주셨기 때문이다.

**8:1** **그 후에 다윗이 블레셋 사람들을 쳐서 항복을 받고 블레셋 사람들의 손에서 메덱암마를 빼앗으니라**

여러 적들과의 전투에서 승리한 내용이 기록된 이유는, 하나님의 언약이 어떻게 이루어졌는지를 보여주기 위한 것이다.

**블레셋 사람들** 이스라엘 서쪽에 거주하던 이방 민족으로 다윗 이후로는 이들의 세력이 약해져서 다시는 이스라엘을 공격하지 못했다.

**메덱암마** '어머니의 굴레'라는 뜻으로 당시 다른 도시들에 가장 큰 영향력을 끼쳤던 '가드'를 의미한다(대상 18:1).

**8:2** **다윗이 또 모압을 쳐서 그들로 땅에 엎드리게 하고 줄로 재어 그 두 줄 길이의 사람은 죽이고 한 줄 길이의 사람은 살리니 모압 사람들이 다윗의 종들이 되어 조공을 드리니라**

**모압** 모압은 이스라엘의 대표적인 적으로 이스라엘 동쪽에 위치했다.

**줄로 재어** 다윗은 모압 사람들을 땅에 엎드리게 하여 그들의 키를 재었다. 다윗이 키를 잰 이유는 군대에서 싸울 수 있을 정도로 키가 큰 사람을 다 죽이기 위함이었다. 반면 키가 작은 소년들과 노약자들은 남겨 두었다. 다른 전쟁과 달리 다윗이 잔인한 방법으로 포로들을 다룬 이유에 대해 유대 전승은 모압 왕이 다윗의 부모를 죽였기 때문이라고 전한다.

8장

**8:3** **르홉의 아들 소바 왕 하닷에셀이 자기 권세를 회복하려고 유브라데 강으로 갈 때에 다윗이 그를 쳐서**

**소바** 이스라엘 북쪽의 아람은 통일 왕국을 이루기 전에는 여러 작은 나라들로 이루어져 있었다. 소바는 그중 가장 강한 나라였다.

**유브라데 강** 하나님이 이스라엘의 북쪽 경계로 약속하신 곳이지만 다윗 시대에 이르러서야 그 지역까지 영향력을 미치게 되었다. 10장에는 아람의 동맹군이 암몬을 돕다가 이스라엘 군대에게 패배한 사건이 기록되어 있다. 그 후에 아람의 강국인 소바가 북쪽까지 확장된 이스라엘과 싸우기 위해 동맹군을 모아 전투를 벌이나 대패한다.

**쉬운성경**

1그 후에 다윗은 블레셋 사람들을 물리쳐 이겼습니다. 그리고 다윗은 블레셋 사람들의 손에서 메덱암마를 빼앗았습니다.
2다윗은 또 모압 백성을 물리쳐 이겼습니다. 다윗은 모압 백성을 땅에 엎드리게 하여 그들의 키를 재었습니다. 다윗은 두 줄 길이의 사람들은 다 죽이고 한 줄 길이의 사람은 살려 주었습니다. 이렇게 하여 모압 백성은 다윗의 종이 되어 다윗이 요구하는 대로 조공을 바쳤습니다.
3다윗은 유프라테스 강을 다시 차지하려고 가고 있던 르홉의 아들 하닷에셀을 쳐서 이겼습니다. 하닷에셀은 소바의 왕이었습니다.

## 8:4 그에게서 마병 천칠백 명과 보병 이만 명을 사로잡고 병거 일백 대의 말만 남기고 다윗이 그 외의 병거의 말은 다 발의 힘줄을 끊었더니

**마병 천칠백 명과 보병 이만 명** 다윗이 빼앗은 병거와 보병의 수는 다윗의 승리가 얼마나 놀라운 것인지를 보여주는 증거다. 다윗의 군대는 병거가 없었다. 그런데도 병거를 이끌고 공격해 온 소바 군대와 싸워 큰 승리를 얻은 것이다. 한편 다윗은 '왕은 병마를 많이 두지 말라'(신 17:16)는 하나님의 명령을 좇아 병거를 끌 말 백 마리만 남겨 두고 나머지 말은 발의 힘줄을 끊어 다리를 못 쓰게 만든다. 또 이스라엘은 산악 지형이라 병거 부대가 유용하지 않기도 했다.

## 8:5 다메섹의 아람 사람들이 소바 왕 하닷에셀을 도우러 온지라 다윗이 아람 사람 이만 이천 명을 죽이고

**다메섹** 현재는 '다마스커스'로 불리는 소바 남쪽에 위치한 아람의 수도다. 아람 사람들은 이스라엘의 영향력이 북쪽까지 미치게 되자 서로 도와 다윗과 싸우지만 계속해서 패배한다.

## 8:6 다윗이 다메섹 아람에 수비대를 두매 아람 사람이 다윗의 종이 되어 조공을 바치니라 다윗이 어디로 가든지 여호와께서 이기게 하시니라

**조공** 다마스커스는 무역의 중심지였기 때문에 이스라엘은 이 전투에 승리함으로써 큰 경제적인 이익을 얻게 되었다. 또 다윗은 군대를 다마스커스에 두어 그들이

**쉬운성경**

4 다윗은 하닷에셀에게서 전차를 몰던 군인 천칠백 명과 보병 이만 명을 사로잡았습니다. 다윗은 말 백 마리만을 남겨 전차를 끌게 하고, 나머지 말들은 다리를 못 쓰게 만들었습니다.
5 다마스커스의 아람 사람들이 소바 왕 하닷에셀을 도우려고 왔습니다. 그러나 다윗은 그 아람 사람 이만 이천 명을 물리쳐 이겼습니다.
6 그리고 나서 다윗은 자기 군대를 아람의 수도인 다마스커스에 두었습니다. 아람 사람들은 다윗의 종이 되어 다윗이 요구하는 대로 조공을 바쳤습니다. 여호와께서는 다윗이 가는 곳마다 승리하게 해 주셨습니다.

반란을 일으키거나 다윗의 지배에서 벗어나지 못하게 했다.

**어디로 가든지** 8장에 기록된 블레셋과 모압과 소바와 아람은 이스라엘의 서쪽과 동쪽과 북쪽에 위치한 대표적인 적국들이다. 다윗은 이들과의 전쟁 외에도 다른 많은 전쟁을 했다.

**여호와께서 이기게 하시니라** 적과의 전투에서 승리한 것이 다윗의 용맹이나 이스라엘의 군사력에 의한 것이 아니라 하나님으로 말미암은 것임을 보여준다.

## 8:7-8

**7다윗이 하닷에셀의 신복들이 가진 금방패를 빼앗아 예루살렘으로 가져오고 8또**
**다윗 왕이 하닷에셀의 고을 베다와 베로대에서 매우 많은 놋을 빼앗으니라**

8장

**금방패, 놋** 다윗이 전투에서 많은 전리품을 얻었음을 알 수 있다. 성경이 금방패와 놋을 기록한 이유는 후에 솔로몬이 성전을 건축할 때 이 금속들이 사용되기 때문이다.

### 마 음 에 새 기 기

이스라엘은 다윗이 왕이 되기 전까지는 한 번도 평화를 누려본 적이 없었다. 가나안 땅에 처음 들어와서는 땅을 차지하기 위해 싸움을 계속했지만 가나안 사람들을 다 쫓아내지 못했다. 사사 시대에는 사방의 적들로 거의 멸망할 위기에 놓이기도 했다. 또 사무엘과 사울 시대에는 블레셋 때문에 계속해서 국가적인 위기 상황에 처했다. 국가가 힘이 없어 사방의 적국에 시달릴 때 가장 고통을 겪는 것은 백성이다. 이스라엘 백성은 평화를 찾아 사방으로 흩어졌고, 늘 침략의 두려움에 떨어야 했다. 그런데 다윗 시대에 들어서서 처음으로 평화가 찾아온 것이다. 하나님의 백성에게 진정한 평화와 안정은 예수 그리스도가 왕이 되어 다스리실 때 가능하다. 인간의 모든 갈등과 문제의 근본적인 원인은 자아가 끊임없이 왕이 되려고 하는 것에 있기

**쉬운성경**

7다윗은 하닷에셀의 신하들이 가지고 있던 금방패를 빼앗아 예루살렘으로 가지고 왔습니다.
8다윗은 또 베다와 베로대에서 놋쇠로 만든 물건들을 많이 빼앗아 왔습니다. 베다와 베로대는 하닷에셀이 통치하던 성이었습니다.

때문이다. 자아의 욕망은 사람들과의 관계를 깨뜨린다. 자아는 모든 좋은 것을 자신만이 누리려 하고 사람들의 관심과 사랑을 얻고자 경쟁한다. 결국 자아가 왕이 되어 그 다스림을 받으며 살아가는 사람은 평생 자아의 욕망과 요구에 시달리며 다른 사람과 경쟁하고 갈등하며 살아야 한다. 이 싸움을 멈추게 하고 평화를 주시는 분은 오직 예수 그리스도뿐이시다. 자아가 왕좌에서 내려오고 예수님이 왕이 되어 우리를 다스리기 시작할 때 우리는 진정한 평화를 맛보게 된다. 다윗을 통해 이스라엘 백성이 모두 평화를 누린 것처럼 예수님은 우리에게 평화를 주시는 왕이다.

## 8:9–18
## 계속되는 다윗의 승리와 국가 관리의 임명

다윗은 외교적으로 이스라엘 북쪽 경계에 있는 하맛과도 화친을 맺는다. 또 군사적으로는 에돔을 제압한다. 그리고 이스라엘 백성의 관리들을 세워 정의롭고 공의로운 정치를 실현한다.

**8:9** **하맛 왕 도이가 다윗이 하닷에셀의 온 군대를 쳐서 무찔렀다 함을 듣고**

**하맛** 소바 위쪽에 있던 아람의 작은 나라다.

**8:10** **도이가 그의 아들 요람을 보내 다윗 왕에게 문안하고 축복하게 하니 이는 하닷에셀이 도이와 더불어 전쟁이 있던 터에 다윗이 하닷에셀을 쳐서 무찌름이라 요람이 은 그릇과 금 그릇과 놋 그릇을 가지고 온지라**

**도이가 그의 아들 요람을 보내** 하맛은 소바와 경쟁 관계에 있었다. 두 나라는 서로 국경을 접하고 있었기 때문에 자주 전투를 했다. 그러므로 다윗이 소바를 물리쳐 이긴 사건은 하맛에게 있어서는 경쟁 상대가 제거된 일이었다. 따라서 하맛 왕 도이는 자기 아들 요람을 보내 다윗에게 문안하고 축복하여 화친을 맺고자 한 것이다. 이것은 다윗의 명성이 이스라엘 북쪽 멀리까지 퍼져 나갔음을 보여준다.

## 8:11-12

[11]다윗 왕이 그것도 여호와께 드리되 그가 정복한 모든 나라에서 얻은 은금
[12]곧 아람과 모압과 암몬 자손과 블레셋 사람과 아말렉에게서 얻은 것들과
소바 왕 르홉의 아들 하닷에셀에게서 노략한 것과 같이 드리니라

**노략한 것** 역대상 기자는 다윗이 성전 건축을 위해 금 십만 달란트와 은 백만 달란트, 그리고 다른 많은 건축 자재들을 준비해 두었음을 기록한다(22:14). 금 십만 달란트는 3천4백 톤에 달하며, 은 백만 달란트는 3만4천 톤에 달하는 양이다. 이를 통해 다윗이 얼마나 많은 전리품을 얻어 하나님께 바쳤는지를 알 수 있다. 다윗은 '왕은 자기를 위하여 은금을 많이 쌓지 말라'(신 17:17)는 하나님의 명령을 지켰을 뿐 아니라 하나님의 성전 건축을 위해 충실히 준비했다.

8장

## 8:13

다윗이 소금 골짜기에서 에돔 사람 만 팔천 명을 쳐죽이고 돌아와서 명성을 떨치니라

**소금 골짜기** 사해 남쪽 아라바 광야의 소금 지대를 말한다.

**에돔** 이 전투의 승리에 관한 내용은 시편 60편에 기록되어 있다. 시편 기자는 다윗이 아람 왕들과 싸우고 있었을 때 요압이 에돔과 싸움을 했다고 기록한다. 즉, 이스라엘은 북쪽과 남쪽에서 동시에 전쟁을 치르고 있었던 것이다. 큰 위기 상황이었지만 하나님의 도우심으로 이스라엘은 모든 전투에서 승리한다.

**쉬운성경**

[9]하맛 왕 도이가 다윗이 하닷에셀의 모든 군대를 물리쳐 이겼다는 이야기를 들었습니다.
[10]그래서 도이는 자기 아들 요람을 보내 다윗 왕을 맞이하여 축하해 주도록 했습니다. 요람은 다윗이 하닷에셀을 물리쳐 이긴 것을 축하해 주었습니다. 하닷에셀은 전에 도이와 맞서 싸운 일이 있습니다. 요람은 은과 금과 놋쇠로 만든 물건들을 가지고 왔습니다.
[11]다윗은 그 물건들을 받아서 여호와께 바쳤습니다. 다윗은 또 자기가 물리쳐 이긴 나라들에게서 빼앗은 은과 금,
[12]곧 아람과 모압, 암몬 사람들과 블레셋 사람들, 그리고 아말렉에게서 얻은 것들과, 소바 왕 르홉의 아들 하닷에셀에게서 빼앗은 것들도 같이 여호와께 바쳤습니다.
[13]다윗은 '소금 골짜기'에서 에돔 사람 만 팔천 명을 물리쳐 이기고 돌아왔습니다. 그 일로 다윗은 유명해졌습니다.

**8:14** **다윗이 에돔에 수비대를 두되 온 에돔에 수비대를 두니 에돔 사람이 다 다윗의 종이 되니라 다윗이 어디로 가든지 여호와께서 이기게 하셨더라**

**어디로 가든지 여호와께서 이기게 하셨더라** 하나님이 모든 전투에 승리를 주셨음이 6절에 이어 본절에서 다시 한번 언급된다. 이는 승리의 이유가 다윗이 아닌 하나님께 있음을 강조하기 위함이다.

**8:15** **다윗이 온 이스라엘을 다스려 다윗이 모든 백성에게 정의와 공의를 행할새**

**정의와 공의** 지도자에게 주어진 가장 중요한 책임은 자신의 백성을 올바르고 공정하게 다스리는 것이다. 다윗은 하나님의 통치를 대행하는 지도자였기 때문에 하나님의 성품과 뜻을 좇아 정의와 공의로 백성을 다스렸다. 다윗은 정의와 공의로 다스릴 메시야의 통치를 모형적으로 보여주는 인물이다(사 32:1; 렘 23:5).

**8:16** **스루야의 아들 요압은 군사령관이 되고 아힐룻의 아들 여호사밧은 사관이 되고**

**사관** 나라의 중요한 사건과 왕의 명령 등을 기록하고 보존하는 역할을 하는 관리를 의미한다.

**8:17** **아히둡의 아들 사독과 아비아달의 아들 아히멜렉은 제사장이 되고 스라야는 서기관이 되고**

**쉬운성경**

14 다윗은 에돔 땅 모든 곳에 자기 군대를 두었습니다. 에돔 백성은 모두 다윗의 종이 되었습니다. 여호와께서는 다윗이 가는 곳마다 승리하게 해 주셨습니다.
15 다윗은 온 이스라엘을 올바르고 공정하게 다스렸습니다.
16 스루야의 아들 요압은 모든 군대의 지휘관이 되었습니다. 아힐룻의 아들 여호사밧은 역사 기록관이 되었습니다.
17 아히둡의 아들 사독과 아비아달의 아들 아히멜렉은 제사장이 되었습니다. 스라야는 서기관이 되었습니다.
18 여호야다의 아들 브나야는 그렛 사람과 블렛 사람을 다스리는 왕의 경호관이 되었습니다. 그리고 다윗의 아들들도 중요한 자리를 맡아 보게 되었습니다.

**사독** 아론의 셋째 아들 엘르아살의 자손으로 다윗 시대에는 아히멜렉과 함께 대제사장으로 섬겼다(대상 24:3). 솔로몬 시대 때 아히멜렉이 대제사장 직에서 쫓겨난 후에 사독은 유일한 대제사장이 되었고(왕상 2:35), 그의 후손들이 오랫동안 대제사장 직을 맡았다(겔 44:15).

**아히멜렉** 아론의 넷째 아들 이다말의 자손인 아비아달의 아들로 다윗 당시에 대제사장이었지만 솔로몬이 그의 대제사장 직분을 파면했다(왕상 2:26-27).

**스라야** 성경에서 '스와'(삼하 20:25), '시사'(왕상 4:3), '사워사'(대상 18:16) 등의 여러 이름으로 불린다. 그의 아들들도 서기관이 되었다(왕상 4:3).

8장

## 8:18 여호야다의 아들 브나야는 그렛 사람과 블렛 사람을 관할하고 다윗의 아들들은 대신들이 되니라

**그렛 사람과 블렛 사람** 블레셋 남쪽에 살던 족속들(삼상 30:14)로 다윗을 보호하는 경호 부대를 구성했다. 이들의 대장은 브나야였다. 이들은 압살롬이 반역했을 때 다윗을 호위했고, 솔로몬을 왕으로 세울 때도 그를 보호하는 역할을 했다(왕상 1장).

**다윗의 아들들** 고대 국가에서 왕자들이 국가의 중요한 역할을 담당하는 것은 일반적이었다. 그 때문에 다윗의 아들들도 대신이 되어 국가의 중요한 업무를 담당했다.

### 마음에 새기기

다윗은 외교와 군사 부문에서도 큰 성공을 거둔다. 그래서 이스라엘 적들의 위협으로부터 백성이 평안을 누릴 수 있도록 했다. 또 모든 백성에게 정의와 공의를 행하며 좋은 관리들을 세워 나라를 잘 다스렸다. 이스라엘 백성이 가나안 땅에 들어온 이래 처음으로 나라 안팎에 안정과 평화의 시기가 찾아온 것이다. 출애굽한 이스라엘 백성은 젖과 꿀이 흐르는 땅을 얻게 될 소망에 부풀어 가나안에 들어왔다. 그런데 계속된 전쟁과 공정치 못한 정치로 백성들의 삶은 피폐해져 갔다. 그러다 다윗의 통치와 동시에 나라 안팎으로 안정이 찾아온 것이다. 젖과 꿀이 흐르는 가나안의 축복은 다윗과 같은 하나님의 마음을 가진 지도자를 통해 이루어짐을 볼 수 있다.
혼란과 갈등과 전쟁이 가득한 이 세상이 젖과 꿀이 흐르는 곳이 되기 위해서는, 이처럼 하나님의 통치를 이 땅에 대행할 하나님의 사람이 많이 필요하다. 경제 · 교육 · 정치 · 종교 · 의료 등 사회 각 분야에서 하나님의 말씀대로 살면서 하나님나라를 확장할 사람들이 이 세상에 필요한 것이다. 리더십은 특별한 지위와 권세를 가진 사람만 행사하는 것이 아니다. 가정과 학교와 직장에서 바로 곁에 있는 사람을 하나님의 마음으로 섬길 때 그 사람은 예수님을 닮은 리더십을 발휘할 수 있다. 그럼으로써 이 사람은 하늘의 생명과 아름다움을 전달한다. 우리 그리스도인들은 사회 각 영역에서 하나님의 통치가 이루어지도록 하나님의 말씀대로 살아가야 할 것이다.

## 9:1–13
## 므비보셋에게 은총을 베푼 다윗

다윗은 사울 집안 사람이자 요나단의 아들인 므비보셋을 찾아낸다. 그리고 그에게 재산을 다 돌려주고 항상 자신의 상에서 떡을 먹게 함으로써 그의 명예를 회복시켜 준다. 이에 므비보셋은 다윗이 베푼 은총에 감사를 표한다.

**9:1** **다윗이 이르되 사울의 집에 아직도 남은 사람이 있느냐 내가 요나단으로 말미암아 그 사람에게 은총을 베풀리라 하니라**

**사울의 집에 아직도 남은 사람이 있느냐** 이 사건은 다윗 통치 기간 중 중기 이후에 벌어졌을 것이다. 길보아 산 전투 때 다섯 살이었던 므비보셋이 성인이 되어 아들까지 두고 있었기 때문에, 다윗이 왕이 된 후에도 상당한 시간이 흘렀을 것이다. 다윗은 국가의 내외부적 통치 기반을 마련하고 난 후 사울의 집에 아직 남은 사람에게 은총을 베풀 생각을 하게 된 것이다.

**요나단으로 말미암아** 요나단은 다윗을 보호하고 격려한 가장 절친한 친구였다. 특히 다윗이 사울을 피해 도망 다닐 때, 그들은 다윗이 왕이 될 경우 요나단의 자손을 보살펴 줄 것에 대한 언약을 맺었다(삼상 20:12-16).

## 9:2 사울의 집에는 종 한 사람이 있으니 그의 이름은 시바라 그를 다윗의 앞으로 부르매 왕이 그에게 말하되 네가 시바냐 하니 이르되 당신의 종이니이다 하니라

**시바** 많은 자녀와 종을 거느리고 있었던 것으로 보아(10절) 사울 집안의 책임을 맡았던 청지기였음을 알 수 있다. 훗날 시바는 압살롬의 반역 때 므비보셋을 모함하여 그의 재산을 가로챘다(16:1-4).

## 9:3 왕이 이르되 사울의 집에 아직도 남은 사람이 없느냐 내가 그 사람에게 하나님의 은총을 베풀고자 하노라 하니 시바가 왕께 아뢰되 요나단의 아들 하나가 있는데 다리 저는 자니이다 하니라

**하나님의 은총을 베풀고자 하노라** 다윗이 요나단의 아들 므비보셋에게 은총을 베풀고자 함은 다윗 자신이 하나님의 은총을 경험했기 때문이다. 하나님의 은총에 진정으로 감사하는 사람만이 다른 사람을 용서하고 그 은총을 흘려보낼 수 있다.

## 9:4-5 4왕이 그에게 말하되 그가 어디 있느냐 하니 시바가 왕께 아뢰되 로드발 암미엘의 아들 마길의 집에 있나이다 하니라 5다윗 왕이 사람을 보내어 로드발 암미엘의 아들 마길의 집에서 그를 데려오니

**쉬운성경**

1다윗이 물었습니다. "사울의 집안에 아직 살아 남은 사람이 있느냐? 있다면 요나단을 보아서라도 그 사람에게 잘해 주고 싶구나."
2사울의 집안에 시바라는 이름을 가진 종이 있었습니다. 그래서 다윗의 종들이 시바를 불러 다윗에게 오게 했습니다. 다윗 왕이 시바에게 물었습니다. "네가 시바냐?" 시바가 대답했습니다. "그렇습니다. 제가 왕의 종 시바입니다."
3왕이 물었습니다. "사울의 집안에 살아남은 사람이 있느냐? 있다면 내가 하나님의 은혜를 베풀고 싶다." 시바가 왕에게 대답했습니다. "요나단의 아들이 아직 살아 있습니다. 그는 두 다리를 모두 절뚝거립니다."
4왕이 시바에게 물었습니다. "그 아들이 어디에 있느냐?" 시바가 대답했습니다. "그는 로드발에 있는 암미엘의 아들 마길의 집에 있습니다."
5이 말을 듣고 다윗 왕은 종들을 시켜 로드발에 있는 암미엘의 아들 마길의 집에서 요나단의 아들을 데리고 오게 했습니다.

9장

**로드발** 요단 강 동쪽 마하나임 근처의 성읍이다.

**마길** 도망자인 므비보셋을 그의 집에서 한동안 보살폈을 뿐 아니라 후일에 압살롬을 피해 달아나던 다윗을 선대한 부자다(삼하 17:27-29).

## 9:6 사울의 손자 요나단의 아들 므비보셋이 다윗에게 나아와 그 앞에 엎드려 절하매 다윗이 이르되 므비보셋이여 하니 그가 이르기를 보소서 당신의 종이니이다

**므비보셋** 사울의 손자이며 요나단의 아들이다. 본래의 이름은 '바알의 대변자'라는 뜻의 '므립바알'이지만(대상 8:34), 후일에 '수치를 쫓아보냄'이라는 뜻의 '므비보셋'으로 개명했다. 사울이 죽임을 당한 길보아 산 전투 때 유모가 그를 안고 도망치다가 떨어뜨려 두 다리를 모두 저는 절름발이가 되었다(4:4). 다윗이 불렀을 때 므비보셋은 죽임을 당할지도 모른다는 극도의 두려움을 느꼈을 것이다.

## 9:7 다윗이 그에게 이르되 무서워하지 말라 내가 반드시 네 아버지 요나단으로 말미암아 네게 은총을 베풀리라 내가 네 할아버지 사울의 모든 밭을 다 네게 도로 주겠고 또 너는 항상 내 상에서 떡을 먹을지니라 하니

**은총** 다윗은 므비보셋에게 구체적으로 은총을 베푼다. 첫째, 물질적인 보상이다. 다윗은 사울의 모든 재산을 손자인 므비보셋에게 돌려준다. 둘째, 명예를 회복시켜 준다. 므비보셋으로 하여금 항상 왕의 상에서 떡을 먹게 함으로써 왕자의 지위를 회복하도록 한 것이다.

**쉬운성경**

6 요나단의 아들 므비보셋이 다윗 앞에 와서 얼굴을 땅에 대고 절을 했습니다. 다윗이 말했습니다. "므비보셋아!" 므비보셋이 대답했습니다. "저는 왕의 종입니다."
7 다윗이 므비보셋에게 말했습니다. "두려워하지 마라. 너의 아버지 요나단을 생각해서 너에게 은혜를 베풀고자 한다. 너의 할아버지 사울의 땅을 모두 너에게 돌려주겠다. 그리고 너는 언제나 내 식탁에서 식사를 해도 좋다."
8 므비보셋이 다시 얼굴을 땅에 대고 다윗에게 절을 하며 말했습니다. "왕께서는 왕의 종에 지나지 않는 저에게 너무 많은 은혜를 베푸십니다. 저는 죽은 개만도 못한 사람입니다."

## 9:8 **그가 절하여 이르되 이 종이 무엇이기에 왕께서 죽은 개 같은 나를 돌아보시나이까 하니라**

**죽은 개 같은 나** 수십 년간을 도망자와 장애인으로 살아가야 했던 므비보셋의 자아관을 엿볼 수 있다. 다윗이 베푼 은총은 므비보셋의 오랜 상처와 수치를 씻어줄 수 있는 것이었다.

## 9:9-11

**9왕이 사울의 시종 시바를 불러 그에게 이르되 사울과 그의 온 집에 속한 것은**
**내가 다 네 주인의 아들에게 주었노니 10너와 네 아들들과 네 종들은 그를 위**
**하여 땅을 갈고 거두어 네 주인의 아들에게 양식을 대주어 먹게 하라 그러나 네 주인의 아들**
**므비보셋은 항상 내 상에서 떡을 먹으리라 하니라 시바는 아들이 열다섯 명이요 종이 스무 명**
**이라 11시바가 왕께 아뢰되 내 주 왕께서 모든 일을 종에게 명령하신 대로 종이 준행하겠나이**
**다 하니라 므비보셋은 왕자 중 하나처럼 왕의 상에서 먹으니라**

9장

**왕이 사울의 시종 시바를 불러 그에게 이르되** 다윗은 사울의 시종 시바에게 므비보셋을 섬길 것을 구체적으로 명령한다. 또 므비보셋이 항상 자신의 상에서 떡을 먹음으로 그의 명예와 지위가 회복될 것을 선포한다. 당시에 시바는 어쩔 수 없이 다윗의 명령에 복종했지만, 후일에 기회가 찾아오자 다윗을 속여 므비보셋의 재산을 가로챈다.

**쉬운성경**

9그 후에 다윗이 사울의 종 시바를 불러 말했
습니다. "나는 네 주인의 손자에게 사울과 그
의 집안의 소유였던 것을 다 주었다.
10너와 너의 아들들과 너의 종들은 므비보셋을
위해 땅을 갈고 곡식과 열매를 거둬야 할 것
이다. 그래서 네 주인의 손자 므비보셋에게
양식이 늘 있게 하여라. 그러나 네 주인의 손
자 므비보셋은 언제나 내 식탁에서 식사를
할 것이다." 시바에게는 아들 열다섯 명과 종
이십 명이 있었습니다.
11시바가 다윗 왕에게 말했습니다. "저는 왕의
종입니다. 저는 내 주이신 왕이 명령하시는
일이라면 무엇이든지 다 하겠습니다." 그리
하여 므비보셋은 다윗의 아들들처럼 다윗의
식탁에서 식사를 했습니다.
12므비보셋에게는 미가라는 젊은 아들이 있었
습니다. 시바의 집안에 있는 사람은 다 므비
보셋의 종이 되었습니다.
13므비보셋은 두 다리를 모두 절었습니다. 므
비보셋은 예루살렘에서 살면서 언제나 왕의 식
탁에서 식사를 했습니다.

## 9:12 므비보셋에게 어린 아들 하나가 있으니 이름은 미가더라 시바의 집에 사는 자마다 므비보셋의 종이 되니라

**미가** '누가 하나님과 같으신가?'라는 뜻으로 므비보셋의 아들이다. 미가는 많은 자녀를 낳았고 그 때문에 사울의 가문은 끊어지지 않고 명맥을 이어갔다. 이것은 다윗이 요나단과 맺은 언약을 충실히 지켰음을 나타낸다(삼상 20:15).

## 9:13 므비보셋이 항상 왕의 상에서 먹으므로 예루살렘에 사니라 그는 두 발을 다 절더라

**항상 왕의 상에서 먹으므로, 두 발을 다 절더라** 성경이 므비보셋에게 장애가 있는 것과 왕의 상에서 떡을 먹은 것을 동시에 언급하는 이유는, 므비보셋의 현재의 연약한 모습과 다윗이 그에게 베푼 은총을 대조적으로 보여주고자 함이다.

### 마음에 새기기

다윗은 요나단의 아들 므비보셋을 찾아내 그에게 은총을 베풀었다. 그런데 상황적으로 므비보셋이 다윗의 호의를 입을 만한 처지는 아니었다. 그는 다윗의 원수였던 사울의 손자였고, 다윗을 피해 몰래 숨어 지내고 있었기 때문이다. 그런데도 다윗은 그에게 재산을 돌려주고 그의 명예를 회복시키는 큰 은총을 베풀었다. 그것은 다윗이 하나님의 은총을 받았기 때문에 가능한 것이었고, 요나단이 베푼 호의를 기억했기 때문에 가능한 것이었다. 즉, 다윗은 사울에게 받은 상처를 은총으로 극복한 것이다.

므비보셋이 받은 은총은 우리가 하나님께 받은 은총과 비슷하다. 우리는 하나님의 원수된 자들이었고 죄로 말미암아 심각한 장애를 가진 자들이었다. 또 하나님의 진노가 두려워 하나님을 피해 숨어 지내던 자들이었다. 그런데 하나님은 친히 우리를 찾아내셔서 우리의 누더기 옷을 벗기시고 온전히 회복시켜 주셨다. 므비보셋의 고백처럼 '죽은 개 같은' 우리가 하나님의 은총으로 '왕 같은 제사장들'이요 '하나님의 백성'이 된 것이다(벧전 2:9-10). 이 얼마나 큰 은총인가! 좋은 학벌과 큰 부자와 성공한 인생은 아니어도 우리는 이런 은총을 받았다는 것만으로도 행복하고 즐거워야 한다. 또 받은 은총을 진정으로 감사한다면 마땅히 다른 사람들에게 은총을 베풀어야 한다. 지금 우리의 현실은 어떤지 돌아보자. 혹 감사를 잊어버리고 자주 불평과 원망을 늘어놓지는 않는가? 다른 사람을 용서하지 못하고 보복하고자 하는가? 받은 은총에 합당한 반응을 보이는 삶을 살아야 할 것이다.

## 10:1-8
# 암몬과 전쟁하는 다윗

다윗은 암몬 왕 나하스의 죽음을 조상하기 위해 새로 왕이 된 나하스의 아들 하눈에게 사신을 보낸다. 그런데 다윗의 의도를 오해한 암몬 자손의 관리들이 사신을 모욕하여 돌려보낸다. 이 일로 다윗과 원수가 되었음을 깨달은 암몬 자손들은 다윗과 전쟁을 하기 위해 아람의 용병들을 모은다. 이 소식을 들은 다윗도 전쟁을 준비한다.

10장

**10:1** **그 후에 암몬 자손의 왕이 죽고 그의 아들 하눈이 대신하여 왕이 되니**

**암몬** 요단 강 동쪽에 위치한 나라로 길르앗 야베스 사람들을 공격했다가 사울 왕에게 패배했다(삼상 11장). 그러나 이후에 암몬 왕 나하스는 다윗과 동맹을 맺고 평화로운 관계를 유지했다.

**10:2** **다윗이 이르되 내가 나하스의 아들 하눈에게 은총을 베풀되 그의 아버지가 내게 은총을 베푼 것같이 하리라 하고 다윗이 그의 신하들을 보내 그의 아버지를 조상하라 하니라 다윗의 신하들이 암몬 자손의 땅에 이르매**

**내가 나하스의 아들 하눈에게 은총을 베풀되** 다윗이 나하스의 아들 하눈에게 은총을 베푼 행위는 앞장에서 요나단의 아들 므비보셋에게 은총을 베푼 것과 같은 맥락으로 이해할 수 있다.

**쉬운성경**

1얼마 후, 암몬 사람들의 왕 나하스가 죽었습니다. 그의 아들 하눈이 아버지의 뒤를 이어 왕이 되었습니다.
2다윗이 말했습니다. "나하스는 나에게 잘해 주었다. 그러니 나도 그의 아들 하눈에게 잘해 주어야겠다." 그래서 다윗은 자기 신하들을 하눈에게 보내어 그의 아버지의 죽음을 위로하게 했습니다. 다윗의 신하들이 암몬 사람들의 땅으로 갔습니다.

**10:3** **암몬 자손의 관리들이 그들의 주 하눈에게 말하되 왕은 다윗이 조객을 당신에게 보낸 것이 왕의 아버지를 공경함인 줄로 여기시나이까 다윗이 그의 신하들을 당신에게 보내 이 성을 엿보고 탐지하여 함락시키고자 함이 아니니이까 하니**

**이 성** 암몬의 수도 랍바를 말한다. 이 성은 아주 가파른 고원 지대에 있어서 함락시키기 매우 어려웠다.

**엿보고 탐지하여 함락시키고자 함** 그 당시는 다윗의 세력이 사방으로 크게 확장되던 시기였기 때문에 암몬 자손의 관리들이 다윗의 의도를 의심했을 법하다. 다윗의 진심에 대한 그들의 오해는 결국 전쟁을 불러왔다.

**10:4** **이에 하눈이 다윗의 신하들을 잡아 그들의 수염 절반을 깎고 그들의 의복의 중동볼기까지 자르고 돌려보내매**

**수염** 중동 지방에서 '수염'은 남자의 명예를 상징한다. 이스라엘 남자들은 중동의 관습뿐 아니라 율법에 의해서도 수염을 기르도록 되어 있었다(레 19:27). 그런 가운데 수염이 잘린 것은 노예와 같이 취급당한 것이었다.

**의복의 중동볼기까지 자르고** 속옷을 입지 않았던 이스라엘 사람들에게 이것은 매우 창피한 일이었다. 이렇게 사절단을 수치스럽게 하거나 죽이는 일은 전쟁을 선포하는 것과 마찬가지였다. 이스라엘 사신에 대한 암몬 자손들의 이러한 행위는 다윗의 호의를 악으로 갚고 전쟁을 선포한 것이었다.

**쉬운성경**

3암몬의 장관들이 자기 주인인 하눈에게 말했습니다. "다윗이 사람들을 보내어 왕을 위로하는 것이 정말로 왕의 아버지를 공경하려는 것인 줄 아십니까? 그렇지 않습니다. 다윗은 이 성을 엿보게 하려고 사람들을 보낸 것입니다. 그들은 이 성을 정복하려 하고 있습니다."
4그래서 하눈은 다윗의 신하들을 잡아서 수염을 절반쯤 깎아 그들을 창피하게 만들었습니다. 하눈은 또 엉덩이 부분의 옷을 잘라 내어 그들을 욕되게 했습니다. 그런 다음에 하눈은 그들을 돌려보냈습니다.
5사람들이 이 일을 다윗에게 알리자, 다윗은 사신들을 보내어 수치스러워 하는 신하들을 맞이하게 하고 수염이 다 자랄 때까지 여리고에 있다가 예루살렘으로 돌아오라고 지시하였습니다.

**10:5** **사람들이 이 일을 다윗에게 알리니라 그 사람들이 크게 부끄러워하므로 왕이 그들을 맞으러 보내 이르기를 너희는 수염이 자라기까지 여리고에서 머물다가 돌아오라 하니라**

**여리고** 예루살렘에서 북동쪽으로 약 30킬로미터 떨어진 성이다. 다윗은 사신들이 가족이나 아는 사람들 앞에서 부끄러움을 당하지 않도록 수염이 다 자라기까지 그곳에서 머물다가 예루살렘으로 돌아오도록 배려했다.

**10:6** **암몬 자손들이 자기들이 다윗에게 미움이 된 줄 알고 암몬 자손들이 사람을 보내 벧르홉 아람 사람과 소바 아람 사람의 보병 이만 명과 마아가 왕과 그의 사람 천 명과 돕 사람 만 이천 명을 고용한지라**

**벧르홉, 소바, 마아가, 돕** 작은 도시 국가인 돕을 제외하고는 전부 암몬 북쪽에 위치한 아람의 국가들이다. 암몬 왕 하눈은 다윗과 적대 관계에 있던 아람 군대를 동원해서 연합군으로 다윗의 군대와 싸우려고 한 것이다. 역대상 기자는 하눈이 은 천 달란트를 주고 이 군대들을 사왔다고 기록한다(19:6).

**10:7** **다윗이 듣고 요압과 용사의 온 무리를 보내매**

**용사** 다윗은 암몬과의 전쟁에서 대규모의 병력을 동원하지 않고 용맹스런 정예군만을 요압의 지휘 아래 전쟁터로 보냈다.

10장

**쉬운성경**

6 그때, 암몬 사람들은 자기들이 다윗의 원수가 되었다는 것을 깨달았습니다. 그래서 그들은 벧르홉과 소바에서 아람의 보병 이만 명을 모았습니다. 그들은 또 마아가 왕과 그의 군대 천 명, 그리고 돕에서 만 이천 명을 모았습니다.
7 다윗은 이 소식을 듣고 요압을 비롯한 모든 용사들을 전쟁터에 보냈습니다.
8 암몬 사람들은 나와서 싸울 준비를 했습니다. 그들은 성문에 서 있었습니다. 벧르홉과 소바에서 온 아람 사람들과 돕과 마아가에서 온 사람들은 암몬 사람들과 떨어져서 들에 있었습니다.

**10:8** **암몬 자손은 나와서 성문 어귀에 진을 쳤고 소바와 르홉 아람 사람과 돕과 마아가 사람들은 따로 들에 있더라**

요압의 군대는 암몬 군대와 아람 연합군 사이에서 협공을 당할 위기에 처했다.

### 마 음 에 새 기 기

다윗은 암몬 왕에게 호의를 베풀었다가 도리어 모욕을 당한다. 이것은 다음과 같은 교훈을 보여준다. 첫째, 세상 사람들과의 좋은 관계는 언제든지 깨질 수 있다. 왜냐하면 세상 사람들의 주인과 성도들의 주인이 다르고, 삶의 모든 영역에서 가치관이 다르기 때문이다. 둘째, 선한 의도로 세상 사람들을 도우려고 해도 오해받을 수 있다. 특별히 기독교에 편파적이거나 비판적인 생각을 가진 사람들은 성도들의 선한 의도까지도 왜곡한다. 셋째, 세상 사람들은 때때로 선을 악으로 바꾸어 갚기도 한다. 이것은 선한 의도로 어떤 일을 행하려고 하다가도 쉽게 낙심하는 이유가 된다.

그렇다면 세상 사람들과의 관계에서 이런 일이 일어날 때 어떻게 반응해야 할까? 첫째, 낙심하지 말고 담대해야 한다(요 16:33). 세상 사람들에게 당하는 모욕과 오해는 성도들이 당하는 당연한 상황임을 기억해야 한다. 둘째, 아무런 잘못 없이 고난과 핍박을 받아도 하나님을 생각하고 인내하면 아름다운 결과가 나타난다(벧전 2:19). 예수님은 아무런 잘못 없이 고난을 받으시고 그것으로 우리에게 모범을 보이셨기에, 우리도 그 발자취를 따라야 한다고 베드로는 말한다. 셋째, 원수를 사랑하며 박해하는 자를 위해 기도하라는 예수님의 명령을 따라야 한다(마 5:44). 성도와 세상 사람들의 가장 큰 차이는 바로 예수님의 명령을 좇아 가장 불가능한 사랑을 실천하는 것이다. 우리는 하나님의 온전하신 모습같이 우리를 박해하는 사람들에게도 온전한 사랑으로 반응해야 한다.

## 10:9–19
## 암몬과 아람 군대를 물리친 이스라엘

요압은 아람 연합군과 암몬 군대를 성공적으로 물리친다. 이에 소바의 왕 하닷에셀은 아람 동맹군을 결성해 이스라엘을 공격한다. 그러나 다윗은 이 전쟁에서도 대승한다. 그 결과 아람의 나라들은 다윗과 동맹 관계를 맺고 이스라엘을 섬기게 된다.

**10:9-10** [9]요압이 자기와 맞서 앞뒤에 친 적진을 보고 이스라엘의 선발한 자 중에서
또 엄선하여 아람 사람과 싸우려고 진 치고 [10]그 백성의 남은 자를 그 아우
아비새의 수하에 맡겨 암몬 자손과 싸우려고 진 치게 하고

**선발한 자 중에서 또 엄선하여** 요압은 적들이 앞뒤에서 동시에 공격할 태세를 취하자 군대를 둘로 나눈다. 그리고 선발한 자 중에서 가장 뛰어난 용사들을 다시 엄선하여 3만3천 명이나 되는 아람의 연합군과 싸우게 하고, 나머지 군대는 동생 아비새에게 맡겨 암몬 자손과 싸우게 한다.

**10:11** 이르되 만일 아람 사람이 나보다 강하면 네가 나를 돕고 만일 암몬 자손이 너보다 강하면 내가 가서 너를 도우리라

**네가 나를 돕고** 군대를 둘로 나누었지만 한쪽이 전투에서 지게 되면 다른 한쪽이 되돌아와서 도와주기로 약속한다. 아주 위험한 작전이기는 했지만 요압은 다른 대안을 찾을 수 없었던 것이다.

10장

**10:12** 너는 담대하라 우리가 우리 백성과 우리 하나님의 성읍들을 위하여 담대히 하자 여호와께서 선히 여기시는 대로 행하시기를 원하노라 하고

**담대하라, 담대히 하자, 선히 여기시는 대로 행하시기를** 요압은 세 가지로 자신의 군대를 격려한다. 첫째, 담대하라고 말한다. 이것은 많은 수의 적들을 상대해야 하는 군인들에게 힘을 북돋워주기 위한 것이다. 둘째, 백성과 하나님의 성읍들을 위

쉬운성경

[9]요압은 자기들의 앞과 뒤에 적이 진을 치고 있는 것을 보고 이스라엘 사람들 중에 가장 뛰어난 용사들을 뽑았습니다. 요압은 그들에게 아람 사람들과 싸울 준비를 하게 했습니다.
[10]요압은 나머지 군대를 자기 동생 아비새에게 맡겨 암몬 사람들과 맞서 싸우게 했습니다.
[11]요압이 아비새에게 말했습니다. "만약 아람 사람들이 너무 강해서 내가 어려워지면 나를 도우러 오너라. 만약 암몬 사람들이 너무 강해서 네가 어려워지면 내가 너를 도우러 가겠다.
[12]용기를 내어라. 우리 백성과 하나님의 성들을 위해 용감하게 싸우자. 여호와께서 좋은 방향으로 일을 도와 주실 것이다."

해 담대히 하자고 격려한다. 그들이 이 전투에서 질 경우 이스라엘 백성과 하나님이 기업으로 주신 가나안 땅에 큰 피해가 올 것임을 기억하도록 한 것이다. 셋째, 요압은 하나님이 선히 여기시는 대로 행하실 것임을 선포함으로써 군사들이 하나님의 도우심에 의존하도록 격려한다.

## 10:13 요압과 그와 함께 한 백성이 아람 사람을 대항하여 싸우려고 나아가니 그들이 그 앞에서 도망하고

**그들이 그 앞에서 도망하고** 아람 군대는 특별한 목적 없이 돈 때문에 전쟁에 나왔다. 그 때문에 이스라엘 용사들의 결연한 공격 앞에 싸울 의지를 상실한 채 도망간 것이다.

## 10:14 암몬 자손은 아람 사람이 도망함을 보고 그들도 아비새 앞에서 도망하여 성읍으로 들어간지라 요압이 암몬 자손을 떠나 예루살렘으로 돌아가니라

**성읍으로 들어간지라** 아람 군대는 병거와 마병을 거느리고 있었기 때문에 암몬 군대보다 더 강했다. 그럼에도 아람 군대가 이스라엘에게 패하자 암몬 군대는 바로 자기들의 성읍으로 도망쳐 버린 것이다.

**예루살렘으로 돌아가니라** 암몬의 수도 랍바 성은 아주 견고했고 또 전쟁에는 적합하지 않은 겨울이 다가오고 있었기 때문에, 요압은 전쟁을 멈추고 예루살렘으로 돌아왔을 것이다.

**쉬운성경**

13그리고 나서 요압과 그의 부하들은 아람 사
람들을 공격했습니다. 그러자 아람 사람들이
도망쳤습니다.
14암몬 사람들은, 아람 사람들이 도망치는 모
습을 보고 아비새에게서 도망쳐 자기들의 성
으로 돌아가 버렸습니다. 그래서 요압은 암
몬 사람들과 싸우기를 멈추고 예루살렘으로
돌아왔습니다.
15아람 사람들은 이스라엘에 지고 나자 엄청난
군대를 불러모았습니다.
16그때, 하닷에셀 왕이 사람들을 보내 유프라
테스 강 건너편에 살고 있던 아람 사람들을
오게 했습니다. 이 아람 사람들은 헬람으로
갔습니다. 그들의 지도자는 하닷에셀의 군대
지휘관인 소박이었습니다.

**10:15** **아람 사람이 자기가 이스라엘 앞에서 패하였음을 보고 다 모이매**

**10:16** **하닷에셀이 사람을 보내 강 건너쪽에 있는 아람 사람을 불러 내매 그들이 헬람에 이르니 하닷에셀의 군사령관 소박이 그들을 거느린지라**

본절은 사무엘하 8장에서 다윗이 하닷에셀과 전쟁한 것과 같은 사건을 기록한 것으로 보인다. 8장의 기록은 다윗의 영향력이 북쪽의 아람까지 확장됨을 보여주기 위함이지만, 본절에서는 다윗이 하닷에셀과 전쟁하게 된 이유가 구체적으로 드러나 있다.

**10:17** **어떤 사람이 다윗에게 알리매 그가 온 이스라엘을 모으고 요단을 건너 헬람에 이르매 아람 사람들이 다윗을 향하여 진을 치고 더불어 싸우더니**



**온 이스라엘** 이번 전쟁이야말로 국가의 운명이 걸린 전쟁임을 알 수 있다.

**10:18** **아람 사람이 이스라엘 앞에서 도망한지라 다윗이 아람 병거 칠백 대와 마병 사만 명을 죽이고 또 그 군사령관 소박을 치매 거기서 죽으니라**

**그 군사령관 소박을 치매 거기서 죽으니라** 하닷에셀과 아람 군대의 싸움에서도 이스라엘은 큰 승리를 거둔다. 아람의 군사령관인 소박의 죽음을 기록한 이유는 그들이 완전히 패배했음을 보여주기 위함이다.

**쉬운성경**

17다윗은 이 소식을 듣고 온 이스라엘 군대를 불러 모았습니다. 그들은 요단 강을 건너 헬람으로 갔습니다. 그곳에서 아람 사람들은 싸울 준비를 하고 있다가 이스라엘 군대를 공격했습니다.

18그러나 다윗은 아람 사람들을 물리쳐 이겼습니다. 아람 사람들은 이스라엘 군대에게 쫓겨 도망쳤습니다. 다윗은 아람의 전차를 모는 군인 칠백 명과 아람의 말 탄 군인 사만 명을 죽였습니다. 다윗은 또 아람 군대의 지휘관인 소박도 죽였습니다.

19하닷에셀을 섬기던 다른 나라 왕들은 이스라엘이 그들을 물리쳐 이겼다는 소식을 듣고 이스라엘과 평화롭게 지내기로 했습니다. 그리고 그들은 이스라엘을 섬겼습니다. 이제 아람 사람들은 암몬 사람들을 돕는 것을 두려워했습니다.

**10:19** **하닷에셀에게 속한 왕들이 자기가 이스라엘 앞에서 패함을 보고 이스라엘과 화친하고 섬기니 그러므로 아람 사람들이 두려워하여 다시는 암몬 자손을 돕지 아니하니라**

**이스라엘과 화친하고** 이 전쟁은 하나님이 약속하신 유프라테스 강까지 이스라엘의 영향력이 확고하게 미치게 된 계기가 되었다. 다윗은 하나님이 약속하신 땅을 회복한 사람이었음을 보여준다(창 15:18; 신 11:24).

## 마음에 새기기

구약의 전쟁에 대한 기록은 역사적 사실이지만 현대를 사는 우리는 영적 교훈으로 적용할 수 있다. 따라서 본문을 통해 성도는 영적 전쟁을 치를 때 어떻게 싸워야 할지를 살펴볼 수 있다. 첫째, 두려워하지 말아야 한다(계 2:10). 사탄은 두 가지 강력한 무기로 성도를 공격한다. 바로 두려움과 속임수다. 즉, 공격할 때 문제의 심각성과 자신의 영향력을 과장함으로써 성도가 두려움에 빠지게 하는 것이다. 요압의 군대는 소수였지만 많은 수의 아람 군대 앞에서 담대했기에 승리할 수 있었다. 둘째, 다른 성도에게 도움을 요청해야 한다(엡 6:18). 요압과 아비새는 각각 다른 적들과 싸웠지만 서로 약한 편을 돕기로 약속했다. 이들은 자신이 약해지면 분명 상대방이 자신을 도울 것을 신뢰하며 싸웠던 것이다. 성도는 영적 공격을 받아 약해졌을 때 다른 성도에게 도움을 요청해야 한다. 그래서 말씀으로 격려받고 기도로 도움을 받아야 그 위기를 이겨낼 수 있다. 셋째, 사탄의 공격 목적은 하나님께 영광을 돌리지 못하게 하려는 것임을 기억해야 한다(계 16:9). 영적 전쟁은 성도로 하여금 단순히 눈에 보이는 문제로 어려움을 겪게 하려는 것이 아니다. 하나님의 백성을 실족하게 함으로 결국에는 하나님께 영광을 돌리지 못하게 하려는 것이다. 따라서 영적 전쟁의 목적이 하나님의 영광임을 기억하며 싸워야 한다. 넷째, 말로 승리를 선포하며 서로 격려해야 한다(살전 4:18). 영적 전쟁 시에 말은 매우 중요하다. 부정적인 말이나 실패와 낙담의 말은 자신뿐 아니라 다른 성도에게도 큰 영향을 미친다. 특별히 하나님에 대한 원망이나 불평의 말을 하지 않도록 해야 한다. 찬양과 감사를 하나님께 돌려드릴 때 큰 힘을 얻을 수 있다.

2부

# 다윗의 범죄와 하나님의 심판

| 11-20장 |

Part 04

| 11:1-27 |

# 다윗의 간음과 살인

11:1-5

## 다윗의 간음

온 이스라엘 군대가 암몬 자손과 전쟁하고 있을 때, 다윗은 예루살렘에 남아 휴식을 즐기다 목욕하는 밧세바를 보게 된다. 다윗은 밧세바가 자신의 부하 우리아의 아내인 것을 알고도 그녀와 간음한다. 이 일로 밧세바는 임신하게 되고 그 사실을 다윗에게 알린다.

**11:1** **그 해가 돌아와 왕들이 출전할 때가 되매 다윗이 요압과 그에게 있는 그의 부하들과 온 이스라엘 군대를 보내니 그들이 암몬 자손을 멸하고 랍바를 에워쌌고 다윗은 예루살렘에 그대로 있더라**

**그 해가 돌아와 왕들이 출전할 때** '그 해가 돌아와'는 해가 바뀌어 봄이 되었다는 뜻이다. 팔레스타인 지역의 겨울은 비가 내리는 우기인 반면, 봄은 건기이므로 전쟁하기에 적합했다. 그 때문에 봄에 국가들 간의 전쟁이 빈번했다. 또 봄에는 보리와 밀을 수확했기 때문에 군사들에게 식량을 공급하는 데도 용이했다.

**온 이스라엘 군대** 모든 이스라엘 사람들이 참전했다는 것은 이 전쟁이 아주 중요했음을 나타낸다.

**암몬 자손** 이전에 이들이 자기들의 성읍인 랍바로 도망쳐 전쟁이 중단되었었다(10:14). 이 전쟁을 끝내기 위해 요압이 다시 암몬 사람들을 공격한 것이다.

**다윗은 예루살렘에 그대로 있더라** 모든 이스라엘 군대가 참전할 정도로 중요한 전쟁에 다윗 혼자 예루살렘에 머물러 있었다. 다윗은 그동안 계속된 승리와 영광에 취해 긴장감을 늦추고 있었던 것이다.

## 11:2 저녁 때에 다윗이 그의 침상에서 일어나 왕궁 옥상에서 거닐다가 그곳에서 보니 한 여인이 목욕을 하는데 심히 아름다워 보이는지라

**침상에서 일어나** 팔레스타인 지방에서 한낮의 더위를 피하기 위해 낮잠을 자는 것은 일반적이었다. 그런데 성경이 이 사실을 일부러 기록한 것은 이스라엘 군대가 전쟁 중인 상황에서, 다윗은 나태한 생활을 하고 있었음을 보여주기 위함이다.

**왕궁 옥상** 팔레스타인 지방의 집들은 지붕에 평평하고 넓은 공간이 있었다. 다윗 왕궁은 예루살렘에서 가장 높은 곳에 위치해 있었기 때문에 지붕은 시원한 바람을 쐬기에 적합한 곳이었다.

**목욕** 밧세바는 집의 안마당에 있는 우물이나 샘 곁에서 목욕했을 것이다. 이는 높은 곳에서 내려다보지 않는 한 볼 수 없는 광경이었을 것이다.

**아름다워 보이는지라** 다윗은 이미 보는 것에서부터 범죄하기 시작했다. 이것은 하와가 선악과 나무를 보았을 때, 이미 그 마음에 그것이 먹음직도 하고 보암직도 하고 지혜롭게 할 만큼 탐스러웠기 때문에 선악과를 따먹은 것과 같다(창 3:6).

11장

**쉬운성경**

1봄이 오면, 왕들은 전쟁터에 나갑니다. 그래서 다윗은 봄이 오자, 자기 종인 요압과 모든 이스라엘 사람들을 전쟁터에 보냈습니다. 그들은 암몬 사람들을 무찌르고 랍바 성을 공격했습니다. 그러나 다윗은 예루살렘에 머물러 있었습니다.
2어느 날 저녁이었습니다. 다윗이 침대에서 일어나서 왕궁의 지붕 위를 거닐었습니다. 그러다가 한 여자가 목욕을 하고 있는 것을 보았는데, 그 여자는 매우 아름다웠습니다.

## 11:3 다윗이 사람을 보내 그 여인을 알아보게 하였더니 그가 아뢰되 그는 엘리암의 딸이요 헷 사람 우리아의 아내 밧세바가 아니니이까 하니

**엘리암** '사람들의 하나님'이라는 뜻으로 아히도벨의 아들이다. 아히도벨은 다윗의 상담자 역할을 했던 지혜로운 사람이었는데, 이 사건으로 후에 압살롬 편에 서서 다윗을 대적하게 된다(15:12).

**우리아** '여호와는 빛이다'라는 뜻으로 가나안 민족이었지만 개종하고 다윗의 군대를 섬기고 있었다. 다윗의 37명의 용사 가운데 한 명이었다(23:39).

**밧세바** '언약의 딸'이라는 뜻으로 그녀는 아히도벨의 손녀딸이자 다윗에게 충성한 우리아의 아내였다. 다윗은 그녀가 누구인지 알게 되었지만 이미 마음으로 간음한 상태였기 때문에 그의 행동을 멈추지 못한다. 나중에 밧세바는 다윗의 아내가 되어 솔로몬을 낳는다.

## 11:4 다윗이 전령을 보내어 그 여자를 자기에게로 데려오게 하고 그 여자가 그 부정함을 깨끗하게 하였으므로 더불어 동침하매 그 여자가 자기 집으로 돌아가니라

**그 부정함을 깨끗하게 하였으므로** 월경을 마치고 깨끗해진 상태를 의미한다. 따라서 밧세바가 임신하기에 적합한 때였음을 암시하는 말이다.

**동침하매** 간음은 십계명 중 제7계명을 어기는 행위였고 사형에 해당하는 범죄였다(신 22:22). 그럼에도 다윗은 자신의 욕망을 충족하고자 하나님의 법을 어기고 부하를 배반했다.

**쉬운성경**

3다윗은 자기 종들을 보내어 그 여자가 누구인지 알아보게 했습니다. 한 종이 대답했습니다. "그 여자는 엘리암의 딸 밧세바로서 헷 사람 우리아의 아내입니다."
4다윗은 사람들을 보내 밧세바를 데리고 오게 했습니다. 밧세바가 오자, 다윗은 그 여자와 함께 잠을 잤습니다. 그때, 밧세바는 월경을 끝내고 깨끗해져 있던 상태였습니다. 그런 후, 여자는 자기 집으로 돌아갔습니다.
5그런데 밧세바가 임신을 했습니다. 밧세바는 다윗에게 '임신을 했다'는 사실을 알렸습니다.

**11:5** **그 여인이 임신하매 사람을 보내 다윗에게 말하여 이르되 내가 임신하였나이다 하니라**

율법에 따르면 간음한 두 사람은 다 죽이도록 되어 있었다(레 20:10). 그 때문에 밧세바는 임신으로 인해 간음한 사실이 알려져 죽임당할까 봐 왕에게 도움을 요청한 것이다.

### 마음에 새기기

다윗의 범죄는 충격적이다. 다윗은 하나님 마음에 합한 사람이었고, 메시아의 모형이 되는 왕이었기 때문이다. 이 사건은 아무리 훌륭해 보이는 사람도 하나님의 은혜가 아닌 그 본질 안에는 무시무시한 죄가 있음을 보여주는 것이다. 다윗이 메시아의 모형이 된 것은 그가 탁월한 사람이었기 때문이 아니라 하나님의 은혜가 그를 덮었기 때문이다. 그래서 다윗은 범죄한 후 하나님의 은혜의 통로인 주의 성령을 자신에게서 거두지 말아 달라고 간구한다(시 51:11). 다윗은 하나님의 은혜가 없이는 자신이 음란, 간음, 속임수, 살인 교사 등 온갖 종류의 죄악으로 가득한 자임을 깨닫게 된 것이다.

성경이 다윗의 범죄를 자세히 기록하는 이유는 성도들이 이 사건을 교훈으로 삼으라는 것이 아니다. 이것은 아무리 훌륭한 사람도 하나님 앞에서는 죽어 마땅한 죄인임을 보여줌으로써 하나님의 은혜를 사모하도록 하기 위함이다. 모든 인간은 죄인이다(롬 3:23). 모든 인간은 간음이나 살인을 하기 전 이미 하나님 대신에 자기 욕망을 위해 살아가기 때문에 죄인인 것이다. 간음과 살인은 본래 죄인이 만들어내는 외적인 부산물에 불과하다. 그렇기 때문에 외적으로 악한 행위를 하지 않았다고 자신을 의인이요 선한 사람으로 생각하는 것은 지극한 위선이며 자기 기만이다. 바울은 죽기 얼마 전에 쓴 디모데전서에서 자신을 '죄인 중의 괴수'라고 고백했다(딤전 1:15). 영적 성숙은 자기 본질의 죄악된 모습을 더 깊이 깨닫는 것이다. 죄인 중의 괴수라고 진심으로 고백할 수 있는 자만이 그만큼 하나님의 은혜를 더 깊이 의존할 수 있다. 자신의 의가 아닌 예수님의 의를 온전히 붙드는 자가 의인이다.

## 11:6-15
# 우리아를 죽이라는 다윗의 명령

다윗은 범죄한 사실을 감추기 위해 밧세바의 남편 우리아를 예루살렘으로 부른다. 다윗은 두 번이나 우리아를 집으로 보내 밧세바와 동침하게 하려고 하지만 실패한다. 우리아는 하나님과 동료를 생각하는 마음에 집에 가지 않은 것이다. 결국 다윗은 우리아를 죽이라는 명령이 담긴 편지를 우리아의 손을 통해 요압에게 보낸다.

**11:6** **다윗이 요압에게 기별하여 헷 사람 우리아를 내게 보내라 하매 요압이 우리아를 다윗에게로 보내니**

**우리아를 내게 보내라** 밧세바가 임신한 사실을 알게 된 다윗은 밧세바의 남편인 우리아를 예루살렘으로 부른다. 다윗은 밧세바가 임신한 아이가 우리아의 아이인 것처럼 꾸미려고 했던 것이다.

**11:7** **우리아가 다윗에게 이르매 다윗이 요압의 안부와 군사의 안부와 싸움이 어떠했는지를 묻고**

**우리아가 다윗에게 이르매** 전쟁 중에 있는 우리아를 급하게 불러 다윗이 물어본 것은 이미 전령을 통해 다윗에게 보고되었거나 보고될 만한 평범한 내용들이었다.

**11:8** **그가 또 우리아에게 이르되 네 집으로 내려가서 발을 씻으라 하니 우리아가 왕궁에서 나가매 왕의 음식물이 뒤따라 가니라**

**쉬운성경**

6 다윗은 요압에게 "헷 사람 우리아를 나에게로 보내라"고 전했습니다. 그래서 요압은 우리아를 다윗에게 보냈습니다.
7 우리아가 다윗에게 왔습니다. 다윗은 우리아에게 요압은 잘 있는지, 군인들은 잘 있는지, 그리고 전쟁은 잘 되고 있는지를 물었습니다.
8 그리고 나서 다윗은 우리아에게 "집으로 가서 쉬시오"라고 말하고 선물도 딸려 보냈습니다. 우리아는 왕궁에서 나왔습니다.

**네 집으로 내려가서 발을 씻으라** 집에 가서 편안하게 쉬라는 의미다. 다윗은 우리아가 집에 가서 밧세바와 동침함으로써 자신의 모든 범죄가 감추어지길 간절히 바랐다. 그 때문에 우리아에게 집에 가서 쉬도록 권유하며 음식과 술도 함께 보낸다.

**11:9** **그러나 우리아는 집으로 내려가지 아니하고 왕궁 문에서 그의 주의 모든 부하들과 더불어 잔지라**

**집으로 내려가지 아니하고** 우리아는 다윗의 말대로 집으로 간 것이 아니라 왕궁 문에서 다른 부하들과 함께 잠을 잔다. 여기서 하나님과 다윗에 대한 우리아의 충성심을 엿볼 수 있다. 그 당시 전쟁에 나가는 군사들은 성관계를 삼가도록 되어 있었다. 전쟁에서 하나님의 도우심을 얻기 위해 정결함을 지키는 것이 중요했기 때문이다. 우리아는 자신의 개인적인 편리와 만족이 아닌 하나님과 동료들을 먼저 생각하는 사람이었다. 이는 다윗의 범죄 행위와 더욱 대조된다.



**11:10** **어떤 사람이 다윗에게 아뢰되 우리아가 그의 집으로 내려가지 아니하였나이다 다윗이 우리아에게 이르되 네가 길 갔다가 돌아온 것이 아니냐 어찌하여 네 집으로 내려가지 아니하였느냐 하니**

**11:11** **우리아가 다윗에게 아뢰되 언약궤와 이스라엘과 유다가 야영 중에 있고 내 주 요압과 내 왕의 부하들이 바깥 들에 진 치고 있거늘 내가 어찌 내 집으로 가서**

**쉬운성경**

9 그러나 집으로 가지 않았습니다. 우리아는 왕궁 문 밖에서 왕의 모든 신하들과 함께 잠을 잤습니다.
10 신하들이 다윗에게 말했습니다. "우리아가 집으로 가지 않았습니다." 그러자 다윗이 우리아에게 말했습니다. "그대는 오랫동안 집을 떠났다 돌아왔는데 왜 집으로 가지 않는가?"
11 우리아가 대답했습니다. "언약궤와 이스라엘과 유다의 군인들이 장막에 머물고 있습니다. 나의 주 요압과 그의 부하들도 들에서 잠을 자며 지내고 있습니다. 그런데 제가 어찌 집으로 가서 먹고 마시며 제 아내와 함께 잠자리를 가질 수 있겠습니까?"

**먹고 마시고 내 처와 같이 자리이까 내가 이 일을 행하지 아니하기로 왕의 살아 계심과 왕의 혼의 살아 계심을 두고 맹세하나이다 하니라**

우리아의 대답은 그가 하나님 중심적인 사람이며 또한 그의 상관과 동료를 진심으로 위하고 있음을 보여준다.

**언약궤** 우리아가 하나님의 임재를 상징하는 언약궤가 야영 중에 있다고 말한 것은, 하나님 또한 그의 군대와 함께 싸우고 계신 상황에서 자신만 편하게 쉴 수 없음을 밝힌 것이다.

**11:12** **다윗이 우리아에게 이르되 오늘도 여기 있으라 내일은 내가 너를 보내리라 우리아가 그날에 예루살렘에 머무니라 이튿날**

**11:13** **다윗이 그를 불러서 그로 그 앞에서 먹고 마시고 취하게 하니 저녁 때에 그가 나가서 그의 주의 부하들과 더불어 침상에 눕고 그의 집으로 내려가지 아니하니라**

**취하게 하니** 다윗의 두 번째 계획은 우리아를 취하게 해서 그가 성적 충동을 이기지 못하고 밧세바와 동침하도록 하는 것이었다. 그러나 우리아는 술에 취한 상태에서도 흔들리지 않았다. 맨정신으로 범죄를 저지른 다윗과 더욱 비교되는 모습이다.

**쉬운성경**

12다윗이 우리아에게 말했습니다. "오늘은 여기에 머물러라. 내일 그대를 싸움터로 돌려 보내겠다." 그래서 우리아는 그날과 그 다음 날에도 예루살렘에 머물러 있었습니다.
13그때에 다윗이 우리아를 불러 자기에게 오게 했습니다. 우리아는 다윗과 함께 먹고 마셨습니다. 다윗은 우리아를 취하게 만들었지만, 우리아는 그래도 자기 집으로 돌아가지 않았습니다. 그날 저녁에 우리아는 왕의 신하들과 함께 왕궁 문 밖에서 잠을 잤습니다.
14이튿날 아침, 다윗은 요압에게 편지를 써서 우리아에게 그 편지를 전하게 했습니다.
15다윗이 쓴 편지의 내용은 이러했습니다. "우리아를 싸움이 가장 치열한 곳으로 보내어라. 그런 다음에 우리아만 혼자 남겨 두고 물러나거라. 우리아를 싸움터에서 죽게 하여라."

**11:14–15** [14]아침이 되매 다윗이 편지를 써서 우리아의 손에 들려 요압에게 보내니 [15]
그 편지에 써서 이르기를 너희가 우리아를 맹렬한 싸움에 앞세워 두고 너희
는 뒤로 물러가서 그로 맞아 죽게 하라 하였더라

**다윗이 편지를 써서** 다윗은 자신의 간음을 감추려는 모든 시도가 실패하자 마지막으로 충성된 우리아를 죽이기로 결심한다. 다윗은 우리아를 전쟁터에서 죽게 하라는 명령이 담긴 편지를 우리아의 손을 통해 요압에게 전달한다. 악한 생각에 사로잡힌 다윗의 타락한 모습을 볼 수 있다.

### 마음에 새기기

다윗이 자신의 범죄를 감추고자 우리아를 죽이려는 모습은 놀랄 만큼 사울의 행동과 닮았다. 사울은 다윗을 죽이려는 자신의 의도를 감춘 채, 다윗에게 자신의 딸과 결혼하려면 블레셋 사람들의 포피를 베어와야 한다고 했다(삼상 18:25). 다윗과 사울의 모습에서, 하나님을 두려워하지 않고 자신의 욕망을 위해 다른 사람을 무시하는 공통된 모습을 볼 수 있다. 다윗이 하나님을 두려워할 때는 하나님의 명령에 순종했을 뿐 아니라 다른 사람을 배려하고 사랑하는 일에서도 탁월했다. 그러나 죄의 유혹에 넘어가자 하나님을 무시하고 사람들을 이용하는 자로 순식간에 바뀌고 만다.

하나님의 마음에 합한 사람이며 오랫동안 광야에서 훈련받은 다윗이 이처럼 타락할 수 있다면 보통 사람들은 얼마나 더 쉽게 유혹에 넘어가겠는가! 다윗을 통해 죄악이 어떻게 시작되고 발전되는지를 살펴보자. 첫째, 모든 죄악은 하나님을 두려워하지 않는 것에서 시작된다. 다윗은 성공에 취한 나머지 하나님과 그분의 말씀을 잊어버렸다. 둘째, 죄악은 자신의 욕망을 극대화하는 것을 통해 발전한다. 다윗은 눈으로 본 것을 강렬하게 원하는 가운데 그것이 자신의 삶에서 이루어지게 했다. 셋째, 자신의 욕망을 위해 다른 사람을 교묘하게 이용하려 한다. 다윗은 성적 욕망을 채우려고 우리아의 아내를 빼앗았을 뿐 아니라 충성스러운 우리아까지 속인다. 또 자신의 부하 요압을 이용한다. 마지막으로 자신의 죄악을 감추려고 갖은 노력을 다한다. 다윗은 자신의 범죄를 감추려는 모든 노력이 실패하자 우리아를 죽이기로 결심한다. 그는 자신의 죄악을 인정하고 드러내기보다, 하나님과 자신에게 충성하는 부하를 죽이기로 선택한 것이다.

11장

## 11:16-27
# 다윗의 죄로 인한 하나님의 분노

다윗의 명령대로 요압은 전투가 맹렬한 곳에 우리아를 배치하여 죽게 한다. 그리고 다윗에게 전령을 보내 이 사실을 보고한다. 한편 밧세바는 우리아의 장례를 마친 뒤 다윗의 아내가 되어 아들을 낳는다. 다윗의 범죄는 사람들의 눈에는 감추어졌지만, 모든 것을 보시는 하나님은 이 일을 기뻐하지 않으셨다.

**11:16** **요압이 그 성을 살펴 용사들이 있는 것을 아는 그곳에 우리아를 두니**

**그곳에 우리아를 두니** 요압은 우리아를 죽이라는 다윗의 명령에 그대로 따랐다. 그는 충성스러운 부하를 죽이라는 다윗의 이상한 명령에 한 번도 의문을 제기하거나 자초지종을 알아보지 않았다. 이를 통해 요압의 잔인하고 기회주의적인 성격을 엿볼 수 있다.

**11:17** **그 성 사람들이 나와서 요압과 더불어 싸울 때에 다윗의 부하 중 몇 사람이 엎드러지고 헷 사람 우리아도 죽으니라**

**11:18-19** **18요압이 사람을 보내 그 전쟁의 모든 일을 다윗에게 보고할새 19그 전령에게 명령하여 이르되 전쟁의 모든 일을 네가 왕께 보고하기를 마친 후에**

**전령** 요압은 다윗이 우리아의 일에 대해 궁금해하고 있을 것을 알았다. 그래서

**쉬운성경**

16요압은 성을 살피다가 그 성 중에서 적군이 가장 강하게 막고 있는 곳을 알아냈습니다. 요압은 우리아를 그곳으로 보냈습니다.
17성의 군인들이 밖으로 나와서 요압과 맞서 싸웠습니다. 다윗의 부하들 중 몇 명이 죽임을 당했습니다. 헷 사람 우리아도 죽었습니다.
18그 일이 있은 후에 요압이 사람을 보내어 싸움터에서 일어난 모든 일을 다윗에게 보고했습니다.
19요압이 전령에게 말했습니다. "다윗 왕께 전쟁에서 일어난 일을 말씀드려라.

우리아가 전투에서 죽자 즉시 전령을 보내 일어난 상황을 보고한다.

**11:20** **혹시 왕이 노하여 네게 말씀하기를 너희가 어찌하여 성에 그처럼 가까이 가서 싸웠느냐 그들이 성 위에서 쏠 줄을 알지 못하였느냐**

**혹시 왕이 노하여** 요압이 우리아를 죽게 한 것은 다윗이 시킨 일이었다. 그런데 그는 오히려 다윗이 그 일을 듣고 화를 낼 것이라고 예상한다. 요압은 다윗이 자신의 범죄를 감추기 위해 과장된 반응을 보일 것을 예측하고 있었던 것이다.

**11:21** **여룹베셋의 아들 아비멜렉을 쳐죽인 자가 누구냐 여인 하나가 성에서 맷돌 위짝을 그 위에 던지매 그가 데벳스에서 죽지 아니하였느냐 어찌하여 성에 가까이 갔더냐 하시거든 네가 말하기를 왕의 종 헷 사람 우리아도 죽었나이다 하라**

**여룹베셋** 사사였던 기드온의 별명이다. 본래는 여룹바알이었으나 이방신인 바알의 이름 대신 베셋으로 바뀌었다.

**아비멜렉** 기드온이 세겜에서 첩을 통해 낳은 아들이다. 그는 기드온이 죽은 후에 기드온의 아들 70명을 모두 죽이고 스스로 왕이 되었다. 아비멜렉은 데벳스 사람들과 싸우려고 망대의 문에 가까이 다가갔다가 한 여인이 던진 맷돌 위짝에 맞아 죽었다(삿 9:53).

**11:22-24** **22전령이 가서 다윗에게 이르러 요압이 그를 보낸 모든 일을 다윗에게 아뢰어 23이르되 그 사람들이 우리보다 우세하여 우리를 향하여 들로 나오**

**쉬운성경**

20말씀을 다 드리고 나면 왕께서 화를 내실 것이다. 그리고 왕께서 만약 '왜 그렇게 성 가까이 가서 싸웠느냐? 그들이 성벽에서 화살을 쏠 줄 몰랐느냐?
21여룹베셋의 아들 아비멜렉을 누가 죽였느냐? 성벽 위에 있던 한 여자가 아니냐? 그 여자가 큰 맷돌을 아비멜렉에게 던져서 아비멜렉이 데베스에서 죽지 않았느냐? 왜 그렇게 성벽에 가까이 갔었느냐?'고 물으시면 '왕의 종 헷 사람 우리아도 죽었습니다'라고 대답하여라."

11장

**므로 우리가 그들을 쳐서 성문 어귀까지 미쳤더니 24활 쏘는 자들이 성 위에서 왕의 부하들을 향하여 쏘매 왕의 부하 중 몇 사람이 죽고 왕의 종 헷 사람 우리아도 죽었나이다 하니**

## 11:25

**다윗이 전령에게 이르되 너는 요압에게 이같이 말하기를 이 일로 걱정하지 말라 칼은 이 사람이나 저 사람이나 삼키느니라 그 성을 향하여 더욱 힘써 싸워 함락시키라 하여 너는 그를 담대하게 하라 하니라**

**칼은 이 사람이나 저 사람이나 삼키느니라** 다윗은 자신의 죄악으로 부하들이 죽었는데도 냉담한 반응을 보인다. 오히려 전령을 통해 자신의 명령을 잘 수행한 요압에게 위로의 메시지를 전한다. 또 속으로는 우리아가 죽었다는 소식에 깊은 안도의 한숨을 내쉬었을 것이다.

## 11:26

**우리아의 아내는 그 남편 우리아가 죽었음을 듣고 그의 남편을 위하여 소리 내어 우니라**

**그의 남편을 위하여 소리 내어 우니라** 이스라엘 사람들은 죽은 사람을 위해 보통 일주일간 애도의 시간을 가졌다. 밧세바는 자신이 간음하고 임신한 것 때문에 무고한 우리아가 죽은 것을 알고 괴로워했을 것이다.

**쉬운성경**

22요압이 보낸 사람이 다윗에게 가서, 요압이 시키는 대로 모든 말을 전했습니다.
23전령이 다윗에게 말했습니다. "암몬 사람들이 우리보다 잘 싸웠습니다. 그들은 밖으로 나와 들에서 우리를 공격했습니다. 그러나 우리는 그들과 맞서 싸워 성문에까지 이르렀습니다.
24성벽 위의 군인들이 왕의 종들을 향해 화살을 쏘았습니다. 왕의 종들 중 몇 사람이 죽었습니다. 왕의 종 헷 사람 우리아도 죽었습니다."
25다윗이 전령에게 말했습니다. "요압에게 이렇게 전하여라.'이 일로 염려하지 마라. 전쟁을 하다 보면 누구나 죽이고 죽을 수가 있다. 성을 맹렬히 공격하여 점령하도록 하여라.' 이 말을 전하여 요압에게 용기를 주어라."
26밧세바는 자기 남편이 죽었다는 소식을 듣고 남편을 위해 울었습니다.
27밧세바가 슬픔의 기간을 다 마치자, 다윗은 종들을 보내어 밧세바를 왕궁으로 데리고 오게 했습니다. 그리고 밧세바는 다윗의 아내가 되어 다윗의 아들을 낳았습니다. 그러나 여호와께서는 다윗이 한 일을 기뻐하지 않으셨습니다.

11:27 그 장례를 마치매 다윗이 사람을 보내 그를 왕궁으로 데려오니 그가 그의 아내가 되어 그에게 아들을 낳으니라 다윗이 행한 그 일이 여호와 보시기에 악하였더라

**그의 아내가 되어** 다윗은 우리아의 장례를 마치자마자 밧세바를 왕궁으로 데려와 아내로 삼았다. 간음으로 아이가 생긴 사실을 감추고자 한 것이다. 또 아무도 보살필 수 없는 부하의 아내를 자신이 자비를 베풀어 돌보는 것처럼 보이고자 했던 것이다.

**다윗이 행한 그 일이 여호와 보시기에 악하였더라** 이 일은 완전 범죄처럼 보였다. 밧세바와 요압만 입을 꼭 다물면 비밀스럽게 진행된 다윗의 간음과 살인은 완전히 감추어질 수 있는 일이었다. 정말로 이들 외에는 다윗의 범죄에 대해 정확히 알고 있는 사람이 없었을 수도 있다. 그러나 하나님은 다윗의 행동뿐 아니라 그의 동기까지도 전부 보고 계셨다. 그리고 그 일을 악하게 여기셨다. 사람들의 눈은 가릴 수 있어도 하나님 앞에서는 모든 것이 드러난다는 사실을 다윗은 잠시 잊고 있었다.



## 마음에 새기기

다윗은 간음과 살인을 저지르면서도 그 일이 사람들에게 드러나지 않게 하는 데 모든 노력을 쏟았다. 이런 다윗의 모습은 하나님의 명령에는 불순종하면서 사람들에게 보이는 모습에만 관심을 쏟았던 사울과 똑같다. 타락한 인간의 전형적인 모습인 것이다. 다윗은 사람들 앞에서는 자신의 범죄를 완전히 감출 수 있었다. 한두 사람만 비밀을 지켜주면 여전히 거룩하고 경건한 사람인 것처럼 행세할 수 있었다. 그런데 그 순간에도 하나님은 침묵하신 채 다윗의 마음과 행동을 살펴보고 계셨다. 그러나 다윗은 사람들 앞에서 범죄를 감출 생각에만 골몰한 나머지 하나님이 보고 계신다는 사실을 망각했다.

우리 역시 사람들 앞에서는 거룩하고 경건한 척 행동할 수 있다. 우리의 모든 죄악과 실수를 다 감춘 채 좋은 모습만 보일 수도 있다. 그런데 이것이 엄청난 스트레스를 일으킨다는 것을 아는가? 사람들 앞에서 완벽하게 보이려는 사람은 그에 따른 스트레스를 견디다 못해 결국에는 갑작스럽게 무너진다. 그리고 하나님은 우리의 마음과 행동을 다 살펴보시는 분이다. 이 사실을 망각하면 우리는 평생토록 이중적인 삶을 살게 될 뿐 아니라 죄악을 감추려고 끊임없

이 거짓말하는 비참한 인생이 될 것이다. 또 완벽하게 보이기 위해 끊임없이 애쓸 것이다. 그러나 정말 중요한 것은 우리의 속마음이다. 하나님 앞에서 우리 마음의 동기가 온전한지 늘 점검해야 한다. 하나님이 우리를 악하다고 판단하시면 우리의 가면은 반드시 벗겨질 것이며 우리의 수치는 만천하에 드러날 것이다. 하나님의 시선을 늘 기억하며 사는 사람만이 참 자유와 거룩함을 누릴 수 있다.

# Part 05

| 12:1–13:39 |

# 다윗 집안의 재난

## 12:1–14
## 나단 선지자의 지혜로운 책망

12장

나단 선지자는 다윗을 찾아가 부한 사람과 가난한 사람의 비유를 통해 다윗의 죄를 지적한다. 이에 다윗이 진심으로 죄를 회개하자 하나님은 그의 죄를 용서하신다. 그러나 하나님은 공의를 보여주시기 위해 다윗과 밧세바 사이에서 태어난 아이가 죽게 될 것이라고 말씀하신다.

**12:1** **여호와께서 나단을 다윗에게 보내시니 그가 다윗에게 가서 그에게 이르되 한 성읍에 두 사람이 있는데 한 사람은 부하고 한 사람은 가난하니**

**여호와께서 나단을 다윗에게 보내시니** 하나님이 나단을 다윗에게 보내셨을 때는 다윗이 범죄하고 1년이 지난 후였다(14절). 하나님이 이렇게 늦게 범죄를 지적하신 이유는 간음의 결과인 아이가 태어날 때까지 기다리심으로써 다윗이 자발적으로 회개하도록 충분한 시간과 기회를 주신 것이다.

**한 성읍에 두 사람이 있는데** 나단은 직접적으로 다윗의 범죄를 지적하지 않고 비유를 사용한다. 비유는 일상적인 이야기를 통해 어떤 영적 진리를 전달하는 방법이다. 나단은 다윗의 죄를 직접 지적할 경우 그가 회피하거나 변명할 가능성이 있기 때문에 우회적인 방법을 사용한 것이다.

**12:2** **그 부한 사람은 양과 소가 심히 많으나**

**부한 사람** 다윗을 비유한다.

**양과 소** 다윗의 많은 아내와 후궁을 비유한다.

**12:3** **가난한 사람은 아무것도 없고 자기가 사서 기르는 작은 암양 새끼 한 마리뿐이라 그 암양 새끼는 그와 그의 자식과 함께 자라며 그가 먹는 것을 먹으며 그의 잔으로 마시며 그의 품에 누우므로 그에게는 딸처럼 되었거늘**

**가난한 사람** 우리아를 비유한다.

**작은 암양 새끼 한 마리** 우리아의 유일한 아내인 밧세바를 비유한다. 밧세바와 우리아의 친밀감을 강조하기 위해 암양 새끼를 딸과 같은 존재로 묘사한 것이다.

**12:4** **어떤 행인이 그 부자에게 오매 부자가 자기에게 온 행인을 위하여 자기의 양과 소를 아껴 잡지 아니하고 가난한 사람의 양 새끼를 빼앗아다가 자기에게 온 사람을 위하여 잡았나이다 하니**

**가난한 사람의 양 새끼를 빼앗아다가** 부자는 '도둑질하지 말라'는 십계명의 제8계

**쉬운성경**

1여호와께서 나단을 다윗에게 보내셨습니다. 나단은 다윗에게 가서 이렇게 말했습니다. "어떤 성에 두 사람이 있었습니다. 한 사람은 부자였고, 다른 사람은 가난했습니다.
2부자에게는 양과 소가 아주 많았습니다.
3하지만 가난한 사람에게는 사서 키우는 어린 암양 한 마리밖에 없었습니다. 가난한 사람은 그 양을 먹여 길렀습니다. 양은 가난한 사람의 아이들과 함께 자랐습니다. 양은 가난한 사람이 먹을 음식과 마실 물을 나누어 먹으며 자랐습니다. 양은 가난한 사람의 팔에서 잠을 잤습니다. 양은 가난한 사람에게 마치 딸과도 같았습니다.
4그런데 어떤 나그네가 부자를 찾아왔습니다. 부자는 나그네에게 음식을 대접하고 싶었습니다. 그러나 부자는 나그네에게 음식을 주기 위해 자기의 양이나 소를 잡고 싶지는 않았습니다. 그 대신 부자는 가난한 사람의 양을 빼앗았습니다. 부자는 그 양을 잡아서 나그네를 위해 음식을 만들었습니다."

명과 '이웃의 집을 탐내지 말라'는 제10계명을 어겼다(출 20:1-17).

**12:5** **다윗이 그 사람으로 말미암아 노하여 나단에게 이르되 여호와의 살아 계심을 두고 맹세하노니 이 일을 행한 그 사람은 마땅히 죽을 자라**

**노하여** 다윗의 양심이 자신을 향해서는 잠자면서 다른 사람을 향해서만 깨어 있음을 암시한다.

**마땅히 죽을 자라** 십계명을 어긴 다윗 자신에 대한 선고와 같은 말이다.

**12:6** **그가 불쌍히 여기지 아니하고 이런 일을 행하였으니 그 양 새끼를 네 배나 갚아 주어야 하리라 한지라**

**네 배** 도둑질에 대한 배상 기준이다(출 22:1). 다윗의 아들 네 명(태어나자마자 죽은 아들, 암논, 압살롬, 아도니야)이 일찍 죽은 것은 다윗의 범죄로 인한 결과로도 여겨진다(19절; 13:28-29; 18:14-15; 왕상 2:24-25).



**12:7** **나단이 다윗에게 이르되 당신이 그 사람이라 이스라엘의 하나님 여호와께서 이와 같이 이르시기를 내가 너를 이스라엘 왕으로 기름붓기 위하여 너를 사울의 손에서 구원하고**

**당신이 그 사람** 나단 선지자는 이 비유가 전달하고자 하는 진짜 메시지를 밝힌다. 다윗은 이 말을 들었을 때 큰 충격을 받았을 것이다. 그러나 그 사실을 인정할 수밖에 없었을 것이다.

**쉬운성경**

5다윗은 그 부자에 대해서 크게 화를 냈습니다. "살아 계신 여호와께 맹세하지만 이 일을 한 사람은 죽어야 한다.
6그 사람은 그런 일을 한 대가로 양을 네 배로 갚아 주어야 한다. 그는 무자비한 사람이다."
7그러자 나단이 다윗에게 말했습니다. "왕이 바로 그 사람입니다. 이스라엘의 하나님 여호와께서 이렇게 말씀하십니다. '나는 너를 이스라엘의 왕으로 세워 주었다. 나는 너를 사울에게서 구해 주었고

**12:8** **네 주인의 집을 네게 주고 네 주인의 아내들을 네 품에 두고 이스라엘과 유다 족속을 네게 맡겼느니라 만일 그것이 부족하였을 것 같으면 내가 네게 이것 저것을 더 주었으리라**

**만일 그것이 부족하였을 것 같으면** 하나님은 다윗에게 주신 은혜와 복이 얼마나 많은지를 말씀하신다. 이것은 다윗의 범죄가 하나님의 은혜에 만족하지 못하고 욕심부린 것에서 비롯된 것임을 보여준다.

**12:9** **그러한데 어찌하여 네가 여호와의 말씀을 업신여기고 나 보기에 악을 행하였느냐 네가 칼로 헷 사람 우리아를 치되 암몬 자손의 칼로 죽이고 그의 아내를 빼앗아 네 아내로 삼았도다**

**어찌하여 네가 여호와의 말씀을 업신여기고** 하나님은 다윗의 모든 행위를 보고 계셨다. 그리고 다윗의 범죄가 하나님의 말씀을 업신여긴 것임을 지적하신다.

**12:10** **이제 네가 나를 업신여기고 헷 사람 우리아의 아내를 빼앗아 네 아내로 삼았은즉 칼이 네 집에서 영원토록 떠나지 아니하리라 하셨고**

**나를 업신여기고** 하나님은 그분의 명령에 대한 업신여김을 하나님 자신에 대한 업신여김과 동일하게 보신다. 이것은 엘리의 아들들의 죄와 같은 것이다(삼상 2:30).

**칼이 네 집에서 영원토록 떠나지 아니하리라** 이 심판의 말씀은 다윗의 아들들이 칼

**쉬운성경**

8 사울의 나라와 사울의 딸을 아내로 너에게 주었다. 그리고 나는 너를 이스라엘과 유다의 왕으로 세워 주었다. 너에게 부족한 것이 있었다면 나는 너에게 더 많은 것을 주었을 것이다.
9 그런데 너는 왜 나 여호와의 명령을 무시했느냐? 왜 나 여호와가 악하다고 말씀한 일을 했느냐? 너는 헷 사람 우리아를 암몬 사람들 칼에 죽게 했다. 그리고 너는 그의 아내를 빼앗아 네 아내로 만들었다.
10 그러니 이제 너의 집안에는 언제나 칼로 죽는 사람이 있을 것이다. 네가 나를 존경하지 않음을 내가 보았기 때문이다. 너는 헷 사람 우리아의 아내를 빼앗았다.'

에 죽임당하는 것으로 이루어졌다.

**12:11** **여호와께서 또 이와 같이 이르시기를 보라 내가 너와 네 집에 재앙을 일으키고 내가 네 눈앞에서 네 아내를 빼앗아 네 이웃들에게 주리니 그 사람들이 네 아내들과 더불어 백주에 동침하리라**

**네 아내를 빼앗아** 이 심판은 압살롬이 다윗의 후궁들과 간음한 사건을 통해 이루어졌다(16:22).

**12:12** **너는 은밀히 행하였으나 나는 온 이스라엘 앞에서 백주에 이 일을 행하리라 하셨나이다 하니**

**12:13** **다윗이 나단에게 이르되 내가 여호와께 죄를 범하였노라 하매 나단이 다윗에게 말하되 여호와께서도 당신의 죄를 사하셨나니 당신이 죽지 아니하려니와**

**내가 여호와께 죄를 범하였노라** 하나님은 다윗이 진심으로 죄를 고백하며 회개하자 그의 죄를 용서해 주셨다. 간음과 살인은 마땅히 사형에 처해야 하는 죄였지만 하나님은 그의 목숨을 살려주셨다.

**12:14** **이 일로 말미암아 여호와의 원수가 크게 비방할 거리를 얻게 하였으니 당신이 낳은 아이가 반드시 죽으리이다 하고**

12장

**쉬운성경**

11 여호와께서 또 이렇게 말씀하십니다. '너의 집안 사람들이 너에게 재앙을 일으킬 것이다. 네가 보는 앞에서 내가 너의 아내들을 빼앗아서 너의 아주 가까운 사람들에게 줄 것이다. 그 사람이 대낮에 너의 아내들과 잠자리를 함께 할 것이다.
12 너는 남몰래 밧세바와 함께 잠을 잤다. 그러나 나는 이스라엘의 모든 백성이 이 일을 알게 할 것이다.'"
13 그러자 다윗이 나단에게 말했습니다. "내가 여호와께 죄를 지었소." 나단이 대답했습니다. "여호와께서는 왕의 죄를 용서하셨습니다. 왕은 죽지 않을 것입니다.
14 그러나 왕이 한 일 때문에 여호와의 원수들이 여호와를 경멸하고 모욕할 기회를 주었으니 왕에게서 태어난 아기는 죽게 될 것입니다."

**여호와의 원수** 하나님을 대적하는 모든 자들을 말한다. 다윗은 하나님을 대신해서 이스라엘을 다스리는 왕이었기 때문에 그의 범죄는 원수들에게 하나님에 대한 모욕과 비난의 기회가 된 것이다.

**아이가 반드시 죽으리이다** 아이가 죽게 되는 것은 그 아이가 죄의 결과로 태어났기 때문이며, 다윗도 하나님의 공의로운 심판 아래 있음을 보여주기 위함이다.

## 마음에 새기기

다윗은 죄를 지적받았을 때 그것을 회피하거나 변명하지 않고 바로 고백했다. 사울과 정반대되는 모습이다. 다윗의 회개는 시편 51편에 아주 자세하게 기록되어 있다. 그런데 다윗의 회개가 시편으로 기록되어 이스라엘 백성이 예배드릴 때 사용했다는 것은 다윗의 범죄 사실이 이스라엘 전체에 알려졌다는 뜻이다. 즉, 하나님은 다윗을 통해 아무리 큰 죄를 지었어도 진심으로 회개하면 용서받을 수 있음을 보여주신 것이다. 이를 통해 우리는 하나님이 죄악을 심판하시는 공의의 하나님일 뿐 아니라, 자비롭고 은혜로우시며, 쉽게 노하지 않으시고, 사랑이 많으시며, 진실하신 분임을 알 수 있다(출 34:6).

십자가는 다윗에게 보여주신 하나님의 공의와 사랑이 우리에게도 주어짐을 증거하는 것이다. 하나님의 공의의 속성으로는 사람들의 범죄를 심판하실 수밖에 없다. 그러나 하나님은 은혜와 사랑의 하나님이기 때문에 죄로 인해 모든 인간을 다 죽일 수 없으셨다. 그 때문에 자신의 아들인 예수님을 십자가에서 죽이심으로 공의를 이룸과 동시에 우리에 대한 사랑을 보여주신 것이다. 이제 죄를 지은 모든 인간은 십자가 앞에서 다윗과 같아야 한다. 진심으로 회개하고 하나님께 돌아간 다윗처럼 되지 못한다면, 끝까지 자신의 죄를 회피하고 자신을 높일 방법만 찾았던 사울같이 될 뿐이다. 비록 범죄했으나 다윗이 계속해서 하나님 마음에 합한 사람이 될 수 있었던 것은, 그가 철저하고 진심 어린 회개로 하나님께 돌이켰기 때문이다.

12:15–23

# 생후 일주일 만에 죽은 다윗의 아이

다윗과 밧세바 사이에서 태어난 아이가 하나님의 심판을 받아 심히 앓다가 일주일 만에 죽고 만다. 다윗은 아이가 아픈 동안에는 금식하며 하나님의 긍휼을 구하지만 결국 아이가 죽자 하나님의 뜻을 받아들이고 기운을 회복한다.

**12:15** **나단이 자기 집으로 돌아가니라 우리아의 아내가 다윗에게 낳은 아이를 여호와께서 치시매 심히 앓는지라**

**우리아의 아내** 성경은 밧세바의 이름을 언급하지 않고 그녀를 우리아의 아내로 부른다. 다윗이 명백하게 다른 사람의 아내를 빼앗아 자신의 아내로 취했음을 지적하는 것이다. 그 둘 사이에서 태어난 아이가 죽은 것은 공의로운 하나님의 심판임을 알 수 있다.

**심히 앓는지라** 하나님이 말씀하신 공의의 심판이 즉각적으로 임했음을 볼 수 있다. 이것은 다윗의 집에 임한 심판의 예언들이 시작됨을 알리는 것이기도 하다.

12장

**12:16** **다윗이 그 아이를 위하여 하나님께 간구하되 다윗이 금식하고 안에 들어가서 밤새도록 땅에 엎드렸으니**

**다윗이 그 아이를 위하여 하나님께 간구하되** 다윗은 자신의 죄악을 대신해 아이가 죽는 것에 큰 죄책감을 느꼈을 것이다. 다윗은 긍휼과 은혜가 풍성하신 하나님이심을 알았기 아이를 위해 금식하며 기도했다.

**쉬운성경**

15나단이 집으로 돌아간 후에 여호와께서는 다윗과 우리아의 아내였던 밧세바의 사이에서 낳은 아들에게 큰 병을 주셨습니다.
16다윗은 아기를 위해 하나님께 기도를 드렸습니다. 다윗은 먹지도 않고 마시지도 않았습니다. 다윗은 자기 집으로 돌아가서 그곳에 머물렀습니다. 다윗은 밤새도록 땅 위에 누워 있었습니다.

**12:17** **그 집의 늙은 자들이 그 곁에 서서 다윗을 땅에서 일으키려 하되 왕이 듣지 아니하고 그들과 더불어 먹지도 아니하더라**

**다윗을 땅에서 일으키려 하되 왕이 듣지 아니하고** 하나님의 긍휼을 구하며 철저히 겸손한 자세로 하나님 앞에 매달리는 다윗의 모습이다.

**12:18** **이레 만에 그 아이가 죽으니라 그러나 다윗의 신하들이 아이가 죽은 것을 왕에게 아뢰기를 두려워하니 이는 그들이 말하기를 아이가 살았을 때에 우리가 그에게 말하여도 왕이 그 말을 듣지 아니하셨나니 어떻게 그 아이가 죽은 것을 그에게 아뢸 수 있으랴 왕이 상심하시리로다 함이라**

**이레 만에** 심히 앓던 아이가 결국 일주일 만에 죽고 만다. 다윗은 자신의 죄악 때문에 아이가 대신 고통받다 죽는 과정을 지켜보면서 죄악의 심각성을 깊이 깨달았을 것이다. 다윗의 범죄는 사형에 해당하는 것이었다. 그러나 하나님은 다윗을 죽이는 대신 그의 아들을 죽이셨다. 이것은 앞으로 인간의 죄를 위해 대속적인 죽음을 죽으실 예수님을 보여주기 위한 모형적인 사건이다.

**12:19** **다윗이 그의 신하들이 서로 수군거리는 것을 보고 그 아이가 죽은 줄을 다윗이 깨닫고 그의 신하들에게 묻되 아이가 죽었느냐 하니 대답하되 죽었나이다 하는지라**

**쉬운성경**

17 다윗의 집안에서 나이 든 어른들이 다윗의 건강을 걱정하며 왔습니다. 그들은 다윗이 땅에서 일어나도록 애썼지만, 다윗은 일어나지 않았습니다. 다윗은 그들과 함께 밥을 먹지도 않았습니다.
18 칠 일째 되던 날, 아기가 죽고 말았습니다. 다윗의 종들은 아기가 죽었다는 사실을 다윗에게 말하기가 두려웠습니다. 다윗의 종들이 말했습니다. "아기가 살아 있을 때에도 왕은 우리 말을 들으려 하지 않으셨다. 그런데 아기가 죽었다는 것을 말씀드리면 왕이 무슨 일을 하실지 모른다."
19 그러나 다윗은 종들이 서로 수군거리는 것을 보고 아기가 죽었다는 것을 알았습니다. 왕이 종들에게 물었습니다. "아기가 죽었느냐?" 종들이 대답했습니다. "예, 죽었습니다."

**12:20** **다윗이 땅에서 일어나 몸을 씻고 기름을 바르고 의복을 갈아입고 여호와의 전에 들어가서 경배하고 왕궁으로 돌아와 명령하여 음식을 그 앞에 차리게 하고 먹은지라**

**땅에서 일어나** 다윗은 아이가 죽은 것을 알고 난 다음에 신하들의 우려와는 반대로 스스로 기운을 차린다. 다윗은 하나님이 말씀하신 대로 심판이 이루어지자 바로 겸손히 받아들인 것이다.

**12:21** **그의 신하들이 그에게 이르되 아이가 살았을 때에는 그를 위하여 금식하고 우시더니 죽은 후에는 일어나서 잡수시니 이 일이 어찌 됨이니이까 하니**

**이 일이 어찌 됨이니이까** 신하들이 보기에 다윗의 행동은 이상했다. 아이의 병 나음을 위해서는 슬픈 마음으로 금식하며 땅에 엎드려 기도하던 사람이 아이가 죽자 도리어 기운을 차렸기 때문이다. 보통 사람들이라면 아이가 죽은 후에 더욱 낙담하며 슬퍼했을 것이다.

12장

**12:22** **이르되 아이가 살았을 때에 내가 금식하고 운 것은 혹시 여호와께서 나를 불쌍히 여기사 아이를 살려 주실는지 누가 알까 생각함이거니와**

**쉬운성경**

20 그러자 다윗은 자리에서 일어나 몸을 씻고
몸에 기름을 바르고 옷을 바꾸어 입었습니
다. 그리고 나서 다윗은 여호와의 집으로 들
어가 여호와께 예배를 드렸습니다. 그런 다
음에 다윗은 집으로 돌아가서 먹을 것을 달
라고 했습니다. 종들이 음식을 가져오자, 다
윗은 그것을 먹었습니다.
21 다윗의 종들이 다윗에게 물었습니다. "어쩐
일인지 모르겠습니다. 아기가 살아 있을 때
에는 음식을 들지도 않으시고 슬퍼하시더니
아기가 죽으니까 자리에서 일어나 음식을 드
시니 말입니다."
22 다윗이 말했습니다. "아기가 살아 있을 때에
내가 먹지도 않고 슬퍼한 것은 여호와께서
혹시 나를 불쌍히 여기셔서 아기를 살려 주
실지도 모른다고 생각했기 때문이다.
23 하지만 이제는 아기가 죽었으니 음식을 먹지
않을 이유가 없지 않느냐? 그런다고 아기가 다
시 살아나는 것도 아니다. 언젠가 나도 아기에
게 가겠지만, 아기가 나에게로 다시 돌아올 수
는 없는 일이다."

**12:23** **지금은 죽었으니 내가 어찌 금식하랴 내가 다시 돌아오게 할 수 있느냐 나는 그에게로 가려니와 그는 내게로 돌아오지 아니하리라 하니라**

**다시 돌아오게 할 수 있느냐** 다윗은 이미 실행된 하나님의 뜻에 대해서는 하나님의 주권을 인정하고 받아들였다. 다윗의 이러한 모습을 통해, 하나님의 긍휼에 근거해 기도해야 하지만 이미 이루어진 하나님의 뜻에 대해서는 겸손하게 받아들이는 것이 성숙한 신앙인의 모습임을 알 수 있다.

### 마음에 새기기

기도를 잘하기 위해서는 하나님이 어떤 분인지 제대로 알아야 한다. 다윗은 하나님의 성품에 대해 잘 알고 있었다. 이는 그가 아이의 생명을 위해 기도한 태도를 보고 알 수 있다.
첫째, 다윗은 하나님이 자신의 죄악을 진심으로 용서해 주셨음을 믿었다. 만일 다윗이 여전히 하나님의 용서에 대해 확신이 없었다면 아이의 생명을 위해 간구할 수 없었을 것이다. 많은 사람들이 하나님이 십자가에서 모든 죄악을 용서해 주셨다는 사실을 확실히 믿지 못해 죄책감 가운데 살아간다. 마음에 죄책감을 가진 채로는 하나님 앞에 나아가 기도할 수 없다. 기도하기 위해서는 용서하시는 하나님을 믿어야 한다. 둘째, 다윗은 하나님이 긍휼을 베푸시는 분임을 믿었다. 다윗은 금식하며 긍휼을 간구하면 하나님이 은혜를 베풀어주실 수도 있다는 믿음이 있었다. 다윗은 하나님의 심판보다 하나님의 긍휼이 더 크다는 사실을 알고 있었던 것이다. 정말 하나님이 공의대로 다윗을 심판하셨다면 다윗은 죽어야 마땅했다. 그러나 그는 하나님의 긍휼로 살게 되었다. 그래서 다윗은 똑같은 은혜가 자신의 아이에게도 임할 수 있다고 생각한 것이다. 이처럼 우리는 기도할 때 하나님이 우리를 긍휼히 여기시는 분임을 믿으며 기도해야 한다. 셋째, 다윗은 이미 이루어진 일에 대해서 하나님의 주권을 받아들였다. 다윗은 하나님이 행하신 일은 철저히 하나님의 주권에 속한 것임을 믿었다. 그래서 아이의 죽음을 조용히 받아들일 수 있었던 것이다. 많은 사람들이 이미 이루어진 일에 대해 후회하거나 여전히 과거를 돌아보며 살아가는 것은 하나님의 주권을 인정하지 않기 때문이다. 그러므로 이루어지지 않은 일에 대해서는 간절함으로 기도해야 하지만, 이미 이루어진 과거의 일에 계속 매달리는 것은 잘못된 태도다.

## 12:24–31
# 솔로몬의 탄생과 암몬 정복

다윗과 밧세바 사이에서 다시 아들이 태어난다. 다윗은 아들의 이름을 솔로몬이라고 지었지만, 하나님은 솔로몬을 특별히 사랑하셔서 여디디야라는 이름을 따로 주신다. 한편 다윗은 암몬 자손의 랍바를 정복했는데, 이때 랍바 왕의 왕관을 취하고 암몬 백성들에게 무자비한 노역을 강요한다.

### 12:24–25

**[24]다윗이 그의 아내 밧세바를 위로하고 그에게 들어가 그와 동침하였더니**
**그가 아들을 낳으매 그의 이름을 솔로몬이라 하니라 여호와께서 그를 사**
**랑하사 [25]선지자 나단을 보내 그의 이름을 여디디야라 하시니 이는 여호와께서 사랑하셨기 때**
**문이더라**

**솔로몬** '하나님의 평화'라는 뜻이다. 다윗과 밧세바 사이에서 태어난 첫아들이 죽은 후에 솔로몬이 태어난 것은 하나님의 용서와 회복이 구체적으로 임한 증거였다. 다윗은 이 아들을 통해 하나님과의 관계가 온전히 회복되기를 기대했을 것이다.

**여디디야** '하나님의 사랑받는 자'라는 뜻으로 '사랑받는 자'라는 뜻을 지닌 다윗의 이름과 비슷하다. 본문에서 하나님이 솔로몬을 사랑하셨음을 두 번이나 언급한 것은, 하나님의 사랑이 심판보다 크심을 보여주기 위함이다. 비록 범죄의 결과로 태어난 아이는 심판받아 죽었지만, 그 다음에 태어난 솔로몬에게는 하나님의 크신 사랑이 주어졌다. 즉 하나님이 다윗을 징계하시기는 했지만 영원히 그를 버리

12장

**쉬운성경**

[24]그리고 다윗은 자기 아내 밧세바를 위로하고 동침하니 밧세바가 다시 임신해서 아들을 낳았습니다. 다윗은 그 아들의 이름을 솔로몬이라고 지었습니다. 여호와께서는 솔로몬을 사랑하셨습니다. [25]여호와께서는 예언자 나단을 통해 그 아기의 이름을 여디디야라고 부르게 하셨습니다. 그 이름은 여호와께서 그 아기를 사랑하신다는 뜻입니다.

신 것이 아님을 보여주신 것이다. 또 하나님이 솔로몬을 다윗의 왕권을 이을 '또 다른 다윗'으로 선택하셨음을 암시하는 것이기도 하다.

## 12:26 요압이 암몬 자손의 랍바를 쳐서 그 왕성을 점령하매

**그 왕성을 점령하매** 사무엘하 11장에는 요압이 랍바의 암몬 자손과 싸우기 시작한 사건 다음에 다윗이 밧세바와 범죄한 사건이 나온다. 12장 후반의 암몬 정복 내용은 11장의 내용 전개상 설명하지 못한 부분이 삽입된 것이다(대상 20:1-3 참고).

## 12:27 요압이 전령을 다윗에게 보내 이르되 내가 랍바 곧 물들의 성읍을 쳐서 점령하였으니

**물들의 성읍** '랍바'는 수원지를 지키는 '물들의 성읍'과 왕궁을 지키는 '왕의 성읍'으로 이루어져 있었다. 요압은 도시에 물을 공급하는 수원지를 점령했기 때문에 도시 전체가 곧 함락될 것이라고 예상했다.

## 12:28 이제 왕은 그 백성의 남은 군사를 모아 그 성에 맞서 진 치고 이 성읍을 쳐서 점령하소서 내가 이 성읍을 점령하면 이 성읍이 내 이름으로 일컬음을 받을까 두려워하나이다 하니

**이 성읍을 쳐서 점령하소서** 요압은 랍바를 점령하는 영광이 자신이 아닌 다윗 왕에게 돌려지길 원했다. 요압의 이러한 모습은 왕에 대한 충성스러움을 보여준다.

**쉬운성경**

26 요압이 암몬 사람들의 성인 랍바와 맞서 싸웠습니다. 요압은 왕이 사는 그 성을 거의 다 점령했습니다.

27 요압이 다윗에게 사람들을 보내어 말했습니다. "제가 랍바를 쳐서 이겼으며, 또한 성에 물을 공급하는 장소도 점령하였습니다.

28 이제 왕께서는 다른 군인들을 보내셔서 이 성을 공격하십시오. 제가 차지하기 전에 왕께서 먼저 이 성을 차지하십시오. 제가 이 성을 차지하게 되면, 이 성은 제 이름을 따서 부르게 될까 염려됩니다."

## 12:29 다윗이 모든 군사를 모아 랍바로 가서 그곳을 쳐서 점령하고

**랍바로 가서** 예루살렘에서 랍바까지는 약 70킬로미터 정도 떨어져 있기 때문에 다윗이 군대를 이끌고 그곳에 도착하는 데는 며칠밖에 걸리지 않았을 것이다.

## 12:30 그 왕의 머리에서 보석 박힌 왕관을 가져오니 그 중량이 금 한 달란트라 다윗이 자기의 머리에 쓰니라 다윗이 또 그 성읍에서 노략한 물건을 무수히 내오고

**왕의 머리에서 보석 박힌 왕관을 가져오니** '왕의 머리'는 암몬 자손이 섬기던 신 '밀곰'으로 해석할 수 있다. 왕관의 중량인 금 한 달란트는 약 34킬로그램에 달하는 무게로, 다윗은 랍바 왕의 머리에 있던 왕관을 자신이 대신 취함으로 이제 암몬 자손을 다스리는 자가 자신임을 보여주고자 했다. 다윗은 성을 취한 영광을 하나님께 돌리지 않고 자신이 취했다.

12장

## 12:31 그 안에 있는 백성들을 끌어내어 톱질과 써레질과 철도끼질과 벽돌구이를 그들에게 하게 하니라 암몬 자손의 모든 성읍을 이같이 하고 다윗과 모든 백성이 예루살렘으로 돌아가니라

**톱질과 써레질과 철도끼질** 랍바 성읍을 정복한 다윗은 암몬 백성들을 끌어내 힘든 노역을 시킨다. 이는 다른 성읍을 정복했을 때와 사뭇 다른 모습으로, 그가 죄로 인해 마음이 강퍅해져 있음을 보여주는 것이다.

**쉬운성경**

29 다윗은 모든 군대를 모아 랍바로 갔습니다. 다윗은 랍바와 맞서 싸워 성을 점령했습니다. 30 다윗은 랍바 왕의 머리에서 왕관을 벗겨 냈습니다. 그 왕관은 금으로 만든 것으로 무게가 한 달란트나 되었습니다. 거기에는 보석도 달려 있었습니다. 사람들은 그 왕관을 다윗의 머리에 씌워 주었습니다. 다윗은 그 성에서 많은 값비싼 물건들을 빼앗았습니다. 31 다윗은 또 랍바 성의 백성들도 사로잡아다가 톱질과 곡괭이질과 도끼질을 시켰습니다. 다윗은 그들에게 벽돌로 건물을 짓게 했습니다. 다윗은 암몬 사람들의 온 성에서 이런 일을 시켰습니다. 그리고 나서 다윗과 그의 모든 군대는 예루살렘으로 돌아갔습니다.

마음에 새기기

다윗은 암몬과의 전쟁에서 평소의 다윗 같지 않은 모습을 보였다. 이것은 암몬과의 전쟁이 다윗이 범죄한 후 회개하기 전에 발생한 사건이기 때문이다. 죄악에 사로잡혀 있던 다윗은 암몬을 정복한 영광을 자신이 취했을 뿐 아니라 정복한 백성에게도 아주 냉정하고 준엄하게 대했다. 이런 다윗의 모습을 통해 하나님의 은혜와 용서를 받기 전에는 자신의 영광을 구하고 타인을 심판하는 것이 일반적임을 알 수 있다. 만일 암몬 자손의 랍바 성읍을 정복한 것이 다윗의 회개 후에 일어난 일이었다면, 그는 우상의 면류관을 머리에 쓰는 일은 하지 않았을 것이다. 또 암몬 백성을 그렇게 무자비하게 다루지 않았을 수도 있다. 결국 사람이 하나님 앞에서 낮아지고 다른 사람에게 자비를 베풀기 위해서는 하나님의 용서와 은혜를 더 깊이 경험해야 함을 알 수 있다.

하나님은 우리에게 그분의 가장 큰 용서와 은혜를 십자가를 통해 베풀어주셨다. 그러므로 우리는 더 이상 자기 영광을 위해 살면 안 된다. 혹 타인을 용서하지 않거나 복수해서도 안 된다. 예수님은 주기도문을 통해 우리가 먼저 하나님의 영광을 구하고 다른 사람을 용서해야 함을 가르쳐주셨다. 자기 영광을 구하며 타인을 용서하지 못하는 삶은 십자가의 은혜를 제대로 받지 못한 증거다. 즉, 하나님과 타인을 향한 태도는 진정으로 십자가 앞에서 회개한 사람인지 아닌지를 보여주는 기준이 된다. 그러나 사람은 한두 번 은혜를 받았다고 쉽게 변화되지 않는다. 늘 자기만을 위해 살도록 이끄는 자아가 완전히 죽기까지는 많은 시간과 연단의 과정이 필요하다. 자신에게서 자주 드러나는 자기 영광을 구하며 타인을 용서하지 못하는 모습은 우리 자아의 뿌리 깊은 죄악을 보여주는 증거다. 이런 증거가 나타날 때마다 십자가의 은혜를 구하는 자만이 이 죄악에서 벗어날 수 있다.

## 13:1-14
## 다말을 강간한 암논

다윗의 맏아들 암논은 이복누이인 다말을 사랑하게 된다. 암논은 친구인 요나답의 간교한 술책에 따라 아픈 행세를 하고 다말의 병시중을 받는다. 그리고 자신의 방에 다말 혼자 남게 한 뒤에 그녀를 억지로 강간한다.

## 13:1 그 후에 이 일이 있으니라 다윗의 아들 압살롬에게 아름다운 누이가 있으니 이름은 다말이라 다윗의 다른 아들 암논이 그를 사랑하나

**압살롬** 다윗이 마아가에게서 얻은 둘째 아들로 다말의 오빠다.

**암논이 그를 사랑하나** 암논은 다윗이 아히노암과의 사이에서 얻은 첫째 아들이고 다말은 암논의 이복 누이였다. 율법에 따르면 이 둘은 결혼할 수 없는 사이였다(레 18:9).

## 13:2 그는 처녀이므로 어찌할 수 없는 줄을 알고 암논이 그의 누이 다말 때문에 울화로 말미암아 병이 되니라

**처녀** 남자를 가까이 하지 않은 정숙하고 순결한 여자를 말한다.

**어찌할 수 없는 줄을 알고** 다말은 암논의 이복 누이였을 뿐 아니라 암논이 함부로 희롱할 수 없는 품위 있는 여자였다.

## 13:3 암논에게 요나답이라 하는 친구가 있으니 그는 다윗의 형 시므아의 아들이요 심히 간교한 자라

**간교한 자** '간교함'은 탁월한 상황 판단력과 적응력을 가지고 목적한 일을 해낼 수 있는 지혜를 가진 것을 의미한다(14:2). 요나답은 세상적인 악한 지혜를 발휘해 암논을 돕는다. 요나답은 암논이 다윗의 장자였기 때문에 앞으로 왕이 될 거라 생각하고, 암논과 가까이 하기 위해 늘 눈치를 살폈을 것이다.



**쉬운성경**

1다윗에게는 압살롬이라는 아들과 암논이라는 아들이 있었습니다. 압살롬에게는 다말이라는 아름다운 누이동생이 있었습니다. 그런데 암논이 그 다말을 사랑했습니다.
2다말은 결혼하지 않은 처녀였습니다. 암논은 다말에게 어찌할 수 없는 줄을 알고, 그로 인하여 병이 나고 말았습니다.
3암논에게는, 시므아의 아들인 요나답이라는 친구가 있었습니다. 시므아는 다윗의 형이었습니다. 요나답은 아주 간교한 사람이었습니다.

**13:4** **그가 암논에게 이르되 왕자여 당신은 어찌하여 나날이 이렇게 파리하여 가느냐 내게 말해 주지 아니하겠느냐 하니 암논이 말하되 내가 아우 압살롬의 누이 다말을 사랑함이니라 하니라**

**사랑함이니라** 다말을 향한 암논의 사랑은 다말의 아름다운 육체만을 사랑한 정욕적이고 세상적인 사랑이었다.

**13:5** **요나답이 그에게 이르되 침상에 누워 병든 체하다가 네 아버지가 너를 보러 오거든 너는 그에게 말하기를 원하건대 내 누이 다말이 와서 내게 떡을 먹이되 내가 보는 데에서 떡을 차려 그의 손으로 먹여 주게 하옵소서 하라 하니**

**네 아버지가 너를 보러 오거든** 다윗은 자녀들에 대한 애정이 남달랐다. 특히 암논은 다윗의 맏아들로서 큰 사랑을 받았다.

**13:6** **암논이 곧 누워 병든 체하다가 왕이 와서 그를 볼 때에 암논이 왕께 아뢰되 원하건대 내 누이 다말이 와서 내가 보는 데에서 과자 두어 개를 만들어 그의 손으로 내게 먹여 주게 하옵소서 하니**

**쉬운성경**

4 요나답이 암논에게 물었습니다. "왜 날마다 그렇게 슬퍼하는가? 자네는 왕자가 아닌가? 대체 무슨 일이 있는지 말해 보게." 암논이 대답했습니다. "나는 다말을 사랑한다네. 하지만 다말은 나의 이복동생 압살롬의 누이일세."
5 요나답이 암논에게 말했습니다. "침대로 가게. 가서 아픈 척하게. 그러면 자네 아버지가 자네를 보러 올 걸세. 그러면 아버지께 말하게. '제발 제 누이 다말이 와서 저에게 먹을 것을 주게 하십시오. 제가 보는 앞에서 음식을 만들게 해 주십시오. 다말이 음식 만드는 모습을 보고, 다말이 만든 음식을 먹으면 나을 것 같습니다.'"
6 그래서 암논은 침대에 누워 아픈 척을 했습니다. 다윗 왕이 암논을 보러 왔습니다. 암논이 왕에게 말했습니다. "제 누이 다말을 오게 해 주십시오. 제가 보는 앞에서 맛있는 과자를 만들게 해 주십시오. 그리고 그것을 다말에게서 직접 받아 먹을 수 있게 해 주십시오."
7 다윗이 명령을 받고 심부름하는 사람을 다말의 집으로 보냈습니다. 심부름꾼이 다말에게 전했습니다. "당신의 오라비 암논의 집으로 가서 암논을 위해 맛있는 음식을 만들어 주십시오."

**13:7** **다윗이 사람을 그의 집으로 보내 다말에게 이르되 이제 네 오라버니 암논의 집으로 가서 그를 위하여 음식을 차리라 한지라**

**다윗이 사람을 그의 집으로 보내** 다윗은 암논의 간교한 계략도 모른 채 암논의 범죄에 협조하게 된다. 후일에 다윗은 자신도 모르는 사이 압살롬이 암논을 죽이는 사건에도 개입하게 된다(13:23-28). 이것은 다윗의 범죄가 다윗 집안에서 발생하는 모든 범죄의 시작이 되었음을 보여준다.

**13:8** **다말이 그 오라버니 암논의 집에 이르매 그가 누웠더라 다말이 밀가루를 가지고 반죽하여 그가 보는 데서 과자를 만들고 그 과자를 굽고**

**그가 보는 데서 과자를 만들고** 고대 히브리인들의 집은 거실과 부엌의 구분이 없었다. 여자들은 실내의 벽난로나 화로 등에서 요리했다.

**13:9** **그 냄비를 가져다가 그 앞에 쏟아 놓아도 암논이 먹기를 거절하고 암논이 이르되 모든 사람을 내게서 나가게 하라 하니 다 그를 떠나 나가니라**

**암논이 먹기를 거절하고** 암논은 자신의 상태가 악화된 것처럼 보이게 하려고 과자를 먹지 않았다. 그리고 그것을 핑계 삼아 다말만 남겨 놓고 방에서 사람들을 내보냈다.

**13:10** **암논이 다말에게 이르되 음식물을 가지고 침실로 들어오라 내가 네 손에서 먹으리라 하니 다말이 자기가 만든 과자를 가지고 침실에 들어가 그의 오라버니 암논에게 이르러**

**쉬운성경**

8 그래서 다말은 자기 오라비 암논의 집으로 갔습니다. 암논은 침대에 있었습니다. 다말은 밀가루를 가지고 손으로 반죽을 했습니다. 다말은 암논이 보는 앞에서 맛있는 과자를 만들어 구웠습니다.
9 다말이 냄비째 가져다가 암논을 위해 과자를 꺼내 주었습니다. 그러나 암논은 과자를 먹지 않았습니다. 암논이 자기 종들에게 말했습니다. "너희는 모두 물러가 있어라!" 그러자 암논의 종들이 모두 방을 나갔습니다.

13장

## 13:11 그에게 먹이려고 가까이 가지고 갈 때에 암논이 그를 붙잡고 그에게 이르되 나의 누이야 와서 나와 동침하자 하는지라

**나와 동침하자** 암논은 다말에게 하나님이 율법으로 엄하게 금하신 간음을 요구한다. 암논이 자신의 누이에게 간음을 요구한 것은 다윗이 밧세바와 간음한 것보다 더 심각한 죄악이었다.

## 13:12 그가 그에게 대답하되 아니라 내 오라버니여 나를 욕되게 하지 말라 이런 일은 이스라엘에서 마땅히 행하지 못할 것이니 이 어리석은 일을 행하지 말라

**어리석은 일** '부끄러운 일'이라고도 번역할 수 있는 단어로, 이것은 세겜이 야곱의 딸 디나를 강간한 행위를 언급할 때 사용된 것과 같다(창 34:7). 이것은 암논의 행동이 세겜의 행동과 같은 것임을 암시한다.

## 13:13 내가 이 수치를 지니고 어디로 가겠느냐 너도 이스라엘에서 어리석은 자 중의 하나가 되리라 이제 청하건대 왕께 말하라 그가 나를 네게 주기를 거절하지 아니하시리라 하되

**어리석은 자** 히브리어 '나발'을 번역한 것으로 '사리 판단을 제대로 할 수 없는 무

**쉬운성경**

10 암논이 다말에게 말했습니다. "그 음식을 침실로 가져와 다오. 네 손으로 직접 먹여 다오." 다말은 자기가 만든 과자를 침실에 있는 자기 오라비 암논에게 가지고 갔습니다.
11 다말이 과자를 직접 먹여 주려고 암논에게 가까이 갔을 때, 암논은 다말을 꽉 붙들더니 "누이야, 이리 와서 나와 함께 자자"라고 말했습니다.
12 다말이 암논에게 말했습니다. "오라버니, 안 됩니다. 이러시면 안 됩니다. 이스라엘에는 이런 일이 있을 수 없습니다. 이런 부끄러운 일을 하시면 안 됩니다.
13 저는 제 부끄러움을 벗을 수 없을 것입니다. 그리고 오라버니는 이스라엘에서 부끄러운 바보가 될 것입니다. 제발 왕께 말씀드리십시오. 왕께서 오라버니를 저와 결혼시켜 주실 것입니다."
14 그러나 암논은 다말의 말을 들으려 하지 않았습니다. 암논은 다말보다 힘이 세었으므로 다말을 강간하고 말았습니다.

식한 자'를 의미한다. 다윗을 모욕하여 결국 하나님께 죽임당한 부자의 이름이 나발이었다(삼상 25:3).

**그가 나를 네게 주기를 거절하지 아니하시리라** 율법은 근친상간을 금한다(레 18:9). 다말은 강간당할 위기를 모면하고 암논을 진정시키기 위해 이와 같이 둘러댄 것이다.

## 13:14

**암논이 그 말을 듣지 아니하고 다말보다 힘이 세므로 억지로 그와 동침하니라**

**억지로 그와 동침하니라** 다말의 설득에도 암논은 다말을 강간한다. 암논의 강간 사건이 다윗의 밧세바 간음 사건 다음에 기록된 것은 다윗의 집에 대한 하나님의 심판이 시작되었음을 보여주는 것이다(12:9-12).

### 마 음 에 새 기 기

암논처럼 정욕의 노예가 된 인간의 특징은 다음과 같다. 첫째, 욕망을 만족시키기 위해 모든 수단과 방법을 가리지 않는다. 암논은 한 번의 정욕을 충족하려고 아버지와 누이동생을 속이고 이용했다. 그뿐 아니라 친구의 악한 계략을 듣고 그것을 실행에 옮겼다. 그는 한순간의 만족을 위해 간교하고 계획적으로 움직인 것이다. 둘째, 속임수와 거짓말을 일삼는다. 암논의 모든 행동은 속임수와 거짓으로 일관된 것이었다. 그는 자신의 정욕은 감춘 채 주변 사람들을 속이고 목표를 이루기 위해 거짓된 행동과 말을 계속했다. 정욕에 따라 행동하는 사람은 거짓의 아비인 마귀를 닮은 행동을 하게 된다(요 8:44). 셋째, 정욕의 추구가 가져올 치명적인 결과에 대해서는 생각하지 않는다. 정욕에 사로잡히면 현재의 만족과 쾌락만을 생각하게 된다. 암논은 누이동생을 강간했을 때 앞으로 일어날 일에 대해서는 전혀 생각하지 않았다. 그 때문에 다말이 그를 설득하려 한 것도 전혀 통하지 않았다. 이처럼 정욕에 사로잡히면 비이성적이고 악한 행동을 하게 된다.

성령의 다스림 안에서 절제를 배우지 못한 사람은 사소한 정욕 때문에 큰일을 그르치기 쉽다. 자신을 잘 살펴보자. 먹는 것, 보는 것, 소비하는 것, 자는 것 등의 일상적이고 사소한 욕망이 통제를 벗어나 자신을 자주 넘어지게 하는가? 그렇다면 그 습관적인 다스림에서 벗어나도록 성령의 다스림을 구하는 기도를 계속해야 한다. 정욕의 노예가 된 사람은 하나님나라를 위한 거룩한 도구로 사용될 수 없음을 기억하자(고전 6:9-10).

13장

## 13:15-22
# 다말을 쫓아낸 암논

암논은 다말을 강간하고 집 밖으로 쫓아낸다. 정욕을 채운 뒤 오히려 다말을 미워하게 되었기 때문이다. 슬픔에 젖은 다말은 자신의 오라버니인 압살롬 집에서 외롭게 지낸다. 그러나 다윗은 가족 내에서 벌어진 이런 비극에 대해 화만 냈을 뿐 아무런 조치도 취하지 않는다. 한편 압살롬은 다말의 일로 암논을 미워하게 된다.

**13:15** **그리하고 암논이 그를 심히 미워하니 이제 미워하는 미움이 전에 사랑하던 사랑보다 더한지라 암논이 그에게 이르되 일어나 가라 하니**

**미워하는 미움이 전에 사랑하던 사랑보다 더한지라** 본절은 다말에 대한 암논의 사랑이 정욕이었음을 보여준다. 암논은 육체적 욕구를 채우고 나서 죄책감과 수치심이 들었다. 그래서 자신의 악한 행동이 다말 때문이라고 책임을 전가한다.

**13:16** **다말이 그에게 이르되 옳지 아니하다 나를 쫓아보내는 이 큰 악은 아까 내게 행한 그 악보다 더하다 하되 암논이 그를 듣지 아니하고**

**그 악보다 더하다** 처녀를 강간한 뒤에 쫓아내는 것은 매우 악한 일이었다. 강간당한 뒤에 그 사람에게 시집갈 수 없게 된 여자는 평생 결혼하지 못하는 수치를 당했기 때문이다. 율법에 따르면 약혼하지 않은 처녀와 동침하여 그녀를 욕보인 남자는 그녀를 아내로 삼고 평생 버리지 못하게 되어 있었다(신 22:28-29).

**쉬운성경**

15그리하고 나니, 다말에 대한 암논의 마음이 미워하는 마음으로 변했습니다. 전에 다말을 사랑했던 것보다 지금 미워하는 마음이 훨씬 더 컸습니다. 암논이 다말에게 말했습니다. "일어나 가거라!"

16다말이 암논에게 말했습니다. "안 됩니다! 저를 보내는 것은 더욱 큰 죄를 짓는 것입니다. 그것은 오라버니가 지금 하신 일보다 더 큰 죄입니다." 그러나 암논은 다말의 말을 들으려 하지 않았습니다.

## 13:17 그가 부리는 종을 불러 이르되 이 계집을 내게서 이제 내보내고 곧 문빗장을 지르라 하니

**이 계집을 내게서 이제 내보내고 곧 문빗장을 지르라** 암논의 행동에서 조금의 긍휼이나 양심도 찾아볼 수 없는 파렴치함이 엿보인다.

## 13:18 암논의 하인이 그를 끌어내고 곧 문빗장을 지르니라 다말이 채색옷을 입었으니 출가하지 아니한 공주는 이런 옷으로 단장하는 법이라

**다말이 채색옷을 입었으니** 채색옷은 다말이 공주이며 출가하지 않은 처녀임을 나타낸다. 다말의 신분은 화려한 옷을 입은 공주였지만, 암논에 의해 노예나 죄인과 같은 취급을 당했다. 본절은 다말의 비참하고 수치스러운 상황을 더욱 대조적으로 보여준다.

## 13:19 다말이 재를 자기의 머리에 덮어쓰고 그의 채색옷을 찢고 손을 머리 위에 얹고 가서 크게 울부짖으니라

**채색옷을 찢고** 다말은 옷을 찢음으로써 자신이 이제 명예로운 결혼을 할 수 없는 아주 큰 수치를 당했음을 드러냈다.

13장

**쉬운성경**

17암논은 자기의 젊은 종을 다시 들어오게 했
습니다. 암논이 말했습니다. "이 여자를 당장
밖으로 끌어내어라. 그런 다음에 문을 잠가
버려라."
18그래서 암논의 종이 다말을 집 밖으로 끌어낸
다음에 문을 잠가 버렸습니다. 그때 다말은
소매가 긴 특별한 옷을 입고 있었습니다. 결
혼하지 않은 공주들은 그런 옷을 입었습니다.
19다말은 머리에 흙을 뒤집어 씀으로써 슬픔을
나타내 보였습니다. 다말은 소매가 긴 옷도
찢고 손을 머리 위에 올렸습니다. 그리고 길
을 가면서 소리 높여 울었습니다.
20다말의 오라비인 압살롬이 다말에게 말했습
니다. "너의 오라비인 암논이 너를 강간했다
고? 하지만 그도 너의 오라비니 지금은 잠자
코 있어라. 이 일로 너무 슬퍼하지 마라." 그
리하여 다말은 자기 오라비 압살롬의 집에서
살았습니다. 다말은 슬프고 외로웠습니다.

**13:20** **그의 오라버니 압살롬이 그에게 이르되 네 오라버니 암논이 너와 함께 있었느냐 그러나 그는 네 오라버니이니 누이야 지금은 잠잠히 있고 이것으로 말미암아 근심하지 말라 하니라 이에 다말이 그의 오라버니 압살롬의 집에 있어 처량하게 지내니라**

**다말이 그의 오라버니 압살롬의 집에 있어** 다말은 강간 사건으로 인해 존귀한 신분의 공주로 살아갈 수도 명예로운 결혼을 할 수도 없게 되었다. 압살롬은 다말에게 거처를 제공하고 그녀를 위로하며 돌본다. 그러나 자신의 집에서 함께 사는 누이동생을 볼 때마다 암논에 대한 미움과 분노는 더욱 커졌을 것이다.

**13:21** **다윗 왕이 이 모든 일을 듣고 심히 노하니라**

**심히 노하니라** 율법은 근친상간을 사형에 해당하는 범죄로 간주한다(레 20:17). 그러나 다윗은 이 일에 크게 화만 냈을 뿐 아무런 조치도 취하지 않았다. 다윗 또한 비슷한 죄악을 저질렀기 때문에 자신의 아들을 직접 심판할 수 없었던 것이다. 또 다윗은 자녀를 대면해서 그들의 잘못을 훈계하는 일에 서툴렀다. 다윗의 이런 미온적인 태도가 압살롬으로 하여금 자신의 형을 죽이게 하는 원인이 되었다. 이처럼 다루어지지 않은 죄악은 더 큰 죄악을 불러일으키는 원인이 된다.

**13:22** **압살롬은 암논이 그의 누이 다말을 욕되게 하였으므로 그를 미워하여 암논에 대하여 잘잘못을 압살롬이 말하지 아니하니라**

**잘잘못을 압살롬이 말하지 아니하니라** 압살롬은 자신의 누이동생을 강간한 암논에 대한 복수를 계획하고 있었다. 그래서 암논에게 말로 따지지 않았다.

**쉬운성경**

21 다윗 왕이 그 소식을 듣고 크게 화를 냈습니다.
22 압살롬은 암논에게 잘했느니 잘못했느니 하는 말을 전혀 하지 않았습니다. 압살롬은 암논이 자기 누이 다말을 강간한 일 때문에 암논을 미워했습니다.

마음에 새기기

암논은 다말을 사랑하던 때보다 더 강하게 그녀를 미워하게 되었다. 그것은 저급한 방식으로 정욕을 충족했을 때 흔히 나타나는 현상이다. 사람은 일단 정욕에 사로잡히면 이성적으로 생각할 수 없고 이후에 벌어질 일을 생각하지 못한다. 그런 상황에서 악한 방식으로 정욕을 충족시키고 나서 이성을 되찾으면 자신이 저지른 행동에 대해 심각한 죄책감을 느끼게 된다. 이때 흔히 나타나는 인간의 반응이 회피나 책임 전가다. 암논은 자신에게 아무런 잘못이 없는 것처럼 책임을 회피했다. 그뿐 아니라 오히려 다말이 자신을 유혹해서 죄를 짓게 된 것처럼 그녀에게 책임을 전가했다. 그 때문에 다말을 좋아했을 때보다 더 강하게 그녀를 미워하게 된 것이다.
자신의 악한 행동에 대해서 책임을 회피하고 전가하는 사람은 회개하고 회복할 기회를 갖기 어렵다. 다윗은 자신의 죄악이 드러났을 때 그것을 겸손히 받아들이고 회개했다. 그러나 암논은 책임을 회피하며 오히려 다말을 악한 여자로 만들었다. 이렇게 볼 때 암논에게 죽음이 찾아온 것은 당연한 결과였다. 즉, 죄를 짓는 것보다 무서운 것은 죄를 짓고도 회개하지 않고, 오히려 자신에게 죄가 없는 것처럼 회피하거나 다른 사람에게 그 책임을 전가하는 것이다. 정욕의 노예가 되어 악한 행동을 하는 것은 잘못이다. 그러나 진심으로 자신의 죄를 깨닫고 회개하면 하나님은 용서해 주신다. 성도들도 계속해서 죄를 짓는다. 그러나 신앙이 성숙해질수록 타인이나 상황이 아닌 자신에게 모든 책임이 있음을 고백하게 된다. 자신이 죄인임을 바로 고백하는 것이 영적 성숙의 증거다.



## 13:23-29
# 압살롬의 복수

다말의 강간 사건 이후 2년의 시간이 지난다. 압살롬은 양털 깎는 일로 잔치를 벌이고 왕자들을 모두 초청한다. 그리고 다윗 왕 대신 암논을 초청하고는 부하들을 시켜 암논을 죽인다. 이것은 암논이 다말을 강간한 일로 인해 압살롬이 꾸민 복수였다.

**13:23** **만 이 년 후에 에브라임 곁 바알하솔에서 압살롬이 양털을 깎는 일이 있으매 압살롬이 왕의 모든 아들을 청하고**

**만 이 년 후에** 압살롬은 2년 동안이나 침묵하며 암논에 대한 복수를 계획했다. 여기서 압살롬의 냉철하고 잔인한 성격을 볼 수 있다. 압살롬의 암논 살해 계획은 누이동생을 위한 복수일 뿐 아니라 맏아들인 암논을 제거하고 자신이 왕위를 차지하려는 목적도 있었다.

**바알하솔** 예루살렘에서 북서쪽으로 약 24킬로미터 떨어진 산 위의 고지로 목축하기에 적합한 곳이었다. 압살롬은 그곳에서 양을 길렀다.

**양털을 깎는 일** 목축업을 하던 사람들은 양털 깎는 시기에 축제를 벌였다(삼상 25:2-8).

**왕의 모든 아들을 청하고** 압살롬은 치밀하고 철저하게 복수를 계획했다. 그 첫 단계로 모든 왕자들을 초청한 것이다. 그렇게 함으로써 암논을 살해하고자 하는 의도를 숨겼다.

## 13:24

**압살롬이 왕께 나아가 말하되 이제 종에게 양털 깎는 일이 있사오니 청하건대 왕은 신하들을 데리시고 당신의 종과 함께 가사이다 하니**

**왕은 신하들을 데리시고 당신의 종과 함께 가사이다** 두 번째 단계로 왕과 신하들을 초청했다. 그러나 압살롬은 왕과 신하들이 먼 곳에서 열리는 잔치에 참석하지 않을 것을 잘 알고 있었다. 그래서 다윗이 거절하면 그를 대신하여 암논을 잔치에 참석하도록 요구할 계획이었다.

## 13:25

**왕이 압살롬에게 이르되 아니라 내 아들아 이제 우리가 다 갈 것 없다 네게 누를 끼칠까 하노라 하니라 압살롬이 그에게 간청하였으나 그가 가지 아니하고 그에게 복을 비는지라**

**쉬운성경**

23이 년 후, 압살롬이 에브라임 근처의 바알하솔에서 자기 양 떼의 털을 깎는 일이 있었습니다. 양털을 깎을 때는 크게 잔치를 여는 풍습이 있어서 압살롬은 왕자들을 모두 초대했습니다.

24압살롬이 왕에게 가서 말했습니다. "양털을 깎는 일에 사람들을 초대했습니다. 왕께서도 신하들과 함께 와 주십시오."

**우리가 다 갈 것 없다** 압살롬의 초청에 대한 다윗의 거절은 압살롬의 예상대로였다. 그러나 압살롬은 다윗이 미안한 마음이 들게 하려고 계속해서 간청한다.

## 13:26

**압살롬이 이르되 그렇게 하지 아니하시려거든 청하건대 내 형 암논이 우리와 함께 가게 하옵소서 왕이 그에게 이르되 그가 너와 함께 갈 것이 무엇이냐 하되**

**그가 너와 함께 갈 것이 무엇이냐** 암논을 대신 보내달라는 압살롬의 요구에 다윗은 무엇인가 수상한 기미를 느꼈을 것이다. 암논이 다말을 강간한 사건이 있은 후 2년이나 지났지만, 여전히 압살롬과 암논이 서로 불편한 관계라는 것을 다윗도 잘 알고 있었기 때문이다.

## 13:27

**압살롬이 간청하매 왕이 암논과 왕의 모든 아들을 그와 함께 그에게 보내니라**

**왕이 암논과 왕의 모든 아들을 그와 함께 그에게 보내니라** 결국 다윗은 압살롬의 요구를 들어준다. 다윗은 이전에 암논이 다말을 자신의 집에 보내 달라고 요구했을 때 그것을 들어준 것과 같은 실수를 반복한 것이다. 암논과 압살롬의 요구를 들어줌으로 결과적으로 다윗은 이들의 범죄에 협조하게 되었다.



**쉬운성경**

25다윗 왕이 압살롬에게 말했습니다. "내 아들
아, 아니다. 우리는 가지 않겠다. 우리가 가
면 너에게 짐만 될 뿐이다." 그래도 압살롬은
다윗에게 와 달라고 간절히 청했습니다. 다
윗은 가지 않고 압살롬에게 복을 빌어 주기
만 했습니다.
26압살롬이 말했습니다. "왕께서 가시지 않겠
다면 제 형 암논을 저와 함께 가게 해 주십시
오." 다윗 왕이 압살롬에게 물었습니다. "왜
암논을 데리고 가려 하느냐?"
27그래도 압살롬이 계속해서 암논을 보내 달라
고 했습니다. 그러자 다윗은 암논과 왕자들
을 모두 압살롬과 함께 가게 했습니다.
28그때에 압살롬이 자기 종들에게 명령을 내렸
습니다. "암논을 잘 살펴보아라. 암논이 술에
취하거든, 내가 '암논을 죽여라' 하고 말할 테
니, 그러면 당장 그를 죽여 버려라. 두려워하
지 마라. 내가 명령하는 것이다. 마음을 굳게
먹고 용기를 가져라."
29그리하여 압살롬의 젊은 종들은 압살롬이 명
령한 대로 암논을 죽였습니다. 그러자 다윗
의 다른 아들들은 나귀에 올라타고 도망쳤습
니다.

**13:28** **압살롬이 이미 그의 종들에게 명령하여 이르기를 너희는 이제 암논의 마음이 술로 즐거워할 때를 자세히 보다가 내가 너희에게 암논을 치라 하거든 그를 죽이라 두려워하지 말라 내가 너희에게 명령한 것이 아니냐 너희는 담대히 용기를 내라 한지라**

**담대히 용기를 내라** 왕위 계승자인 암논을 죽이는 것은 반역에 해당하는 범죄 행위였다. 그 때문에 암논을 죽이려는 압살롬의 계획을 들은 그의 종들은 매우 두려워했을 것이다.

**13:29** **압살롬의 종들이 압살롬의 명령대로 암논에게 행하매 왕의 모든 아들들이 일어나 각기 노새를 타고 도망하니라**

**암논에게 행하매** 압살롬의 종들이 암논을 죽였음을 말한다. 압살롬은 암논에 대한 개인적인 분노 때문에 그를 계획적으로 살해했다. 우발적인 살인보다 더 악한 행위였다. 압살롬의 살인은 다윗이 우리아를 죽인 것과 같다. 이것은 다윗의 집에 하나님의 심판이 임했음을 보여준다.

### 마음에 새기기

강간을 저지른 암논과 살인을 저지른 압살롬의 모습은 매우 닮았다. 자신의 의도를 감추기 위해 거짓말을 하거나 목적을 이루기 위해 다른 사람을 이용하는 점도 매우 유사하다. 또 자신이 하기 싫은 일을 종들에게 대신하게 하는 것도 닮은 점이다. 이들의 유사성은 그들의 내면이 닮은 것에서 기인한다. 즉, 강간을 저지르도록 만든 정욕이나 살인을 유발한 미움과 분노는 자신의 이익과 만족만을 생각하는 자기 사랑의 죄악에서 비롯된 것이다. 암논이나 압살롬의 이런 악한 행동은 전부 하나님과 다른 사람을 생각하지 않고 자신만 만족하고자 하는 마음에서 나온 것이다. 이처럼 악한 행동의 모든 이면에는 자기 사랑의 죄악이 도사리고 있다. 신자 안에 있는 자기 사랑의 죄악도 쉽게 변하지 않는다. 우리 안의 이런 죄악이 하나님과 타인중심적인 모습으로 변하려면 성령의 강력한 개입이 있어야 한다. 또 자신의 죄악을 철저히 인정하고, 그런 모습이 드러날 때마다 온전히 회개해야 한다. 그렇게 함으로써 하나님의 은혜 안에 계속해서 거해야 한다.

예수님은 예수님의 제자가 되기 위해서는 먼저 자기를 부인해야 한다고 가르치셨다(마 16:24). 자기 사랑의 욕망을 꺾지 않는 사람은 절대로 하나님의 뜻을 온전하게 따라갈 수 없다. 예수님의 제자가 된다는 것은 예수님의 모습을 그대로 따라 사는 자가 되는 것이다. 예수님이 자기를 부인하고 십자가에서 죽으셨듯이 그분의 제자 또한 자기 만족을 위한 삶이 아닌 하나님의 뜻에 철저히 순종하는 삶을 살아야 한다. 평생 계속되는 자기를 부인하는 싸움을 포기하지 말고 인내로써 끝까지 예수님의 모습을 닮아가는 일에 힘쓰자.

## 13:30–39
# 암논의 죽음에 대한 다윗의 슬픔

다윗은 압살롬에 의해 왕자들이 전부 죽었다는 소문을 전해 듣는다. 그러나 요나답의 말대로 암논만 죽은 것을 알게 된 다윗과 모든 신하들은 통곡하며 매우 슬퍼한다. 한편 압살롬은 어머니의 나라인 그술로 도망을 치고 압살롬에 대한 다윗의 분노는 시간이 지나면서 점차 사라진다.



**13:30** **그들이 길에 있을 때에 압살롬이 왕의 모든 아들들을 죽이고 하나도 남기지 아니하였다는 소문이 다윗에게 이르매**

**소문** 바알하솔에서 벌어진 일이 다윗에게 와전된다. 암논의 죽음을 목격하고 도망친 사람들이 압살롬이 왕의 모든 아들들을 전부 죽였을 것이라고 추측했기 때문이다. 왕자들이 모두 죽었다는 잘못된 소식을 들은 다윗은 큰 충격과 슬픔에 빠졌다.

**13:31** **왕이 곧 일어나서 자기의 옷을 찢고 땅에 드러눕고 그의 신하들도 다 옷을 찢고 모셔 선지라**

**자기의 옷을 찢고 땅에 드러눕고** 옷을 찢고 땅에 드러누워 흙을 몸에 묻히는 행위는 극도의 슬픔을 나타내는 것이다.

**13:32-33** [32]다윗의 형 시므아의 아들 요나답이 아뢰어 이르되 내 주여 젊은 왕자들이 다 죽임을 당한 줄로 생각하지 마옵소서 오직 암논만 죽었으리이다 그가 압살롬의 누이 다말을 욕되게 한 날부터 압살롬이 결심한 것이니이다 [33]그러하온즉 내 주 왕이여 왕자들이 다 죽은 줄로 생각하여 상심하지 마옵소서 오직 암논만 죽었으리이다 하니라

**오직 암논만 죽었으리이다** 요나답은 간교한 사람이었기 때문에 살인이 벌어진 현장에 있지는 않았지만 어떤 상황인지 정확하게 파악하고 있었다. 분명 그는 자신의 꾀로 인해 벌어진 다말의 강간 사건에 대한 압살롬의 반응을 살폈을 것이다. 또 그가 두 번이나 반복해서 암논만 죽었을 것이라고 말한 것은 이 사실을 확신했기 때문이다. 악한 자는 악한 자가 어떻게 계획을 꾸미는지 잘 알기 마련이다.

**13:34** 이에 압살롬은 도망하니라 파수하는 청년이 눈을 들어 보니 보아라 뒷산 언덕길로 여러 사람이 오는도다

**13:35** 요나답이 왕께 아뢰되 보소서 왕자들이 오나이다 당신의 종이 말한 대로 되었나이다 하고

**당신의 종이 말한 대로** 요나답은 이미 압살롬에게 암논을 죽일 계획이 있다는 것을 예측했다. 그러나 사건이 다 벌어진 다음에서야 자신의 추측을 자랑하듯이 이

**쉬운성경**

30 왕자들이 도망치고 있는 동안, 소문이 다윗에게 전해졌습니다. "압살롬이 왕자들을 다 죽였고, 아무도 살아 남지 못하였다."
31 다윗 왕은 자기 옷을 찢고 땅 위에 누워 슬픔을 나타냈습니다. 가까이에 있던 왕의 모든 종들도 자기 옷을 찢었습니다.
32 다윗의 형 시므아의 아들 요나답이 다윗에게 말했습니다. "왕자들이 다 죽었다고 생각하지 마십시오. 암논만 죽었을 뿐입니다. 압살롬이 이 일을 꾸민 것은 암논이 그의 누이 다말을 강간했기 때문입니다.
33 내 주 왕이여, 왕자들이 다 죽었다고 생각하지 마십시오. 암논만 죽었을 뿐입니다."
34 그러는 사이에 압살롬은 다른 나라로 도망쳤습니다. 한 호위병이 성벽 위를 지키고 있다가 여러 사람이 언덕 맞은편에서 오는 것을 보았습니다.
35 요나답이 다윗 왕에게 말했습니다. "보십시오. 제가 말한 대로, 저기 왕자들이 오고 있습니다."

야기한다. 여기서 간교한 사람의 특징을 볼 수 있다.

**13:36** **말을 마치자 왕자들이 이르러 소리를 높여 통곡하니 왕과 그의 모든 신하들도 심히 통곡하니라**

**소리를 높여 통곡하니** 눈앞에서 큰 형이 작은 형에게 살해당하는 것을 본 왕자들은 심리적으로 큰 충격을 받고 공포를 느꼈을 것이다. 두려움에 떨며 정신없이 도망쳐 아버지 앞에 이르러서야 그들은 긴장감이 풀리면서 감정적으로 무너졌다.

**왕과 그의 모든 신하들도** 큰 슬픈 사건이 일어났을 때의 눈물은 전염성이 강하다. 그들은 왕자들이 무사히 돌아온 것에 대한 기쁨과 암논이 죽은 것에 대한 슬픔의 눈물을 흘렸다.

**13:37** **압살롬은 도망하여 그술 왕 암미훌의 아들 달매에게로 갔고 다윗은 날마다 그의 아들로 말미암아 슬퍼하니라**

**달매** 이스라엘 북쪽의 그술 왕으로 압살롬의 외할아버지다.

**그의 아들로 말미암아 슬퍼하니라** 다윗은 압살롬에게 죽은 암논 때문에 슬퍼한 것이다.

**13:38** **압살롬이 도망하여 그술로 가서 거기에 산 지 삼 년이라**

13장

**쉬운성경**

36 요나답이 이 말을 하자마자 왕자들이 이르렀습니다. 그들은 크게 소리 내어 울었습니다. 다윗과 그의 모든 신하들도 크게 울었습니다.
37 압살롬은 암미훌의 아들 달매에게로 도망쳤고, 다윗은 날마다 죽은 아들 암논을 생각하며 슬프게 보냈습니다.
38 압살롬은 그술로 도망친 후에 그곳에서 삼 년 동안 머물렀습니다.
39 다윗 왕은 암논의 죽음으로 인한 슬픔이 가라앉자, 이제는 압살롬이 매우 보고 싶어졌습니다.

**13:39** **다윗 왕의 마음이 압살롬을 향하여 간절하니 암논은 이미 죽었으므로 왕이 위로를 받았음이더라**

**마음이 압살롬을 향하여 간절하니** 다윗의 분노는 시간이 지나자 점차 사라졌다. 분노가 사라지자 아들을 보고 싶은 마음이 간절해지기 시작했다.

## 마음에 새기기

암논과 압살롬에 대한 다윗의 태도는 부모로서 잘못을 보여준다. 첫째, 다윗 가정에 벌어진 비극은 다윗의 사랑이 방임적이었기 때문이다. 암논이 이복누이 다말을 강간한 사건에 대해 다윗이 엄하고 공정하게 반응했더라면, 암논의 죽음 같은 비극적인 사건은 막을 수 있었을 것이다. 그러나 다윗은 자녀의 잘못에 대해 아무런 조치를 취하지 않았다. 다윗은 사랑하는 자들을 징계하라(잠 3:12)는 말씀대로 살지 않았던 것이다. 둘째, 다윗은 자녀에게 자신의 신앙을 잘 전수하고 가르치지 않았다. 암논과 압살롬의 행동은 하나님을 두려워하지 않는 불신앙의 전형적인 모습이다. 이것은 다윗이 부모로서 자신의 신앙을 자녀에게 잘 가르치지 않았음을 보여주는 증거다. 셋째, 다윗은 이 둘을 조건을 보고 사랑했다. 암논은 맏아들이었기 때문에 사랑했고, 압살롬은 잘 생겼기 때문에 사랑했다. 즉, 어떤 조건 때문에 자녀를 사랑한 것이 자녀들 사이에 부정적인 영향을 미쳤던 것이다.

부모는 훈계와 함께하는 사랑, 바른 신앙교육, 조건 없는 사랑으로 자녀를 양육해야 건강하고 인격적으로 키워낼 수 있다. 자녀는 부모의 자아가 확장된 존재다. 그래서 부모는 자녀가 잘 되면 자신이 잘된 것보다 더 기쁘고, 자녀가 실패하면 더 큰 아픔을 겪는다. 자녀를 하나님의 말씀대로 양육하지 않으면 암논이나 압살롬처럼 자기중심적인 사람이 되기 쉽다. 따라서 사도 바울의 권면처럼 자녀를 주의 교훈과 훈계로 양육해야 할 것이다(엡 6:4).

Part 06

| 14:1-20:26 |

# 다윗 왕국의 재난

14:1-11

## 드고아 여인의 요청

요압은 다윗이 압살롬을 그리워하는 것을 알고서 한 지혜로운 여인에게 다윗을 설득하는 연극을 하도록 한다. 이 여인은 과부로 가장하고 살인죄를 저지른 아들의 생명을 구해 달라고 다윗에게 간청한다. 이것이 연극인 줄 모르는 다윗은 여인에게 아들을 살려주겠다고 약속한다.

14장

**14:1** **스루야의 아들 요압이 왕의 마음이 압살롬에게로 향하는 줄 알고**

**요압이 왕의 마음이 압살롬에게로 향하는 줄 알고** 요압은 다윗의 망명 시절부터 다윗과 함께한 사람이었다. 그러므로 누구보다 다윗의 마음을 잘 이해했다. 그뿐 아니라 요압은 권력에 아주 민감한 사람이었다. 당시는 다윗의 후계자가 공식적으로 정해지지 않은 상황이었다. 따라서 압살롬이 돌아와 다윗의 후계자가 되면 자신에게 돌아올 유익을 생각했을 것이다.

**14:2** **드고아에 사람을 보내 거기서 지혜로운 여인 하나를 데려다가 그에게 이르되 청하건대 너는 상주가 된 것처럼 상복을 입고 기름을 바르지 말고 죽은 사람을 위**

**하여 오래 슬퍼하는 여인같이 하고**

**드고아** 예루살렘 남쪽 16킬로미터 거리에 있는 고산 지대다. 드고아는 요압의 고향인 베들레헴과 가까운 곳이어서 요압은 아마 이전부터 지혜로운 여인에 대해 알고 있었을 것이다.

**지혜로운 여인** 다윗은 나단 선지자의 이야기가 자신의 이야기인 것을 알지 못한 채로 듣고 있다가 자신을 심판하는 판결을 스스로 내렸다(12:1-6). 이번에도 드고아에서 온 지혜로운 여인의 이야기를 통해 스스로 결정하지 못하던 일에 대한 판단을 내리게 된다. 이것은 자신의 일은 스스로 결정하기 어렵지만 남의 일은 쉽게 결정할 수 있기 때문이다. 요압은 다윗의 태도를 돌이키기 위해 이야기를 실감나게 잘 할 수 있는 지혜로운 여인을 데려왔다.

## 14:3 **왕께 들어가서 그에게 이러이러하게 말하라고 요압이 그의 입에 할 말을 넣어 주니라**

**할 말을 넣어 주니라** 요압은 두 가지 목적으로 이 일을 했다. 첫째, 다윗과 압살롬의 관계 회복을 위한 것이다. 둘째, 서열 상 둘째 왕자인 압살롬이 차기 왕이 되었을 때 자신의 영향력을 계속해서 유지하기 위한 것이었다. 요압은 어떤 일을 할 때 항상 이기적인 목적을 위해 행동하는 권력 지향적인 인물이었다.

## 14:4 **드고아 여인이 왕께 아뢸 때에 얼굴을 땅에 대고 엎드려 이르되 왕이여 도우소서 하니**

**쉬운성경**

1다윗 왕이 압살롬을 매우 그리워하고 있다는 것을 스루야의 아들 요압이 알게 되었습니다.
2그래서 요압은 사람들을 드고아로 보내어 어떤 지혜로운 여자를 데리고 오게 했습니다. 요압이 그 여자에게 말했습니다. "어떤 사람을 위해 매우 슬퍼하는 척 하시오. 슬픔을 나타내는 옷을 입으시오. 몸에 기름을 바르지 마시오. 어떤 죽은 사람을 위해 오랫동안 슬피 운 사람처럼 행동하시오.
3그런 모습으로 왕에게 들어가서, 내가 하는 말을 그대로 왕에게 말하시오." 요압은 그 지혜로운 여자에게 할 말을 일러 주었습니다.

**왕이여 도우소서** 그 당시 왕은 백성들의 문제를 판결하는 재판장의 역할도 했다. 그래서 백성들은 자신이 사는 곳에서 해결받을 수 없는 특별한 문제가 있을 경우 왕에게 호소하여 해결받을 수 있었다.

## 14:5 왕이 그에게 이르되 무슨 일이냐 하니라 대답하되 나는 진정으로 과부니이다 남편은 죽고

**나는 진정으로 과부니이다** 여인은 자신이 과부라고 거짓말을 한다. 왕의 긍휼을 얻고 왕을 만날 기회를 얻기 위해서였다.

## 14:6 이 여종에게 아들 둘이 있더니 그들이 들에서 싸우나 그들을 말리는 사람이 아무도 없으므로 한 아이가 다른 아이를 쳐죽인지라

**한 아이가 다른 아이를 쳐죽인지라** 여인은 가인이 아벨을 죽인 것과 비슷한 이야기를 지어낸다(창 4장). 가인이 아벨을 살해했지만 하나님은 가인의 생명을 보존하신 이야기를 다윗이 기억하길 바란 것이다. 그녀는 이것을 통해 다윗에게서 압살롬의 생명을 보존하는 판결을 얻어내려고 했다.

14장

## 14:7 온 족속이 일어나서 당신의 여종 나를 핍박하여 말하기를 그의 동생을 쳐죽인 자를 내놓으라 우리가 그의 동생 죽인 죄를 갚아 그를 죽여 상속자 될 것까지 끊겠

**쉬운성경**

4드고아에서 온 여자가 얼굴을 땅에 대고 절을 했습니다. 그리고 "왕이시여, 저를 도와주십시오"라고 말했습니다.
5다윗 왕이 여자에게 물었습니다. "대체 무슨 일이냐?" 여자가 말했습니다. "저는 과부입니다. 제 남편은 죽었습니다.
6저에게는 두 아들이 있습니다. 제 아들들은 들에서 싸우고 있었는데, 거기에는 아무도 말려 줄 사람이 없어서 그만 한 아들이 다른 아들을 죽이고 말았습니다.
7그런데 지금은 온 집안 사람들이 저를 욕하면서 이렇게 말하고 있습니다. '자기 형제를 죽인 그 아들놈을 내어 놓아라. 우리가 그를 죽여 제 형제를 죽인 죄를 갚겠다. 그리고 그 집안의 상속자를 끊겠다.' 제 아들은 마지막 불씨와도 같은 아들입니다. 이제 저에게 남은 것이라곤 그 아들뿐입니다. 만약 저들이 제 아들을 죽이면, 제 남편의 이름과 재산도 이 땅에서 사라져 버리고 말 것입니다."

**노라 하오니 그러한즉 그들이 내게 남아 있는 숯불을 꺼서 내 남편의 이름과 씨를 세상에 남겨 두지 아니하겠나이다 하니**

**상속자 될 것까지 끊겠노라** 이스라엘 사람들에게 상속자가 죽어 대가 끊어지는 것은 가장 큰 불행이었다. 여인은 과부인 자신에게 가장 큰 불행이 닥칠 것처럼 말함으로써 다윗의 환심을 사고자 했다.

## 14:8-9

**[8]왕이 여인에게 이르되 네 집으로 가라 내가 너를 위하여 명령을 내리리라 하는지라 [9]드고아 여인이 왕께 아뢰되 내 주 왕이여 그 죄는 나와 내 아버지의 집으로 돌릴 것이니 왕과 왕위는 허물이 없으리이다**

**내가 너를 위하여 명령을 내리리라** 다윗은 여인의 아들을 살려주겠다고 약속한다. 그러나 이 결정은 바로 압살롬의 범죄를 용서하고 돌아오게 해야 한다는 자신의 문제에 대한 결정이었다.

## 14:10

**왕이 이르되 누구든지 네게 말하는 자를 내게로 데려오라 그가 다시는 너를 건드리지도 못하리라 하니라**

**다시는 너를 건드리지도 못하리라** 다윗은 과부의 불행을 동정한 나머지 자신이 그 문제를 직접 처리해 주겠다고 약속한다. 공의보다는 긍휼에 따라 판결하기로 결정한 것임을 알 수 있다.

**쉬운성경**

8이 말을 듣고 왕이 여자에게 말했습니다. "집으로 돌아가거라. 내가 이 일을 해결해 주겠다."
9드고아의 여자가 왕에게 말했습니다. "왕께서 저를 도와 주신다고 하더라도 제 친척들은 저와 제 아들에게 죄가 있다고 할 것입니다. 그리고 왕과 왕의 자리와는 관계없는 일이라고 주장할 것입니다."
10다윗 왕이 말했습니다. "너를 욕하는 사람을 불러오너라. 다시는 너를 괴롭히지 못하게 하겠다."
11여자가 말했습니다. "왕의 하나님이신 여호와의 이름으로 약속해 주십시오. 그러면 죽은 제 아들의 원수를 갚으려고 하는 친척들이 남은 제 아들을 죽이지 못할 것입니다."
다윗이 말했습니다. "살아 계신 여호와께 맹세하지만, 너의 아들을 누구도 해치지 못할 것이다. 네 아들의 머리카락 하나라도 땅에 떨어지지 않을 것이다."

**14:11** **여인이 이르되 청하건대 왕은 왕의 하나님 여호와를 기억하사 원수 갚는 자가 더 죽이지 못하게 하옵소서 내 아들을 죽일까 두렵나이다 하니 왕이 이르되 여호와께서 살아 계심을 두고 맹세하노니 네 아들의 머리카락 하나도 땅에 떨어지지 아니하리라 하니라**

**왕은 왕의 하나님 여호와를 기억하사** 여인은 다윗으로 하여금 하나님 앞에 맹세하게 한다. 그럼으로써 다윗이 압살롬의 살인죄에 대해 율법대로 판결하지 못하게 한 것이다.

### 마 음 에 새 기 기

다윗은 압살롬을 그리워하면서도 그를 부르지 못한다. 이를 보다 못한 요압은 압살롬이 돌아올 수 있도록 계략을 꾸민다. 다윗이 이렇게 행동한 이유는 무엇일까? 그 이유는 사랑과 공의에 대한 갈등 때문이었다. 만일 다윗이 압살롬을 용서하여 이스라엘로 부른다면 살인자에 대한 공의를 지키지 못한 것이 된다. 그 때문에 다윗은 압살롬이 보고 싶었지만 용서할 수 있는 계기가 생길 때까지 스스로 결단하지 못한 것이다.
성경은 왜 다윗의 이런 모습을 기록한 것일까? 바로 이런 다윗을 통해 하나님 아버지의 마음을 보여주기 위함이다. 하나님의 자녀인 인간은 하나님을 반역하고 죄를 지은 뒤에 하나님을 떠났다. 인간이 저지른 죄의 결과는 명백한 죽음이다. 그럼에도 하나님은 여전히 인간을 사랑하셨다. 그러나 죄를 지은 자는 죽어야 하는 공의를 만족시키기 전에는 인간을 용서하실 수 없었다. 공의와 사랑을 동시에 만족시켜야 하는 하나님의 속성에 모순되기 때문이다. 그래서 하나님은 자신의 아들인 예수님을 죽이심으로 공의를 만족시킨 동시에 하나님의 사랑을 보이신 것이다. 이로 인해 죄인인 인간은 스스로 죗값을 치루지 않고 하나님께 돌아올 수 있게 되었다. 하나님은 어떤 부모보다 더욱 잃어버린 자녀들을 그리워하신다. 성경은 다윗의 모습을 통해 죄인임에도 불구하고 사랑하기 때문에 안타까워하시는 아버지 하나님의 마음을 잘 보여주고 있다.

14:12-24
# 압살롬의 귀환

드고아 여인은 다윗에게 압살롬을 용서하고 돌아오게 해달라고 간청한다. 다윗은 이것이 요압이 시킨 것인 줄 알게 되고 그 요청을 받아들여 요압에게 압살롬을 데려오라고 명령한다. 그러나 다윗은 돌아온 압살롬을 만나지 않는다.

**14:12** **여인이 이르되 청하건대 당신의 여종을 용납하여 한 말씀을 내 주 왕께 여쭙게 하옵소서 하니 그가 이르되 말하라 하니라**

**한 말씀을 내 주 왕께 여쭙게 하옵소서** 드고아 여인이 다윗을 찾아온 진짜 이유가 드러난다. 그녀는 자신의 문제인 것처럼 가장한 사건에 대해 다윗의 약속을 받아낸 후, 압살롬의 귀환 문제에 대한 다윗의 결정을 유도하려던 것이었다.

**14:13** **여인이 이르되 그러면 어찌하여 왕께서 하나님의 백성에게 대하여 이 같은 생각을 하셨나이까 이 말씀을 하심으로 왕께서 죄 있는 사람같이 되심은 그 내쫓긴 자를 왕께서 집으로 돌아오게 하지 아니하심이니이다**

**왕께서 죄 있는 사람같이 되심** 다윗이 압살롬을 돌아오지 못하게 하는 것은 마치 다윗이 죄를 지어서 그렇게 행동하는 것처럼 보인다는 말이다. 그러나 죄를 지은 사람은 압살롬이기 때문에 다윗이 압살롬을 돌아오게 해도 아무런 문제가 없다는 주장이다.

**쉬운성경**

12 그러자 여자가 말했습니다. "내 주 왕이시여, 한 가지만 더 말씀드리게 해 주십시오." 왕이 말했습니다. "말하여라."
13 여자가 말했습니다. "왕께서는 어찌 이와 같은 일을 계획하셨습니까? 그런 일은 하나님의 백성이라면 하지 못할 일입니다. 왕께서 쫓아낸 압살롬 왕자를 돌아오지 못하게 하시는 것은 죄 있는 사람이 하는 일과 같은 것입니다.

**14:14** **우리는 필경 죽으리니 땅에 쏟아진 물을 다시 담지 못함 같을 것이오나 하나님은 생명을 빼앗지 아니하시고 방책을 베푸사 내쫓긴 자가 하나님께 버린 자가 되지 아니하게 하시나이다**

**필경 죽으리니** 모든 사람은 언젠가는 죽기 마련인데 암논이 죽었다고 압살롬 또한 죽이는 것은 가혹한 처사라는 말이다.

**하나님은 생명을 빼앗지 아니하시고** 드고아 여인은 가인이 아벨을 죽였음에도 생명을 보존하게 되었음을 암시한다(창 4:15). 하나님도 형제를 죽인 자의 생명을 살려주셨기 때문에 다윗 왕이 압살롬의 생명을 살려준다 해도 아무런 문제가 되지 않는다는 뜻이다.

**14:15** **이제 내가 와서 내 주 왕께 이 말씀을 여쭙는 것은 백성들이 나를 두렵게 하므로 당신의 여종이 스스로 말하기를 내가 왕께 여쭈오면 혹시 종이 청하는 것을 왕께서 시행하실 것이라**

**이 말씀을 여쭙는 것은 백성들이 나를 두렵게 하므로** 드고아 여인은 끝까지 자신이 다윗 왕을 찾아온 이유가 자기 아들들에 관한 문제를 해결받기 위한 것이라고 주장한다. 그녀는 왕의 문제에 함부로 개입하여 왕의 진노를 사지 않으려 한 것이다.

14장

**14:16** **왕께서 들으시고 나와 내 아들을 함께 하나님의 기업에서 끊을 자의 손으로부터 주의 종을 구원하시리라 함이니이다**

쉬운성경

14우리는 언젠가 다 죽을 것입니다. 우리는 마치 땅에 쏟아진 물과도 같아서 누구도 그것을 다시 주워 담을 수 없습니다. 그러나 하나님께서는 생명을 빼앗지 않으십니다. 오히려 내쫓긴 사람이라도 다시 하나님께 돌아올 수 있는 길을 찾아 주십니다.

15내 주 왕이시여, 제가 이런 말씀을 드리러 오게 된 까닭은 사람들이 저를 위협했기 때문입니다. 저는 이렇게 생각했습니다. '왕께 말씀드리자. 그러면 왕께서 내가 원하는 것을 들어주실지 모른다.

**14:17** **당신의 여종이 또 스스로 말하기를 내 주 왕의 말씀이 나의 위로가 되기를 원한다 하였사오니 이는 내 주 왕께서 하나님의 사자같이 선과 악을 분간하심이니이다 원하건대 왕의 하나님 여호와께서 왕과 같이 계시옵소서**

**하나님의 사자같이** 드고아 여인은 다윗을 칭송하며 조심스럽게 이야기하여 자신이 화를 당하지 않도록 한다.

**14:18** **왕이 그 여인에게 대답하여 이르되 바라노니 내가 네게 묻는 것을 내게 숨기지 말라 여인이 이르되 내 주 왕은 말씀하옵소서**

**14:19** **왕이 이르되 이 모든 일에 요압이 너와 함께하였느냐 하니 여인이 대답하여 이르되 내 주 왕의 살아 계심을 두고 맹세하옵나니 내 주 왕의 말씀을 좌로나 우로나 옮길 자가 없으리이다 왕의 종 요압이 내게 명령하였고 그가 이 모든 말을 왕의 여종의 입에 넣어 주었사오니**

**이 모든 일에 요압이 너와 함께하였느냐** 다윗은 이 일의 배후에 요압이 있음을 알아챘다. 다윗이 압살롬 때문에 고민하는 것을 가장 가까이서 지켜본 사람이 요압이었기 때문이다.

**쉬운성경**

16 왕께서 내 말을 듣고 나와 내 아들을 죽이려 하는 사람들로부터 나를 구해 주실지도 모른다. 하나님께서 우리에게 주신 재산을 빼앗으려는 사람들로부터 보호해 주실 것이다.'
17 왕의 종인 저는 이렇게 생각했습니다. '내 주 왕의 말씀이 나를 위로해 줄 것이다. 내 주 왕께서는 마치 하나님의 천사와 같아서 선과 악을 가릴 수 있기 때문이다. 왕의 하나님이신 여호와께서 왕과 함께하시기를 바란다.'"
18 그러자 다윗 왕이 말했습니다. "너는 이제 내가 묻는 말에 대답해야 한다." 여자가 말했습니다. "내 주 왕이시여, 말씀하십시오."
19 왕이 물었습니다. "요압이 너에게 이 모든 말을 하라고 시키더냐?" 여자가 대답했습니다. "내 주 왕이시여, 사실 그렇습니다. 왕의 종인 요압이 저에게 이 말씀을 드리라고 했습니다.
20 요압이 이 일을 꾸민 까닭은 왕의 마음을 돌이키기 위함입니다. 내 주여, 왕께서는 하나님의 천사처럼 지혜로우십니다. 왕께서는 땅에서 일어나는 모든 일을 알고 계십니다."

## 14:20

**이는 왕의 종 요압이 이 일의 형편을 바꾸려 하여 이렇게 함이니이다 내 주 왕의 지혜는 하나님의 사자의 지혜와 같아서 땅에 있는 일을 다 아시나이다 하니라**

## 14:21

**왕이 요압에게 이르되 내가 이 일을 허락하였으니 가서 청년 압살롬을 데려오라 하니라**

**청년 압살롬을 데려오라** 다윗은 여인의 요청을 공식적으로 허락함으로써, 범죄한 압살롬을 돌아오게 할 근거가 생겼다.

## 14:22–23

**[22]요압이 땅에 엎드려 절하고 왕을 위하여 복을 빌고 요압이 이르되 내 주 왕이여 종의 구함을 왕이 허락하시니 종이 왕 앞에서 은혜 입은 줄을 오늘 아나이다 하고 [23]요압이 일어나 그술로 가서 압살롬을 데리고 예루살렘으로 오니**

## 14:24

**왕이 이르되 그를 그의 집으로 물러가게 하여 내 얼굴을 볼 수 없게 하라 하매 압살롬이 자기 집으로 돌아가고 왕의 얼굴을 보지 못하니라**

**왕의 얼굴을 보지 못하니라** 다윗은 압살롬을 예루살렘에 돌아오게 했지만 만나지는 않았다. 압살롬이 다윗의 얼굴을 보지 못한 것은 그가 완전히 용서받지 못했음을 보여주는 것이다. 다윗은 압살롬의 범죄에 대해 최소한의 조치를 취한 것이었으나, 이로 인해 압살롬은 아버지에게 불만을 품게 된다. 또 압살롬은 왕위 계승

14장

**쉬운성경**

21왕이 요압에게 말했습니다. "자! 이제 허락하겠다. 젊은 압살롬을 데리고 오너라."
22요압은 얼굴을 땅에 대고 절을 했습니다. 요압이 왕에게 복을 빌어 주면서 말했습니다. "제가 바라던 것을 들어주시니, 이제서야 왕께서 저를 총애하시는 줄 알겠습니다."
23요압은 일어나 그술로 가서 압살롬을 예루살렘으로 데리고 왔습니다.
24그러나 다윗 왕은 이렇게 말했습니다. "압살롬을 자기 집으로 가게 하여라. 나의 얼굴을 보지 못할 것이다." 그래서 압살롬은 자기 집으로 돌아갔습니다. 압살롬은 왕을 만나러 가지 못했습니다.

자로서 권한을 얻지 못했는데, 이는 그가 반역을 꾀하도록 만든 이유가 되었다.

**마음에 새기기**

다윗은 압살롬을 불러오도록 허락했지만 그를 만나지는 않았다. 아들을 보고 싶은 간절한 감정과 죄를 지은 자를 무조건 용서할 수 없다는 당위성 사이에서 어중간한 결정을 내린 것이다. 그런데 이런 다윗의 태도는 아버지께 용서받고 인정받기를 기대했던 압살롬에게 상처가 되었을 것이다. 다윗은 아버지로서 온전한 용서를 베풀며 아들과 화해했어야 했다. 그런데 이 일에 실패함으로 아들을 더 깊은 죄악에 빠지도록 만들었다.

용서는 복음의 핵심이다. 죄를 지은 인간에게 구세주가 필요한 이유는 예수님이 아니고는 하나님의 온전한 용서를 받을 수 없기 때문이다. 우리가 모든 죄에서 용서받았다는 사실을 정말 믿고 그 감격을 누리는 사람이라면 그의 삶에서 다른 사람을 향한 용서가 반드시 나타나야 한다. 그래서 예수님은 용서에 대해 자주 가르치셨다. 하나님께 기도하기 전에 먼저 다른 사람을 용서해야 할 것을 가르치셨고(막 11:25), 우리가 다른 사람을 용서하지 않고는 하나님의 용서를 받을 수 없음을 가르치셨다(눅 11:4). 또 만 달란트 빚진 종에 대한 비유를 통해, 하나님의 용서를 받은 사람은 다른 사람을 반드시 용서해야 함을 가르치셨다(마 18:23-35).

가까운 관계일수록 더 많은 용서가 필요하다. 부모 자식 관계, 부부 관계, 형제 관계처럼 가까운 관계일수록 용서가 필요한 상황과 사건이 많이 발생한다. 인간의 사랑은 대부분 용서로 표현되고 또 용서를 통해 발전한다. 복음의 은혜를 누리는 사람이라면 작은 일에서부터 용서하고 용서를 구하는 일을 습관화해야 한다. 그럴 때 우리의 관계가 더욱 풍성하고 아름다워질 것이다.

## 14:25-33
## 다윗과 압살롬의 만남

압살롬은 잘생긴 외모와 아름다운 머리카락을 가진 자였다. 예루살렘으로 돌아온 압살롬은 2년 동안 다윗의 얼굴을 보지 못하자 요압을 통해 다윗을 만날 수 있는 기회를 만든다. 드디어 다윗과 압살롬이 대면하고, 다윗은 압살롬에게 입을 맞추어 그를 용서했음을 알린다.

**14:25** **온 이스라엘 가운데에서 압살롬같이 아름다움으로 크게 칭찬받는 자가 없었으니 그는 발바닥부터 정수리까지 흠이 없음이라**

**아름다움** 압살롬은 이스라엘에서 가장 잘생긴 남자였다. 그는 흠이 없는 외모와 아름다운 머리카락을 지녔으며 그로 인해 많은 칭찬을 받았다.

**14:26** **그의 머리털이 무거우므로 연말마다 깎았으며 그의 머리 털을 깎을 때에 그것을 달아본즉 그의 머리털이 왕의 저울로 이백 세겔이었더라**

**연말마다 깎았으며** 유대 남자들은 나실인의 서약 같은 종교적인 이유 외에는 머리카락을 단정하게 관리했다. 그런데 본문에서 압살롬은 머리카락이 너무 무거워져 어쩔 수 없을 때만 잘랐음을 알 수 있다. 이는 압살롬이 자신의 머리카락을 자랑과 허영의 상징으로 삼았음을 의미한다.

**이백 세겔** 약 2킬로그램에 해당하는 무게로, 남자들의 머리카락은 평균적으로 1년에 약 500그램 정도 자라는 것으로 알려져 있다.

**14:27** **압살롬이 아들 셋과 딸 하나를 낳았는데 딸의 이름은 다말이라 그는 얼굴이 아름다운 여자더라**

**아들 셋** 압살롬의 세 아들 이름이 기록되지 않은 것은 그들이 일찍 죽었기 때문이다(18:18).

**다말** 압살롬은 딸의 이름을 자신의 여동생의 이름과 같게 지었다. 이는 여동생을

**쉬운성경**

25압살롬은 그 잘생긴 모습 때문에 칭찬을 많이 받았습니다. 이스라엘의 그 어떤 사람도 압살롬만큼 잘생기지는 못했습니다. 압살롬에게는 머리끝부터 발끝까지 아무런 흠도 찾을 수 없었습니다.
26해마다 그 해가 끝나 갈 무렵이면, 압살롬은 머리를 깎았는데, 그것은 그의 머리카락이 너무 무거웠기 때문입니다. 잘라낸 머리카락의 무게는 왕궁 저울로 이백 세겔가량 되었습니다.
27압살롬에게는 아들 셋과 딸 하나가 있었는데, 그 딸의 이름은 다말이었습니다. 다말은 아름다운 여자였습니다.

극진히 사랑한 그의 마음이 담긴 것이다.

## 14:28 압살롬이 이태 동안 예루살렘에 있으되 왕의 얼굴을 보지 못하였으므로

**이태 동안** 압살롬은 3년의 망명 기간 후에도 2년이나 다윗 왕의 얼굴을 보지 못했다. 그 시간 동안 압살롬의 갈등과 분노는 더 깊어졌다. 이는 외로운 망명생활을 하나님을 의존하여 이겨냈던 다윗과 반대되는 모습이다.

## 14:29 압살롬이 요압을 왕께 보내려 하여 압살롬이 요압에게 사람을 보내 부르되 그에게 오지 아니하고 또다시 그에게 보내되 오지 아니하는지라

**그에게 오지 아니하고** 요압은 다윗 왕이 압살롬에게 느끼는 불편한 마음을 알았기 때문에 그의 부름에 응하지 않았다.

## 14:30 압살롬이 자기의 종들에게 이르되 보라 요압의 밭이 내 밭 근처에 있고 거기 보리가 있으니 가서 불을 지르라 하니라 압살롬의 종들이 그 밭에 불을 질렀더니

**그 밭에 불을 질렀더니** 압살롬은 요압을 통해서만 다윗 왕에게 자신의 상황을 전할 수 있음을 알았다. 그래서 요압을 억지로라도 만나려고 요압의 밭에 불을 지른 것이다.

**쉬운성경**

28압살롬은 예루살렘에서 꼬박 이 년 동안 살았지만 그동안, 한 번도 다윗 왕을 만나 보지 못했습니다.
29압살롬은 요압에게 사람을 보냈습니다. 압살롬은 요압을 왕에게 보내 자기에 대해 잘 말해 달라고 부탁하려고 했습니다. 그러나 요압은 오지 않았습니다. 압살롬은 한 번 더 요압에게 사람을 보냈습니다. 그러나 이번에도 요압은 오지 않았습니다.
30압살롬이 자기 종들에게 말했습니다. "보아라! 요압의 밭이 우리 밭 바로 곁에 있다. 요압은 거기에 보리를 심어 놓았다. 가서 거기에 불을 질러라." 이 말을 듣고 압살롬의 종들은 요압의 밭에 불을 질렀습니다.
31그러자 요압이 압살롬의 집으로 와서 말했습니다. "왜 종들을 시켜 내 밭에 불을 질렀습니까?"

**14:31** **요압이 일어나 압살롬의 집으로 가서 그에게 이르되 어찌하여 네 종들이 내 밭에 불을 질렀느냐 하니**

**14:32** **압살롬이 요압에게 대답하되 내가 일찍이 사람을 네게 보내 너를 이리로 오라 고 청한 것은 내가 너를 왕께 보내 아뢰게 하기를 어찌하여 내가 그술에서 돌아오게 되었나이까 이때까지 거기에 있는 것이 내게 나았으리이다 하려 함이로라 이제는 네가 나로 하여금 왕의 얼굴을 볼 수 있게 하라 내가 만일 죄가 있으면 왕이 나를 죽이시는 것이 옳으니라 하는지라**

**내가 만일 죄가 있으면** 압살롬은 자신의 죄를 뉘우치기는커녕 오히려 자신의 무죄를 주장한다. 그는 다윗이 자신을 만나주지 않는 것이 마치 다윗의 죄 때문인 것처럼 말하고 있다.

**14:33** **요압이 왕께 나아가서 그에게 아뢰매 왕이 압살롬을 부르니 그가 왕께 나아가 그 앞에서 얼굴을 땅에 대어 그에게 절하매 왕이 압살롬과 입을 맞추니라**

**입을 맞추니라** 아버지가 아들의 죄를 용서한다는 표현이다(눅 15:20). 또 압살롬의 모든 권리가 회복되었음을 의미하는 것이기도 하다. 그러나 압살롬이 진정으로 원한 것은 아버지와의 화해가 아니라 왕권이 계승되는 권리의 회복이었다.

14장

**쉬운성경**

32압살롬이 요압에게 말했습니다. "나는 당신을 왕에게 보내고 싶어서 나에게 와 달라고 사람을 보내었소. 왕이 왜 그술에 있던 나를 불러 내 집으로 오게 했는지를 알고 싶어 당신을 왕에게 보내려 했던 거요. 차라리 그곳에 머물러 있는 것이 나에게는 더 좋았을 것이오. 왕을 좀 만나게 해 주시오. 만약 내가 죄를 지었다면, 왕이 나를 죽여도 좋소." 33그리하여 요압이 왕에게 가서 압살롬의 말을 전했습니다. 왕이 압살롬을 부르니, 압살롬이 왔습니다. 압살롬은 얼굴을 땅에 대고 왕에게 절을 했습니다. 왕은 압살롬에게 입을 맞추었습니다.

마음에 새기기

왜 성경은 갑자기 압살롬의 잘생긴 외모에 대해 이야기하는 것일까? 그것은 압살롬의 아름다운 외모와 대조되는 그의 악하고 추한 내면을 강조하기 위해서다. 압살롬의 외모에 대한 묘사는 그가 암논을 살해한 내용 다음에 나온다. 또 15장에서는 압살롬이 아버지 다윗을 반역하고 왕이 된 이야기가 나온다. 압살롬의 외모는 아름다웠으나 그의 내면은 복수, 원한, 분노, 미움, 살해, 반역, 조종 등의 모든 추하고 더러운 죄악들로 가득했다.
이 시대는 압살롬처럼 되려고 몸부림치는 사람들로 가득하다. 사람들은 다른 사람들에게 인정받으려고 외모를 꾸미고 경쟁력을 갖추는 등 갖은 노력을 다한다. 그러나 그러는 동안 마음속에는 비교의식, 열등감, 경쟁심, 미움, 분노, 질투 등이 가득해지는 것을 알지 못한다. 가족들까지도 자신의 목표를 이루기 위한 도구로 생각하고, 하나님도 자신의 성공과 출세를 위한 도구로 간주한다. 이런 사람들은 자신의 내면이 얼마나 추하고 더러운지에는 관심이 없다. 이후에 압살롬은 자신이 그렇게 자랑하던 머리카락 때문에 죽게 된다(18:9,15). 압살롬의 죽음은 내면에 하나님이 없는 사람의 비참한 결말을 보여준다. 하나님은 사람들이 관심을 두는 아름다운 외모에 전혀 관심이 없으시다. 하나님은 사람의 마음에 관심이 있으시다. 지금 세상 사람들이 칭찬하기 때문에 자랑하고 아끼는 당신의 '머리카락'은 무엇인가?

## 15:1-6
# 반역을 준비하는 압살롬

다윗의 용서를 받은 압살롬은 병거와 호위병들로 자신의 권세를 과시한다. 또 그는 성문 길 곁에 서서 재판을 청하러 왕궁을 찾아오는 사람들의 재판관 노릇을 한다. 그렇게 문제가 있는 사람들에게 친절과 관심을 베풀어 사람들의 마음을 산 것이다.

**15:1** **그 후에 압살롬이 자기를 위하여 병거와 말들을 준비하고 호위병 오십 명을 그 앞에 세우니라**

**병거와 말들, 호위병** 압살롬이 자신의 위엄과 권세를 과시하기 위해 마련한 것들이다. 특히 50명이나 되는 호위병들은 자신에게 왕 같은 권세가 있는 것처럼 행세하기 위한 것이었다. 압살롬은 자신의 위엄과 권세를 과시함으로써 백성들이 다윗 왕이 아닌 자신을 의지하도록 했다.

**15:2** **압살롬이 일찍이 일어나 성문 길 곁에 서서 어떤 사람이든지 송사가 있어 왕에게 재판을 청하러 올 때에 그 사람을 불러 이르되 너는 어느 성읍 사람이냐 하니 그 사람의 대답이 종은 이스라엘 아무 지파에 속하였나이다 하면**

**성문 길 곁에** 유대 마을에서는 장로들이 성문에 앉아 마을 사람들의 문제를 재판하던 관습이 있었다. 또 이스라엘 왕들은 왕궁 문에 관리를 세워 마을에서 해결받지 못한 문제들을 판결하도록 했다.

**15:3** **압살롬이 그에게 이르기를 보라 네 일이 옳고 바르다마는 네 송사를 들을 사람을 왕께서 세우지 아니하셨다 하고**

**네 일이 옳고 바르다** 압살롬은 합법적인 재판을 하기도 전에 고소한 사람에게 무조건 유리하게 말해 줌으로써 그 사람의 마음을 얻으려고 했다.

**네 송사를 들을 사람을 왕께서 세우지 아니하셨다** 압살롬은 다윗이 세운 재판관들은 공정하게 판결하지 않기 때문에 그들을 통해서는 문제를 해결할 수 없다고 거짓말한다. 그렇게 함으로써 왕과 신하들이 아닌 자신에게만 도움을 받게 하려 했다.

15장

**쉬운성경**

1이 일이 있은 후에 압살롬은 자기가 쓸 전차와 말들을 마련했습니다. 압살롬은 호위병도 오십 명이나 두었습니다.
2압살롬은 아침에 일찍 일어나 성문 가까이에 서 있곤 했습니다. 그런데 누구든지 재판할 문젯거리가 있어 왕을 찾는 사람은 그 성문을 지나가게 되어 있었습니다. 그런 사람이 오면, 압살롬은 그 사람을 불러 세워서 "어느 성에서 왔소?" 하고 물었습니다. 그러면 그 사람은 "저는 이스라엘의 무슨 지파에서 왔습니다" 하고 대답하며 자신의 억울함을 이야기했습니다.
3그러면 압살롬은 "당신의 주장이 옳소. 하지만 왕궁 안에는 당신의 말을 들어줄 사람이 없소" 하고 말했습니다.

**15:4** **또 압살롬이 이르기를 내가 이 땅에서 재판관이 되고 누구든지 송사나 재판할 일이 있어 내게로 오는 자에게 내가 정의 베풀기를 원하노라 하고**

**내가 이 땅에서 재판관이 되고** 압살롬은 나라에 합법적인 사법 기관이 세워져 있지 않은 당시 상황을 악용했다. 그는 왕자의 신분을 내세워 스스로 백성의 재판관임을 자처한 것이다. 병거와 호위병들을 이용해 권세가 있는 것처럼 행세한 것도 스스로 백성의 재판관이 되려는 목적 때문이었다.

**15:5** **사람이 가까이 와서 그에게 절하려 하면 압살롬이 손을 펴서 그 사람을 붙들고 그에게 입을 맞추니**

**절하려 하면** 사람들은 큰 권세가 있는 것처럼 보였던 압살롬의 친절한 태도에 감동했다. 그래서 그의 권세를 인정하는 뜻으로 절을 했다.

**입을 맞추니** 압살롬은 마음에도 없는 친절한 태도로 백성을 대했다. 자신의 목적을 이루기 위해 백성을 기만한 것이다.

**15:6** **이스라엘 무리 중에 왕께 재판을 청하러 오는 자들마다 압살롬의 행함이 이와 같아서 이스라엘 사람의 마음을 압살롬이 훔치니라**

**마음을 압살롬이 훔치니라** 압살롬은 권세를 가진 사람처럼 행동하는 한편 백성의 문제에 깊은 애정과 관심이 있는 것처럼 행동했다. 또 다윗 왕의 정치적 무능함을 비판하고 자신이 모든 문제를 해결해 줄 수 있는 것처럼 행동했다. 그 때문에 압살롬의 진심을 알지 못한 이스라엘 사람들은 점점 그를 따랐다.

**쉬운성경**

4또 압살롬은 "나는 이 땅의 재판관이 되어 문제를 가진 모든 사람에게 공정한 재판을 베풀기를 원하오"라고 말하기도 했습니다.
5사람들은 압살롬에게 가까이 나와 절을 했습니다. 그러면 압살롬은 자기 손을 내밀어 그들을 일으키고 그들에게 입을 맞추었습니다.
6압살롬은 다윗 왕에게 재판을 받으러 오는 모든 이스라엘 사람들에게 이런 식으로 행동했습니다. 이런 방법으로 압살롬은 모든 이스라엘 사람들의 마음을 사로잡았습니다.

마 음 에 새 기 기

압살롬은 백성을 위하고 그들을 도와주려는 것처럼 행동했지만 그의 속마음은 전혀 그렇지 않았다. 그의 마음은 백성을 이용해 왕이 되려는 것이었다. 압살롬은 마음과 행동이 일치하지 않는 사람이었다. 그런데 사람들은 그의 화려한 외모만을 보았을 뿐 그의 속마음에 대해서는 깊이 관심을 기울이지 않았다. 압살롬은 화려한 외모로 추한 내면을 감추고 있었지만 그것을 분별할 수 있는 사람도 없었던 것이다.
이처럼 세상은 사람의 외적인 것에만 관심을 둔다. 그래서 사람들을 속이려고 하는 자들은 자신의 경력을 과장하고 외모를 화려하게 가꾸며 지키지 못할 약속을 남발한다. 그러므로 성도에게는 영적 분별력이 꼭 필요하다. 안타깝게도 지도자들 가운데서도 거짓된 속마음을 감춘 채 사람들을 속이는 자들이 많다. 영적 분별력이 없으면 그들의 화려한 외모와 언변에 속아 잘못된 판단을 내리거나 인생을 낭비하기 쉽다. 우리는 무엇이 진짜이고 가짜인지를 정확하게 판단할 수 있는 분별력이 어느 때보다 필요한 시대를 살고 있다. 그만큼 가짜와 속이는 것들이 많다는 이야기다.
영적 분별력의 기준은 사람이 아닌 하나님의 말씀이다(딤후 2:15). 또 영적 분별력은 선악을 분별할 수 있는 연단을 통해 성장한다(히 5:14). 사도 바울은 '이 세대를 본받지 말고 오직 마음을 새롭게 함으로 변화를 받아야 하나님의 선하시고 기뻐하시고 온전하신 뜻이 무엇인지 분별할 수 있다'고 가르친다(롬 12:2). 그러므로 영적 분별력을 성장시키기 위해서는 하나님의 말씀을 가까이하며 세상의 가치들을 분별하는 훈련을 꾸준히 해나가야 한다.

15장

## 15:7-18
## 압살롬의 반역

압살롬은 헤브론으로 가서 여호와를 섬기게 해 달라고 다윗에게 청한다. 그러나 그는 그곳에서 스스로 왕이 되어 반역을 꾀한다. 한편 압살롬의 반역 소식을 들은 다윗은 모든 신하들과 함께 예루살렘을 버리고 도망간다.

**15:7-8** [7]사 년 만에 압살롬이 왕께 아뢰되 내가 여호와께 서원한 것이 있사오니 청
하건대 내가 헤브론에 가서 그 서원을 이루게 하소서 [8]당신의 종이 아람 그
술에 있을 때에 서원하기를 만일 여호와께서 반드시 나를 예루살렘으로 돌아가게 하시면 내가

**여호와를 섬기리이다 하였나이다**

**사 년 만에** 압살롬이 예루살렘으로 돌아온 지 6년이나 지난 때였다. 이렇게 오랜 시간이 지나고 나서야 하나님께 예배를 드리겠다고 말했는데도 다윗은 그를 전혀 의심하지 않았다.

**여호와께 서원한 것이 있사오니** 압살롬의 행동으로 미루어 볼 때 그는 하나님을 진심으로 섬기지 않았다. 그런 그가 이 같은 말을 한 것은 자신의 반역을 위해 하나님까지 이용하려는 것임을 알 수 있다.

**헤브론** 예루살렘에서 남쪽으로 30킬로미터 정도 떨어진 곳으로, 다윗이 왕으로 기름부음 받은 곳이다. 다윗이 온 이스라엘의 왕이 된 후에 수도를 예루살렘으로 옮긴 것에 대해 헤브론 주민들은 불만을 갖고 있었을 것이다. 그래서 압살롬은 반역을 꾀하기에 적합한 장소로 이곳을 택했다.

## 15:9

**왕이 그에게 이르되 평안히 가라 하니 그가 일어나 헤브론으로 가니라**

**평안히 가라** 압살롬이 반역을 꾀하는 것에 대해 다윗이 전혀 눈치 채지 못했다는 것은 이상한 일이다. 아마도 권세가 커지고 차기 왕권을 이을 수도 있는 압살롬을 두려워한 사람들이 압살롬의 행위에 대해 다윗에게 말하지 않았기 때문일 것이다. 한편으로는 다윗의 집에서 칼이 영원토록 떠나지 않을 것이라는 나단 선지자의 심판의 예언이 성취되기 위한 것이기도 했다(12:10).

## 15:10

**이에 압살롬이 정탐을 이스라엘 모든 지파 가운데에 두루 보내 이르기를 너희는 나팔 소리를 듣거든 곧 말하기를 압살롬이 헤브론에서 왕이 되었다 하**

**쉬운성경**

7사 년이 지난 후에 압살롬이 다윗 왕에게 말했습니다. "제가 헤브론으로 가는 것을 허락해 주십시오. 여호와께 약속한 것이 있으니 그 약속을 지키고 싶습니다.
8아람 땅 그술에 살 때, 저는 '만약 여호와께서 저를 다시 예루살렘으로 돌아가게 해 주신다면 여호와를 헤브론에서 예배드리겠습니다'라고 약속한 적이 있습니다."
9그러자 왕이 말했습니다. "평안히 가거라." 그래서 압살롬은 헤브론으로 갔습니다.

**라 하니라**

**나팔 소리를 듣거든** 압살롬은 나팔 소리를 신호로 자신이 왕이 되었음을 모든 지파에 알리고자 했다.

## 15:11

**그때 청함을 받은 이백 명이 압살롬과 함께 예루살렘에서부터 헤브론으로 내려갔으니 그들은 압살롬이 꾸민 그 모든 일을 알지 못하고 그저 따라가기만 한 사람들이라**

**청함을 받은 이백 명** 압살롬은 자신이 왕이 됨을 공식화하기 위해 지체가 높은 사람들만 뽑아서 초대했다. 이들은 압살롬의 계획을 알지 못한 채 압살롬의 반역에 동참하게 된다. 이들은 압살롬에게 반대할 경우 죽임을 당했을 것이며, 압살롬이 예루살렘을 공격할 때 인질로 이용할 수도 있는 자들이었다. 이처럼 압살롬은 반역을 아주 치밀하게 준비했다.

## 15:12

**제사드릴 때에 압살롬이 사람을 보내 다윗의 모사 길로 사람 아히도벨을 그의 성읍 길로에서 청하여 온지라 반역하는 일이 커가매 압살롬에게로 돌아오는 백성이 많아지니라**

**아히도벨** 밧세바의 할아버지로 다윗 왕에게 지혜로운 조언을 하던 상담자였다. 그러나 밧세바 사건으로 다윗에게 등을 돌리고 압살롬 편에 섰다.

15장

**쉬운성경**

10그러나 압살롬은 이스라엘의 모든 지파에 몰래 사자들을 보냈습니다. 사자들은 백성들에게 "나팔 소리가 울리면, '압살롬이 헤브론에서 왕이 되었다!'고 외치시오"라고 말했습니다.
11압살롬은 자기와 함께 갈 사람 이백 명을 초대했습니다. 그들은 압살롬과 함께 예루살렘을 떠났지만 압살롬이 무슨 일을 꾸미고 있는지는 몰랐습니다.
12다윗에게 도움을 주던 사람 중에 아히도벨이라는 사람이 있었는데, 아히도벨은 길로 마을 사람이었습니다. 압살롬은 제물을 바치는 동안 아히도벨의 고향인 길로로 사람을 보내 아히도벨을 오게 하여 자기 편으로 만들었습니다. 압살롬의 계획은 착착 잘 진행되었습니다. 점점 많은 사람들이 압살롬을 돕기 시작했습니다.

**압살롬에게로 돌아오는 백성이 많아지니라** 압살롬은 잘 생긴 외모와 교묘한 재판 행위로 사람들의 마음을 얻었다. 다윗은 이미 나이가 많이 들었기 때문에 사람들은 압살롬의 화려한 모습에 매력을 느꼈을 것이다.

## 15:13 전령이 다윗에게 와서 말하되 이스라엘의 인심이 다 압살롬에게로 돌아갔나이다 한지라

**이스라엘의 인심이 다 압살롬에게로 돌아갔나이다** 상황이 이렇게 심각하게 될 때까지 다윗이 전혀 눈치 채지 못하고 있었다는 것은 이상한 일이다. 이것은 다윗의 범죄를 심판하기 위해 하나님이 섭리적으로 개입하셨기 때문일 것이다.

## 15:14 다윗이 예루살렘에 함께 있는 그의 모든 신하들에게 이르되 일어나 도망하자 그렇지 아니하면 우리 중 한 사람도 압살롬에게서 피하지 못하리라 빨리 가자 두렵건대 그가 우리를 급히 따라와 우리를 해하고 칼날로 성읍을 칠까 하노라

**일어나 도망하자** 다윗이 이렇게 조급하고 두려워하는 반응을 보인 것은 압살롬의 반역이 하나님의 심판임을 깨달았기 때문이다. 또 압살롬이 치밀하게 준비한 반역에 다윗 자신이 대항할 만한 준비가 되어 있지 않았기 때문이다.

## 15:15 왕의 신하들이 왕께 이르되 우리 주 왕께서 하고자 하시는 대로 우리가 행하리이다 보소서 당신의 종들이니이다 하더라

**쉬운성경**

13 어떤 사람이 와서 "이스라엘 사람들이 압살롬을 따르기 시작했습니다"라고 다윗에게 소식을 전해 주었습니다.
14 그러자 다윗은 자기와 함께 예루살렘에 있던 모든 신하들에게 말했습니다. "서둘러 떠나야겠다. 서두르지 않으면 압살롬에게 잡히고 말겠다. 압살롬이 우리를 잡으러 오기 전에 어서 이곳을 떠나자. 압살롬은 우리를 해치고 예루살렘의 백성들까지 죽일 것이다."
15 왕의 신하들이 왕에게 말했습니다. "무엇이든지 왕께서 말씀하시는 대로 하겠습니다."

## 15:16 왕이 나갈 때에 그의 가족을 다 따르게 하고 후궁 열 명을 왕이 남겨 두어 왕궁을 지키게 하니라

**후궁 열 명** 다윗은 모든 가족을 다 따르게 했지만 후궁 10명은 남겨 왕궁을 지키게 했다. 그럼으로써 다시 예루살렘에 돌아올 것이라는 희망을 남겨 둔 것이다. 그러나 이런 결정은 다윗의 아내들을 이웃들에게 빼앗길 것이라는 예언의 성취를 가져 왔다(12:11). 압살롬은 예루살렘을 점령한 뒤 이 후궁들과 동침하여 자신이 다윗과 적대 관계임을 공공연하게 만들었다(16:20-22). 하나님은 인간의 사소한 결정까지도 사용하셔서 하나님의 말씀을 이루신다.

## 15:17 왕이 나가매 모든 백성이 다 따라서 벧메르학에 이르러 멈추어 서니

**벧메르학** '먼 궁궐'이라는 뜻으로 예루살렘에서 여리고로 가는 길에 있던 다윗의 별궁으로 보인다. 다윗의 일행은 이곳에서 피난을 위한 마지막 준비를 한 것이다.

## 15:18 그의 모든 신하들이 그의 곁으로 지나가고 모든 그렛 사람과 모든 블렛 사람과 및 왕을 따라 가드에서 온 모든 가드 사람 육백 명이 왕 앞으로 행진하니라

**그렛 사람, 블렛 사람** 블레셋 출신의 용병들로 그 용맹함 때문에 다윗의 호위 부대 역할을 맡았다.

15장

**쉬운성경**

16왕은 자기 왕궁에 있던 모든 사람들을 데리고 떠났습니다. 그러나 왕은 왕궁을 지킬 후궁 열 명은 남겨 두었습니다.
17왕은 자기를 따르는 모든 백성들과 함께 떠났습니다. 그들이 성을 빠져나갈 때에 그 성의 마지막 집에서 멈춰 섰습니다.
18왕의 모든 종들이 왕의 곁을 지나갔습니다. 모든 그렛 사람과 모든 블렛 사람과 왕의 호위병들도 왕의 곁을 지나갔습니다. 가드에서 와서 다윗을 따랐던 육백 명도 왕의 곁을 지나갔습니다.

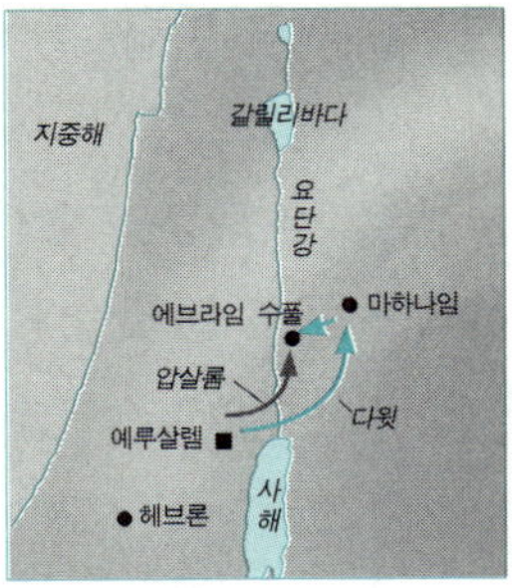


**압살롬의 반역(15:7–18)**
예루살렘에서 2년 간 병거, 말, 호위병을 조직하고 민심을 도둑질하여 헤브론에서 반역을 일으켰다.

## 마 음 에 새 기 기

수년 동안 백성의 마음은 압살롬에게 돌아가고 있었다. 또 압살롬이 반역을 꾸미고 있는데도 다윗이 전혀 눈치 채지 못한 것은, 이 사건의 배후에 하나님의 섭리가 있었기 때문이다. 하나님은 다윗의 범죄에 대한 심판을 이루기 위해 압살롬의 반역을 허용하셨다. 그리고 그것이 어느 정도의 성공을 거두도록 허락하셨다. 다윗이 압살롬의 반역을 알게 된 다음에 급하게 성을 떠난 이유도, 바로 이것이 하나님의 섭리 아래서 이루어졌다는 것을 깨달았기 때문이다.

이처럼 인생에서 미리 막을 수 없는 사건이 벌어질 때가 있다. 이런 경우에는 어떤 노력도 소용이 없다. 그 사건이 반드시 일어나도록 모든 상황이 진행된다. 많은 사람들은 그런 상황에서 과거를 돌아보며 후회하거나 그 상황에 대해 절망한다. 그러나 성도는 이런 상황에서도 하나님의 섭리와 은혜의 손길을 계속 바라보며 낙심하지 말아야 한다. 인생에서 어쩔 수 없이 벌어지는 나쁜 일들이 긴 인생의 시각에서 보면 특별한 영적 목적을 위해 허락된 경우가 대부분이기 때문이다. 다시 말해, 성도들의 인생에서 힘들고 나쁜 일들은 무의미하게 일어나지 않는다. 하나님이 그것을 통해 의도하신 목적을 이루고자 허락하시는 것이다. 그러므로 우리는 어쩔 수 없는 상황 가운데서도 하나님의 섭리를 신뢰하며 하나님을 의지해야 한다.

## 15:19-29
# 피난길에 오른 다윗과 일행들

압살롬의 반역을 피해 피난길에 오른 다윗에게 블레셋 출신의 망명객인 잇대가 충성을 맹세한다. 한편 다윗은 하나님의 뜻이 있다면 자신이 환도할 수 있으리라고 생각한다. 그래서 하나님의 언약궤를 메고 따라오는 사독과 모든 레위 사람을 예루살렘으로 돌려보낸다.

**15:19** **그때에 왕이 가드 사람 잇대에게 이르되 어찌하여 너도 우리와 함께 가느냐 너는 쫓겨난 나그네이니 돌아가서 왕과 함께 네 곳에 있으라**

**가드 사람 잇대** 블레셋의 가드에서 정치적인 이유로 다윗에게 망명한 용사다. 당시 그는 망명한 지 얼마 되지 않았지만 다윗에게 충성했고, 그 결과 압살롬과의 전투에서 중요한 임무를 맡는다.

**어찌하여 너도 우리와 함께 가느냐, 돌아가서 왕과 함께 네 곳에 있으라** 다윗은 자신의 아들 압살롬을 왕이라 부른다. 이것은 자신을 따르겠다는 잇대의 마음이 진심인지 확인하려는 것이다.

15장

**15:20** **너는 어제 왔고 나는 정처 없이 가니 오늘 어찌 너를 우리와 함께 떠돌아다니게 하리요 너도 돌아가고 네 동포들도 데려가라 은혜와 진리가 너와 함께 있기를 원하노라 하니라**

**너도 돌아가고** 잇대는 뛰어난 용사였으므로 절박한 상황에 처한 다윗에게는 꼭 필요한 존재였다. 그러나 다윗은 잇대에게 예루살렘으로 돌아가라고 말한다. 잇대는 망명한 지 얼마 되지 않았기 때문에 특별히 다윗과 함께 도망칠 이유가 없었기 때문이다. 어려운 상황에서도 타인의 평안을 먼저 고려하는 다윗의 모습을 엿볼 수 있다.

**15:21** **잇대가 왕께 대답하여 이르되 여호와의 살아 계심과 내 주 왕의 살아 계심으로 맹세하옵나니 진실로 내 주 왕께서 어느 곳에 계시든지 사나 죽으나 종도 그 곳에 있겠나이다 하니**

**여호와의 살아 계심과 내 주 왕의 살아 계심으로 맹세하옵나니** 잇대는 이스라엘로 망명한 후에 하나님을 믿게 되었다. 그래서 하나님과 왕께 맹세함으로써 다윗을 따르겠다는 고백이 진심임을 보인다.

**15:22** **다윗이 잇대에게 이르되 앞서 건너가라 하매 가드 사람 잇대와 그의 수행자들과 그와 함께한 아이들이 다 건너가고**

**15:23** **온 땅 사람이 큰 소리로 울며 모든 백성이 앞서 건너가매 왕도 기드론 시내를 건너가니 건너간 모든 백성이 광야 길로 향하니라**

**기드론 시내** 예루살렘과 감람 산 사이에 있는 골짜기를 말한다.

**15:24** **보라 사독과 그와 함께한 모든 레위 사람도 하나님의 언약궤를 메어다가 하나님의 궤를 내려놓고 아비아달도 올라와서 모든 백성이 성에서 나오기를 기다**

**쉬운성경**

19 왕이 가드 사람 잇대에게 물었습니다. "그대
는 어찌하여 나와 함께 가려 하느냐? 돌아가
서 압살롬 왕과 함께 있어라. 그대는 이방 사
람이고, 이곳은 그대의 고향 땅이 아니다.
20 그대가 나와 함께 있던 시간도 얼마 되지 않
는데, 지금 와서 그대를 우리와 함께 다른
곳으로 가게 할 수야 없지 않은가? 더구나
나는 어디로 가야 할지도 모른다. 돌아가거
라. 그대의 형제들도 함께 데리고 가거라.
여호와의 은혜와 사랑이 그대와 함께 있기
를 빈다."
21 그러나 잇대가 왕에게 말했습니다. "살아 계
신 여호와와 왕께 맹세하지만, 저는 왕과 함
께 있겠습니다. 왕께서 어디로 가시든지 왕
과 함께 가겠습니다. 죽든지 살든지 왕과 함
께 있겠습니다."
22 다윗이 잇대에게 말했습니다. "정 그렇다면
앞서서 가거라." 그리하여 가드 사람 잇대와
그의 모든 백성과 그들의 자녀들도 왕의 곁
을 지나갔습니다.
23 모든 백성은 왕의 곁을 지나가면서 큰 소리
로 울었습니다. 다윗 왕도 기드론 골짜기를 건
넜습니다. 그 후에 모든 백성은 광야 쪽으로 나
아갔습니다.

리도다

**하나님의 언약궤** 사독과 모든 레위 사람은 언약궤를 메고 나와 자신들이 다윗 편에 섬을 보여주었다. 이들은 다윗의 신앙이 하나님 앞에서 참된 것임을 알았던 것이다. 또 하나님의 임재를 상징하는 언약궤를 다윗과 함께 가져감으로, 앞으로 있을 압살롬과의 전쟁에서 하나님의 도움을 얻으려고 했던 것으로 보인다.

## 15:25

**왕이 사독에게 이르되 보라 하나님의 궤를 성읍으로 도로 메어 가라 만일 내가 여호와 앞에서 은혜를 입으면 도로 나를 인도하사 내게 그 궤와 그 계신 데를 보이시리라**

**도로 메어 가라** 다윗은 이전에 언약궤를 옮기다가 죽은 웃사를 통해(6:6-7) 하나님은 자기의 이익을 위해 마음대로 움직일 수 없는 분임을 깨달았다. 물론 언약궤를 가지고 가는 것은 다윗에게 큰 유익이었다. 그러나 다윗은 온전히 하나님의 뜻에 자신의 운명을 내어 맡겼다.

## 15:26

**그러나 그가 이와 같이 말씀하시기를 내가 너를 기뻐하지 아니한다 하시면 종이 여기 있사오니 선히 여기시는 대로 내게 행하시옵소서 하리라**

**선히 여기시는 대로 내게 행하시옵소서** 하나님의 주권에 자신의 운명을 전부 맡기는 다윗의 모습이다. 자신의 범죄로 시작된 자식들의 죽음과 반역으로, 다윗은 하나님의 처분에 자신의 미래를 온전히 맡기는 연약한 사람이 된 것이다.

15장

**쉬운성경**

24사독과 모든 레위 사람들은 하나님의 언약궤를 지고 있었습니다. 그들은 그 하나님의 궤를 내려놓았습니다. 모든 백성이 예루살렘 성을 떠날 때까지 아비아달이 제물을 바쳤습니다.
25왕이 사독에게 말했습니다. "하나님의 궤를 성 안으로 다시 가지고 가시오. 여호와께서 만약 나에게 은혜를 베푸신다면 나를 다시 돌아가게 해 주실 것이오. 여호와께서는 언약궤와 예루살렘을 다시 볼 수 있게 해 주실 것이오.
26그러나 주께서 나에게 은혜를 베푸시지 않는다 해도 어쩔 수 없소. 주 뜻대로 하시기를 바랄 뿐이오."

**15:27** **왕이 또 제사장 사독에게 이르되 네가 선견자가 아니냐 너는 너희의 두 아들 곧 네 아들 아히마아스와 아비아달의 아들 요나단을 데리고 평안히 성읍으로 돌아가라**

**선견자** '미리 보는 자'라는 뜻이다. 사독은 제사장의 직분뿐 아니라 우림과 둠밈을 이용하여 하나님의 뜻을 분별하고 전달하는 선지자적 역할도 함께했다. 그래서 다윗은 성 안에서 벌어지는 일과 하나님의 뜻을 전달받기 위해 사독을 예루살렘으로 돌려보낸다.

**15:28** **너희에게서 내게 알리는 소식이 올 때까지 내가 광야 나루터에서 기다리리라 하니라**

**소식이 올 때까지, 기다리리라** 갑작스럽게 피난길에 오른 다윗은 예루살렘을 차지한 압살롬의 반응을 반드시 알아야 했다. 만약 압살롬이 예루살렘을 차지한 것에 만족하지 못하고 계속해서 자신을 추격한다면 급하게 서둘러야 했기 때문이다. 그래서 광야로 들어가기 전에 소식을 들으려고 한 것이다.

**15:29** **사독과 아비아달이 하나님의 궤를 예루살렘으로 도로 메어다 놓고 거기 머물러 있으니라**

**쉬운성경**

27왕이 또 제사장 사독에게 말했습니다. "그대는 선견자요. 평안히 성으로 돌아가시오. 그대의 아들 아히마아스와 아비아달의 아들 요나단을 데리고 가시오.
28광야로 들어가는 길목에서 그대가 소식을 전해 주기를 기다리고 있겠소."
29그리하여 사독과 아비아달은 하나님의 궤를 가지고 예루살렘으로 돌아가서 거기에 머물러 있었습니다.

마 음 에 새 기 기

다윗은 압살롬의 반역으로 아주 절박한 상황에 처해 있었다. 그런 상황에서 용맹스러운 군대 장관 잇대가 다윗 편에 서겠다고 따라온 것은 매우 환영할 만한 일이었다. 그러나 다윗은 자신의 상황보다는 그의 상황과 평안을 먼저 고려하여 잇대에게 예루살렘으로 돌아가라고 말한다. 또 하나님의 통치하심을 보여줄 수 있는 언약궤도 예루살렘으로 돌려보낸다. 다윗은 절박한 상황이었지만 사람을 의지하거나 하나님을 이용하려 하지 않았다. 오히려 어떤 결과든 하나님의 뜻과 처분을 겸손하게 기다렸다. 다윗이 이렇게 하나님의 주권에 자신을 의탁하게 된 것은 압살롬의 반역이 자신의 범죄로 말미암은 하나님의 심판이라는 사실을 명확하게 알았기 때문이다. 하나님으로부터 시작된 심판이라면 하나님의 긍휼이 아니고는 그것을 벗어날 수 없음을 다윗은 알았다. 다윗은 하나님의 긍휼이 심판보다 더 큼을 알았기에 하나님의 손에 자신의 운명을 철저하게 맡길 수 있었다(24:14).

자신의 범죄함을 알고 하나님의 처분에 자신을 철저히 의탁한 사람만이 사람과 하나님을 자기의 필요에 따라 이용하지 않는다. 자기의 목적을 위해 다른 사람을 이용하려는 태도는 여전히 자신이 중심이 되어 자기 욕구와 계획을 이루려고 하는 것이다. 하나님을 자기 문제를 해결해 주는 신으로만 생각하는 자는, 자신이 여전히 역사의 주인공이 되어 하나님 노릇을 하려는 것이다. 다윗은 왕좌에서 내려와 도망자가 되는 순간 하나님을 자신의 왕좌에 앉혀드렸다. 자신의 주권을 포기하고 하나님의 주권을 의지하여 하나님을 왕 되게 하는 자는 그분의 긍휼의 처분을 받게 되어 있다. 그러나 자신이 왕 노릇하며 자신의 미래를 주관하려고 하는 자에게는 하나님의 심판만이 기다리고 있다. 다윗은 이 비밀을 깨달았던 것이다.

15장

## 15:30-37
# 다윗을 돕는 후새

다윗 일행은 감람 산까지 도망간다. 아히도벨이 압살롬의 반역에 가담했다는 소식을 들은 다윗은 하나님께 짧은 기도를 드린다. 그때 후새가 다윗을 찾아오고, 다윗은 그에게 성읍으로 돌아가 아히도벨의 모략을 패하게 하라고 말한다. 이에 후새는 성읍으로 들어가고, 때마침 압살롬도 성에 이른다.

**15:30** **다윗이 감람 산 길로 올라갈 때에 그의 머리를 그가 가리고 맨발로 울며 가고 그와 함께 가는 모든 백성들도 각각 자기의 머리를 가리고 울며 올라가니라**

**감람 산** 예루살렘과 유다 광야 사이에 있는 산으로 감람나무(olive tree)가 많아서 붙여진 이름이다. 예루살렘에서는 약 1.5킬로미터 떨어진 곳에 있다.

**머리를 그가 가리고 맨발로** 이스라엘 사람은 큰 슬픔과 절망을 나타낼 때 이런 행동을 했다.

**15:31** **어떤 사람이 다윗에게 알리되 압살롬과 함께 모반한 자들 가운데 아히도벨이 있나이다 하니 다윗이 이르되 여호와여 원하옵건대 아히도벨의 모략을 어리석게 하옵소서 하니라**

**아히도벨이 있나이다** 아히도벨은 아주 뛰어난 전략가였다. 그렇기 때문에 아히도벨이 압살롬과 연합한 것은 다윗 편에서 볼 때 매우 불리한 상황이었다.

**아히도벨의 모략을 어리석게 하옵소서** 다윗은 아히도벨의 뛰어난 모략을 하나님의 개입으로만 막을 수 있다고 생각했다. 그래서 짧지만 간절한 기도를 드림으로써 하나님의 도우심을 구한다.

**15:32** **다윗이 하나님을 경배하는 마루턱에 이를 때에 아렉 사람 후새가 옷을 찢고 흙을 머리에 덮어쓰고 다윗을 맞으러 온지라**

**하나님을 경배하는 마루턱** 예루살렘에서 가까운 감람 산에는 다윗과 백성들이 예

**쉬운성경**

30다윗은 울면서 올리브 산으로 올라갔습니다. 다윗은 두 손으로 머리를 가리고 맨발로 올라갔습니다. 다윗과 함께한 모든 백성도 자기 머리를 가렸습니다. 그들도 울면서 올라갔습니다.
31누군가가 다윗에게 말했습니다. "왕을 배반하여 압살롬과 함께 음모를 꾸민 사람 중에 아히도벨도 있습니다." 그 말을 듣고 다윗이 기도드렸습니다. "여호와시여, 아히도벨의 계획을 어리석은 것으로 만들어 주십시오."
32다윗이 산꼭대기에 이르렀습니다. 그곳은 다윗이 하나님께 예배드리던 장소였습니다. 아렉 사람 후새가 다윗을 맞아들였습니다. 후새의 옷은 찢어져 있었고, 머리에는 흙을 덮어썼습니다. 그것은 슬픔을 나타내는 표시였습니다.

배하고 기도하던 장소가 있었다.

**아렉 사람 후새** 다윗의 절친한 친구이자 신하였다. 성경이 다윗의 기도 후에 바로 후새와 만난 것을 기록한 것은 그의 등장이 기도 응답임을 보여주기 위함이다. 실제로도 후에 아히도벨의 모략은 후새 때문에 무산된다.

**옷을 찢고 흙을 머리에 덮어쓰고** 이스라엘 민족은 큰 슬픔을 당했을 때 이러한 행위로 슬픔을 표현했다. 압살롬의 반역과 다윗의 피난 소식을 들은 후새는 깊은 슬픔에 빠져 있었다.

## 15:33 **다윗이 그에게 이르되 네가 만일 나와 함께 나아가면 내게 누를 끼치리라**

**누를 끼치리라** 다윗은 후새만이 아히도벨과 버금가는 모략을 내놓을 수 있다고 생각했다. 다윗은 후세에게 예루살렘으로 돌아가 아히도벨의 모략을 무산시켜 달라는 의미로 이런 말을 한 것이다.

## 15:34 **그러나 네가 만일 성읍으로 돌아가서 압살롬에게 말하기를 왕이여 내가 왕의 종이니이다 전에는 내가 왕의 아버지의 종이었더니 이제는 내가 왕의 종이니이다 하면 네가 나를 위하여 아히도벨의 모략을 패하게 하리라**

**이제는 내가 왕의 종이니이다** 다윗은 후새가 성으로 돌아가서 해야 할 일을 자세히 알려준다. 그 첫 번째 일은 압살롬의 종이 되어 그를 섬기겠다고 꾸미는 것이었다. 그럼으로써 아히도벨의 모략을 패하게 하려 했다.

## 15:35-36 **35사독과 아비아달 두 제사장이 너와 함께 거기 있지 아니하냐 네가 왕의 궁중에서 무엇을 듣든지 사독과 아비아달 두 제사장에게 알리라 36그들의**

**쉬운성경**

33다윗이 후새에게 말했습니다. "그대가 나와 함께 간다면, 그대는 짐만 될 뿐이오.
34그러나 만약 그대가 성으로 돌아간다면, 그대는 아히도벨의 계획을 쓸모없는 것으로 만들 수 있소. 압살롬에게 말하시오. '내 왕이시여, 저는 왕의 종입니다. 전에는 제가 왕의 아버지를 섬겼으나 이제는 왕을 섬기겠습니다.'

15장

**두 아들 곧 사독의 아히마아스와 아비아달의 요나단이 그들과 함께 거기 있나니 너희가 듣는 모든 것을 그들 편에 내게 소식을 알릴지니라 하는지라**

**두 제사장에게 알리라** 후새가 왕궁에서 해야 할 두 번째 일은 왕의 궁중에서 들은 모든 일을 사독과 아비아달 두 제사장에게 알려 다윗이 소식을 들을 수 있도록 하는 것이었다.

## 15:37 **다윗의 친구 후새가 곧 성읍으로 들어가고 압살롬도 예루살렘으로 들어갔더라**

**압살롬도 예루살렘으로 들어갔더라** 예루살렘에서 감람 산까지는 한 시간 정도 거리밖에 되지 않았다. 따라서 다윗 일행이 압살롬의 공격으로부터 가까스로 빠져 나왔음을 알 수 있다.

### 마음에 새기기

아히도벨이 압살롬의 반역에 가담했다는 소식은 다윗에게 더욱 불리한 것이었다. 다윗은 이 상황에 대해 기도로 하나님께 아뢴다. 그런데 때마침 아히도벨과 견줄 만한 지략가 후새가 나타난다. 여기서 후새의 등장은 우연인 것처럼 보이지만, 성경은 다윗이 기도한 다음에 그가 나타난 것을 기록함으로써 이것이 기도의 응답임을 보여준다. 다윗은 기도로 하나님의 도우심을 구했고, 그 후 나타난 후새를 보며 그가 아히도벨의 모략을 무산시킬 수 있는 하나님이 보내신 사람임을 깨닫게 된 것이다.

이처럼 기도는 우리에게 새로운 시야와 기회를 얻게 한다. 기도한 후에 문제에 대한 새로운 시각을 갖게 되거나, 혹은 적절한 결정을 할 수 있게 되는 경우가 많기 때문이다. 또 복잡한

**쉬운성경**

35제사장 사독과 아비아달이 그대와 함께 있을 것이오. 그대는 왕궁에서 들은 모든 일을 그들에게 이야기해 주어야 하오.
36사독의 아들 아히마아스와 아비아달의 아들 요나단이 그들과 함께 있소. 그들을 보내어 그대가 들은 모든 것을 나에게 전해 주시오."
37그리하여 다윗의 친구 후새는 예루살렘으로 들어갔습니다. 바로 그 무렵에 압살롬도 예루살렘에 이르렀습니다.

생각이 정리되거나, 어떤 정보를 듣게 됨으로써 문제 해결에 도움받는 경우도 있다. 그 때문에 기도한 뒤에는 하나님이 어떤 다양한 방법으로 기도에 응답하시는지를 믿음으로 기다리며 살펴야 한다. 하나님은 짧은 기도라도 우리의 간절한 외침에 귀를 기울이고 응답하신다. 그래서 다윗이 "여호와의 눈은 의인을 향하시고 그의 귀는 그들의 부르짖음에 기울이시는도다"(시 34:15) 하고 고백한 것이다.

## 16:1-4
## 다윗을 찾아온 시바

므비보셋의 종 시바가 나귀와 음식을 다윗에게 가져온다. 시바는 다윗을 섬기기 위해 이것들을 가져왔다고 아부한다. 그리고 므비보셋이 다윗을 배반하고 예루살렘에 남아 있다고 거짓말한다. 이에 화가 난 다윗은 므비보셋의 모든 재산을 시바에게 준다고 말한다.

**16:1** **다윗이 마루턱을 조금 지나니 므비보셋의 종 시바가 안장 지운 두 나귀에 떡 이백 개와 건포도 백 송이와 여름 과일 백 개와 포도주 한 가죽부대를 싣고 다윗을 맞는지라**

16장

**조금 지나니** 다윗이 예루살렘 성을 떠난 지 얼마 되지 않아 시바가 나귀와 음식들을 준비해 다윗에게 가져온다.

**시바** 원래 사울의 종이었는데 다윗의 명령에 의해 요나단의 아들인 므비보셋을 섬기게 된 자다. 그는 므비보셋의 종이 됨으로써 빼앗긴 자신의 재산을 회복하기 위해 호시탐탐 기회를 노리고 있었다. 그래서 압살롬의 반역으로 혼란한 시기를 틈타 다윗에게 잘 보이고자 한 것이다. 그는 그런 방법으로 므비보셋에게 빼앗긴 토지와 노비를 전부 되찾을 생각이었다.

**나귀** 산과 언덕이 많은 팔레스타인 지역에서 지위가 높은 사람들의 이동 수단이었다.

**16:2** **왕이 시바에게 이르되 네가 무슨 뜻으로 이것을 가져왔느냐 하니 시바가 이르되 나귀는 왕의 가족들이 타게 하고 떡과 과일은 청년들이 먹게 하고 포도주는 들에서 피곤한 자들에게 마시게 하려 함이니이다**

**네가 무슨 뜻으로 이것을 가져왔느냐** 다윗은 시바가 가져온 나귀와 음식을 보고 의아해한다. 이전에 다윗은 사울의 재산을 차지했던 시바에게 므비보셋의 종이 되어 그를 섬기라고 명령했다. 그 일로 자신에게 감정이 별로 좋지 않을 시바가 갑작스럽게 호의를 베푸는 것이 이상했기 때문이다.

**시바가 이르되** 시바는 다윗 왕의 질문에 대해 피난길에 있는 사람들의 필요를 세심하게 살펴 나귀와 음식을 가져온 것처럼 대답한다. 므비보셋의 재산을 차지하려는 시바의 간교함을 엿볼 수 있다.

**16:3** **왕이 이르되 네 주인의 아들이 어디 있느냐 하니 시바가 왕께 아뢰되 예루살렘에 있는데 그가 말하기를 이스라엘 족속이 오늘 내 아버지의 나라를 내게 돌리리라 하나이다 하는지라**

**네 주인의 아들이 어디 있느냐** 다윗은 자신에게 은혜를 입은 므비보셋이 피난민 가운데 보이지 않자 그의 행방을 묻는다.

**쉬운성경**

1다윗이 올리브 산꼭대기를 지나서 얼마 가지
않았을 때, 므비보셋의 종 시바가 다윗에게
나아왔습니다. 시바는 안장을 얹은 나귀 두
마리를 가지고 있었습니다. 나귀의 등에는 빵
이백 개와 마른 포도 백 송이, 그리고 무화과
과자 백 개가 실려 있었습니다. 포도주가 가
득 든 가죽 부대들도 있었습니다.
2왕이 시바에게 물었습니다. "왜 이런 것들을
가지고 왔느냐?" 시바가 대답했습니다. "나귀
들은 왕의 가족들이 타시라고 끌고 왔습니다.
빵과 무화과 과자는 종들이 먹으라고 가져왔
습니다. 포도주는 누구든지 광야에서 지쳤을
때, 마시라고 가져왔습니다."
3왕이 물었습니다. "므비보셋은 어디에 있느
냐?" 시바가 대답했습니다. "므비보셋은 예루
살렘에 남아 있습니다. 므비보셋은 '이제는 이
스라엘 백성들이 내 아버지의 나라를 나에게
돌려주겠지'라고 생각하고 있습니다."
4그 말을 듣고 왕이 시바에게 말했습니다. "좋
다. 므비보셋이 가졌던 모든 것을 이제 너에
게 준다." 시바가 말했습니다. "내 주 왕이시
여, 고맙습니다. 언제나 왕에게 은혜를 입으
면 좋겠습니다."

**예루살렘에 있는데** 시바는 절반의 진실만을 이야기한다. 므비보셋이 예루살렘에 남아 있기는 했지만, 그것은 두 다리를 저는 그가 피난하도록 도와줄 사람이 없었기 때문이었다. 그런데 시바는 압살롬을 피해 도망친 다윗을 보고 므비보셋이 기뻐하며 반역을 환영한 것처럼 모함한다.

**16:4** **왕이 시바에게 이르되 므비보셋에게 있는 것이 다 네 것이니라 하니라 시바가 이르되 내가 절하나이다 내 주 왕이여 내가 왕 앞에서 은혜를 입게 하옵소서 하니라**

**므비보셋에게 있는 것이 다 네 것이니라** 므비보셋은 다윗에게 아주 큰 은혜를 입은 인물이다. 그런데 시바의 간교한 호의와 거짓말에 다윗은 순간적으로 므비보셋에 대한 실망과 분노가 치밀어 올랐다. 그래서 므비보셋의 재산을 전부 시바에게 주겠다고 말해버린다. 이처럼 절박한 상황일수록 과거에 은혜를 베풀었던 사람에게 섭섭함을 느끼면 더욱 크게 실망하게 된다.

### 마음에 새기기

만약 다윗이 조금만 더 주의 깊게 생각해 보았다면 므비보셋이 피난에 동참하지 못한 이유를 알 수 있었을 것이다. 그런데 다윗은 시바의 선물과 거짓말에 너무 쉽게 속아버렸다. 그는 자신의 절박하고 힘든 상황으로 인해 분별력을 잃어버린 것이다. 시바는 바로 그 점을 노렸다. 사울이 죽은 후에 그의 재산을 가로챘던 시바는 므비보셋의 종이 되면서 그에게 사울의 재산을 전부 넘겨주게 되었다. 그 때문에 늘 므비보셋에게서 재산을 되찾을 기회만 노렸다. 그런데 다윗이 피난길에 올랐다는 소식이 들려오자 이때를 이용한 것이다.

이처럼 세상에는 타인의 어렵고 힘든 상황을 이용해 달려드는 간교하고 악한 사람들이 있다. 그러므로 힘든 때일수록 사람들의 말에 쉽게 현혹되지 않도록 더욱 주의해야 한다. 성도들이 어려운 상황에서 이단에 넘어가거나, 혹은 잘못된 영적 유혹에 빠지는 것도 바로 분별력을 잃어버리기 때문이다. 위기의 순간이나 마음이 요동하는 상황에서는 결정을 잠시 뒤로 미루는 것이 좋다. 마음이 안정되지 않은 상태에서 내리는 결정은 오히려 손해를 가져오는 경우가 많기 때문이다. 특히 어떤 말을 듣거나 상황이 변했을 때 쉽게 판단해서 결정하지 않도록 주의해야 한다. 다윗은 너무 경솔하게 판단을 내려 시바의 간교함에 속게 되었다. 따라서 "사람마다 듣기는 속히 하고 말하기는 더디 하며 성내기도 더디 하라"(약 1:19)는 말씀을 늘 마음에 새겨야 할 것이다.

## 16:5-14
# 시므이의 저주

피난 중에 있는 다윗에게 사울의 친척인 시므이가 저주를 퍼붓고 돌을 던진다. 시므이를 죽이자는 아비새의 말에 다윗은 오히려 이런 상황을 허락하신 하나님의 주권을 인정하며 겸손한 태도를 보인다. 그리고 자신이 낮아질수록 하나님의 긍휼과 은혜를 얻을 수 있다고 답한다.

**16:5** **다윗 왕이 바후림에 이르매 거기서 사울의 친족 한 사람이 나오니 게라의 아들이요 이름은 시므이라 그가 나오면서 계속하여 저주하고**

**바후림** 감람 산에서 요단 강으로 내려가는 길목에 위치한 성읍이다.

**시므이** 베냐민 지파 게라의 아들로 사울의 친척이다. 다윗이 피난할 때 다윗을 저주했지만 압살롬의 반역이 끝나자 다윗을 찾아가 용서를 빈다. 그러나 시므이는 솔로몬 왕 때 예루살렘을 떠나지 말라는 명령을 어겨 결국 죽임을 당한다.

**16:6** **또 다윗과 다윗 왕의 모든 신하들을 향하여 돌을 던지니 그때에 모든 백성과 용사들은 다 왕의 좌우에 있었더라**

**돌을 던지니** 모세의 율법에 의하면 돌을 던지는 행위는 사형의 한 방법이었다(레 20:27). 시므이는 돌을 던짐으로써, 다윗을 사형에 해당하는 범죄를 저지른 자처럼 취급했다.

**쉬운성경**

5다윗 왕이 바후림에 이르렀을 때, 어떤 사람이 그곳에서 나왔습니다. 그 사람은 사울의 집안 사람이었습니다. 그는 게라의 아들 시므이였습니다. 시므이는 나오면서 다윗을 저주했습니다.
6시므이는 다윗과 그의 신하들을 향해 돌을 던지기 시작했습니다. 그러나 백성들과 군인들이 빙 둘러서 다윗을 지켰습니다.

## 16:7 시므이가 저주하는 가운데 이와 같이 말하니라 피를 흘린 자여 사악한 자여 가거라 가거라

**사악한 자** '사악한 자'는 '아무 쓸모없는 무가치한 자' 혹은 '파괴의 사람'이라는 뜻으로, 엘리의 아들들을 지칭하던 호칭이다(삼상 2:12).

## 16:8 사울의 족속의 모든 피를 여호와께서 네게로 돌리셨도다 그를 이어서 네가 왕이 되었으나 여호와께서 나라를 네 아들 압살롬의 손에 넘기셨도다 보라 너는 피를 흘린 자이므로 화를 자초하였느니라 하는지라

**너는 피를 흘린 자이므로 화를 자초하였느니라** 시므이는 사울 족속의 몰락과 그들이 흘린 모든 피가 다윗 때문이라고 오해하고 있었다. 그 때문에 다윗을 '피를 흘린 자'라고 저주했다.

## 16:9 스루야의 아들 아비새가 왕께 여짜오되 이 죽은 개가 어찌 내 주 왕을 저주하리이까 청하건대 내가 건너가서 그의 머리를 베게 하소서 하니

**아비새** 다윗의 조카로 군지휘관 중 한 명이었다. 아비새는 다윗을 저주하는 시므이를 죽이겠다고 말한다. 그는 이전에도 사울을 죽이게 해달라고 청한 적이 있었는데(삼상 26:8), 이로 미루어보아 아주 급한 성격의 사람임을 알 수 있다.

**죽은 개** 유대인들은 개를 매우 천한 짐승으로 여겼다. 따라서 '죽은 개'는 더럽고 천한 사람을 나타내는 심한 욕이었다.

16장

**쉬운성경**

7 시므이는 이런 말로 다윗을 저주했습니다. "이 살인자야, 이 나쁜 놈아, 가거라, 가! 8 네가 사울의 집안 사람들을 죽였기 때문에, 여호와께서 너에게 벌을 주고 계신다. 너는 사울의 왕 자리를 빼앗았다. 그러나 이제 주께서 네 나라를 네 아들 압살롬에게 주셨다. 너 같은 살인자는 망해야 한다." 9 스루야의 아들 아비새가 왕에게 말했습니다. "왕이시여, 왜 저 죽은 개만도 못한 자가 왕을 저주하도록 그냥 내버려 두십니까? 제가 가서 저놈의 머리를 베어 버리겠습니다."

**16:10** **왕이 이르되 스루야의 아들들아 내가 너희와 무슨 상관이 있느냐 그가 저주하는 것은 여호와께서 그에게 다윗을 저주하라 하심이니 네가 어찌 그리하였느냐 할 자가 누구겠느냐 하고**

**여호와께서 그에게 다윗을 저주하라 하심이니** 다윗에게는 시므이를 즉시 죽일 수 있는 정당한 이유가 있었다. 그러나 다윗은 이 상황을 허락하신 하나님의 주권을 인정하는 겸손함을 보인다.

**16:11** **또 다윗이 아비새와 모든 신하들에게 이르되 내 몸에서 난 아들도 내 생명을 해하려 하거든 하물며 이 베냐민 사람이랴 여호와께서 그에게 명령하신 것이니 그가 저주하게 버려두라**

**내 몸에서 난 아들도 내 생명을 해하려 하거든 하물며 이 베냐민 사람이랴** 다윗은 하나님이 사람들을 사용하셔서 자신을 벌하고 계심을 깨달았다. 하나님께서 친아들을 사용해 벌을 내리실 수 있다면, 시므이 또한 하나님의 섭리 가운데 자신을 저주하게 하신 거라고 생각한 것이다.

**16:12** **혹시 여호와께서 나의 원통함을 감찰하시리니 오늘 그 저주 때문에 여호와께서 선으로 내게 갚아 주시리라 하고**

**쉬운성경**

10그러나 왕이 대답했습니다. "스루야의 아들
들이여, 이 일은 그대들과 상관이 없소. 저
사람이 나를 저주하도록 여호와께서 시키셨
다면, 누가 뭐라고 할 수 있겠소?"
11다윗은 또 아비새와 자기의 모든 신하들에게
말했습니다. "내 아들이 나를 죽이려고 하는
판인데, 저 베냐민 사람이야 말해 무엇하겠
소? 저 사람을 그냥 내버려 두시오. 나를 저
주하게 놔두시오. 이 일은 여호와께서 시키
신 일이오.
12어쩌면 여호와께서 내 비참함을 보시고 오늘
시므이가 말한 저주 대신 오히려 더 좋은 것
으로 나에게 복을 주실지도 모르지 않소?"
13그리하여 다윗과 그의 신하들은 계속 길을
갔습니다. 그러나 시므이는 다윗을 계속 따
라왔습니다. 시므이는 길 맞은편 언덕 위를
걸었습니다. 시므이는 계속 다윗에게 저주를
퍼부으면서 돌과 흙을 던졌습니다.
14왕과 그의 모든 백성은 요단 강에 이르렀습
니다. 그들은 너무나 지쳐서 그곳에서 쉬었습
니다.

**여호와께서 나의 원통함을 감찰하시리니** 다윗은 자신의 비참한 상황을 바꾸실 수 있는 분은 오직 하나님뿐이라고 생각했다. 자신의 어떤 공로나 장점 때문이 아닌 자신을 불쌍히 여겨주시는 하나님의 긍휼 외에는 아무 소망이 없음을 고백하는 것이다.

16:13 **다윗과 그의 추종자들이 길을 갈 때에 시므이는 산비탈로 따라가면서 저주하고 그를 향하여 돌을 던지며 먼지를 날리더라**

16:14 **왕과 그와 함께 있는 백성들이 다 피곤하여 한 곳에 이르러 거기서 쉬니라**

**백성들이 다 피곤하여** 급하게 피난길에 오른 다윗 일행은 몸과 마음이 완전히 탈진한 상태였다.

### 마음에 새기기

도망치는 것도 슬프고 힘든 일인데, 거기에 다윗을 저주하는 사람까지 더해졌다. 시므이의 저주는 다윗의 마음을 더욱 괴롭게 했을 것이다. 그러나 다윗은 그 모든 일이 하나님의 섭리 가운데 있음을 깨닫고 절망하지 않았다. 이처럼 사람들을 바라보면 분노할 수밖에 없는 일도 하나님만 바라보면 겸손해질 수 있다. 마음이 낮아진 다윗이 하나님의 회복과 은혜만을 구하며 사람에게 반응하지 않은 것처럼 말이다.

사람들은 '마음이 가난하고 낮아지는 것'을 피하고 싶어한다. 이런 마음은 주로 고난과 어려움을 통해서 갖게 되기 때문이다. 그러나 이것은 예수님이 말씀하신 팔복의 첫째 조건이다. 마음이 가난해진 것은 저주가 아닌 축복이다(마 5:3). 하나님나라는 하나님의 통치를 받는 것으로, 하나님의 통치는 마음이 낮아지고 가난한 자에게 임한다.

하나님의 백성에게 하나님의 통치는 가장 큰 복이다. 왜냐하면 우리의 모든 문제와 연약함은 우리의 마음이 하나님의 온전하신 통치 아래 있지 않아 발생하기 때문이다. 하나님은 고난의 광야를 통해 우리의 마음을 낮추시고 가난하게 하신다. 이것은 하나님의 통치가 임하는 지름길이다. 그래서 성도에게는 고난이 자주 허용된다. 또 고난의 때에 시므이와 같이 고통을 더하게 하는 사람들이 허용되기도 한다. 그러나 고난을 통해 다윗과 같이 낮아진 마음을 갖게 될 때 하나님의 영광스러운 통치의 복을 풍성히 누릴 수 있다.

16:15-23
## 압살롬을 속인 후새와 아히도벨의 계략

후새는 압살롬에게 충성할 것처럼 행동해서 압살롬의 측근이 된다. 한편 아히도벨은 압살롬으로 하여금 온 이스라엘 무리가 보는 앞에서 다윗의 후궁들과 동침하게 한다. 그럼으로써 압살롬이 다윗의 자리를 대신하는 왕임을 보이게 한 것이다.

### 16:15 **압살롬과 모든 이스라엘 백성들이 예루살렘에 이르고 아히도벨도 그와 함께 이른지라**

**아히도벨도 그와 함께 이른지라** 아히도벨은 압살롬이 의지하는 가장 중요한 인물이었다. 또 피난 중인 다윗을 잡을 계략을 세울 수 있는 인물이기도 했다. 그 때문에 압살롬과 아히도벨의 이름만 여기에 나온 것이다.

### 16:16 **다윗의 친구 아렉 사람 후새가 압살롬에게 나갈 때에 그에게 말하기를 왕이여 만세, 왕이여 만세 하니**

**왕이여 만세, 왕이여 만세** 후새는 압살롬의 마음을 얻고자 압살롬을 왕으로 부르며 환영한다. 그는 다윗 왕을 돕기 위해 압살롬 앞에서 마음에도 없는 만세를 외친 것이다.

### 16:17 **압살롬이 후새에게 이르되 이것이 네가 친구를 후대하는 것이냐 네가 어찌하여 네 친구와 함께 가지 아니하였느냐 하니**

**이것이 네가 친구를 후대하는 것이냐** 후새는 오랫동안 다윗 왕의 친구이자 상담가

**쉬운성경**

15 그러는 동안, 압살롬과 아히도벨, 이스라엘의 모든 무리는 예루살렘에 이르렀습니다.
16 다윗의 친구 아렉 사람 후새가 압살롬에게 와서 말했습니다. "왕이여, 만세! 왕이여, 만세!"
17 압살롬이 후새에게 말했습니다. "이것이 친구의 은혜에 보답하는 것인가? 왜 그대의 친구와 함께 가지 않았소?"

였다. 압살롬은 그 사실을 잘 알고 있었기에 후새가 자신을 반기는 것에 대해 의문을 나타낸다.

**16:18** **후새가 압살롬에게 이르되 그렇지 아니하니이다 내가 여호와와 이 백성 모든 이스라엘의 택한 자에게 속하여 그와 함께 있을 것이니이다**

**택한 자** 스스로 반역하여 왕이 된 압살롬에게 하나님과 모든 이스라엘 백성의 택한 자라고 표현한 것은 아주 큰 아첨이었다. 후새는 그런 방법을 통해서라도 압살롬의 의심을 잠재울 필요가 있었다. 압살롬은 아첨과 속이는 말로 백성들의 마음을 얻어냈다. 후새 또한 압살롬이 사용한 똑같은 방법으로 압살롬을 속인다.

**16:19** **또 내가 이제 누구를 섬기리이까 그의 아들이 아니니이까 내가 전에 왕의 아버지를 섬긴 것같이 왕을 섬기리이다 하니라**

**왕을 섬기리이다** 후새는 자신의 의도를 감추며 압살롬을 섬기겠다고 말한다. 압살롬은 자신에게 굽히고 들어오는 지혜로운 후새를 받아들이지 않을 이유가 없었다. 그러나 이것은 압살롬을 멸망시키기 위한 하나님의 섭리적 계획 가운데 포함된 것이었다.

16장

**16:20** **압살롬이 아히도벨에게 이르되 너는 어떻게 행할 계략을 우리에게 가르치라 하니**

**계략을 우리에게 가르치라** 압살롬은 다윗이 예루살렘을 쉽게 포기하고 떠날 것을 예상하지 못했을 것이다. 그렇기 때문에 예루살렘 성을 점령했을 때 어떻게 해야

**쉬운성경**

18후새가 말했습니다. "저는 여호와와 이 백성들과 이스라엘의 모든 무리가 뽑은 사람 편입니다. 저는 왕과 함께 있겠습니다.
19전에는 왕의 아버지를 섬겼지만 이제는 누구를 섬기겠습니까? 다윗의 아드님입니다! 저는 왕을 섬기겠습니다."
20압살롬이 아히도벨에게 말했습니다. "이제 어떻게 하면 좋겠는지 말해 보시오."

할지에 대해 아직 계획을 세우지 못했다. 압살롬은 어떻게 해야 예루살렘 성에서 자신의 왕권을 견고하게 다질 수 있는지를 아히도벨에게 물은 것이다.

**16:21** **아히도벨이 압살롬에게 이르되 왕의 아버지가 남겨 두어 왕궁을 지키게 한 후궁들과 더불어 동침하소서 그리하면 왕께서 왕의 아버지가 미워하는 바 됨을 온 이스라엘이 들으리니 왕과 함께 있는 모든 사람의 힘이 더욱 강하여지리이다 하니라**

**후궁들과 더불어 동침하소서** 아히도벨의 제안에는 두 가지 목적이 있었다. 첫째, 밧세바의 할아버지였던 아히도벨이 다윗에 대한 개인적 원한을 갚기 위한 것이었다. 둘째, 백성에게 압살롬이 다윗 왕의 자리를 대신하는 것을 보여 백성의 지지를 얻어내기 위한 것이었다.

**모든 사람의 힘이 더욱 강하여지리이다** 압살롬이 다윗을 대신하여 왕이 된 것이 백성의 눈에 확인되면, 사람들이 압살롬 편에 확실하게 설 것이라는 뜻이다.

**16:22** **이에 사람들이 압살롬을 위하여 옥상에 장막을 치니 압살롬이 온 이스라엘 무리의 눈앞에서 그 아버지의 후궁들과 더불어 동침하니라**

**옥상에** 다윗이 밧세바를 보고 유혹을 받은 바로 그 장소다. 이것은 다윗의 범죄가 그 아들에게서 그대로 재현되고 있음을 보여준다.

**그 아버지의 후궁들과 더불어 동침하니라** 압살롬의 행위는 다윗을 왕으로 세우신 하나님의 주권에 대한 도전이었다. 또 아버지를 모욕하고 근친상간을 금한 하나

**쉬운성경**

21아히도벨이 말했습니다. "왕의 아버지는 후궁 몇 사람을 남겨서 왕궁을 지키게 했습니다. 그들과 함께 잠자리에 드십시오. 그리하시면 모든 이스라엘은 왕의 아버지가 왕을 원수로 여기고 있다는 것을 알게 될 것입니다. 그러면 왕의 모든 백성이 더욱 힘을 합하여 왕을 도와 줄 것입니다."
22그리하여 사람들이 압살롬을 위해 왕궁 지붕 위에 장막을 쳤습니다. 그리고 압살롬은 이스라엘 사람들이 보는 앞에서 자기 아버지의 후궁들과 함께 잠자리를 가졌습니다.
23그때에 사람들은 아히도벨의 계획이 하나님의 말씀만큼이나 믿을 만하다고 생각했습니다. 그래서 다윗은 물론 압살롬도 다 그의 말을 의심 없이 그대로 따랐습니다.

님의 율법을 무시한 것이었다.

**16:23** **그때에 아히도벨이 베푸는 계략은 사람이 하나님께 물어서 받은 말씀과 같은 것이라 아히도벨의 모든 계략은 다윗에게나 압살롬에게나 그와 같이 여겨졌더라**

**아히도벨이 베푸는 계략은 사람이 하나님께 물어서 받은 말씀과 같은 것이라** 아히도벨의 말이 얼마나 영향력 있는지를 보여주는 구절이다. 아히도벨이 압살롬에게 계략을 제공하게 된 것은 다윗에게 매우 심각한 상황이었다.

### 마 음 에 새 기 기

압살롬은 아히도벨의 충고에 따라 온 이스라엘 무리가 보는 앞에서 다윗 왕의 후궁들과 동침한다. 아버지에 대한 심한 모독 행위를 저지른 것이다. 아히도벨은 강력한 영향력을 가진 탁월한 전략가로 압살롬을 도왔고, 이것은 다윗에게 심각한 위협이 되었다. 그러나 다윗을 반역한 이들은 하나님의 방법을 따르지 않았다. 결국 일시적으로 성공한 것처럼 보이나 하나님의 개입으로 이들의 반역은 실패로 돌아간다. 그것은 하나님이 의인의 길은 인정하시나 악인의 길은 망하게 하시는 주권자이기 때문이다(시 1:6).

이처럼 세상에서는 하나님의 뜻과 방법을 대적하는 악인들이 성공하고 잘되는 것처럼 보일 때가 있다. 반면 하나님을 의지하는 자가 수치를 당하고 위험에 처하는 상황이 벌어지기도 한다. 그러나 결국 악인들은 반드시 패망하며, 완전히 망한 것 같던 하나님의 사람들은 높아지고 회복된다는 사실을 기억해야 한다. 왜냐하면 하나님이 모든 일에 심판자가 되어 개입하시기 때문이다. 물론 이런 심판과 보상이 이 땅에서 전부 이루어지는 것은 아니다. 그러나 하나님의 영적 시각을 소유한 사람에게 이것은 오히려 안심을 준다. 하나님이 이 땅에서 모두 심판하시지 않는다는 것은 반대로 영원한 나라가 존재한다는 증거이기 때문이다. 하나님은 공의의 하나님이기 때문에 악인의 죄악을 그대로 두지 않으시고 반드시 심판하신다. 단지 그 심판을 미루고 계신 것뿐이다. 그러므로 영적 시각을 가진 사람은 이 땅에 사는 동안 심판과 보상이 없어도 공의의 하나님을 믿으며 안심할 수 있다.

## 17:1-14
# 후새의 계략을 받아들인 압살롬

아히도벨은 지쳐 있는 다윗 군대를 기습적으로 공격하자는 계략을 내놓는다. 그의 계략은 탁월했지만 압살롬은 자신이 직접 전면전을 치러야 한다는 후새의 계략을 받아들인다. 이는 하나님께서 개입하신 결과다.

**17:1** **아히도벨이 또 압살롬에게 이르되 이제 내가 사람 만 이천 명을 택하게 하소서 오늘 밤에 내가 일어나서 다윗의 뒤를 추적하여**

**오늘 밤에 내가 일어나서 다윗의 뒤를 추적하여** 아히도벨의 군사 전략은 정예 부대로 다윗을 기습 공격하는 것이었다. 다윗이 머물고 있는 요단 강까지는 밤사이 충분히 도착할 수 있는 거리였다. 아히도벨의 계략대로라면 새벽에 다윗을 기습적으로 공격할 수 있었다.

**17:2** **그가 곤하고 힘이 빠졌을 때에 기습하여 그를 무섭게 하면 그와 함께 있는 모든 백성이 도망하리니 내가 다윗 왕만 쳐죽이고**

**다윗 왕만 쳐죽이고** 아히도벨은 다윗만을 집중하여 공격하는 계략을 세웠다. 이미 백성들은 압살롬을 지지하고 있었기 때문에 다윗 왕만 죽는다면 압살롬의 반역은 완전히 성공을 거두는 것이었다.

**17:3-4** **3 모든 백성이 당신께 돌아오게 하리니 모든 사람이 돌아오기는 왕이 찾는 이 사람에게 달렸음이라 그리하면 모든 백성이 평안하리이다 하니 4 압살롬과**

**쉬운성경**

1 아히도벨이 압살롬에게 말했습니다. "군인 만 이천 명을 뽑게 해 주십시오. 오늘 밤 다윗을 뒤쫓겠습니다.

2 다윗이 지치고 약할 때, 따라잡겠습니다. 다윗에게 겁을 주면 그의 모든 백성은 도망칠 것입니다. 저는 다윗 왕만을 죽이겠습니다.

**이스라엘 장로들이 다 그 말을 옳게 여기더라**

**왕이 찾는 이 사람에게 달렸음이라** '이 사람'은 다윗 왕을 말한다. 아히도벨은 다윗 왕만 죽으면 더 이상 전쟁할 필요 없이 모든 이스라엘 백성들이 압살롬을 지지할 것이라고 주장한다.

**다 그 말을 옳게 여기더라** 다윗의 아들인 압살롬이나 얼마 전까지 다윗 왕을 섬겼던 이스라엘의 장로들이 전부 다윗을 죽이자는 제안을 옳게 여겼다는 것은 인간의 마음이 얼마나 사악한지를 보여준다. 친아버지를 반역하고 죽이려는 압살롬의 죄악이 그를 따르는 사람들의 이성적인 판단까지도 마비시킨 것이다.

## 17:5

**압살롬이 이르되 아렉 사람 후새도 부르라 우리가 이제 그의 말도 듣자 하니라**

**아렉 사람 후새도 부르라** 압살롬은 아히도벨의 계략을 옳게 여겼지만, 후새를 불러 그의 말도 들어보기로 한다. 이것은 하나님의 섭리적인 개입으로 밖에는 설명할 수 없다(14절).

## 17:6

**후새가 압살롬에게 이르매 압살롬이 그에게 말하여 이르되 아히도벨이 이러이러하게 말하니 우리가 그 말대로 행하랴 그렇지 아니하거든 너는 말하라 하니**

## 17:7

**후새가 압살롬에게 이르되 이번에는 아히도벨이 베푼 계략이 좋지 아니하니이다 하고**

17장

**쉬운성경**

3다른 사람들은 모두 왕에게 다시 데리고 오겠습니다. 왕이 찾으시는 사람이 죽으면, 다른 사람은 다 평안히 돌아올 것입니다."
4이 계획을 들은 압살롬과 이스라엘의 모든 지도자들은 좋은 계획이라고 생각했습니다.
5그러나 압살롬은 "아렉 사람 후새를 불러라. 그의 말도 듣고 싶다"라고 말했습니다.
6그래서 후새가 압살롬에게 왔습니다. 압살롬이 말했습니다. "아히도벨은 이런 계획을 가지고 있소. 그의 계획대로 하는 것이 좋겠소? 그렇지 않다면 그대 생각을 말해 보시오."
7후새가 압살롬에게 말했습니다. "아히도벨의 계획이 지금은 좋지 않습니다."

**이번에는 아히도벨이 베푼 계략이 좋지 아니하니이다** 후새는 아히도벨의 계략을 정면으로 반대한다. 후새의 판단에도 아히도벨의 계략이 탁월했기 때문이다. 만약 아히도벨의 계략대로 일이 진행된다면 다윗은 생명이 위험한 상황이었다.

**17:8** **또 후새가 말하되 왕도 아시거니와 왕의 아버지와 그의 추종자들은 용사라 그들은 들에 있는 곰이 새끼를 빼앗긴 것 같이 격분하였고 왕의 부친은 전쟁에 익숙한 사람인즉 백성과 함께 자지 아니하고**

**곰이 새끼를 빼앗긴 것 같이 격분하였고** 팔레스타인 지역에서 흔히 볼 수 있었던 갈색 곰은 무척 사나운 맹수였다. 새끼를 빼앗겨 분노에 찬 암곰을 만나는 것은 꼭 피해야 하는 최악의 상황을 이야기하는 것이다(잠 17:12). 후새는 다윗과 그의 군대를 사나운 곰에 비유함으로 압살롬이 섣불리 공격하지 못하도록 유도한다.

**전쟁에 익숙한 사람인즉** 아히도벨은 다윗이 지쳐 있고 약한 상태라고 말했지만, 후새는 그들이 용사이고 전쟁에 익숙한 사람이라고 반박한다. 이것은 다윗을 기습적으로 공격해도 쉽게 이길 수 없음을 강조하기 위함이었다.

**17:9** **지금 그가 어느 굴에나 어느 곳에 숨어 있으리니 혹 무리 중에 몇이 먼저 엎드러지면 그 소문을 듣는 자가 말하기를 압살롬을 따르는 자 가운데에서 패함을 당하였다 할지라**

**어느 굴에나 어느 곳에 숨어 있으리니** 다윗은 이전에 사울의 공격을 피해 광야와 굴에서 수년간 숨어 지냈다. 따라서 다윗이 이미 어디에든 숨어 있을 것이라는 후

**쉬운성경**

[8]후새는 계속해서 이렇게 말했습니다. "왕께서도 아시듯이 왕의 아버지 다윗과 그의 부하들은 용사입니다. 그들은 새끼를 빼앗긴 곰만큼 화가 나 있습니다. 왕의 아버지는 노련한 군인입니다. 다윗은 온 밤을 백성들과 함께 지새우지 않을 것입니다.

[9]아마 다윗은 이미 동굴 속이나 다른 곳에 숨어 있을 것입니다. 만약 왕의 아버지가 왕의 군인들을 먼저 공격하기라도 하면, 백성들이 그 소식을 듣게 될 것이고, 그들은 '압살롬을 따르는 자들이 졌다'고 생각할 것입니다.

새의 설명은 압살롬에게 충분한 공감을 불러일으켰을 것이다.

**17:10** **비록 그가 사자 같은 마음을 가진 용사의 아들일지라도 낙심하리니 이는 이스라엘 무리가 왕의 아버지는 영웅이요 그의 추종자들도 용사인 줄 앎이니이다**

**사자 같은 마음을 가진 용사의 아들일지라도 낙심하리니** '사자'는 두려움을 모르는 용맹한 사람을 상징하는 것으로(1:23), 이곳에서는 압살롬 군대의 용맹함을 추켜세워주는 것이다. 그러나 가장 용맹한 사람들이라도 굴에 숨어 있던 다윗의 용사들에게 선봉대가 공격을 받아 쓰러지면 전체 군대가 싸울 용기를 상실할 것이라고 설명한다.

**17:11** **나는 이렇게 계략을 세웠나이다 온 이스라엘을 단부터 브엘세바까지 바닷가의 많은 모래같이 당신께로 모으고 친히 전장에 나가시고**

**단부터 브엘세바까지** 이스라엘 전체를 의미하는 표현이다. 이렇게 넓은 지역에서 군대를 모으려면 오랜 시간이 걸리는 건 당연한 일이었다. 후새는 다윗 일행이 안전하게 숨어서 군대를 재정비할 시간을 벌어주려고 했던 것이다.

**친히 전장에 나가시고** 압살롬의 자만심과 영웅 의식을 자극하는 말이다. 후새는 압살롬으로 하여금 자신이 군대 장관이 되어 모든 백성 앞에 나가 싸우는 장면을 상상하도록 한 것이다. 압살롬 자신이 거대한 군대를 지휘하는 장면을 상상하는 것은 아주 매력적인 일이었을 것이다.

17장

**쉬운성경**

10 그렇게 되면 아무리 사자처럼 용감한 사람이라 하더라도 두려워지게 마련입니다. 모든 이스라엘 백성이, 왕의 아버지는 노련한 군인이라는 것을 알고 있기 때문입니다. 백성들은 다윗의 부하들이 용감하다는 것을 알고 있습니다.

11 제 생각은 이렇습니다. 단에서 브엘세바까지 모든 이스라엘 백성을 모으십시오. 바닷가의 모래알처럼 많은 백성이 될 것입니다. 그런 다음에 왕께서 직접 싸움터로 가셔야 합니다.

## 17:12 우리가 그 만날 만한 곳에서 그를 기습하기를 이슬이 땅에 내림같이 우리가 그의 위에 덮여 그와 그 함께 있는 모든 사람을 하나도 남겨 두지 아니할 것이요

**이슬이 땅에 내림같이** 후새는 구절마다 자연물을 동원한 비유적인 표현으로 사람들의 상상력을 자극하고 사실성을 강조한다. '땅에 내린 이슬'뿐 아니라 '새끼를 빼앗긴 곰(8절)' '사자 같은 마음을 가진 용사(10절)' '바닷가의 많은 모래(11절)' 같은 표현들은 듣는 사람을 강하게 자극하는 아주 설득력 있는 말이다.

## 17:13 또 만일 그가 어느 성에 들었으면 온 이스라엘이 밧줄을 가져다가 그 성을 강으로 끌어들여서 그곳에 작은 돌 하나도 보이지 아니하게 할 것이니이다 하매

**밧줄을 가져다가 그 성을 강으로 끌어들여서** 과장된 말이지만 정말로 그렇게 할 수 있을 것 같은 마음을 불러일으키는 표현이다. 후새는 감각적이고 과장된 표현을 계속 사용함으로써 사람들의 상상력을 자극해 자신의 말에 동의하게 만들었다.

## 17:14 압살롬과 온 이스라엘 사람들이 이르되 아렉 사람 후새의 계략은 아히도벨의 계략보다 낫다 하니 이는 여호와께서 압살롬에게 화를 내리려 하사 아히도벨의 좋은 계략을 물리치라고 명령하셨음이더라

**여호와께서 압살롬에게 화를 내리려 하사** 압살롬이 후새의 계획을 채택하게 된 배후에는 하나님의 역사하심이 있었다. 그 때문에 후새의 말을 들은 사람들은 모두 그의 말을 따르기로 동의한다.

**쉬운성경**

12우리는 다윗이 숨어 있는 곳에 들이닥칠 수 있을 것입니다. 우리는 땅에 내리는 이슬처럼 다윗을 덮칠 것이고, 다윗과 그의 모든 부하를 죽일 것입니다. 아무도 살아남지 못할 것입니다.
13만약 다윗이 어떤 성으로 도망친다 합시다. 그러면 모든 이스라엘 백성이 그 성으로 밧줄을 가지고 가서 성을 동여맨 다음 골짜기로 끌고 갈 것입니다. 작은 돌 한 개라도 남지 못할 것입니다."
14압살롬과 모든 이스라엘 백성이 말했습니다. "아렉 사람 후새의 계획이 아히도벨의 계획보다 낫다." 그들이 이렇게 말한 까닭은 여호와께서 아히도벨의 좋은 계획을 방해하기로 작정하셨기 때문입니다. 또 그것은 여호와께서 압살롬을 망하게 하려고 작정하셨기 때문입니다.

**마 음 에 새 기 기**

압살롬은 다윗을 이길 수 있는 모든 좋은 조건을 갖추고 있었다. 오랫동안 반역을 계획하고 준비해 왔기 때문에 군대가 정비되어 있었고, 이스라엘 최고의 전략가인 아히도벨이 그를 도왔으며, 대부분의 이스라엘 사람들 또한 그를 지지했다. 반면 다윗은 급하게 도망치는 신세였고, 그를 따르는 군대 또한 소수였다. 아히도벨의 계략대로 압살롬의 군대가 기습 공격을 감행했다면 다윗은 쉽게 죽임을 당할 수 있는 상황이었다. 그러나 압살롬이 예상하지 못한 한 가지가 있었다. 그것은 바로 다윗을 모든 위험과 죽음에서 건지신 여호와 하나님이 여전히 다윗과 함께하신다는 사실이었다. 하나님은 압살롬의 전략 회의에서 후새의 입을 통해 사람들의 생각을 바꾸어 놓으셨다. 그리고 압살롬에게 실패와 죽음을 가져올 결정을 하도록 인도하셨다. 최악의 상황에서 낮아진 마음으로 하나님을 의지하며 은혜와 긍휼을 구하는 다윗에게 하나님은 다시 한번 구원을 베풀어주신 것이다.

세상에서 가장 뛰어난 전략가와 권세자들도 하나님과 하나님의 사람들을 대적하여 이길 수 없다. 하나님은 사람들의 배후에서 역사하여 악인들이 의인을 치려는 계획을 무산시키신다. 또 하나님의 사람들에게 피할 길을 주시며, 최악의 상황에서 보호해 주신다. 다윗은 이런 하나님을 신뢰했기 때문에 압살롬을 피해 피난하면서 "천만인이 나를 에워싸 진 친다 하여도 나는 두려워하지 아니하리이다"(시 3:6)라는 시를 남겼다.

## 17:15-23
## 후새의 계략으로 위기를 모면하는 다윗

17장

후새는 제사장들에게 아히도벨의 계략을 알리고, 다윗으로 하여금 빨리 요단 강을 건너 도망치게 한다. 후새의 말을 들은 다윗 일행은 요단 강을 건너 위기를 모면한다. 한편 아히도벨은 자신의 계략이 시행되지 못하자 스스로 목숨을 끊는다.

**17:15** **이에 후새가 사독과 아비아달 두 제사장에게 이르되 아히도벨이 압살롬과 이스라엘 장로들에게 이러이러하게 계략을 세웠고 나도 이러이러하게 계략을 세웠으니**

**사독과 아비아달** 당시 이스라엘의 대제사장들이다. 이들은 왕궁에서 벌어지는 일들을 다윗에게 알리는 책임을 맡고는 예루살렘에 머물러 있었다.

**17:16** **이제 너희는 빨리 사람을 보내 다윗에게 전하기를 오늘 밤에 광야 나루터에서 자지 말고 아무쪼록 건너가소서 하라 혹시 왕과 그를 따르는 모든 백성이 몰사할까 하노라 하니라**

**아무쪼록 건너가소서** 압살롬과 사람들이 후새의 계략을 더 낫게 여겼지만 그들의 마음이 언제 변할지 모르는 상황이었다. 따라서 후새는 다윗에게 빨리 도피하라고 말한 것이다.

**17:17** **그때에 요나단과 아히마아스가 사람이 볼까 두려워하여 감히 성에 들어가지 못하고 에느로겔 가에 머물고 어떤 여종은 그들에게 나와서 말하고 그들은 가서 다윗 왕에게 알리더니**

**요나단과 아히마아스** 아비아달과 사독의 아들들로 대제사장들이 얻은 정보를 다윗에게 전달할 임무를 띠고 성 밖에서 기다리고 있었다.

**17:18** **한 청년이 그들을 보고 압살롬에게 알린지라 그 두 사람이 빨리 달려서 바후림 어떤 사람의 집으로 들어가서 그의 뜰에 있는 우물 속으로 내려가니**

**바후림** 감람산에서 요단 강으로 내려가는 길목에 위치한 장소로 시므이가 다윗

**쉬운성경**

15 후새는 이 사실을 제사장인 사독과 아비아달에게 말해 주었습니다. 후새는 아히도벨이 압살롬과 이스라엘의 장로들에게 내놓은 생각을 이야기했습니다. 그리고 후새는 자기가 내놓은 생각도 말해 주었습니다.
16 후새가 말했습니다. "서두르십시오! 사람을 다윗에게 보내십시오. 오늘 밤은 광야로 들어가는 길목에서 묵지 말고 당장에 요단 강을 건너라고 말씀드리십시오. 강을 건너시면 다윗 왕과 그의 모든 백성은 붙잡히지 않을 것입니다."
17 요나단과 아히마아스는 성으로 들어가는 것을 남들이 보게 될까봐 겁이 나서 성의 한적한 곳인 엔로겔에서 기다리고 있었습니다. 그래서 한 여종이 그들에게 가서 소식을 전해 주곤 했습니다. 그러면 요나단과 아히마아스는 그 소식을 다시 다윗 왕에게 전해 주었습니다.

을 저주한 곳이기도 하다(16:5).

**우물** 물이 귀한 팔레스타인 지방에서 물을 저장해 놓는 수조를 의미한다. 건기였기 때문에 물이 비어 있는 상황이어서 그곳에 숨을 수 있었을 것이다.

**17:19** **그 집 여인이 덮을 것을 가져다가 우물 아귀를 덮고 찧은 곡식을 그 위에 널매 전혀 알지 못하더라**

**그 집 여인** 여리고 성에서 이스라엘의 정탐꾼을 숨겨준 라합과 같이 이 여인 또한 지혜롭게 요나단과 아히마아스를 숨겨주었다(수 2:4-6). 이전에 라합을 통해 하나님이 이스라엘 편이심을 보여주신 것처럼, 요나단과 아히마아스가 지혜로운 여인의 도움을 받은 사건은 하나님이 다윗 편이심을 보여준다.

**17:20** **압살롬의 종들이 그 집에 와서 여인에게 묻되 아히마아스와 요나단이 어디 있느냐 하니 여인이 그들에게 이르되 그들이 시내를 건너가더라 하니 그들이 찾아도 만나지 못하고 예루살렘으로 돌아가니라**

**그들이 찾아도 만나지 못하고 예루살렘으로 돌아가니라** 만일 압살롬의 종들이 요나단과 아히마아스를 잡았더라면 후새의 모든 계략은 탄로났을 것이다. 그러면 후새는 죽임을 당했을 것이고, 압살롬의 군대는 다윗과 그의 백성을 곧바로 추격했을 것이다. 그러나 하나님은 지혜로운 여인을 예비해 놓으심으로써 다윗이 위기



**쉬운성경**

18 그런데 어떤 소년이 요나단과 아히마아스를 보고 압살롬에게 고자질했습니다. 그래서 요나단과 아히마아스는 급히 달려서 바후림에 있는 어떤 사람의 집으로 숨었습니다. 그 집의 뜰에는 우물이 있었는데, 요나단과 아히마아스는 그 우물 속으로 내려갔습니다.
19 그 후에 집 주인의 아내가 덮을 것을 가져다 우물 위를 덮어 버렸습니다. 그리고 나서 그 위에 곡식을 널어 놓았습니다. 아무도 요나단과 아히마아스가 그곳에 숨어 있다는 것을 알 수 없었습니다.
20 압살롬의 종들이 여자의 집으로 와서 물었습니다. "요나단과 아히마아스가 어디에 있느냐?" 여자가 대답했습니다. "벌써 시내를 건너가고 없습니다." 그 말을 듣고 압살롬의 종들은 요나단과 아히마아스를 찾으러 나섰습니다. 그러나 그들을 찾을 수 없었고, 예루살렘으로 되돌아갔습니다.

의 순간을 무사히 넘기도록 도우셨다.

**17:21** **그들이 간 후에 두 사람이 우물에서 올라와서 다윗 왕에게 가서 다윗 왕에게 말하여 이르되 당신들은 일어나 빨리 물을 건너가소서 아히도벨이 당신들을 해하려고 이러이러하게 계략을 세웠나이다**

**당신들은 일어나 빨리 물을 건너가소서** 아히도벨이 압살롬을 설득해 기습 공격을 할 수도 있는 상황이었기에 다윗에게 빨리 피신할 것을 권한 것이다.

**17:22** **다윗이 일어나 모든 백성과 함께 요단을 건널새 새벽까지 한 사람도 요단을 건너지 못한 자가 없었더라**

**한 사람도 요단을 건너지 못한 자가 없었더라** 일단 요단 강을 건너면 유대 광야 지역에는 숨을 수 있는 곳이 많았다. 다윗 일행이 전부 요단 강을 건넜다는 것은 압살롬이 기습 공격을 할 수 있는 기회를 놓쳤음을 의미한다. 또 다윗도 군대를 정비해 압살롬과 동등한 위치에서 전쟁할 수 있게 되었음을 의미한다.

**17:23** **아히도벨이 자기 계략이 시행되지 못함을 보고 나귀에 안장을 지우고 일어나 고향으로 돌아가 자기 집에 이르러 집을 정리하고 스스로 목매어 죽으매 그의 조상의 묘에 장사되니라**

**스스로 목매어 죽으매** 아히도벨은 자신의 계략이 시행되지 못했을 때 압살롬의 반

**쉬운성경**

21 압살롬의 종들이 돌아간 후에 요나단과 아히마아스는 우물에서 나왔습니다. 그들은 다윗 왕에게 가서 이렇게 말했습니다. "서두르십시오. 강을 건너십시오. 아히도벨이 왕을 해칠 계획을 세웠습니다."
22 그리하여 다윗과 그의 모든 백성은 요단 강을 건넜습니다. 날이 샐 무렵에는 한 사람도 빠짐없이 요단 강을 건넜습니다.
23 아히도벨은 이스라엘 백성이 자기의 계획을 받아들이지 않는 것을 보고 나귀에 안장을 지워 고향으로 돌아갔습니다. 아히도벨은 자기 집안 일과 재산을 정리한 뒤에 목을 매고 죽었습니다. 아히도벨이 죽자, 사람들은 그를 그의 아버지의 무덤에 묻어 주었습니다.

역이 실패할 거라 예측했을 것이다. 이것은 압살롬 편에 섰던 자신에게도 비참한 결과인 것이다. 그 때문에 그는 스스로 죽음을 택했다. 아히도벨의 죽음은 다윗과 전면전을 치러야 하는 압살롬 편에 있어서 치명적인 손실이었다. 인간의 지혜로 하나님을 대적하려는 자에게는 이런 비참한 결말이 있음을 알 수 있다.

### 마음에 새기기

'만일'이라고 상황들을 가정해 보면 하나님이 순간순간 다윗을 보호하고 압살롬을 패배시키기 위해 얼마나 세밀하게 일하셨는지를 알 수 있다. 만일 압살롬이 평생 다윗의 친구이자 충신이었던 후새를 믿지 않았더라면 어떻게 되었을까? 만일 압살롬이 아히도벨의 계략 대로 바로 기습 공격을 감행했다면 어떻게 되었을까? 만일 후새의 계략을 사람들이 반대했다면 어떻게 되었을까? 만일 아히도벨이 자신의 계략을 끝까지 밀어붙여서 압살롬을 설득했다면 어떻게 되었을까? 만일 요나단과 아히마아스가 지혜로운 여인을 만나지 못해 압살롬의 군대에게 붙잡혔다면 어떻게 되었을까? 만일 압살롬의 마음이 나중에 바뀌었다면 어떻게 되었을까? 그러나 이러한 '만일'은 한 번도 발생하지 않았다. 하나님이 그 상황에 계속 개입하고 계셨기 때문이다.

우리의 인생 또한 수많은 '만일'로 가득하다. 어떤 일이 일어나지 않았기 때문에 혹은 어떤 일이 일어났기 때문에 지금의 자리에 서게 된 것이다. 인생은 우연으로 가득한 것 같지만 그렇지 않다. 하나님의 사람에게 이런 우연은 하나님의 섭리적인 다스림 안에서 발생하는 것이다. 따라서 성도는 과거를 돌아보며 후회하지 말아야 한다. 오히려 하나님의 인도하심 아래 현재와 같이 살고 있음을 감사해야 한다. 인생의 '만일' 가운데 숨어 있는 하나님의 은혜의 손길을 믿는 자만이 힘들고 혼란스러운 상황 가운데서도 요동하지 않고 견고할 수 있다.

17:24–29

## 마하나임에 들어간 다윗

다윗과 백성들이 안전한 장소인 마하나임 성에 도착한다. 압살롬은 군대를 모집하고 요단 강을 건너 길르앗 땅에 진을 친다. 한편 소비와 마길과 바르실래는 생필품과 다양한 음식을 가져와서 다윗 왕과 백성을 위로한다.

**17:24** **이에 다윗은 마하나임에 이르고 압살롬은 모든 이스라엘 사람과 함께 요단을 건너니라**

**마하나임** 사울의 아들인 이스보셋이 수도로 삼았던 성읍이다. 마하나임은 갓 지파와 므낫세 반 지파의 중간 지점에 있었다. 이곳은 성벽이 있는 도시로 다윗이 도피처로 삼기에 적절한 곳이었다. 다윗이 마하나임에 들어가 안전하게 대피한 후에야 압살롬이 군대를 이끌고 추격하기 시작했다.

**17:25** **압살롬이 아마사로 요압을 대신하여 군지휘관으로 삼으니라 아마사는 이스라엘 사람 이드라라 하는 자의 아들이라 이드라가 나하스의 딸 아비갈과 동침하여 그를 낳았으며 아비갈은 요압의 어머니 스루야의 동생이더라**

**아마사** 다윗의 조카로 압살롬의 고종 사촌이다. 압살롬이 죽은 후에 다윗의 군지휘관 중 한 사람이 되나 요압에 의해 살해된다(20:10).

**17:26** **이에 이스라엘 무리와 압살롬이 길르앗 땅에 진 치니라**

**길르앗 땅** 요단 강 동쪽 땅으로 본래 사울을 지지하는 세력이 있었

**쉬운성경**

24 다윗이 마하나임에 이르렀을 때에 비로소 압살롬과 그의 모든 이스라엘 백성은 요단 강을 건넜습니다.
25 압살롬은 요압을 대신해서 아마사를 군대의 총사령관으로 임명했습니다. 아마사는 이스마엘 사람인 이드라의 아들이었습니다. 아마사의 어머니는 나하스의 딸이자 요압의 어머니인 스루야의 동생 아비가일이었습니다.

던 곳이다. 다윗은 압살롬에게서 멀리 피하기는 했지만, 자신에게 비호의적이었던 사람들이 사는 길르앗 땅 또한 안전하지는 않았다. 그러나 다윗은 어쩔 수 없이 길르앗 땅으로 대피했다.

## 17:27 다윗이 마하나임에 이르렀을 때에 암몬 족속에게 속한 랍바 사람 나하스의 아들 소비와 로데발 사람 암미엘의 아들 마길과 로글림 길르앗 사람 바르실래가

**소비** 암몬의 선대왕 나하스의 아들로 하눈의 동생이다. 다윗은 랍바 성을 점령한 뒤(12:29) 소비에게 그 지역의 통치를 맡긴 것으로 보인다.

**마길** 이전에 므비보셋을 보살펴 준 사람이다(9:4–5). 마길은 므비보셋에게 은혜를 베푼 다윗에게 감사한 마음을 갖고 있었을 것이다.

**바르실래** 길르앗 지역의 부자로 다윗에게 순수한 호의와 우정을 베푼 사람이다.

다윗을 도운 이 세 사람의 이름이 특별히 언급된 이유는 하나님께서 구체적으로 어떻게 다윗을 도우셨는지를 보여주기 위함이다. 압살롬이 정권을 잡아 많은 사람들이 선뜻 다윗의 편에 설 수 없는 가운데서도 하나님은 다윗을 돕는 사람들을 구석구석에 예비해 놓으셨다.

## 17:28–29 [28]침상과 대야와 질그릇과 밀과 보리와 밀가루와 볶은 곡식과 콩과 팥과 볶은 녹두와 [29]꿀과 버터와 양과 치즈를 가져다가 다윗과 그와 함께한 백성에게 먹게 하였으니 이는 그들 생각에 백성이 들에서 시장하고 곤하고 목마르겠다 함이더라

17장

**쉬운성경**

[26]압살롬과 모든 이스라엘 백성은 길르앗 땅에 진을 쳤습니다.
[27]다윗이 마하나임에 이르렀을 때에 그곳에는 소비와 마길과 바르실래가 있었습니다. 나하스의 아들 소비는 랍바라는 암몬 사람들의 성에서 왔고, 암미엘의 아들 마길은 로데발에서 왔고, 바르실래는 길르앗 땅 로글림에서 왔습니다.
[28]그들은 침대와 대야와 질그릇을 가지고 왔습니다. 또한 밀과 보리와 밀가루와 볶은 곡식과 콩과 팥도 가지고 왔습니다.
[29]그들은 또 꿀과 버터와 양과 치즈도 가지고 와서 다윗과 백성들에게 주었습니다. 왜냐하면 백성들이 광야에서 굶주리고 지치고 목마를 것이라고 생각했기 때문입니다.

소비와 마길과 바르실래가 가져온 물건과 음식은 피난 중에 있던 다윗과 백성들에게 꼭 필요한 것이었다. 요단 강 동쪽 지역은 다윗과 경쟁 관계였던 이스보셋의 통치 지역이었기 때문에 다윗에게 별로 호의적이지 않았다. 그러나 하나님은 그들을 통해 다윗에게 은혜를 베풀어 주셨다.

### 마음에 새기기

다윗이 도피처로 삼은 요단 강 동쪽 지역은 본래 다윗을 반대하던 사람들이 살던 곳이었다. 게다가 압살롬과 함께 이스라엘 전역에서 모여든 군대가 다윗의 바로 앞에서 진 치고 있었다. 그런 상황에서도 하나님은 여러 사람들을 통해 다윗과 그 일행들의 필요를 채워주셨다. 다윗은 이런 경험을 통해 "주께서 내 원수의 목전에서 내게 상을 차려 주시고"(시 23:5)라는 고백을 하게 된다.
하나님의 은혜는 우리가 풍요롭고 평화로울 때보다 결핍하고 어려움 가운데 있을 때 더 분명히 알 수 있다. 다윗 역시 왕궁에 있을 때는 풍족한 음식과 물질로 크게 감사하지 않았을 것이다. 그러나 광야에서 특히 원수들에게 둘러싸인 상황에서 주어진 음식과 생필품은 그에게 감사와 감동을 가져다주었을 것이다.
성도의 삶도 마찬가지다. 모든 것이 풍족한 삶은 오히려 하나님과 이웃에 대한 감사를 잊어버리게 만들기 쉽다. 궁핍할 때는 신앙이 좋았던 사람이 물질적으로 풍요로워지면서 신앙을 잃어버리는 경우가 많은 것은 이 때문이다. 물질적인 풍요 때문에 영적 풍요를 잃어버리게 된다면 그것은 축복이 아니라 저주다. 그러므로 우리의 인생에 찾아오는 어려움을 우리의 영적 풍요를 되찾는 기회로 삼아야 할 것이다.

## 18:1–8
## 다윗 군대의 승리

다윗은 전쟁을 대비하여 군지휘관을 세우고 군대를 정비한다. 그리고 군인들의 사기 증진을 위해 함께 전투에 참여하겠다고 말한다. 그러나 다윗의 안전을 걱정한 백성들은 다윗을 성에 머물러 있도록 한다. 드디어 전쟁이 시작되고 다윗 군대는 에브라임 수풀에서 압살롬의 군대와 싸워 큰 승리를 거둔다.

**18:1** **이에 다윗이 그와 함께한 백성을 찾아가서 천부장과 백부장을 그들 위에 세우고**

**천부장과 백부장을 그들 위에 세우고** 다윗은 전쟁하기 위해 먼저 군대 조직을 정비했다. 사람들을 각각 천 명과 백 명으로 나눠 장군을 세운 것은 조직적이며 효율적으로 싸울 수 있도록 준비한 것이다. 유대 역사가 요세푸스는 이 당시 다윗의 병력이 약 4천 명에 달했다고 주장한다. 그러나 이스라엘 전 지파에서 군인들을 모아 온 압살롬의 군대에 비하면 아주 소수에 불과했다.

**18:2** **다윗이 그의 백성을 내보낼새 삼분의 일은 요압의 휘하에, 삼분의 일은 스루야의 아들 요압의 동생 아비새의 휘하에 넘기고 삼분의 일은 가드 사람 잇대의 휘하에 넘기고 왕이 백성에게 이르되 나도 반드시 너희와 함께 나가리라 하니**

**삼분의 일** 다윗 군대는 압살롬의 군대에 비해 소수였다. 그 때문에 다윗은 많은 군대를 상대하기 위해 부대를 분산했다. 효과적으로 공격할 수 있도록 한 것이다.

**가드 사람 잇대** 셋으로 나눈 군대의 한 부대를 블레셋의 가드 사람인 잇대에게 맡긴 것은 다윗이 자신과 함께 피난길에 오른 잇대의 충성심을 크게 인정했음을 보여준다.

**나도 반드시 너희와 함께 나가리라** 많은 적을 상대해야 하는 전투였기에 다윗은 군인들과 함께 싸우기를 원했다. 다윗은 자신이 전투에 참여한다면 군인들의 사기가 높아질 것이라고 생각했다.



**쉬운성경**

1다윗은 자기와 함께한 사람들의 수를 세어 보았습니다. 다윗은 천 명씩, 그리고 백 명씩 나누어 그 위에 지휘관을 세웠습니다.
2다윗은 군대를 세 부대로 나눴습니다. 요압이 한 부대를 지휘했고, 스루야의 아들이자 요압의 동생인 아비새가 또 한 부대를 지휘했습니다. 가드 사람 잇대도 나머지 한 부대를 지휘하게 되었습니다. 다윗 왕이 그들에게 말했습니다. "나도 그대들과 함께 가겠소."

**18:3** **백성들이 이르되 왕은 나가지 마소서 우리가 도망할지라도 그들은 우리에게 마음을 쓰지 아니할 터이요 우리가 절반이나 죽을지라도 우리에게 마음을 쓰지 아니할 터이라 왕은 우리 만 명보다 중하시오니 왕은 성읍에 계시다가 우리를 도우심이 좋으니이다 하니라**

**왕은 나가지 마소서** 백성들은 다윗이 전쟁터에 함께 나가는 것을 반대했다. 적들의 모든 공격이 다윗에게 집중될 것을 우려했기 때문이다. 다윗과 함께한 백성들이 다윗 왕을 매우 사랑했음을 알 수 있다.

**18:4** **왕이 그들에게 이르되 너희가 좋게 여기는 대로 내가 행하리라 하고 문 곁에 왕이 서매 모든 백성이 백 명씩 천 명씩 대를 지어 나가는지라**

**너희가 좋게 여기는 대로 내가 행하리라** 백성들의 말에 다윗은 자신이 직접 전투에 나가는 것이 군인들에게 오히려 악영향을 미칠 수 있음을 깨닫고 전투에 나가지 않는다.

**18:5** **왕이 요압과 아비새와 잇대에게 명령하여 이르되 나를 위하여 젊은 압살롬을 너그러이 대우하라 하니 왕이 압살롬을 위하여 모든 군지휘관에게 명령할 때에 백성들이 다 들으니라**

**쉬운성경**

3 그러나 그들이 말했습니다. "안 됩니다! 왕께서는 우리와 같이 가시면 안 됩니다. 만약 우리가 싸움터에서 도망친다 해도 압살롬의 부하들은 우리에게 마음을 쓰지 않을 것입니다. 우리 중 절반이 죽는다 해도 압살롬의 부하들은 신경쓰지 않을 것입니다. 왕께서는 우리들 만 명만큼이나 귀하십니다. 그러니 왕께서는 성에 그대로 머물러 계시는 것이 좋습니다. 그러다가 우리에게 도움이 필요해지면 그때 도와 주십시오."

4 왕이 자기 백성들에게 말했습니다. "그대들이 좋다고 생각하는 대로 하겠소." 그리하여 군대가 밖으로 나갈 때, 왕은 그냥 성문 곁에 서 있었습니다. 군대는 백 명씩, 천 명씩 무리지어 나갔습니다.

5 왕이 요압과 아비새와 잇대에게 명령을 내렸습니다. "나를 봐서라도 어린 압살롬을 너그럽게 대해 주시오." 왕이 압살롬에 대해서 지휘관들에게 내린 명령을 모든 백성들이 다 들었습니다.

**젊은 압살롬을 너그러이 대우하라** 자신을 죽이려는 압살롬에 대한 다윗의 태도는 쉽게 이해하기 어렵다. 다윗은 비록 압살롬이 반기를 들긴 했지만 여전히 그를 자신의 어린 아들로 생각하고 있었다. 즉, 다윗의 부성애가 압살롬의 반역으로 겪는 고통보다 훨씬 컸던 것이다.

**18:6** **이에 백성이 이스라엘을 치러 들로 나가서 에브라임 수풀에서 싸우더니**

**에브라임 수풀** 이곳의 정확한 위치는 알려져 있지 않지만 요단 강 동쪽의 마하나임 가까운 곳에 있었던 것으로 추정된다. 수풀에서 전투한 것은, 수적으로 열세한 다윗 군대가 우세한 압살롬 군대를 효과적으로 공격하기에 유리했기 때문이다.

**18:7** **거기서 이스라엘 백성이 다윗의 부하들에게 패하매 그날 그곳에서 전사자가 많아 이만 명에 이르렀고**

**전사자가 많아 이만 명에 이르렀고** 소수의 다윗 군대가 다수의 압살롬 군대를 상대로 대승을 거두었다. 이것은 다윗 군대의 전술이 탁월했고 장군들과 군사들이 용맹한 이유도 있겠지만, 하나님의 개입하심으로 나타난 결과다. 하나님은 자신의 기름부음 받은 자를 대적하는 사람들을 반드시 심판하신다.

**18:8** **그 땅에서 사면으로 퍼져 싸웠으므로 그날에 수풀에서 죽은 자가 칼에 죽은 자보다 많았더라**

**수풀에서 죽은 자가 칼에 죽은 자보다 많았더라** 에브라임 수풀은 험한 계곡이나 벼

18장

**쉬운성경**

6다윗의 군대가 압살롬의 이스라엘 사람들과 맞서 싸우기 위해 들로 나갔습니다. 그들은 에브라임 숲에서 싸웠습니다.
7이 싸움에서 다윗의 군대는 이스라엘 사람들을 물리쳐 이겼습니다. 그날에 죽은 사람만 해도 무려 이만 명이나 되었습니다.
8싸움이 나라 전체에 퍼졌지만, 그날, 숲 속에서 도망치다 죽은 압살롬의 부하들은 칼에 맞아 죽은 사람보다 더 많았습니다.

랑같이 지형적으로 위험한 곳이 많았던 것 같다. 그 때문에 다윗 군대의 공격을 피해 급하게 도망치던 압살롬 군대는 벼랑에서 떨어지거나 계곡에 빠져 많은 수가 죽었을 것이다.

### 마음에 새기기

압살롬의 패망과 몰락은 이미 여러 면에서 예고된 것이었다. 첫째, 압살롬은 하나님을 대적했다. 그는 하나님이 세우신 왕을 대적하여 스스로 왕이 됨으로써 하나님의 권위를 무시했다. 둘째, 압살롬은 하나님의 율법을 완전히 무시했다. 아버지에게 반역했을 뿐 아니라 아버지의 후궁들과 더불어 동침함으로 하나님의 법을 무시했다. 셋째, 압살롬은 자신의 인기와 영광을 위해 왕이 되고자 했다. 그는 백성을 섬기기 위해 왕이 되려고 한 것이 아니었다. 이처럼 하나님을 대적하고, 하나님의 방법을 따르지 않으며, 자신의 욕망을 만족시키기 위해 사는 사람은 반드시 망하게 된다.

많은 사람들이 성공하고 높은 자리에 오르는 것을 축복으로 여긴다. 그러나 압살롬처럼 세상적인 방법과 악한 동기로 그런 삶을 추구하지는 않는지 먼저 자신을 살펴보아야 한다. 치열한 경쟁 사회에서 많은 사람들이 높은 자리에 오르기 위해 편법을 사용하고 거짓말을 일삼으며 다른 사람들을 짓밟는다. 그리고 이런 방법들이 단기적으로는 효과가 있어 보인다. 또 그 때문에 하나님의 말씀대로 정직하게 행하며 양보하는 사람이 사회에서는 다른 사람의 희생물이 되기 쉽다. 만약 인간의 모든 행위와 생각을 살펴보시는 하나님이 계시지 않다면 세상적인 방법을 따라 사는 것이 효율적이고 유익할 것이다. 그러나 하나님은 항상 정직하고 의로운 자 편에 서신다. 하나님의 백성이 하나님의 방법대로 살지 않을 때, 세상에서 가장 높은 자리에 오르더라도 결코 만족하거나 행복할 수 없다. 또 하나님의 백성이 자기 자신의 만족과 영광을 위해 세상의 높은 지위나 성공만을 추구한다면, 하나님은 반드시 그의 마음과 태도를 먼저 다루실 것이다. 그러므로 무엇을 위해, 어떤 방법으로 달려가고 있는지 매일 자신을 점검해 보아야 한다.

## 18:9-18

# 압살롬의 비참한 최후

전쟁에서 패한 압살롬은 도망치다 자신이 자랑으로 삼던 머리카락 때문에 머리가 나무에 걸리고 만다. 이 사실을 전해들은 요압은 압살롬을 죽여 수풀 가운데 큰 구멍으로 던진다. 그리고 그곳에 큰 돌무더기를 쌓아 압살롬으로 하여금 수치스러운 죽음을 맞게 한다.

**18:9** **압살롬이 다윗의 부하들과 마주치니라 압살롬이 노새를 탔는데 그 노새가 큰 상수리나무 번성한 가지 아래로 지날 때에 압살롬의 머리가 그 상수리나무에 걸리매 그가 공중과 그 땅 사이에 달리고 그가 탔던 노새는 그 아래로 빠져나간지라**

**압살롬이 노새를 탔는데** '노새'는 왕의 신분을 나타내는 것이었다(왕상 1:33).

**압살롬의 머리가 그 상수리나무에 걸리매** 압살롬의 머리카락은 그의 허영과 자랑의 상징이었다. 그 때문에 그는 머리카락이 몹시 길어 무거워진 다음에야 머리를 깎았다(14:26). 그러나 그 자랑스러운 머리카락과 노새 때문에 그는 죽임을 당했다. 하나님은 인간의 자랑거리를 수치와 심판의 도구로 삼으시는 분이다.

**18:10** **한 사람이 보고 요압에게 알려 이르되 내가 보니 압살롬이 상수리나무에 달렸더이다 하니**

**달렸더이다** 이 단어는 구약성경에서 나무에 매달려 처형당하는 자를 묘사할

18장

**쉬운성경**

9 그때에 압살롬은 우연히 다윗의 군대와 마주쳤습니다. 압살롬은 노새를 타고 있었는데, 마침 달리던 그 노새가 커다란 상수리나무 아래로 지나가게 되었습니다. 그 나무의 가지들은 매우 굵었습니다. 노새를 타고 달리던 압살롬의 머리가 그만 그 나뭇가지에 걸리고 말았습니다. 노새는 그래도 그냥 달려갔습니다. 그래서 압살롬은 나뭇가지에 걸린 채 공중에 매달리게 되었습니다.
10 어떤 사람이 그 모습을 보고 요압에게 그 사실을 이야기했습니다. "압살롬이 상수리나무에 매달려 있는 것을 보았습니다."

때 사용되었다(창 40:19). "나무에 달린 자는 하나님께 저주를 받았음이니라"(신 21:23)는 말씀과 같이, 성경은 이 단어를 통해 압살롬이 하나님의 저주를 받았음을 의도적으로 드러낸다.

## 18:11 요압이 그 알린 사람에게 이르되 네가 보고 어찌하여 당장에 쳐서 땅에 떨어뜨리지 아니하였느냐 내가 네게 은 열 개와 띠 하나를 주었으리라 하는지라

**어찌하여 당장에 쳐서 땅에 떨어뜨리지 아니하였느냐** 압살롬을 살려주는 것은 다윗의 명령에 대한 순종이기는 했지만 국가적으로는 위험한 일이었다. 압살롬이 살아있는 한 언제 다시 반역을 일으킬지 알 수 없기 때문이다. 따라서 요압은 그를 죽여야 이 전쟁이 완전히 끝난다고 생각한 것이다.

**은 열 개와 띠 하나** '은'은 물질적 보상을 의미하고, '띠'는 군복에 화려하게 매는 줄로 명예로운 포상을 의미한다.

## 18:12 그 사람이 요압에게 대답하되 내가 내 손에 은 천 개를 받는다 할지라도 나는 왕의 아들에게 손을 대지 아니하겠나이다 우리가 들었거니와 왕이 당신과 아비새와 잇대에게 명령하여 이르시기를 삼가 누구든지 젊은 압살롬을 해하지 말라 하셨나이다

**나는 왕의 아들에게 손을 대지 아니하겠나이다** 이 군인은 어떤 보상보다도 다윗의 뜻과 명령을 중요하게 여겼다. 다윗의 말을 소홀하게 여긴 요압의 태도와 대비된다.

**쉬운성경**

11요압이 그에게 말했습니다. "네가 압살롬을 보았느냐? 그렇다면 왜 죽여서 땅에 떨어지게 하지 않았느냐? 그렇게만 했다면 너에게 은 열 개와 띠 하나를 주었을 것이다."
12그 사람이 대답했습니다. "제게 은 천 개를 준다 해도 왕자를 해치고 싶지 않았습니다. 우리는 왕께서 장군님과 아비새와 잇대에게 내리신 명령을 들었습니다. 왕께서는 '어린 압살롬을 해치지 않도록 조심하라'고 말씀하셨습니다.
13만약 내가 왕의 명령을 듣지 않고 압살롬을 죽였다면, 왕께서는 반드시 그 사실을 알아내셨을 것입니다. 그때에는 장군님도 저를 보호해 주지 않으실 겁니다."

**18:13** **아무 일도 왕 앞에는 숨길 수 없나니 내가 만일 거역하여 그의 생명을 해하였더라면 당신도 나를 대적하였으리이다 하니**

**당신도 나를 대적하였으리이다** 이 병사는 요압의 기회주의적이고 간교한 성격을 잘 알고 있었다. 압살롬을 죽인 것이 문제가 될 경우 요압은 그 책임을 압살롬을 죽인 사람에게 전부 덮어씌울 것임을 이 병사는 알았던 것이다.

**18:14** **요압이 이르되 나는 너와 같이 지체할 수 없다 하고 손에 작은 창 셋을 가지고 가서 상수리나무 가운데서 아직 살아있는 압살롬의 심장을 찌르니**

**창 셋** 압살롬을 죽이고자 하는 요압의 결연한 의지를 보여준다. 하나님은 요압의 손을 빌어 압살롬을 심판하셨다.

**18:15** **요압의 무기를 든 청년 열 명이 압살롬을 에워싸고 쳐죽이니라**

**청년 열 명** 이들은 압살롬을 죽이는 일에 동참하면 보상이 있을 것이라고 생각했을 것이다. 한편 압살롬은 이전에 자신이 종들을 시켜 암논을 죽였던 것과 비슷한 방식으로 죽임을 당했다.

**18:16** **요압이 나팔을 불어 백성들에게 그치게 하니 그들이 이스라엘을 추격하지 아니하고 돌아오니라**

**나팔을 불어** 압살롬의 죽음으로 모든 반란이 평정되었기 때문에 싸움을 마치라는 나팔 신호를 보낸 것이다.



**쉬운성경**

14 요압이 말했습니다. "여기에서 너하고 이러고 있을 시간이 없다." 요압이 압살롬에게 달려갔습니다. 압살롬은 그때까지 아직 산 채로 나무에 매달려 있었습니다. 요압은 창 세 자루를 집어 들어서 압살롬의 가슴을 꿰뚫었습니다.

15 그걸 보고 요압의 무기를 들고 다니는 젊은 군인 열 명도 모여 압살롬을 둘러쌌습니다. 그들은 압살롬을 쳐죽였습니다.

16 그리고 나서 요압은 나팔을 불었습니다. 그러자 다윗의 부대들은 압살롬의 군사들을 뒤쫓는 일을 멈추었습니다.

**18:17** **그들이 압살롬을 옮겨다가 수풀 가운데 큰 구멍에 그를 던지고 그 위에 매우 큰 돌무더기를 쌓으니라 온 이스라엘 무리가 각기 장막으로 도망하니라**

**그 위에 매우 큰 돌무더기를 쌓으니라** 압살롬은 죽은 후에 가족의 무덤이나 약속의 땅인 가나안에 묻히지 못했다. 그는 여리고 성에서 물건을 훔쳐 죽임을 당한 아간(수 7:26)이나 아이 왕이 죽임을 당한 모습(수 8:29)과 유사하게 매장당했다.

**18:18** **압살롬이 살았을 때에 자기를 위하여 한 비석을 마련하여 세웠으니 이는 그가 자기 이름을 전할 아들이 내게 없다고 말하였음이더라 그러므로 자기 이름을 기념하여 그 비석에 이름을 붙였으며 그 비석이 왕의 골짜기에 있고 이제까지 그것을 압살롬의 기념비라 일컫더라**

**압살롬의 기념비** 사울이 자신을 위하여 기념비를 세운 것(삼상 15:12)처럼 자신의 명예를 중요시 한 압살롬 또한 자신을 위한 기념비를 세웠다. 이를 통해 압살롬 또한 사울과 같은 자임을 알 수 있다. 자신의 명예를 위해 세운 기념비가 아이러니하게도 그의 비참한 결말을 보여주는 증거물이 되었다.

**쉬운성경**

17그 후에 요압의 부하들이 압살롬의 시체를 가지고 갔습니다. 그들은 그 시체를 숲 속의 커다란 구덩이에 던져 넣고 나서 구덩이를 수많은 돌로 메워 버렸습니다. 압살롬을 따르던 모든 이스라엘 사람들은 집으로 도망쳤습니다.
18압살롬은 죽기 전에 '왕의 골짜기'에 한 기둥을 세워 자기를 스스로 기념한 일이 있습니다. 압살롬은 "내 이름을 전할 아들이 내게는 없다"는 말을 했습니다. 그래서 압살롬은 자기 이름을 따서 그 기둥을 세웠습니다. 오늘날에도 그 기둥은 '압살롬의 기념비'라고 부릅니다.

### 마음에 새기기

압살롬은 사람들에게 매우 인기 있는 사람이었다. 그러나 하나님에게는 심판과 멸망의 대상이었다. 압살롬이 죽임을 당한 상황과 모습은, 그가 하나님의 관점에서는 아간이나 아이 성의 이방 왕과 같은 존재로 여겨졌음을 보여준다. 또 그가 자신을 위해 기념비를 세운 일은 그 역시 사울과 다를 바가 없음을 보여준다. 압살롬은 자기의 인기와 명예에만 관심을 기울이는 자기중심적 인간형의 모델이다. 그러나 하나님은 이런 사람들을 반드시 심판하시며 성경은 이를 분명하게 보여준다.

사람들은 여전히 압살롬 같은 인간들을 부러워한다. 이런 사람들이 인기 있는 이유는, 그들을 통해 자기 사랑의 대리만족을 느끼기 때문이다. 화려한 외모, 좋은 배경, 유려한 언변, 높은 지위, 많은 재산, 아름다운 배우자 등을 가진 사람은 마치 모든 행복을 갖고 있는 것처럼 보인다. 사람들은 자신이 갖지 못한 행복을 이 사람들은 갖고 있을 것이라고 상상하며 부러워한다. 그 때문에 이 시대에도 수없이 많은 압살롬들이 미디어를 장식하고, 그들의 일거수일투족에 관심을 갖는다.

그러나 사람들의 인기는 한순간임을 기억해야 한다. 압살롬이 죽자마자 그를 따르던 모든 사람들이 흩어져 흔적도 찾을 수 없게 되었다. 이처럼 이 땅에서 누리는 인기는 바람과 같다. 그러므로 성도는 하나님의 사랑을 얻는 일에 힘써야 한다. 또 하나님은 압살롬같이 자기만을 높이고자 하는 악인을 반드시 심판하시는 분임을 기억해야 한다.

## 18:19–33
## 아들의 죽음을 슬퍼하는 다윗

18장

요압은 아히마아스가 전쟁의 결과를 다윗에게 알리려는 것을 만류하지만 아히마아스는 그의 말을 듣지 않는다. 다윗은 아히마아스와 구스 사람이 전한 전쟁의 결과를 듣는다. 구스 사람을 통해 압살롬의 죽음에 대한 소식을 들은 다윗은 큰 슬픔에 빠진다.

**18:19** **사독의 아들 아히마아스가 이르되 청하건대 내가 빨리 왕에게 가서 여호와께서 왕의 원수 갚아 주신 소식을 전하게 하소서**

**아히마아스가 이르되** 아히마아스는 다윗에게 전쟁의 승리 소식을 전하겠다고 자원한다. 다윗 왕의 슬픔을 동정한 아히마아스는 다윗 왕에게 압살롬의 죽음을 부드럽게 돌려서 전하려고 했던 것으로 보인다.

**18:20** **요압이 그에게 이르되 너는 오늘 소식을 전하는 자가 되지 말고 다른 날에 전할 것이니라 왕의 아들이 죽었나니 네가 오늘 소식을 전하지 못하리라 하고**

**네가 오늘 소식을 전하지 못하리라** 요압은 아히마아스를 전령으로 보내지 않으려 한다. 왜냐하면 이전에 사울과 이스보셋의 죽음을 다윗에게 알렸던 자들이 죽임당한 것을 목격했기 때문이다.

**18:21** **요압이 구스 사람에게 이르되 네가 가서 본 것을 왕께 아뢰라 하매 구스 사람이 요압에게 절하고 달음질하여 가니**

**구스 사람** 구스는 아프리카의 이집트 남쪽과 수단 북쪽에 있던 나라다. 압살롬은 그가 이방인이기 때문에 나쁜 소식을 전하는 일에 적합하다고 생각했다.

**18:22** **사독의 아들 아히마아스가 다시 요압에게 이르되 청하건대 아무쪼록 내가 또한 구스 사람의 뒤를 따라 달려가게 하소서 하니 요압이 이르되 내 아들아 너는 왜 달려가려 하느냐 이 소식으로 말미암아서는 너는 상을 받지 못하리라 하되**

**쉬운성경**

19사독의 아들 아히마아스가 요압에게 말했습
니다. "달려가서 다윗 왕에게 이 소식을 전하
겠습니다. 여호와께서 원수를 무찔러 주셨다
고 왕에게 전하겠습니다."
20요압이 아히마아스에게 말했습니다. "안 된
다. 오늘은 이 소식을 전하지 마라. 다른 날
에도 이 소식은 전할 수 있으니 네가 오늘 이
소식을 전하지 마라. 왜냐하면 왕자가 죽었
기 때문이다."
21그리고 나서 요압은 어떤 구스 사람에게 말
했습니다. "가거라. 가서 왕에게 네가 본 대
로 말씀드려라." 구스 사람은 요압에게 절을
하고 다윗에게 달려갔습니다.
22그러나 사독의 아들 아히마아스가 요압에게
다시 말했습니다. "무슨 일이 일어나도 좋으
니 제발 저도 저 구스 사람과 함께 가게 해
주십시오." 요압이 말했습니다. "얘야, 어찌
하여 이 소식을 그렇게 전하고 싶어하느냐?
이 소식을 가지고 간다고 해서 상을 받을 것
도 아닌데."

**이 소식으로 말미암아서는 너는 상을 받지 못하리라** 요압은 아히마아스가 상을 얻기 위해 다윗에게 소식을 전하려 한다고 생각했다. 그러나 요압은 전쟁에서 승리한 기쁨을 압도할 만큼 다윗에게는 압살롬의 죽음으로 인한 충격이 클 것을 예상했다. 그래서 아히마아스가 소식 전하는 것을 한사코 만류한 것이다.

## 18:23 그가 한사코 달려가겠노라 하는지라 요압이 이르되 그리하라 하니 아히마아스가 들길로 달음질하여 구스 사람보다 앞질러가니라

**한사코 달려가겠노라 하는지라** 아히마아스는 열정적으로 다윗에게 소식을 전하겠다고 말한다. 그것은 구스 사람이 압살롬의 죽음에 대한 소식을 전하기 전에 다윗 왕의 마음을 준비시켜야 할 필요를 느꼈기 때문이다.

**들길** 아히마아스가 달린 요단 강 골짜기를 가리킨다. 구스 사람은 직선 코스지만 산과 계곡을 넘어가는 길을 택했고, 아히마아스는 돌아가지만 평지를 달리는 길을 택했다. 구스 사람보다 먼저 도착하려는 아히마아스의 지혜가 엿보인다.

## 18:24 때에 다윗이 두 문 사이에 앉아 있더라 파수꾼이 성 문 위층에 올라가서 눈을 들어 보니 어떤 사람이 홀로 달려오는지라

**두 문 사이** 고대의 성은 일반적으로 성벽의 밖과 안에 두 개의 문이 있었다. 이것은 다윗이 전쟁의 소식을 빨리 듣기 위해 기별을 가장 먼저 접할 수 있는 곳에서 기다리고 있었음을 보여준다.

18장

**쉬운성경**

23 아히마아스가 대답했습니다. "무슨 일이 일어나든 저는 가겠습니다." 할 수 없이 요압은 아히마아스에게 "가거라!" 하고 말했습니다. 그리하여 아히마아스는 요단 강 골짜기 길을 달려서 구스 사람을 앞질러 갔습니다.

24 그때에 다윗은 성의 안쪽 문과 바깥쪽 문 사이에 앉아 있었습니다. 파수꾼이 망대에 올라가서 보니, 어떤 사람이 혼자서 달려오고 있었습니다.

**18:25** **파수꾼이 외쳐 왕께 아뢰매 왕이 이르되 그가 만일 혼자면 그의 입에 소식이 있으리라 할 때에 그가 점점 가까이 오니라**

**만일 혼자면** 전쟁에서 패배했다면 많은 무리가 도망쳐 올 것이지만, 승리했다면 기별을 알리는 사람 한 명만 올 것이라는 뜻이다.

**18:26** **파수꾼이 본즉 한 사람이 또 달려오는지라 파수꾼이 문지기에게 외쳐 이르되 보라 한 사람이 또 혼자 달려온다 하니 왕이 이르되 그도 소식을 가져오느니라**

**18:27** **파수꾼이 이르되 내가 보기에는 앞선 사람의 달음질이 사독의 아들 아히마아스의 달음질과 같으니이다 하니 왕이 이르되 그는 좋은 사람이니 좋은 소식을 가져오느니라 하니라**

**좋은 소식을 가져오느니라** 다윗은 좋은 소식을 세 번이나 기대한다(25, 26, 27절). 다윗이 기대한 좋은 소식은 전쟁의 승리뿐 아니라 아들 압살롬이 살아있다는 소식이었다.

**18:28** **아히마아스가 외쳐 왕께 아뢰되 평강하옵소서 하고 왕 앞에서 얼굴을 땅에 대고 절하며 이르되 왕의 하나님 여호와를 찬양하리로소이다 그의 손을 들어 내**

**쉬운성경**

25파수꾼이 이 사실을 다윗 왕에게 큰 소리로
알려 주었습니다. 왕이 말했습니다. "혼자서
온다면 아마 좋은 소식을 가지고 오겠지." 그
사람은 점점 성으로 가까이 왔습니다.
26그때에 파수꾼은 또 다른 사람이 달려오고
있는 것을 보았습니다. 파수꾼이 문지기에게
외쳤습니다. "보라! 또 다른 사람이 달려오고
있다!" 왕이 말했습니다. "그 사람도 좋은 소
식을 가져오겠지."
27파수꾼이 말했습니다. "앞에서 달려오는 사
람은 사독의 아들 아히마아스 같습니다." 왕
이 말했습니다. "아히마아스는 좋은 사람이
다. 그 사람이 가지고 오는 소식은 반드시 좋
은 소식일 것이다."
28아히마아스가 왕에게 인사를 드렸습니다. 아
히마아스는 얼굴을 땅에 대고 왕에게 절을 했
습니다. 그리고 이렇게 말했습니다. "왕의 하
나님 여호와를 찬양합니다. 여호와께서 내 주
왕에게 대적하는 사람들을 물리치셨습니다."

**주 왕을 대적하는 자들을 넘겨 주셨나이다 하니**

**그의 손을 들어** 아히마아스는 전쟁의 승리가 하나님의 도우심 때문이었다고 고백한다. 소수의 다윗 군대가 다수의 압살롬 군대를 대패시킨 것은 누가 봐도 하나님의 도우심의 결과였다.

## 18:29

**왕이 이르되 젊은 압살롬은 잘 있느냐 하니라 아히마아스가 대답하되 요압이 왕의 종 나를 보낼 때에 크게 소동하는 것을 보았사오나 무슨 일인지 알지 못하였나이다 하니**

**젊은 압살롬은 잘 있느냐** 본절과 32절에 반복되는 이 말은 다윗의 관심이 무엇에 집중되어 있는지를 잘 보여준다. 다윗에게 압살롬은 아직도 철부지 어린 아들이었고, 다윗은 그런 아들이 잘 있는지 계속 걱정되었던 것이다.

**무슨 일인지 알지 못하였나이다** 아히마아스는 전쟁의 승리 소식만 전하며, 압살롬의 죽음에 관해서는 잘 모르는 것처럼 말을 돌린다. 이것은 승전의 기쁨을 먼저 전달하여 압살롬의 죽음에 관한 소식을 들었을 때 충격을 완화하려는 의도였을 것이다.

## 18:30-31

**30왕이 이르되 물러나 거기 서 있으라 하매 물러나서 서 있더라 31구스 사람이 이르러 말하되 내 주 왕께 아뢸 소식이 있나이다 여호와께서 오늘 왕을 대적하던 모든 원수를 갚으셨나이다 하니**

18장

**쉬운성경**

29왕이 물었습니다. "어린 압살롬은 잘 있느냐?" 아히마아스가 재치있게 대답했습니다. "요압이 저를 보낼 때에 압살롬이 있는 곳에 큰 소란이 일어나는 것을 보았지만 무슨 일인지는 모르겠습니다."
30그러자 왕이 말했습니다. "물러나 있어라." 아히마아스는 옆으로 물러나서 가만히 서 있었습니다.
31그때에 구스 사람이 이르러서 말했습니다. "내 주 왕이시여! 좋은 소식을 가지고 왔습니다. 오늘 여호와께서 왕께 대적하는 사람들에게 벌을 내리셨습니다."

**18:32** **왕이 구스 사람에게 묻되 젊은 압살롬은 잘 있느냐 구스 사람이 대답하되 내 주 왕의 원수와 일어나서 왕을 대적하는 자들은 다 그 청년과 같이 되기를 원하나이다 하니**

**다 그 청년과 같이 되기를 원하나이다** 구스 사람은 압살롬이 어떻게 죽었는지 구체적으로 이야기하지는 않았지만, 압살롬이 죽은 사실만은 확실하게 전했다.

**18:33** **왕의 마음이 심히 아파 문 위층으로 올라가서 우니라 그가 올라갈 때에 말하기를 내 아들 압살롬아 내 아들 내 아들 압살롬아 차라리 내가 너를 대신하여 죽었더면, 압살롬 내 아들아 내 아들아 하였더라**

**내 아들 압살롬아 내 아들 내 아들 압살롬아** 다윗은 '아들'과 '압살롬'을 반복하며 울부짖는다. 다윗의 마음은 아들을 향한 애끊는 사랑과 하나님의 심판에 대한 안타까움으로 가득했을 것이다. 또 자신의 죄악으로 아들들이 죽은 것에 대한 슬픔과 자책감이 가득했을 것이다.

### 마음에 새기기

아버지를 죽이고 자신이 왕이 되고자 반역을 일으켰던 압살롬에 대한 다윗의 태도는 의문을 자아낸다. 자신을 대적하던 압살롬의 죽음에 지나친 동정을 보이는 다윗의 모습은 매우 감정적이며 주관적으로 보이기 때문이다. 그러나 이러한 다윗의 모습은 반란자이며 반역자인 인간을 향한 하나님 아버지의 마음을 보여준다.

**쉬운성경**

32 왕이 구스 사람에게 물었습니다. "어린 압살롬은 잘 있느냐?" 구스 사람이 대답했습니다. "왕의 원수들과 왕을 해치려 하는 사람들은 다 그 압살롬처럼 되기를 바랍니다."
33 그제서야 왕은 압살롬이 죽었다는 것을 알았습니다. 왕은 마음이 찢어질 듯이 아팠습니다. 왕은 성문 위에 있는 방으로 올라가서 "내 아들 압살롬아, 내 아들 압살롬아! 차라리 내가 죽어야 되는 건데! 압살롬아, 내 아들아, 내 아들아!" 하며 울었습니다.

모든 인간은 하나님의 피조물이다. 그러나 죄를 지은 인간은 압살롬이 아버지 다윗을 반역한 것같이 하나님을 반역하고 거부한다. 그럼에도 하나님은 인간을 향해 마치 다윗이 압살롬을 향해 보인 것과 같은 태도를 항상 보이신다. 하나님은 인간이 죄를 짓고 영원한 저주와 형벌에 빠지는 것을 아주 슬퍼하신다. 지옥에 들어가는 인간을 향한 하나님의 마음은 다윗이 '내 아들 압살롬아'라고 외치는 것과 같다. 반역자임에도 여전히 하나님은 자신의 피조물인 인간이 멸망하는 것을 매우 안타까워하신다.

물론 다윗이 완전하신 하나님 아버지의 온전한 모델은 아니다. 그러나 그의 모습에서 원수된 자를 사랑하셔서 아들을 보내주신 하나님의 모습을 엿볼 수 있다. 하나님의 마음을 가장 기쁘게 하는 일은 바로 멸망당할 자들에게 복음을 전해 하나님의 자녀가 되게 하는 것이다. 지금도 멸망당하는 자녀들의 이름을 부르며 슬퍼하시는 하나님의 마음을 조금이라도 이해한다면, 성도에게 맡겨진 복음 전파의 사명이 얼마나 귀한 것인지를 깨닫게 될 것이다.

19:1–8

## 슬퍼하는 다윗을 책망하는 요압

압살롬의 죽음에 대한 다윗의 슬픔은 모든 백성에게도 슬픔을 가져왔다. 요압은 민심이 동요하는 상황을 그냥 보고만 있을 수 없었기에 강하게 다윗을 책망한다. 요압의 책망에 정신 차린 다윗은 성문에 앉아 백성들을 만난다.

**19:1** **어떤 사람이 요압에게 아뢰되 왕이 압살롬을 위하여 울며 슬퍼하시나이다 하니**

**어떤 사람이 요압에게 아뢰되** 사람들은 요압만이 슬픔에 잠긴 다윗을 위로하고 책망하여 다시 일으켜 세울 수 있다고 생각했다.

19장

**19:2** **왕이 그 아들을 위하여 슬퍼한다 함이 그날에 백성들에게 들리매 그날의 승리가 모든 백성에게 슬픔이 된지라**

**그날의 승리가 모든 백성에게 슬픔이 된지라** 전쟁에서 승리한 날은 노래를 부르고 춤을 추며 축제가 벌어지는 것이 일반적이었다(삼상 18:6–7). 그러나 왕의 슬픔은 금방 백성들에게 전달되었다.

## 19:3 그날에 백성들이 싸움에 쫓겨 부끄러워 도망함같이 가만히 성읍으로 들어가니라

**가만히 성읍으로 들어가니라** 왕의 슬픔은 전쟁에서 돌아오는 군사들에게도 신속하게 퍼졌다. 그래서 그들은 마치 패잔병과 같이 사기가 꺾여 성으로 들어왔다. 이처럼 지도자의 감정은 백성들에게 아주 쉽게 영향을 미쳐 공동체 전체의 분위기를 좌우한다.

## 19:4 왕이 그의 얼굴을 가리고 큰 소리로 부르되 내 아들 압살롬아 압살롬아 내 아들아 내 아들아 하니

**큰 소리로 부르되** 다윗의 울음소리는 사람들에게 전부 들렸을 것이다. 그러나 다윗은 개인적인 슬픔에 잠겨 그것이 다른 사람들에게 미칠 영향에 대해서는 전혀 신경 쓸 겨를이 없었다.

## 19:5 요압이 집에 들어가서 왕께 말씀드리되 왕께서 오늘 왕의 생명과 왕의 자녀의 생명과 처첩과 비빈들의 생명을 구원한 모든 부하들의 얼굴을 부끄럽게 하시니

**요압이 집에 들어가서 왕께 말씀드리되** 큰 슬픔에 잠긴 다윗을 책망할 수 있는 사람은 요압 외에는 없었다. 요압은 왕의 개인적 감정을 무시하는 듯한 강경한 어조로 말했다. 그런데 사실 요압은 민심이 동요되고, 압살롬을 죽인 자신에게 모든

**쉬운성경**

1 백성들이 요압에게 말했습니다. "왕이 압살롬 때문에 너무 슬퍼하며 울고 계십니다."
2 다윗의 군대는 압살롬과의 싸움에서 이겼으나, 그날은 오히려 모든 백성에게 슬픔의 날이 되고 말았습니다. 그것은 백성들이 "왕께서 자기 아들 때문에 매우 슬퍼하신다"는 이야기를 들었기 때문입니다.
3 백성들은 성으로 살며시 들어왔습니다. 그들은 마치 전쟁에서 지고 도망친 사람들 같았습니다.
4 왕은 자기 얼굴을 가리고 "내 아들 압살롬아, 압살롬아! 내 아들아, 내 아들아!" 하고 외치며 소리 높여 울었습니다.
5 그때에 요압이 왕의 집으로 들어가서 왕에게 말했습니다. "오늘 왕께서는 왕의 모든 군대를 부끄럽게 만드셨습니다. 그들은 오늘 왕의 목숨을 구해 주었습니다. 그들은 왕자들과 공주들과 왕비와 후궁들의 목숨도 구해 주었습니다.

책임이 돌아오게 되는 상황을 그냥 내버려 둘 수 없었던 것이다.

**19:6** **이는 왕께서 미워하는 자는 사랑하시며 사랑하는 자는 미워하시고 오늘 지휘관들과 부하들을 멸시하심을 나타내심이라 오늘 내가 깨달으니 만일 압살롬이 살고 오늘 우리가 다 죽었더면 왕이 마땅히 여기실 뻔하였나이다**

요압의 책망은 구구절절이 맞는 말이다. 다윗은 아버지이기도 했지만 한 나라의 국왕이었다. 다윗은 아들의 죽음에 대한 개인적인 감정보다 원수를 무찌른 군인들을 생각했어야 했다.

**19:7** **이제 곧 일어나 나가 왕의 부하들의 마음을 위로하여 말씀하옵소서 내가 여호와를 두고 맹세하옵나니 왕이 만일 나가지 아니하시면 오늘 밤에 한 사람도 왕과 함께 머물지 아니할지라 그리하면 그 화가 왕이 젊었을 때부터 지금까지 당하신 모든 화보다 더욱 심하리이다 하니**

**모든 화보다 더욱 심하리이다** 반역을 진압하고 전쟁에서 승리한 군인들이 낙심하여 다윗을 떠나고 백성들의 민심이 동요된 후에는 다윗이 왕위를 되찾을 수 없을 것임을 경고한 것이다.

쉬운성경

6그런데도 왕께서는 왕을 미워하는 사람을 사
랑하시고 왕을 사랑하는 사람들을 미워하심
으로 그들을 부끄럽게 만드셨습니다. 오늘 왕
께서는 왕의 지휘관들과 군인들이 왕에게는
있으나마나 한 사람들이라는 사실을 분명하
게 보여 주셨습니다. 압살롬이 살고 우리 모
두가 죽었더라면, 왕께서는 오히려 기뻐하셨
을 것입니다.
7자, 이제는 나가셔서 왕의 종들을 격려해 주
십시오. 살아 계신 여호와께 맹세드리지만 왕
께서 나가지 않으시면 오늘 밤에 왕의 곁에
남아 있을 사람은 아무도 없을 것입니다. 그
렇게 되면 왕께서는 젊은 시절부터 지금까지
당해 온 모든 어려움보다 더욱 큰 어려움을
당하게 되실 것입니다."
8이 말을 듣고 왕은 성문으로 나갔습니다. 그
러자 왕이 성문에 나왔다는 소식이 퍼졌고,
모든 사람들이 왕을 보러 나왔습니다. 압살롬
을 따랐던 모든 이스라엘 사람들은 자기 집으
로 도망쳤습니다.

**19:8** **왕이 일어나 성문에 앉으매 어떤 사람이 모든 백성에게 말하되 왕이 문에 앉아 계신다 하니 모든 백성이 왕 앞으로 나아오니라 이스라엘은 이미 각기 장막으로 도망하였더라**

**왕이 일어나 성문에 앉으매** 고대에서 성문은 그 지방의 모든 중요한 일들이 벌어지는 장소였다. 왕이 성문에 앉았다는 것은 왕이 정상적으로 집무를 수행하기 시작했음을 알리는 것이다.

### 마음에 새기기

요압은 다윗에게 꼭 필요한 존재인 동시에 다윗을 가장 힘들게 한 사람이었다. 그는 다윗에게 가장 충성한 사람이었지만, 결정적인 문제에 대해서는 자신의 뜻대로 해버렸다. 또 다윗 군대에서 가장 용맹스러운 사람이었지만, 자신의 적수는 비겁한 방식으로 살해했다. 그리고 다윗의 마음을 가장 잘 이해했지만 다윗의 마음을 가장 상하게 한 사람이기도 했다. 다윗에게 요압은 친구인지 적인지 헷갈리는 존재였다. 요압은 다윗의 가장 측근이었지만 다윗이 마음대로 할 수 없는 사람이었다. 그렇기 때문에 하나님은 요압을 통해 다윗이 할 수 없는 하나님의 심판을 행하셨고, 다윗을 왕의 자리로 되돌아오게도 하셨다. 만일 요압이 다윗의 마음대로 움직일 수 있는 사람이었다면 압살롬에 대한 심판은 이루어지지 않았을 것이다. 또 다윗이 왕의 자리로 돌아오는 것도 실패했을 것이다.

이처럼 우리도 주변 사람들 때문에 고민하는 경우가 많다. 때로는 그 사람의 도움이 반드시 필요하지만 가끔은 그 사람 때문에 힘든 경우가 있다. 이런 사람은 가장 친하기도 하지만 또한 가장 미워하는 사람이 되기도 한다. 그런 경우에는 하나님의 시각에서 생각해 보아야 한다. 모든 사람이 우리가 원하는 대로 행동한다면 우리의 부족함과 연약함은 다루어지지 않을 것이다. 또 우리가 잘못된 일을 하고 있어도 돌이키게 할 사람이 아무도 없을 것이다. 하나님은 종종 우리 주변의 사람들을 통해 우리의 잘못을 책망하시고 하나님의 뜻을 이루신다. 그러므로 주변에 있는 요압 같은 사람을 하나님의 시각에서 재평가하여 바라보는 일이 필요하다. 그렇게 우리의 시각이 바뀔 때, 요압 같은 사람도 우리의 성화를 돕는 고마운 존재로 받아들일 수 있다.

## 19:9–15
# 예루살렘으로 돌아올 준비를 하는 다윗

압살롬이 죽은 후 이스라엘 지파들은 다윗의 왕위를 회복시키기로 결정한다. 반역의 선두에 섰던 유다 지파는 다윗이 화해 정책을 펴자 다윗을 예루살렘으로 돌아오게 하는 일에 앞장선다.

**19:9** **이스라엘 모든 지파 백성들이 변론하여 이르되 왕이 우리를 원수의 손에서 구원하여 내셨고 또 우리를 블레셋 사람들의 손에서 구원하셨으나 이제 압살롬을 피하여 그 땅에서 나가셨고**

**이스라엘 모든 지파 백성들** 유다 지파를 제외한 압살롬을 따랐던 이스라엘 사람들을 말한다. 압살롬을 지지했던 이들은 압살롬이 죽자마자 다시 다윗을 추종하기로 신속하게 결정한다. 누가 권세를 잡았느냐에 따라 백성의 마음이 아주 쉽게 바뀜을 알 수 있다.

**왕이 우리를 원수의 손에서 구원하여 내셨고** 압살롬이 죽은 다음에야 백성들은 다윗이 과거에 했던 일들을 기억한다. 사람들의 기회주의적인 모습을 볼 수 있다.

**19:10** **우리가 기름을 부어 우리를 다스리게 한 압살롬은 싸움에서 죽었거늘 이제 너희가 어찌하여 왕을 도로 모셔올 일에 잠잠하고 있느냐 하니라**

**우리가 기름을 부어 우리를 다스리게 한 압살롬** 이스라엘 지파들은 압살롬에게 기름을 붓는 공식적인 행사를 통해 그를 이스라엘 왕으로 세웠다. 그 때문에 다윗이

19장

**쉬운성경**

9이스라엘의 모든 지파 사람들이 서로 다투기 시작했습니다. 그들은 이렇게 말했습니다. "왕은 우리를 블레셋 사람과 우리의 다른 원수들로부터 구해 주었다. 그러나 지금 왕은 압살롬 때문에 이 나라를 떠나 있다. 10우리가 왕으로 세운 압살롬은 이제 싸움터에서 죽고 말았다. 우리는 다시 다윗을 왕으로 세워야 한다."

다시 왕위를 회복하기 위해서는 백성의 공식적인 지지 선언이 필요했다.

**19:11** **다윗 왕이 사독과 아비아달 두 제사장에게 소식을 전하여 이르되 너희는 유다 장로들에게 말하여 이르기를 왕의 말씀이 온 이스라엘이 왕을 왕궁으로 도로 모셔오자 하는 말이 왕께 들렸거늘 너희는 어찌하여 왕을 궁으로 모시는 일에 나중이 되느냐**

**유다 장로들에게 말하여 이르기를** 유다 지파는 압살롬의 반역에 가장 적극적으로 가담했던 지파다. 그래서 그들은 압살롬이 죽은 후에도 다윗을 지지하는 일에 머뭇거리고 있었다. 다윗은 유다 지파의 지지를 얻어내기 위해 다른 지파들이 다윗을 이미 지지하고 있음을 알린다.

**19:12** **너희는 내 형제요 내 골육이거늘 너희는 어찌하여 왕을 도로 모셔오는 일에 나중이 되리요 하셨다 하고**

**너희는 내 형제요 내 골육이거늘** 다윗은 유다 지파의 지지를 얻기 위해 그들이 자신의 친족임을 강조한다.

**19:13** **너희는 또 아마사에게 이르기를 너는 내 골육이 아니냐 네가 요압을 이어서 항상 내 앞에서 지휘관이 되지 아니하면 하나님이 내게 벌 위에 벌을 내리시기를 바라노라 하셨다 하라 하여**

**아마사** 다윗의 조카로 압살롬 군대의 지휘관이었다. 그럼에도 다윗은 요압 대신

**쉬운성경**

11 다윗 왕은 제사장 사독과 아비아달에게 사람을 보내어 이렇게 말했습니다. "유다의 장로들에게 말하시오. '나는 내 집에서도 모든 이스라엘 백성들이 왕을 왕궁으로 다시 모셔 오자고 말하는 소리를 들었소. 그런데 그대들은 어찌하여 왕을 왕궁으로 모시는 일에 가만히들 있는 거요?
12 그대들은 나의 형제요, 나의 집안 사람들이오. 그런데 어찌하여 그대들은 왕을 다시 모시는 일에 아무 말이 없소?'
13 그리고 압살롬을 따랐던 아마사에게 말하시오. '그대는 내 집안 사람 중 한 사람이오. 내가 그대를 군대의 사령관으로 삼겠소. 만약 내가 요압 대신 그대를 군대의 사령관으로 임명하지 않는다면 하나님께서 나에게 벌을 주셔도 좋소.'"

그를 자신의 군지휘관으로 삼아 그를 따랐던 유다 사람들의 지지를 얻어내려고 한다.

**요압을 이어서** 다윗이 아마사를 군지휘관으로 삼는 또 다른 목적은 압살롬을 죽이지 말라는 자신의 명령에 불순종했던 요압을 벌주기 위함이었다.

## 19:14 모든 유다 사람들의 마음을 하나같이 기울게 하매 그들이 왕께 전갈을 보내어 이르되 당신께서는 모든 부하들과 더불어 돌아오소서 한지라

**모든 유다 사람들의 마음을 하나같이 기울게 하매** 유다 지파에 대한 다윗의 제안은 유다 사람들의 마음을 움직이기에 적합했다. 압살롬을 따라 반역했던 죄를 묻지 않을 뿐더러 오히려 그 반역의 선두에 섰던 아마사를 군지휘관으로 삼겠다는 것은 유다 지파에 환영할 만한 소식이었다.

## 19:15 왕이 돌아와 요단에 이르매 유다 족속이 왕을 맞아 요단을 건너가게 하려고 길갈로 오니라

**유다 족속이 왕을 맞아 요단을 건너가게 하려고 길갈로 오니라** 다윗의 제안을 받아들인 유다 지파는 다윗이 돌아오는 것을 신속하게 돕는다. 그들은 요단 너머 길갈까지 와서 다윗 일행이 요단을 건널 수 있게 돕는다.

19장

**쉬운성경**

14 다윗이 모든 유다 백성의 마음을 움직였습니다. 유다 백성은 하나같이 마음이 모아졌습니다. 그들은 왕에게 사람을 보내어 이렇게 말했습니다. "모든 신하들과 함께 돌아오십시오."

15 그리하여 왕이 요단 강까지 돌아왔을 때, 유다 사람들은 길갈로 와서 왕을 맞이했습니다. 그들은 왕이 요단 강을 건너는 것을 도와주려 했습니다.

### 마 음 에 새 기 기

이스라엘은 다윗 시대에 이르러서야 침략과 약탈의 위협이 없는 국가가 되었다. 그러나 사람들은 시선을 끄는 압살롬이 왕으로 행세하자 다윗이 이스라엘에 평화와 자유를 가져왔다는 사실을 완전히 잊어버리고 말았다. 그리고 급기야 다윗 왕을 버리고 압살롬을 왕으로 추대한다. 그러나 압살롬이 다윗에게 패하자 다시 다윗 왕을 기억하고 그에게로 돌아온다.
마찬가지로 성도들도 하나님이 베푸신 은혜와 구원의 감격을 쉽게 잊어버린다. 고난 중에 있을 때는 하나님만을 주인으로 섬기겠다고 고백하지만, 어려움이 지나가고 나면 다시 하나님에게서 눈을 쉽게 떼버린다. 예수 그리스도가 분명 살아계신 왕이심에도 사람들은 화려하게 보이는 세상의 유혹을 따라간다. 즉, 사람들의 마음이 쉽게 "육신의 정욕과 안목의 정욕과 이생의 자랑"(요일 2:16)에 유혹되어 버리는 것이다. 그러고는 자신의 정욕을 채워줄 새로운 왕을 추구한다. 예수님을 왕으로 섬기기 위해서는 자신의 욕망을 포기해야 하고 세상적인 방법대로 살 수 없기 때문이다. 그러나 세상의 어느 것도 우리에게 참 평안과 구원을 베풀어 줄 수 없다. 인간의 평안과 자유는 예수님만이 다스리실 수 있는 영혼에서부터 시작되기 때문이다. 그러므로 우리의 모든 삶의 영역에서 거짓된 왕을 버리고 예수님을 온전한 왕으로 모셔드려야 한다. 그럴 때 거기서 참 평안과 자유가 시작된다.

## 19:16–23
## 시므이를 용서한 다윗

예루살렘으로 돌아오는 다윗을 맞이하기 위해 유다 사람과 몇몇 사람들이 다윗에게 나아온다. 그 가운데는 다윗을 저주했던 시므이도 있었다. 용서를 비는 시므이를 다윗은 용서한다.

**19:16** **바후림에 있는 베냐민 사람 게라의 아들 시므이가 급히 유다 사람과 함께 다윗 왕을 맞으러 내려올 때에**

**시므이** 게라의 아들로서 다윗 왕이 압살롬의 반역을 피해 피난갈 때 다윗을 심하게 저주했던 인물이다(16:5–13). 그 일로 다윗의 보복이 두려웠던 시므이는 서둘러 다윗을 맞이하러 나온다. 시므이의 이러한 태도는 모든 사람들의 기회주의적이고 간교한 모습을 대표한다.

**19:17** **베냐민 사람 천 명이 그와 함께하고 사울 집안의 종 시바도 그의 아들 열다섯 과 종 스무 명과 더불어 그와 함께하여 요단 강을 밟고 건너 왕 앞으로 나아오 니라**

**베냐민 사람 천 명** 시므이는 베냐민 지파에서 영향력 있는 인물이었던 것으로 보인다. 그는 다윗의 마음에 들기 위해 자신의 지파 사람들을 천 명이나 동원했다.

**시바** 사울 집안의 종으로 다윗이 압살롬의 반역을 피해 피난갈 때 므비보셋을 모함했던 인물이다. 그 때문에 다윗이 돌아와 그 사실을 확인하기 전에 다윗에게 잘 보이고자 가족과 종들을 데리고 마중 나온 것이다.

**19:18** **왕의 가족을 건너가게 하며 왕이 좋게 여기는 대로 쓰게 하려 하여 나룻배로 건너가니 왕이 요단을 건너가게 할 때에 게라의 아들 시므이가 왕 앞에 엎드려**

**왕이 좋게 여기는 대로 쓰게 하려 하여** 다윗 왕을 가장 먼저 마중 나온 사람들은 사실 다윗 왕을 가장 반대하던 세력들이었다. 그런데 이들은 다윗의 왕권이 회복되자마자 다윗의 마음에 들기 위해 애쓴다. 이들의 기회주의적인 모습을 엿볼 수 있다.

**쉬운성경**

16 게라의 아들 시므이는 베냐민 사람이었습니다. 시므이는 바후림에 살았습니다. 시므이는 유다 사람들과 함께 서둘러 내려와서 다윗 왕을 맞이했습니다.
17 시므이와 함께 베냐민 사람 천 명도 왔습니다. 사울 집안의 종인 시바도 왔습니다. 시바는 자기 아들 열다섯 명과 종 스무 명을 데리고 왔습니다. 그들은 모두 서둘러 요단 강으로 내려가서 왕을 맞이했습니다.
18 사람들은 요단 강을 건너서 왕의 가족이 유다로 돌아오는 것을 도와 주었습니다. 그들은 왕의 마음이 기쁘도록 애를 썼습니다. 왕이 강을 막 건너려 할 때에 게라의 아들 시므이가 왕에게 나아왔습니다. 시므이는 얼굴을 땅에 대고 왕 앞에서 절을 했습니다.

**19:19** **왕께 아뢰되 내 주여 원하건대 내게 죄를 돌리지 마옵소서 내 주 왕께서 예루살렘에서 나오시던 날에 종의 패역한 일을 기억하지 마시오며 왕의 마음에 두지 마옵소서**

**내 주 왕** 시므이의 태도는, 다윗 왕이 망명을 떠날 때와 돌아올 때가 완전히 달랐다. 다윗더러 '피를 흘린 자'이며 '사악한 자'라고 저주하며 돌을 던지던 자가(16:7) 이제는 다윗을 '내 주 왕'이라고 부르며 용서를 구한다. 다윗이 힘을 가지고 있을 때만 복종하는 척하는 시므이의 비겁한 태도는 힘을 추구하는 모든 사람들의 모습을 대표하는 것이다.

**19:20** **왕의 종 내가 범죄한 줄 아옵기에 오늘 요셉의 온 족속 중 내가 먼저 내려와서 내 주 왕을 영접하나이다 하니**

**요셉의 온 족속** 유다 지파를 제외한 나머지 이스라엘 지파들을 뜻한다.
**먼저 내려와서** 시므이는 모든 지파 중에서 자신이 가장 먼저 마중 나왔다고 말한다. 왕에게 잘 보여 보복을 피하고자 하는 그의 열심을 볼 수 있다.

**19:21** **스루야의 아들 아비새가 대답하여 이르되 시므이가 여호와의 기름부으신 자를 저주하였으니 그로 말미암아 죽어야 마땅하지 아니하니이까 하니라**

**아비새** 스루야의 아들로 피난길에서 시므이가 다윗 왕을 저주했을 때 그를 죽이려고 했다(16:9). 그런데 시므이가 용서를 빌어도 역시 그를 죽이려 한다. 칼로 모든 것을 해결하려고 하는 아비새의 잔인한 성격이 드러난다.

**쉬운성경**

19시미이가 왕에게 말했습니다. "내 주여, 저의
죄를 마음에 품지 말아 주십시오. 왕께서 예
루살렘을 떠나셨을 때, 제가 저지른 죄를 기
억하지 말아 주십시오.
20저의 죄를 제가 압니다. 그래서 요셉의 집안
중에서 제가 제일 먼저 내려와서 왕을 모시
는 것입니다. 내 주 왕이시여!"
21그러나 스루야의 아들 아비새가 말했습니다.
"시므이는 죽어야 합니다. 시므이는 여호와
께서 기름부어 세우신 왕을 저주했습니다."

**19:22** **다윗이 이르되 스루야의 아들들아 내가 너희와 무슨 상관이 있기에 너희가 오늘 나의 원수가 되느냐 오늘 어찌하여 이스라엘 가운데에서 사람을 죽이겠느냐 내가 오늘 이스라엘의 왕이 된 것을 내가 알지 못하리요 하고**

**스루야의 아들들** 요압과 아비새를 말한다. 이들 형제는 모든 일들을 칼로 해결하는 자들이었다. 이들에 의해 아브넬, 압살롬, 아마사가 죽임을 당했다. 그 때문에 다윗은 이들의 급하고 잔인한 성격을 꾸짖는 것이다.

**19:23** **왕이 시므이에게 이르되 네가 죽지 아니하리라 하고 그에게 맹세하니라**

**네가 죽지 아니하리라** 시므이에 대한 다윗의 용서는 온전한 용서가 아니라 정치적인 것이었다. 왜냐하면 후에 다윗이 솔로몬에게 시므이를 죽이라고 유언했기 때문이다(왕상 2:8-9). 시므이는 베냐민 지파의 실력자로서 다윗을 반대하는 세력의 대표자였다. 따라서 다윗이 시므이를 용서해 준 것은 자신을 반대하는 자들도 용납한다는 사실을 널리 보여주기 위함이었다.

### 마음에 새기기

인간관계에서 용서는 가장 자주 해야 하는 것이면서도 가장 하기 힘든 것이다. 특별한 이유 없이 누군가에게 비난과 욕설을 들었을 때 그것을 용서하는 것은 매우 어렵다. 다윗을 저주했던 시므이는 다윗이 권력을 되찾자 그에게 용서를 빌었다. 그런데 시므이같이 머리를 조아리고 무릎 꿇고 용서를 빌어도 아비새처럼 칼로 보복해 버리고 싶은 것이 인간의 보편적인 마음

19장

**쉬운성경**

22다윗이 말했습니다. "스루야의 아들들이여, 이 일이 그대들과 무슨 상관이 있소? 그대들은 오늘 나와 원수가 되려 하고 있소. 오늘은 이스라엘에서 아무도 죽임을 당하지 않을 것이오. 오늘은 내가 이스라엘의 왕이 된 날이 아니오?"
23그리고 나서 왕이 시므이에게 말했습니다. "너는 죽임을 당하지 않을 것이다." 왕은 이처럼 시므이에게 약속을 했습니다.

이다. 그런데 대부분의 경우 잘못한 사람이 용서를 구하는 일조차 잘 일어나지 않는다. 잘못한 사람이 용서를 구하지 않는 상황에서 용서해야 하기 때문에 용서가 어려운 것이다.

그러나 예수님은 용서가 타인의 반응에 따라 달라지는 것이 아니라고 가르치셨다. 그리고 스스로 모범을 보이셨다. 십자가에 달리신 예수님은 자신을 향해 조롱과 모욕을 퍼붓는 사람들을 향해 "아버지 저들을 사하여 주옵소서 자기들이 하는 것을 알지 못함이니이다"(눅 23:34) 하고 기도하셨다. 용서는 타인을 위한 것이 아니라 자신을 위한 것이다. 용서하지 못해서 마음에 상처와 미움을 가지고 있는 사람은 스스로 자신을 감옥에 가두는 것과 같다. 용서하지 못하는 자의 마음은 온갖 종류의 더러운 오물이 모여 있는 곳과 같다. 이런 사람의 마음에는 타인의 악한 행위보다 더 악한 자기의 미움, 분노, 정죄, 보복하려는 마음이 가득하다. 어쩌면 이런 죄악에 익숙해져 타인을 더 용서하지 못하는 것인지도 모른다. 이런 죄악의 감옥에서 벗어나 스스로 자유를 얻기 위해서라도 타인을 용서해야 한다.

## 19:24-30
## 다윗을 맞이한 므비보셋

시바에게 모함을 받았던 므비보셋이 다윗을 맞이한다. 므비보셋은 자신이 시바에게 속았다고 밝히면서 다윗의 공정한 판결을 요청한다. 그러나 다윗은 시바의 허물을 덮고, 피난길에 자신에게 베풀었던 시바의 도움을 생각하며 밭을 나누라고 판결한다.

**19:24** **사울의 손자 므비보셋이 내려와 왕을 맞으니 그는 왕이 떠난 날부터 평안히 돌아오는 날까지 그의 발을 맵시 내지 아니하며 그의 수염을 깎지 아니하며 옷을 빨지 아니하였더라**

**므비보셋** 요나단의 아들로 두 다리를 저는 장애가 있었다. 시바는 이전에 피난길을 떠나는 다윗에게, 므비보셋이 다윗을 배반하고 자신이 왕이 되려는 생각을 가지고 있다고 모함했었다(16:3). 그러나 므비보셋은 다윗이 돌아올 때까지 마치 부모의 장례를 당한 자가 애곡하는 것과 같은 모습으로 지냈다. 이것은 다윗을 향한 충성심을 보이고 자신의 무죄를 증명하기 위함이었다.

**19:25** **예루살렘에서 와서 왕을 맞을 때에 왕이 그에게 물어 이르되 므비보셋이여 네가 어찌하여 나와 함께 가지 아니하였더냐 하니**

**네가 어찌하여 나와 함께 가지 아니하였더냐** 다윗은 시바가 므비보셋을 모함한 말 때문에 므비보셋의 충성심을 의심하고 있었다.

**19:26** **대답하되 내 주 왕이여 왕의 종인 나는 다리를 절므로 내 나귀에 안장을 지워 그 위에 타고 왕과 함께 가려 하였더니 내 종이 나를 속이고**

**내 종이 나를 속이고** 므비보셋은 시바가 자신을 속여 다윗 왕을 따라가지 못하도록 했다고 변론한다. 그는 두 다리를 모두 절었으므로 그의 대답이 진실함을 알 수 있다.

**19:27** **종인 나를 내 주 왕께 모함하였나이다 내 주 왕께서는 하나님의 사자와 같으시니 왕의 처분대로 하옵소서**

**종인 나를 내 주 왕께 모함하였나이다** 므비보셋은 자신의 무죄를 입증하기 위해 두 번이나 시바가 자신을 속였음을 말한다.

**내 주 왕께서는 하나님의 사자와 같으시니** 하나님의 사자(천사)와 같이 다윗이 모든 것을 공정하고 정확하게 판결할 것이라는 기대가 담긴 말이다.

**쉬운성경**

24 사울의 손자인 므비보셋도 다윗 왕을 맞이하러 내려왔습니다. 므비보셋은 왕이 예루살렘을 떠난 날부터 평안히 돌아올 때까지 발도 씻지 않고 수염도 깎지 않고 옷도 빨지 않았습니다.
25 므비보셋이 예루살렘에서 왕을 맞으러 왔습니다. 왕이 므비보셋에게 물었습니다. "므비보셋아, 너는 어찌하여 나와 함께 가지 않았느냐?"
26 므비보셋이 대답했습니다. "내 주여, 저의 종 시바가 저를 속였습니다. 저는 시바에게 '나는 다리를 저니 나귀에 안장을 채워 다오. 나귀를 타고 왕을 따라가겠다' 하고 말했습니다.
27 그러나 시바는 저를 속이고 저에 대해 왕께 거짓말을 했습니다. 내 주 왕이시여, 왕께서는 하나님이 보내신 천사와도 같으신 분입니다. 그러니 왕께서 판단하시기에 옳은 대로 결정하십시오.

**19:28** **내 아버지의 온 집이 내 주 왕 앞에서는 다만 죽을 사람이 되지 아니하였나이까 그러나 종을 왕의 상에서 음식 먹는 자 가운데에 두셨사오니 내게 아직 무슨 공의가 있어서 다시 왕께 부르짖을 수 있사오리이까 하니라**

**다시 왕께 부르짖을 수 있사오리이까** 다윗의 적이었던 사울의 직계 자손인 므비보셋은 당시의 관습대로라면 새로운 왕인 다윗에게 죽임을 당하는 것이 마땅했다. 그러나 다윗은 므비보셋을 왕의 자녀들과 똑같이 대우했다. 그렇기 때문에 므비보셋은 자신이 어떤 처분을 받더라도 지금까지 받은 은혜에 감사한다는 고백을 한다.

**19:29** **왕이 그에게 이르되 네가 어찌하여 또 네 일을 말하느냐 내가 이르노니 너는 시바와 밭을 나누라 하니**

**네가 어찌하여 또 네 일을 말하느냐** 다윗은 므비보셋의 말 속에서 그의 진심을 읽을 수 있었다. 그래서 더 많은 말이 필요치 않았다.

**밭을 나누라** 비록 시바가 므비보셋에 대해 거짓말을 하긴 했지만, 다윗은 피난길에 오른 자신에게 베풀었던 시바의 도움을 무시할 수 없었다. 또 자신을 배반하지 않은 므비보셋도 벌할 수 없었다. 결국 다윗은 두 사람에게 공정하게 재산을 나누도록 명령한다.

**19:30** **므비보셋이 왕께 아뢰되 내 주 왕께서 평안히 왕궁에 돌아오시게 되었으니 그로 그 전부를 차지하게 하옵소서 하니라**

**그로 그 전부를 차지하게 하옵소서** 므비보셋은 시바와 달리 자신의 관심이 재산에

**쉬운성경**

28제 아버지의 모든 집안은 내 주 왕 앞에서 죽어 마땅했으나, 왕께서는 저를 왕의 식탁에서 함께 먹는 사람들 가운데 앉혀 주셨습니다. 그러니 이제 저는 왕께 더 바랄 것이 없습니다."
29왕이 므비보셋에게 말했습니다. "그만두어라. 너와 시바가 땅을 나누어 가져라."
30므비보셋이 왕에게 말했습니다. "시바에게 땅을 다 주십시오. 저는 내 주 왕께서 집에 평안히 돌아오신 것만으로도 만족합니다."

있지 않음을 밝힌다. 므비보셋은 다윗이 지금까지 자신에게 베풀어준 은혜만으로도 충분히 감사함을 표현한 것이다. 재물이 다윗과 므비보셋의 관계를 설정하는 것이 아니라 므비보셋을 향한 다윗의 은혜가 그들의 관계를 설정하고 있는 것이다.

### 마음에 새기기

므비보셋은 시바에게 속아 다윗을 따라가지 못한 것이 분명했다. 그런데 다윗은 시바의 거짓을 밝혀내어 잘못을 바로잡거나 시바에게 준 땅을 다시 므비보셋에게 되돌려 주지 않는다. 어쩌면 다윗의 판결은 불공정하거나 모호하게 보일 수도 있다. 그러나 다윗은 자신이 다시 왕이 되는 상황에서 누군가의 잘잘못을 찾아내 그것을 바로잡는 것에 큰 관심을 두지 않았다. 자신 또한 하나님의 은혜와 긍휼로 왕권을 다시 회복했기 때문에 다른 사람들의 잘잘못을 바로잡는 것이 별로 중요한 일이 아님을 깨달은 것이다. 그래서 잘못한 사람이나 잘한 사람이나 왕으로서 전부 포용하고 용납한 것이다.

공동체 안에서도 공정하고 정확한 것을 요구하는 사람들이 있다. 이런 사람들이 보기에 다윗의 판결은 부적절할 것이다. 그러나 이런 공정함과 정확함의 잣대로 모든 것을 판결하게 되면 공동체는 판단, 비판, 정죄만이 난무하게 된다. 이런 공동체에는 연약한 사람, 실수하는 사람, 도움이 필요한 사람은 남아 있을 수 없게 된다. 똑똑하고 잘난 사람들만 살아남을 수 있기 때문이다. 물론 교회에도 정확함이 요구되는 영역이 있다. 그러나 교회는 기본적으로 사랑과 용납이 풍성한 곳이어야 한다. 그래야 연약한 자나 부족한 자들이 와서 도움을 받고 성장할 수 있다. "미움은 다툼을 일으켜도 사랑은 모든 허물을 가리느니라"(잠 10:12)는 말씀같이 허물을 덮는 큰 사랑이 교회 안에 더 많이 필요하다.

19장

## 19:31–39
## 다윗을 배웅한 바르실래

마하나임에서 다윗에게 호의를 베풀었던 바르실래는 다윗을 환송하기 위해 요단 까지 찾아온다. 다윗은 바르실래에게 예루살렘으로 함께 갈 것을 권유했지만 바르실래는 거절한다. 대신 그의 아들 김함을 다윗과 함께 보낸다.

## 19:31 길르앗 사람 바르실래가 왕이 요단을 건너가게 하려고 로글림에서 내려와 함께 요단에 이르니

**바르실래** 다윗이 마하나임으로 피난했을 때 많은 음식과 필요한 물품들을 후원했던 요단 강 동쪽의 큰 부자다. 그는 다윗이 왕권을 회복하자 그것을 축하하기 위해 늙은 몸을 이끌고 먼 거리까지 배웅을 나왔다.

## 19:32 바르실래는 매우 늙어 나이가 팔십 세라 그는 큰 부자이므로 왕이 마하나임에 머물 때에 그가 왕을 공궤하였더라

**매우 늙어, 큰 부자** 바르실래는 굉장한 부자였지만 맛과 소리도 구별할 수 없을 만큼 매우 늙었다. 그 때문에 바르실래는 예루살렘으로 함께 가자는 다윗의 제의를 거절한다. 다윗 왕의 제안은 매력적이었지만 바르실래는 자신의 처지와 상황을 누구보다 명확하게 알고 있었다.

## 19:33 왕이 바르실래에게 이르되 너는 나와 함께 건너가자 예루살렘에서 내가 너를 공궤하리라

**내가 너를 공궤하리라** 다윗은 바르실래의 호의에 감사해서 그를 예루살렘에 데려가 돌보아 주겠다고 제안한다.

## 19:34 바르실래가 왕께 아뢰되 내 생명의 날이 얼마나 있사옵겠기에 어찌 왕과 함께 예루살렘으로 올라가리이까

**쉬운성경**

31 길르앗 사람 바르실래가 로글림에서 왕을 배웅하기 위하여 요단에 왔습니다.
32 바르실래는 여든 살이나 된 아주 늙은 사람이었고, 아주 부자였습니다. 바르실래는 다윗이 마하나임에 머물러 있을 때, 왕을 돌보아 주었습니다.
33 다윗이 바르실래에게 말했습니다. "나와 함께 강을 건너서 예루살렘으로 갑시다. 그러면 내가 그대를 돌보아 드리겠소."
34 그러나 바르실래가 왕에게 대답했습니다. "제 나이가 얼마인지 아십니까? 제가 왕과 함께 예루살렘으로 갈 수 있다고 생각하십니까?

**내 생명의 날이 얼마나 있사옵겠기에** 바르실래가 다윗에게 호의를 베푼 것은 다윗에게서 보상을 얻기 위한 것이 아니라 순수한 마음으로 한 것임을 알 수 있다. 바르실래는 이 땅에서 살 날이 얼마 남지 않았기에 자신의 자리를 지키며 마무리하고자 다윗의 호의를 거절한다.

**19:35** **내 나이가 이제 팔십 세라 어떻게 좋고 흉한 것을 분간할 수 있사오며 음식의 맛을 알 수 있사오리이까 이 종이 어떻게 다시 노래하는 남자나 여인의 소리를 알아들을 수 있사오리이까 어찌하여 종이 내 주 왕께 아직도 누를 끼치리이까**

**내 나이가 이제 팔십 세라** 바르실래는 자신이 매우 늙었기 때문에 이 세상의 향락과 풍요에 더 이상 욕심이 없다고 말한다. 바르실래는 나이에 걸맞은 고귀한 인품을 지닌 사람이었다.

**19:36** **당신의 종은 왕을 모시고 요단을 건너려는 것뿐이거늘 왕께서 어찌하여 이 같은 상으로 내게 갚으려 하시나이까**

**왕을 모시고 요단을 건너려는 것뿐** 바르실래는 자신의 이익이나 정치적 목적으로 다윗을 후대한 것이 아니었다. 그는 다윗의 안녕을 원했고, 다윗의 왕권이 제대로 서기를 진심으로 바라는 사람이었다. 다윗 주변에 있던 많은 사람들 가운데 바르실래의 모습은 이 세상에서 순수하고 고귀한 관계가 쉽지 않음을 보여준다. 특히 힘을 가진 사람이 되었을 때는 이런 관계를 맺는 것이 더욱 쉽지 않다.

19장

**쉬운성경**

35제 나이가 여든 살입니다. 저는 먹고 마셔도 맛을 모를 만큼 늙었습니다. 저는 젊은 남자와 여자가 노래를 해도 그 소리를 알아들을 수 없을 만큼 늙었습니다. 그러니 저와 같은 사람에게 마음을 쓰지 마십시오.
36저는 왕에게 상을 받을 자격이 없습니다. 왕을 모시고 요단 강을 건너기는 하겠습니다.

**19:37** **청하건대 당신의 종을 돌려보내옵소서 내가 내 고향 부모의 묘 곁에서 죽으려 하나이다 그러나 왕의 종 김함이 여기 있사오니 청하건대 그가 내 주 왕과 함께 건너가게 하시옵고 왕의 처분대로 그에게 베푸소서 하니라**

**내가 내 고향 부모의 묘 곁에서 죽으려 하나이다** 바르실래는 남은 인생을 고향에서 편하게 죽음을 준비하는 시간으로 삼고자 했다.

**김함** 바르실래의 아들이다. 다윗은 바르실래가 베푼 호의에 보답하기 위해 김함을 예루살렘으로 데려간다. 베들레헴 가까운 곳에 '게룻김함-김함에게 베푼 친절'(렘 41:17)이라는 성읍이 있는 것으로 미루어 보아 이후에 다윗이 김함에게 땅을 선사한 것으로 보인다.

**19:38** **왕이 대답하되 김함이 나와 함께 건너가리니 나는 네가 좋아하는 대로 그에게 베풀겠고 또 네가 내게 구하는 것은 다 너를 위하여 시행하리라 하니라**

**다 너를 위하여 시행하리라** 다윗은 바르실래의 순수한 호의와 우정에 무척 감사했을 것이다. 그렇기 때문에 바르실래의 아들에게 대신하여 보답하겠다고 약속한다.

**19:39** **백성이 다 요단을 건너매 왕도 건너가서 왕이 바르실래에게 입을 맞추고 그에게 복을 비니 그가 자기 곳으로 돌아가니라**

**왕이 바르실래에게 입을 맞추고 그에게 복을 비니** 다윗은 바르실래와 입맞추고 그

**쉬운성경**

37 하지만 그 다음에는 다시 돌아가서 제가 사는 성에서 죽음을 맞이할 수 있게 해 주십시오. 제 부모님의 무덤 가까운 곳에서 죽게 해 주십시오. 하지만 여기에 왕의 종 김함이 있습니다. 내 주 왕이시여, 제 아들 김함을 데리고 가셔서 왕께서 좋으실 대로 하십시오."
38 왕이 대답했습니다. "김함을 데리고 가겠소. 그대가 원하는 것이라면 무엇이든지 김함에게 해 주겠소. 그리고 그대가 내게 원하는 것도 다 그대에게 해 주겠소."
39 모든 백성은 요단 강을 건너갔습니다. 왕도 바르실래에게 입맞추고, 그에게 축복한 뒤, 강을 건너갔습니다. 바르실래는 자기 집으로 돌아갔습니다.

에게 복을 빌어준 뒤 요단을 건너갔다. 다윗이 왕궁으로 돌아오는 길에 만난 사람들 가운데 바르실래만이 다윗에게 순수한 우정을 베푼 사람이었다.

### 마음에 새기기

다윗 주변에는 진심 어린 충성을 보인 자들이 있었지만, 대부분 그 목적과 동기가 순수하지는 않았다. 다윗은 왕궁에서 항상 많은 사람들에게 호의를 받았지만 늘 외로웠다. 다윗과 가장 가까웠던 요압은 잔인한 성격으로 다윗의 마음을 헤아리지 못했고, 다윗의 친아들도 다윗을 배신하고 그를 죽이려 했다. 그러나 바르실래는 순수한 동기로 다윗을 섬겼고 그를 배웅하러 나왔다.

예수님 주변에도 항상 많은 사람들이 있었다. 그러나 그들은 모두 예수님께 바라는 것이 있었다. 심지어 예수님의 제자들도 예수님이 권세를 잡으면 그 옆에서 한 몫 잡을 것을 기대하며 예수님을 따라다녔다. 그런데 예수님과 순수한 우정을 나누고 그분을 섬긴 한 사람이 있었다. 바로 나사로의 동생 마리아다. 예수님에게는 마르다의 음식보다 마리아같이 순수하게 예수님의 이야기를 들어줄 사람이 필요했다(눅 10:38-42). 예수님 곁에서 그분의 말씀을 순수하게 경청했던 마리아는 귀한 향유 옥합을 깨뜨려 예수님의 죽으심을 예비했다(요 12:3). 예수님은 마리아의 마음을 귀하게 여겨 "온 천하에 어디서든지 복음이 전파되는 곳에는 이 여자가 행한 일도 말하여 그를 기억하리라"(막 14:9)고 말씀하셨다.

지금 당신의 모습은 어떤가? 만일 당신이 무엇인가 이익을 얻기 위해 예수님을 따르고 있다면 당신은 다윗 주변의 많은 무리 중 한 명과 다를 바가 없을 것이다. 진정한 예수님의 제자라면 예수님이 베푸신 사랑과 은혜에 감사하며 순수한 마음으로 그분을 따라야 한다. 축복과 이익 때문이 아니라 순수한 마음으로 예수님을 따르는 소수의 사람들을 하나님은 찾고 계신다.

19:40–20:3

## 유다 지파와 다른 지파들 사이의 다툼

이스라엘의 열 지파는 다윗 왕의 귀환 행사를 유다 지파가 주도한 것에 대해 화가 나 그들과 다툼을 벌인다. 그 결과 세바의 선동에 의해 유다 지파를 제외한 온 이스라엘 사람들이 다윗을 떠나버린다. 한편 예루살렘에 돌아온 다윗은 후궁 열 명을 별실에 가두고 다시는 그들과 관계하지 않는다.

**19:40** **왕이 길갈로 건너오고 김함도 함께 건너오니 온 유다 백성과 이스라엘 백성의 절반이나 왕과 함께 건너니라**

**이스라엘 백성의 절반** 온 이스라엘 사람들이 모이지 못한 이유는 유다 사람들이 다윗 왕의 귀환을 자신들만의 행사로 만들어버렸기 때문이다. 따라서 멀리 사는 이스라엘 사람들은 이 행사에 참하지 않았다.

**19:41** **온 이스라엘 사람이 왕께 나아와 왕께 아뢰되 우리 형제 유다 사람들이 어찌 왕을 도둑하여 왕과 왕의 집안과 왕을 따르는 모든 사람을 인도하여 요단을 건너가게 하였나이까 하매**

**온 이스라엘 사람이 왕께 나아와 왕께 아뢰되** 사사 시대 이래 남쪽의 유다 지파와 북쪽의 나머지 이스라엘 지파 사이에는 항상 분열이 존재했다. 그 때문에 성경은 항상 유다 지파를 다른 지파들과 분리해서 기록한다(삼상 11:8). 이번 사건에서도 유다 지파가 다른 지파들에게 알리지 않고 다윗 왕의 환영 행사를 마련한 것에 대

**쉬운성경**

40 왕이 요단 강을 건너 길갈로 갈 때에 김함도 함께 갔습니다. 유다의 모든 백성과 이스라엘의 백성 절반이 왕을 모시고 나아갔습니다.
41 이스라엘의 모든 백성이 왕에게 나아와 불평했습니다. "우리 형제인 유다 사람들이 우리와 의논도 없이 왕과 왕의 가족들과 신하들을 요단 강 건너편으로 건네 주었다는데 그들이 이럴 수 있습니까?"

해 다른 지파들의 원성이 아주 컸다. 그것은 후에 유다 지파가 더 많은 혜택을 누릴 것을 염려했기 때문이다.

**19:42** **모든 유다 사람이 이스라엘 사람에게 대답하되 왕은 우리의 종친인 까닭이라 너희가 어찌 이 일에 대하여 분 내느냐 우리가 왕의 것을 조금이라도 얻어먹었느냐 왕께서 우리에게 선물로 주신 것이 있느냐**

**왕은 우리의 종친인 까닭이라** 유다 지파의 변명은 반쪽짜리 진실이었다. 유다 지파는 다윗의 귀환에 주도권을 가짐으로써 압살롬 편에 섰던 과거를 청산하고, 다른 지파보다 왕의 호의를 더 많이 받고자 한 것이다.

**19:43** **이스라엘 사람이 유다 사람에게 대답하여 이르되 우리는 왕에 대하여 열 몫을 가졌으니 다윗에게 대하여 너희보다 더욱 관계가 있거늘 너희가 어찌 우리를 멸시하여 우리 왕을 모셔 오는 일에 먼저 우리와 의논하지 아니하였느냐 하나 유다 사람의 말이 이스라엘 사람의 말보다 더 강경하였더라**

**유다 사람의 말이 이스라엘 사람의 말보다 더 강경하였더라** 유다 지파에 대한 이스라엘 사람의 책망은 옳은 것이었다. 이미 이스라엘 지파는 다윗의 귀환을 놓고 의논 중에 있었기 때문에 유다 지파가 홀로 이 일을 추진한 것은 잘못한 것이었다. 그런데 유다 지파는 자신들의 잘못을 인정하지 않고 오히려 더 강하게 변명한다.

**쉬운성경**

42유다의 모든 백성이 이스라엘 사람들에게 대답했습니다. "우리가 이 일을 한 까닭은 왕이 우리의 가장 가까운 친척이기 때문이오. 왜 이 일에 대해 화를 내시오? 우리는 왕의 음식을 축내지도 않았소. 왕이 우리에게 선물을 주신 일도 없소."
43이스라엘 사람들이 유다 백성에게 대답했습니다. "이 나라 안에서 우리의 지파 수는 열이나 되오. 그러므로 우리는 여러분보다 다윗 왕에게 더 많은 것을 요구할 수 있소. 그런데 한 지파밖에 안 되는 여러분은 우리를 무시했소. 우리의 왕을 다시 모시는 일에 대해 어째서 우리와 먼저 상의하지 않았소?" 그러나 유다 사람들은 이스라엘 사람들보다 더 강력하게 말을 했습니다.

**20:1** **마침 거기에 불량배 하나가 있으니 그의 이름은 세바인데 베냐민 사람 비그리의 아들이었더라 그가 나팔을 불며 이르되 우리는 다윗과 나눌 분깃이 없으며 이새의 아들에게서 받을 유산이 우리에게 없도다 이스라엘아 각각 장막으로 돌아가라 하매**

**불량배 하나가 있으니 그의 이름은 세바** 세바는 유다 지파의 계속되는 변명에 분노해서 사람들을 선동한다. 세바의 선동에 온 이스라엘 사람들은 다윗 왕의 귀환 행사에 참여하지 않고 각각 자신의 장막으로 돌아가 버린다. 이것은 이스라엘 백성이 더 이상 다윗을 따르지 않겠다는 것을 표명한 새로운 반란의 시작이었다.

**20:2** **이에 온 이스라엘 사람들이 다윗 따르기를 그치고 올라가 비그리의 아들 세바를 따르나 유다 사람들은 그들의 왕과 합하여 요단에서 예루살렘까지 따르니라**

**다윗 따르기를 그치고** 유다 지파는 다윗을 계속 지지했지만 나머지 지파는 다윗을 왕으로 인정하지 않고 떠났다.

**20:3** **다윗이 예루살렘 본궁에 이르러 전에 머물러 왕궁을 지키게 한 후궁 열 명을 잡아 별실에 가두고 먹을 것만 주고 그들에게 관계하지 아니하니 그들이 죽는 날까지 갇혀서 생과부로 지내니라**

**후궁 열 명** 다윗 왕을 대신하는 왕임을 과시하기 위해 압살롬이 강간한 여인들이

**쉬운성경**

1 비그리의 아들이며 이름이 세바인 난봉꾼이 있었습니다. 세바는 베냐민 지파 사람이었습니다. 세바는 나팔을 불면서 이렇게 말했습니다. "우리는 다윗과 상관이 없다. 우리는 이새의 아들에게서 얻을 것이 없다. 이스라엘 백성아, 모두 자기 집으로 돌아가자!"
2 그리하여 모든 이스라엘 백성이 다윗을 떠나 비그리의 아들 세바를 따랐습니다. 그러나 유다 사람들은 요단 강에서 예루살렘에 이르기까지 자기 왕의 곁을 떠나지 않았습니다.
3 다윗은 예루살렘에 있는 왕궁으로 돌아왔습니다. 전에 다윗은 왕궁을 지키기 위해 후궁 열 명을 남겨 둔 일이 있습니다. 다윗은 그 후궁들을 잡아다가 별실에 가두고 보초들을 세워 놓았습니다. 후궁들은 죽을 때까지 그 집에 갇혀 살았습니다. 다윗은 그들에게 음식을 주기는 했지만, 그들과 함께 잠을 자지는 않았습니다. 그들은 죽을 때까지 과부나 다름없이 살았습니다.

다(16:22). 이들을 궁에 남겨둔 것은 다윗의 결정이었기 때문에 다윗은 이들을 벌하지는 않았다. 그러나 다윗은 하나님의 율법에 따라 부정한 그들과 더 이상 관계하지 않았다(신 24:4).

### 마음에 새기기

이스라엘 민족은 뿌리 깊은 분열의 역사를 가지고 있었다. 유다 지파와 나머지 지파 사이의 분열은 유다 지파에게 주요한 원인이 있는 것으로 보인다. 항상 유다 지파와 나머지 다른 지파가 구분되고 있기 때문이다. 본문에 나타나는 유다 지파는 권력 지향적이며 잘못을 인정하지 않는 교만한 모습을 보인다. 또 같은 지파 출신인 다윗을 십 사람들이 사울에게 고발했던 것으로 미루어 보아 유다 지파 내에서도 분열이 존재했던 것 같다. 그리고 이렇게 역사적으로 계속된 분열은 최악의 결과를 가져왔다. 바로 솔로몬 이후에 북이스라엘과 남유다로 국가 자체가 나누어져 버린 것이다.

우리나라 또한 이런 분열과 친숙한 민족이다. 이스라엘 역사처럼 남한과 북한이 나뉘어져 서로 대치하고 있다. 그런데 더 큰 문제는 남한 사람들끼리도 연합되지 않고 수없이 분열되어 있다는 사실이다. 보수와 진보, 정부와 시민, 교사와 학생, 경찰과 시위대, 어른과 아이, 부모와 자녀가 분열되어 있는 우리의 현실은 아주 심각하다. 교회 안에서도 이런 분열의 영향력은 강력하다. 분열은 교만과 시기 그리고 욕심이 만들어낸 결과물이다. 분열된 곳에는 온갖 종류의 죄악이 가득하다. 따라서 성도는 이런 분열의 현실을 놓고 눈물로 기도해야 한다. 우리의 겸손한 마음과 눈물로 드리는 기도만이 조국을 하나 되게 할 뿐 아니라 분단으로 인해 고통 가운데 살아가는 북한을 회복시킬 수 있다.

## 20:4-13
## 아마사를 죽인 요압

20장

다윗은 세바의 반란 진압을 아마사에게 맡긴다. 그러나 일이 지체되자 다시 아비새에게 지휘를 맡긴다. 한편 아비새와 함께 세바를 뒤쫓던 요압은 아마사를 만나자 그를 칼로 찔러 죽인다. 그러고는 자신이 군지휘관이 되어 세바를 뒤쫓는다.

## 20:4 왕이 아마사에게 이르되 너는 나를 위하여 삼 일 내로 유다 사람을 큰 소리로 불러 모으고 너도 여기 있으라 하니라

**아마사** 다윗은 압살롬 군대의 지휘관이었던 아마사에게 세바의 반란을 진압할 책임을 맡긴다. 이것으로 다윗은 아마사에게 제의한 약속을 지켰을 뿐 아니라 요압을 군지휘관 직에서 파면하고자 했다.

## 20:5 아마사가 유다 사람을 모으러 가더니 왕이 정한 기일에 지체된지라

**정한 기일에 지체된지라** 아마사는 다윗의 명령을 지키지 못했다. 이것은 아마사의 경험 부족 때문이거나 유다 백성이 적극적으로 협조하지 않았기 때문이었을 것이다.

## 20:6 다윗이 이에 아비새에게 이르되 이제 비그리의 아들 세바가 압살롬보다 우리를 더 해하리니 너는 네 주의 부하들을 데리고 그의 뒤를 쫓아가라 그가 견고한 성읍에 들어가 우리들을 피할까 염려하노라 하매

**아비새** 다윗은 평소 같으면 요압에게 맡겼을 세바 진압의 책임을 그의 동생 아비새에게 맡긴다. 다윗은 끝까지 요압을 사용하지 않으려고 한 것이다.

## 20:7 요압을 따르는 자들과 그렛 사람들과 블렛 사람들과 모든 용사들이 다 아비새를 따라 비그리의 아들 세바를 뒤쫓으려고 예루살렘에서 나와

**쉬운성경**

4 왕이 아마사에게 말했습니다. "유다 사람들
에게 삼 일 안으로 나에게 나아오라고 전하시
오. 그리고 그대도 함께 오시오."
5 그리하여 아마사는 유다 사람들을 부르러 갔
습니다. 그러나 아마사는 왕이 정한 기간을
넘겨 버렸습니다.
6 다윗이 아비새에게 말했습니다. "우리에게 비
그리의 아들 세바는 압살롬보다도 더 위험하
오. 내 부하들을 데리고 가서 세바를 뒤쫓으
시오. 세바가 강하고 튼튼한 성을 찾기 전에
어서 서두르시오. 세바가 강하고 튼튼한 성에
들어가게 되면 잡을 수 없게 되오."
7 그리하여 요압의 부하들과 그렛 사람과 블렛
사람, 그리고 모든 군인들이 아비새와 함께
갔습니다. 그들은 예루살렘에서 나와 비그리
의 아들 세바를 뒤쫓았습니다.

**그렛 사람들과 블렛 사람들** 세바의 반란을 진압하는 데 다윗의 경호 부대까지 동원된 것으로 미루어 볼 때, 유다 지파의 협조가 미흡했고 세바의 반란이 심각했음을 알 수 있다.

**20:8** **기브온 큰 바위 곁에 이르매 아마사가 맞으러 오니 그때에 요압이 군복을 입고 띠를 띠고 칼집에 꽂은 칼을 허리에 맸는데 그가 나아갈 때에 칼이 빠져 떨어졌더라**

**기브온** 예루살렘에서 북서쪽으로 9킬로미터 떨어진 성읍으로, 아마사는 요압 군대와 합류하기 위해 이미 그곳에서 기다리고 있었다.

**칼이 빠져 떨어졌더라** 이는 요압이 언제라도 칼을 빼 아마사를 죽일 수 있도록 칼집의 끈을 풀어놓았다는 뜻이다.

**20:9** **요압이 아마사에게 이르되 내 형은 평안하냐 하며 오른손으로 아마사의 수염을 잡고 그와 입을 맞추려는 체하매**

**수염을 잡고 그와 입을 맞추려는 체하매** 이 같은 행위는 당시 친한 남자들 사이에서 행해지는 장난스러운 인사 표현이었다. 요압은 사촌 지간인 아마사에게 친한 인사를 건네는 체해서 그가 자신을 경계하지 않도록 한 것이다.

**20:10** **아마사가 요압의 손에 있는 칼은 주의하지 아니한지라 요압이 칼로 그의 배를 찌르매 그의 창자가 땅에 쏟아지니 그를 다시 치지 아니하여도 죽으니라 요압과 그의 동생 아비새가 비그리의 아들 세바를 뒤쫓을새**

20장

**쉬운성경**

8 요압과 그 군대가 기브온의 커다란 바위에 이르렀을 때, 아마사가 나와서 요압을 맞이했습니다. 그때 요압은 군복을 입고 있었고 허리에는 띠를 차고 있었습니다. 그 띠에는 칼집이 있었고 칼집 안에는 칼이 들어 있었습니다. 요압이 앞으로 나서면서, 그 칼집을 풀어놓았습니다.
9 요압이 아마사에게 말했습니다. "형님, 모든 일이 평안하시오?" 그러면서 요압은 오른손으로 아마사의 수염을 잡고 입을 맞추었습니다.

**요압이 칼로 그의 배를 찌르매** 요압은 아브넬, 우리아, 압살롬에 이어 아마사를 죽임으로 네 번째 살인을 저지른다. 요압이 아마사를 죽인 이유는 반역자 압살롬의 군지휘관이었던 아마사가 자신을 대신해 군지휘관이 된 것을 질투했기 때문이다. 개인적인 분노와 질투로 계속 살인을 저지르는 요압의 난폭한 성격이 여기서도 드러난다.

## 20:11

**요압의 청년 중 하나가 아마사 곁에 서서 이르되 요압을 좋아하는 자가 누구이며 요압을 따라 다윗을 위하는 자는 누구냐 하니**

**요압을 따라 다윗을 위하는 자는 누구냐** 다윗은 세바의 반란을 진압하기 위해 아마사에 이어 아비새에게 군지휘권을 맡겼다. 그런데 요압이 그의 부하들에 의해 자연스럽게 군지휘관으로 복귀하게 된다.

## 20:12

**아마사가 길 가운데 피 속에 놓여 있는지라 그 청년이 모든 백성이 서 있는 것을 보고 아마사를 큰길에서부터 밭으로 옮겼으나 거기에 이르는 자도 다 멈추어 서는 것을 보고 옷을 그 위에 덮으니라**

**모든 백성이 서 있는 것을 보고** 군지휘관으로 새롭게 임명된 아마사의 갑작스러운 죽음은 백성들에게 충격이었다. 요압을 따라 세바의 반란을 진압하기 위해 떠나

**쉬운성경**

10아마사는 요압의 손에 칼이 있으리라곤 생각도 못했습니다. 요압은 칼을 아마사의 배에 찔러 넣었습니다. 그러자 아마사의 창자가 땅 위에 쏟아졌습니다. 아마사는 그 자리에서 죽었기 때문에 요압이 다시 아마사를 칼로 찌를 필요가 없었습니다. 그리고 나서 요압과 그의 동생 아비새는 계속해서 비그리의 아들 세바를 뒤쫓았습니다.
11요압의 부하 중 한 사람이 아마사의 시체 곁에 서 있다가 말했습니다. "요압과 다윗 편에 있는 사람은 요압을 따르도록 하여라!"
12아마사는 피투성이가 된 채 길 한가운데에 쓰러져 있었습니다. 요압의 부하들은, 지나가는 사람마다 그 시체를 보려고 멈추는 것을 보고 아마사의 시체를 길에서 끌어다가 들에 놓아두었습니다. 그리고 그 시체를 옷으로 덮어 주었습니다.
13아마사의 시체가 길에서 치워지자, 모든 사람들이 요압을 따라갔습니다. 그들은 요압과 함께 비그리의 아들 세바를 뒤쫓았습니다.

야 할 백성들은 놀란 나머지 아마사의 시체 앞에 모여서 움직이지 않았다. 백성을 독려하던 청년은 이 시체를 길 옆의 밭으로 옮겼다가 그래도 사람들이 계속 모여들자 옷을 덮어 보이지 않게 했다.

**20:13** **아마사를 큰길에서 옮겨가매 사람들이 다 요압을 따라 비그리의 아들 세바를 뒤쫓아가니라**

### 마음에 새기기

요압은 예수님이 경고하신 "칼을 가지는 자는 다 칼로 망하느니라"(마 26:52)는 말씀에 가장 잘 어울리는 사람이다. 그는 칼을 잘 써서 온 이스라엘의 군지휘관이 되었다. 그러나 자신의 개인적 분노와 질투를 해결하고자 여러 사람을 칼로 죽인다. 요압은 칼로써 자신이 원하는 모든 것을 성취하고 해결할 수 있다고 생각했다. 요압에게 칼은 성공을 보장하는 도구였던 것이다. 그러나 그는 이후에 아도니야의 반역에 가담했다가 결국 칼로 죽임을 당하고 만다(왕상 2:34).

요압의 칼은 사업가에게는 돈이요, 정치가에게는 권력이며, 학자에게는 학문이다. 그런데 이러한 도구를 어떻게 사용하느냐에 따라 성공과 패망이 갈린다. 그러면 어떻게 해야 자신에게 주어진 도구를 잘 사용할 수 있을까? 요압의 칼을 잘못 사용하게 된 것은 자기 마음의 죄악을 다스리지 못해서였다. 칼이 잘못이 아니라 요압의 마음에 있던 분노, 경쟁, 시기, 질투, 미움, 교만, 폭력이 문제였다. 따라서 주어진 도구를 잘 사용하기 위해서는 마음의 죄악이 먼저 해결되어야 한다. 아무리 좋은 도구를 많이 가지고 있어도 마음이 악한 사람에게 그것들은 아무런 유익이 되지 못한다. 도구는 그것을 쓰는 사람의 마음에 따라 움직인다.

그러므로 인생에서 어떤 도구가 주어져 있든지 그것을 선하고 아름답게 사용할 수 있는 마음을 먼저 준비해야 한다. 따라서 좋은 도구를 준비하는 것보다도 마음의 죄악을 제거하는 데 더 많은 관심과 노력을 기울여야 할 것이다.

## 20:14-26
# 요압 군대에 진압된 세바의 반란

북쪽으로 도망치던 세바의 반란군은 아벨 성읍으로 들어간다. 한편 요압 군대의 공격을 받은 아벨 성읍에서 한 지혜로운 여인이 요압과 대화를 시도한다. 그 뒤에 여인은 성읍 사람들을 설득해 세바를 죽임으로써 아벨 성읍을 위기에서 구한다. 반란이 진압되자 다윗은 다시 통치 체제를 갖추고 왕권을 회복한다.

**20:14** **세바가 이스라엘 모든 지파 가운데 두루 다녀서 아벨과 벧마아가와 베림 온 땅에 이르니 그 무리도 다 모여 그를 따르더라**

**세바가 이스라엘 모든 지파 가운데 두루 다녀서** 세바의 반란군은 이스라엘 여러 지역을 다니면서 사람들을 선동해 반란 세력을 키우고자 했다. 요압 군대 또한 세바의 반란군을 추격하기 위해 이스라엘의 이곳저곳을 쫓아다녔다.

**아벨** 세바의 반란군은 갈릴리 북쪽 50킬로미터 지점에 있는 아벨까지 도망쳤다. 세바가 기대한 대로 이스라엘 백성들은 세바에게 호의적이지 않았던 것으로 보인다. 왜냐하면 왕의 아들인 압살롬의 반역이 실패한 지 얼마 되지도 않았는데 다시 다윗에게 반역하자는 주장은 설득력이 없었기 때문이다.

**20:15** **이에 그들이 벧마아가 아벨로 가서 세바를 에우고 그 성읍을 향한 지역 언덕 위에 토성을 쌓고 요압과 함께한 모든 백성이 성벽을 쳐서 헐고자 하더니**

**토성을 쌓고, 성벽을 쳐서 헐고자 하더니** 요압은 아벨 성읍이 반란군의 손에 들어

**쉬운성경**

14세바는 이스라엘의 모든 지파 가운데로 이리저리 다니다가 벧마아가의 아벨로 갔습니다. 모든 베림 사람들도 와서 세바의 뒤를 따라갔습니다.
15요압과 그의 부하들도 벧마아가의 아벨로 가서 그곳을 에워쌌습니다. 그들은 성을 공격하기 위해 성벽 곁에 흙을 쌓아 올렸습니다. 또 성벽을 무너뜨리기 위해 성벽 아래를 파기 시작했습니다.

갔다고 생각해 성읍을 에우고 공격을 시작한다. 본절을 통해 고대에 성을 공격하기 위해 어떤 방법을 사용했는지 알 수 있다. 먼저 성벽 옆에 성벽의 높이와 비슷하거나 더 높게 흙으로 쌓은 담을 만들어서 성 안을 공격할 수 있도록 했다. 또 성벽의 약한 부분을 쳐서 무너뜨리기도 했다.

**20:16** **그 성읍에서 지혜로운 여인 한 사람이 외쳐 이르되 들을지어다 들을지어다 청하건대 너희는 요압에게 이르기를 이리로 가까이 오라 내가 네게 말하려 하노라 한다 하라**

**지혜로운 여인** 이 여인은 무자비하고 생각 없이 행동하는 요압과 비교된다. 요압은 힘으로 모든 것을 해결하려고 했지만, 이 여인은 지혜로 반응했다.

**20:17** **요압이 그 여인에게 가까이 가니 여인이 이르되 당신이 요압이니이까 하니 대답하되 그러하다 하니라 여인이 그에게 이르되 여종의 말을 들으소서 하니 대답하되 내가 들으리라 하니라**

**20:18** **여인이 말하여 이르되 옛 사람들이 흔히 말하기를 아벨에게 가서 물을 것이라 하고 그 일을 끝내었나이다**

**아벨에게 가서 물을 것이라** 아벨은 선지자와 지혜자들이 많은 성으로 유명했다. 그 때문에 "어려운 문제가 생기면 아벨에서 조언을 구하라"는 속담이 있었다.

**쉬운성경**

16 그런데 어떤 지혜로운 여자가 성에서 소리를 질렀습니다. "제 말씀을 들어 보십시오! 요압에게 이리로 좀 와 달라고 해 주십시오. 드릴 말씀이 있습니다."
17 그래서 요압이 여자가 있는 쪽으로 왔습니다. 여자가 "요압 장군이십니까?" 하고 물었습니다. 요압이 "그렇소" 하고 대답했습니다. 여자가 말했습니다. "제 말을 들어주십시오." 요압이 말했습니다. "듣고 있으니 말해 보시오."
18 그러자 여자가 말했습니다. "전에는 사람들이 '도움말을 구할 일이 있으면 아벨로 가 보아라' 하고 말하곤 했습니다. 그러면 문제가 풀렸습니다.

20장

**20:19** **나는 이스라엘의 화평하고 충성된 자 중 하나이거늘 당신이 이스라엘 가운데 어머니 같은 성을 멸하고자 하시는도다 어찌하여 당신이 여호와의 기업을 삼키고자 하시나이까 하니**

**어머니 같은 성** 지혜로운 여인은 아벨 성읍이 이스라엘 가운데 오래되고 또한 중요한 성임을 알리기 위해 이같이 표현한 것이다.

**어찌하여 당신이 여호와의 기업을 삼키고자 하시나이까** 아벨 성읍 사람들은 갑자기 들이닥친 세바의 반란군과 요압의 군대에 둘러싸여 이유도 모른 채 공포에 떨고 있었을 것이다. 그러나 이 지혜로운 여인은 요압에게 성읍을 멸망시키려는 이유에 대해 담대히 묻는다.

**20:20** **요압이 대답하여 이르되 결단코 그렇지 아니하다 결단코 그렇지 아니하다 삼키거나 멸하거나 하려 함이 아니니**

**20:21** **그 일이 그러한 것이 아니니라 에브라임 산지 사람 비그리의 아들 그의 이름을 세바라 하는 자가 손을 들어 왕 다윗을 대적하였나니 너희가 그만 내주면 내가 이 성벽에서 떠나가리라 하니라 여인이 요압에게 이르되 그의 머리를 성벽에서 당신에게 내어던지리이다 하고**

**너희가 그만 내주면 내가 이 성벽에서 떠나가리라** 요압은 여인의 질문을 듣고야 자신들이 세바 한 사람을 잡기 위해 성읍 전체를 공격하고 있음을 고백한다. 이것은

**쉬운성경**

19저는 평화를 좋아하는, 충성스런 이스라엘 백성 중 한 사람입니다. 장군께서는 이스라엘의 중요한 성 하나를 멸망시키려 하고 있습니다. 여호와의 성인 이 성을 왜 멸망시키려 하십니까?"
20요압이 대답했습니다. "나는 결코 멸망시키거나 무너뜨리려고 온 것이 아니오.
21그런 일은 나도 바라지 않소. 하지만 이 성에는 에브라임의 산악 지방에서 온 사람이 하나 있소. 그 사람의 이름은 비그리의 아들 세바인데 그 사람은 다윗 왕을 향해 반란을 일으켰소. 만약 그 사람을 나에게 데리고 오기만 하면 이 성을 그대로 내버려 두겠소." 여자가 요압에게 말했습니다. "그 사람의 머리를 장군님이 있는 성문 밖으로 던지고 말겠습니다."

요압이 전후 사정을 잘 파악하지 않고 아벨 성읍을 무조건 공격했음을 보여준다.

**20:22** **이에 여인이 그의 지혜를 가지고 모든 백성에게 나아가매 그들이 비그리의 아들 세바의 머리를 베어 요압에게 던진지라 이에 요압이 나팔을 불매 무리가 흩어져 성읍에서 물러나 각기 장막으로 돌아가고 요압은 예루살렘으로 돌아와 왕에게 나아가니라**

**그의 지혜를 가지고** 여인은 지혜로운 말로 사람들을 쉽게 설득했다. 어떤 권력이나 힘이 아닌 지혜로써 모든 백성들의 생명을 구원했다.

**20:23–26** **23요압은 이스라엘 온 군대의 지휘관이 되고 여호야다의 아들 브나야는
그렛 사람과 블렛 사람의 지휘관이 되고 24아도람은 감역관이 되고 아힐
룻의 아들 여호사밧은 사관이 되고 25스와는 서기관이 되고 사독과 아비아달은 제사장이 되고
26야일 사람 이라는 다윗의 대신이 되니라**

다윗이 새로 정비한 정부 조직은 다윗이 온 이스라엘의 왕이 되어 처음 정비한 정부 조직과 유사하다(8:15–18). 다른 점이 있다면 감역관이 된 아도람과 스라야 대신 서기관이 된 스와 그리고 다윗의 대신이 된 이라가 새로 세워졌다는 점이다. 또 다윗의 아들들은 대신의 자리에서 제외되었다. 이것은 압살롬의 반란으로 왕자들이 권력을 갖는 것을 견제한 것으로 보인다. 본문에 정부 조직이 기록된 것

**쉬운성경**

22그리고 나서 그 여자는 성의 모든 백성에게 매우 지혜롭게 말을 했습니다. 그들은 비그리의 아들 세바의 목을 잘랐습니다. 그리고 그 목을 성문 밖의 요압에게로 던졌습니다. 그러자 요압은 나팔을 불었고 군대는 그 성을 떠났습니다. 모두 다 집으로 돌아갔습니다. 요압은 왕이 있는 예루살렘으로 돌아갔습니다.
23요압은 다시 이스라엘 모든 군대의 총사령관이 되었습니다. 여호야다의 아들 브나야는 그렛 사람과 블렛 사람을 지휘했습니다.
24아도니람은 강제 노동을 하는 사람들을 감독했습니다. 아힐룻의 아들 여호사밧은 역사 기록관이 되었습니다.
25스와는 서기관이 되고, 사독과 아비아달은 제사장이 되었습니다.
26야일 사람 이라는 다윗의 제사장이 되었습니다.

20장

은 이제 다윗 왕이 통치 체제를 회복했음을 보여준다. 특징적인 점은 요압이 세바의 반란을 진압한 공로를 인정받아 다시 이스라엘 온 군대의 지휘관이 되었다는 점이다. 그러나 세바의 반란을 진압하게 된 것은 그의 공로가 아닌 지혜로운 여인 덕분이었다.

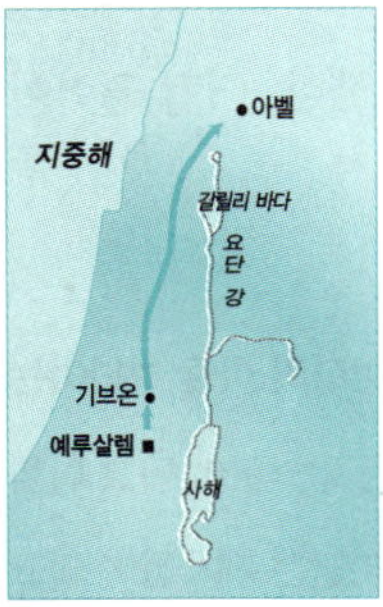


세바의 반란(20:1-22)

## 마 음 에 　새 기 기

본문에는 아벨 성읍을 멸망에서 건진 지혜로운 여인이 등장한다. 이 여인은 생각이 짧고 폭력적이며 과격한 요압과 대비된다. 요압은 무자비한 힘으로 많은 사람을 희생시키고 자신이 원하는 것을 얻은 사람이었다. 아마 아벨 성읍도 지혜로운 여인이 아니었다면 성읍의 모든 사람이 죽임을 당했을지도 모른다. 이처럼 지혜는 사람을 구하고 불필요한 희생을 줄이는 능력이 있다. 그 때문에 잠언은 "지혜 있는 자는 강하고 지식 있는 자는 힘을 더하나니"(잠 24:5)라고 가르친다. 그리고 모든 지혜의 근본은 하나님을 경외하는 데서 시작된다(잠 1:7). 요압의 어리석음은 그가 하나님을 경외하지 않고 자신의 힘만을 의지했음을 보여준다.

이 세상에도 요압과 같이 자신의 힘만을 의지하는 사람들이 많다. 이런 사람들의 미련한 행동은 많은 사람들에게 피해와 불필요한 희생을 가져다준다. 만약 이들이 권력을 갖는다면 그 피해와 혼란은 더욱 커질 것이다. 그러므로 하나님께 영적 지혜를 받은 사람들이 많이 필요하다. 지혜로운 사람들이 나라와 교회에 더욱 많아지기를 기도하자. 그리고 무엇보다 하나님의 지혜를 사모하며 간구하자.

# 3부

# 다윗의 통치에 대한 평가

| 21-24장 |

Part 07

| 21:1-23:39 |

# 다윗에 대한 평가와 다윗의 고백

21:1-9

## 기브온 사람들이 흘린 피에 대한 심판

다윗 시대에 3년 동안 기근이 든다. 다윗의 기도에 하나님은 그것이 예전에 사울이 기브온 사람들을 학살했기 때문임을 알려주신다. 다윗은 이 문제를 해결하기 위해 기브온 사람들의 요구대로 사울의 자손 일곱 사람을 목매어 달도록 내어준다.

**21:1** **다윗의 시대에 해를 거듭하여 삼 년 기근이 있으므로 다윗이 여호와 앞에 간구하매 여호와께서 이르시되 이는 사울과 피를 흘린 그의 집으로 말미암음이니 그가 기브온 사람을 죽였음이니라 하시니라**

**다윗의 시대에** 21-24장은 이스라엘 백성에 대한 다윗의 역할을 신학적 목적에 따라 재구성한 것이기 때문에, 발생한 사건에 대한 정확한 연대는 알 수 없다. 신학적 목적에 따른 다윗의 역할은 크게 세 가지로 나뉜다. 첫째는 중보자로서 다윗의 역할이다(21:1-14; 24장). 둘째는 용사로서 다윗의 역할이다(21:15-22; 23:8-39). 셋째는 신앙인으로서 다윗의 역할이다(22장; 23:1-7). 한편 기브온 사람들과 관련된 이 기근 사건은 압살롬 반역 이전에 일어난 것으로 추정된다.

**삼 년 기근** 이슬과 비에 절대 의존하는 팔레스타인에서 3년 동안 기근이 계속된 것은 매우 심각한 상황이었다. 그 때문에 사람들은 이것을 하나님의 심판으로 당연시 여기게 되었다.

**그가 기브온 사람을 죽였음이니라** 기브온 사람들은 본래 가나안에 살던 사람들로 여호수아 때 여호와의 이름으로 이스라엘과 평화 조약을 맺었다(수 9:15). 그런데 사울이 그들을 죽임으로 이 조약을 깨뜨린 것이다.

## 21:2

**기브온 사람은 이스라엘 족속이 아니요 그들은 아모리 사람 중에서 남은 자라 이스라엘 족속들이 전에 그들에게 맹세하였거늘 사울이 이스라엘과 유다 족속을 위하여 열심이 있으므로 그들을 죽이고자 하였더라 이에 왕이 기브온 사람을 불러 그들에게 물으니라**

**열심이 있으므로** 사울은 순수한 이스라엘 단일 민족을 만들려는 열심으로 이방 민족을 죽였다. 이것은 율법이 명한 것(신 7:2)이기는 하지만 기브온 민족들은 여호와 앞에서 언약을 맺었기 때문에 이것에서 예외였다. 그런데 사울이 자기 열심 때문에 언약을 깨뜨린 것이다.

## 21:3

**다윗이 그들에게 묻되 내가 너희를 위하여 어떻게 하랴 내가 어떻게 속죄하여야 너희가 여호와의 기업을 위하여 복을 빌겠느냐 하니**

**내가 너희를 위하여 어떻게 하랴** 다윗은 기근의 원인이 사울이 기브온 사람들을 죽인 것에서 기인한 것임을 알고는 기브온 사람들에게 해결책을 묻는다. 다윗은

**쉬운성경**

1다윗이 왕으로 있을 때에 기근이 있었습니다. 기근은 삼 년 동안, 계속되었습니다. 그래서 다윗은 여호와께 기도를 드렸습니다. 여호와께서 대답해 주셨습니다. "사울과 그의 집안 때문에 기근이 생긴 것이다. 사울이 기브온 사람들을 죽였기 때문이다."
2다윗 왕은 기브온 사람들을 불러모아 그들에게 물었습니다. 기브온 사람들은 이스라엘 백성이 아니었습니다. 그들은 살아남은 아모리 사람의 한 무리였습니다. 전에 이스라엘 사람들은 기브온 사람들을 해치지 않기로 약속을 했었습니다. 그러나 사울은 이스라엘과 유다의 백성들을 도우려는 열심이 너무 지나쳐서 기브온 사람들을 다 죽이려 했었습니다. 다윗 왕은 기브온 사람들을 불러모아 그들에게 이야기했습니다.

문제를 해결하고 과거에 일어난 잘못을 청산하려 한 것이다.

**21:4** **기브온 사람이 그에게 대답하되 사울과 그의 집과 우리 사이의 문제는 은금에 있지 아니하오며 이스라엘 가운데에서 사람을 죽이는 문제도 우리에게 있지 아니하니이다 하니라 왕이 이르되 너희가 말하는 대로 시행하리라**

**은금에 있지 아니하오며** 고대 근동 지방에서 살인에 대한 보상 중 하나는 속전을 내서 그 죄를 속하는 것이었다. 그러나 율법에서는 고의로 살인한 자는 속전을 받지 말고 반드시 죽일 것을 명하였다(민 35:31). 기브온 사람들은 세상의 관행이 아닌 율법의 규정대로 행하겠다고 주장한 것이다.

**이스라엘 가운데에서 사람을 죽이는 문제도 우리에게 있지 아니하니이다** 기브온 사람들은 이스라엘 백성의 지배를 받았기 때문에 이스라엘 사람의 목숨을 해하는 일은 할 수 없었다.

**21:5** **그들이 왕께 아뢰되 우리를 학살하였고 또 우리를 멸하여 이스라엘 영토 내에 머물지 못하게 하려고 모해한 사람의**

**21:6** **자손 일곱 사람을 우리에게 내주소서 여호와께서 택하신 사울의 고을 기브아에서 우리가 그들을 여호와 앞에서 목매어 달겠나이다 하니 왕이 이르되 내가 내주리라 하니라**

**쉬운성경**

3다윗이 물었습니다. "내가 당신들을 위해 어떻게 하면 좋겠소? 어떻게 해야 이스라엘 백성의 죄를 용서하고 오히려 여호와의 백성에게 복을 빌어 주겠소?"
4기브온 사람들이 다윗에게 대답했습니다. "사울과 그의 집안과 우리 사이의 문제는 금이나 은으로 해결할 수 없는 문제입니다. 이것은 사람의 목숨으로 보상될 문제입니다. 그런데 우리는 이스라엘 사람을 죽일 권한이 없습니다." 그 말을 듣고 다윗이 다시 그들에게 물었습니다. "그렇다면 당신들이 바라는 것은 무엇이오?"
5기브온 사람들이 다윗에게 대답했습니다. "사울은 우리에게 몹쓸 짓을 했습니다. 사울은 우리를 전멸시켜 이스라엘 땅에 남지 못하도록 음모를 꾸몄습니다.

**자손 일곱 사람을 우리에게 내주소서** 이는 죄악을 저지른 사울의 자손들을 죽임으로 자신들의 피를 흘리게 한 죄악을 직접 심판하겠다고 한 것이다.

**그들을 여호와 앞에서 목매어 달겠나이다** 모세의 율법에 따르면 고의로 살인한 자는 반드시 죽이도록 되어 있었다(민 35:31). 기브온 사람들은 사울에게 행하지 못한 것을 그 자손들에게 율법대로 행하겠다고 주장한 것이다.

**21:7** **그러나 다윗과 사울의 아들 요나단 사이에 서로 여호와를 두고 맹세한 것이 있으므로 왕이 사울의 손자 요나단의 아들 므비보셋은 아끼고**

**므비보셋은 아끼고** 본절을 통해 이 사건은 다윗이 므비보셋에게 은혜를 베푼 이후에 발생한 것임을 알 수 있다. 므비보셋은 사울의 직계 후손이었지만 다윗은 요나단과의 언약 때문에 그를 보호했다.

**21:8** **왕이 이에 아야의 딸 리스바에게서 난 자 곧 사울의 두 아들 알모니와 므비보셋과 사울의 딸 메랍에게서 난 자 곧 므홀랏 사람 바르실래의 아들 아드리엘의 다섯 아들을 붙잡아**

**리스바** 사울의 첩으로 사울이 죽은 뒤에 이스보셋과 아브넬의 갈등 요인이 되었

**쉬운성경**

6그러니 사울의 아들 일곱 명을 우리에게 넘겨주십시오. 그러면 사울의 고향인 기브아에서, 그리고 여호와 앞에서 그들을 목매어 달겠습니다." 왕이 말했습니다. "그들을 넘겨주겠소."
7그러나 왕은 요나단의 아들 므비보셋만은 보호해 주었습니다. 요나단은 사울의 아들이었습니다. 다윗이 그런 일을 한 까닭은 다윗이 여호와의 이름으로 요나단에게 그의 후손을 보호해 주겠다고 약속했기 때문입니다.
8그래서 왕은 리스바와 사울 사이에서 태어난 아들인 알모니와 므비보셋을 붙잡았습니다. 리스바는 아야의 딸이었습니다. 그리고 왕은 사울의 딸 메랍의 다섯 아들을 붙잡았습니다. 메랍의 다섯 아들의 아버지는 아드리엘이었습니다. 아드리엘은 므홀랏 사람 바르실래의 아들이었습니다.
9다윗은 이들 일곱 명을 기브온 사람들에게 넘겨주었습니다. 그러자 기브온 사람들은 언덕 위에서 여호와 앞에 그들을 목매달았습니다. 일곱 아들이 다 함께 죽었습니다. 그들은 추수를 시작할 무렵에 죽임을 당했습니다. 그때는 사람들이 보리를 막 거둘 때였습니다.

던 여자다(3:7).

**메랍** 사울의 큰 딸이다.

**21:9** **그들을 기브온 사람의 손에 넘기니 기브온 사람이 그들을 산 위에서 여호와 앞에 목매어 달매 그들 일곱 사람이 동시에 죽으니 죽은 때는 곡식 베는 첫날 곧 보리를 베기 시작하는 때더라**

**일곱 사람이 동시에 죽으니** 히브리 사람들은 남자 후손들을 모두 아들로 여겼다. 그래서 메랍의 다섯 아들은 사울의 손자들이었지만 사울의 아들로 여겨진 것이다.

### 마음에 새기기

본문에 나온 사건은 인간의 죄악이 자연과 세계에 직접적으로 영향을 미칠 수 있음을 보여준다. 물론 우리 주변에서 일어나는 모든 나쁜 일들이 어떤 구체적인 죄악이나 잘못에서 기인했다는 직접적인 연관성을 찾을 수는 없다. 매사에 그런 연관성을 찾는 것은 때때로 고난당한 자들을 더욱 괴롭게 할 뿐이다. 그러나 인간의 탐욕 같은 죄악 때문에 환경오염과 지구 온난화로 자연 재해가 가속화되고 있는 것은 명확한 사실이다.

지구 온난화의 가장 큰 원인은 화석 연료의 사용으로 이산화탄소의 양이 증가하는 것이다. 지구 온난화는 대기 중에 증가한 에너지를 재분배하기 위해 기상이변을 가져온다. 미국 월드리서치 연구소는 기상재해로 인한 1980-1989년의 전 세계 경제피해가 541억 달러였으나, 환경오염이 악화된 1990-1998년은 3,405억 달러에 달했다고 집계했다. 지구 온난화 현상이 현재 같은 추세로 계속 진행된다면 머지않아 지구 온도가 평균 3도 상승하게 될 것이며, 지구 전체 삼림의 43퍼센트가 사라지게 될 것이라고 한다. 기온이 올라가면 바짝 말라붙은 아마존의 열대우림이 산불로 전소되고, 이때 발생하는 이산화탄소로 지구 온난화가 더욱 가속화되기 때문이다. 또 허리케인은 지금의 최고 수준보다 150퍼센트 강력해져 엄청난 파괴를 가져올 것이며, 기후 변동으로 환경난민들이 열대지방을 떠나 고위도 지역으로 몰려들 것이다. 그리고 3도의 온도상승은 북극의 빙하를 전부 녹게 하고 남극 빙하까지 녹게 만들어 해수면을 약 7미터 정도 높아지게 할 것이다. 현재 전 인류의 약 3분의 1이 해안 지역에 거주하는 것을 생각하면 그 재앙은 실로 엄청날 것으로 예상된다. 인간의 계속되는 탐욕으로 인한 죄악이 스스로를 파괴하는 미래의 상황을 가져오고 있음을 깨닫고 회개하며 하나님의 구원을 간구해야 할 것이다.

## 21:10-14
# 다윗을 감동시킨 리스바의 헌신

사울의 첩 리스바는 사울의 죄악 때문에 죽은 사울의 아들들의 시체를 헌신적으로 지킨다. 리스바의 헌신에 감동한 다윗은 사울 가문의 실추된 명예를 되찾아주기 위해 죽은 사울과 그의 일곱 아들과 요나단까지 전부 가족 무덤에 장사 지내준다. 그런 후에야 하나님은 이스라엘 백성들의 기도에 응답하여 비를 내려주신다.

**21:10** **아야의 딸 리스바가 굵은 베를 가져다가 자기를 위하여 바위 위에 펴고 곡식 베기 시작할 때부터 하늘에서 비가 시체에 쏟아지기까지 그 시체에 낮에는 공중의 새가 앉지 못하게 하고 밤에는 들짐승이 범하지 못하게 한지라**

**범하지 못하게 한지라** 고대에는 시체가 땅에 매장되지 못하고 들짐승이나 새의 밥이 되는 것을 아주 수치스럽게 여겼다(렘 16:6). 또 제대로 매장되지 못한 죽은 자의 영혼은 안식하지 못한다고 생각했다. 리스바는 자기 아들들의 시신이 짐승들에게 훼손되어 수치당하는 것을 막기 위해 시체 곁에 머물렀다.

**굵은 베를 가져다가** 리스바는 죽은 자들을 위한 슬픔을 표시하기 위해 굵은 베를 바위 위에 펼쳐 놓았다.

**비가 시체에 쏟아지기까지** 이때는 보리를 추수하는 때로 건기였기 때문에 자연적으로 비가 내리지 않는 시기였다. 그러므로 비가 쏟아진다는 것은 하나님의 저주가 끝났음을 알리는 표시였다. 하나님의 진노가 풀렸다는 것이 증명되어야만 이 시체들이 제대로 매장될 수 있었다.

21장

**쉬운성경**

10아야의 딸 리스바는 거친 베로 만든 천을 가져다가 바위 위에 그것을 폈습니다. 그리고 리스바는 추수가 시작될 때부터 비가 내릴 때까지 하늘의 새들이 자기 아들들의 시체를 건드리지 못하게 막았습니다. 또 밤이 되면 들짐승들이 시체를 건드리지 못하게 막았습니다.

## 21:11 이에 아야의 딸 사울의 첩 리스바가 행한 일이 다윗에게 알려지매

**다윗에게 알려지매** 뜨거운 태양 아래 썩는 냄새를 견뎌가며 시신을 계속 지키는 것은 몹시 힘들고 고통스러운 일이었다. 따라서 사람들은 리스바의 희생적인 사랑을 다윗에게 알렸고, 리스바는 이러한 헌신으로 죽은 이들의 명예를 지킬 수 있었다.

## 21:12 다윗이 가서 사울의 뼈와 그의 아들 요나단의 뼈를 길르앗 야베스 사람에게서 가져가니 이는 전에 블레셋 사람들이 사울을 길보아에서 죽여 블레셋 사람들이 벧산 거리에 매단 것을 그들이 가만히 가져온 것이라

**사울의 뼈와 그의 아들 요나단의 뼈** 사울과 그의 아들들은 길보아 산 전투 후에 길르앗 야베스 사람들에 의해 야베스 땅의 에셀 나무 아래 장사되었다(삼상 31:11-13). 다윗이 이들의 뼈를 되찾아온 것은 리스바의 헌신에 감동하여 사울 가문에 속한 자들의 장례를 잘 치러 명예를 회복시켜주려고 결심했기 때문이다.

## 21:13 다윗이 그곳에서 사울의 뼈와 그의 아들 요나단의 뼈를 가지고 올라오매 사람들이 그 달려 죽은 자들의 뼈를 거두어다가

**쉬운성경**

11사람들이 사울의 후궁이었던 리스바가 하고 있는 일을 다윗에게 이야기했습니다.
12그러자 다윗은 사울과 요나단의 뼈를 길르앗의 야베스 사람들에게서 찾아왔습니다. 전에 블레셋 사람들이 길보아에서 사울과 요나단을 죽인 후, 시체들을 벧산 거리에 매달았습니다. 그때, 길르앗의 야베스 사람들이 몰래 그 시체들을 가져온 것이었습니다.
13다윗은 사울과 그의 아들 요나단의 뼈를 길르앗에서 옮겨 왔습니다. 그러자 백성들은 달려 죽은 사울의 일곱 아들의 시체를 거두어들였습니다.
14백성들은 사울과 그의 아들 요나단의 뼈를 옮기면서, 죽임을 당한 사울의 일곱 아들의 시체도 함께 베냐민 땅 셀라에 있는 사울의 아버지 기스의 무덤에 묻어 주었습니다. 백성들은 왕이 명령한 것을 다 지켰습니다. 그러자 하나님께서 그 땅 백성들의 기도를 들어 주셨습니다.

**21:14** **사울과 그의 아들 요나단의 뼈와 함께 베냐민 땅 셀라에서 그의 아버지 기스의 묘에 장사하되 모두 왕의 명령을 따라 행하니라 그 후에야 하나님이 그 땅을 위한 기도를 들으시니라**

**그의 아버지 기스의 묘에 장사하되** 이제야 사울 가문의 모든 죽은 자들이 정당한 장례 절차를 거쳐 가족 무덤에 함께 묻히게 되었다. 이것은 사울 가문의 명예가 한 여인의 헌신적인 희생으로 회복되었음을 보여준다.

**왕의 명령** 사울 가문에 대한 장례의 모든 절차가 다윗의 명령으로 실행되었음을 보여준다.

**그 후에야 하나님이 그 땅을 위한 기도를 들으시니라** 사울로 시작된 이스라엘을 향한 하나님의 진노가 거두어졌음을 말한다. 이것은 사울이 저지른 죄악을 하나님이 용서하셨음을 의미한다. 또 이러한 하나님의 용서는 리스바의 헌신과 간구를 통해 임했다.

### 마음에 새기기

사울은 하나님께 불순종했고 비참하게 죽임을 당한다. 그뿐 아니라 사울이 생전에 저지른 죄악으로 사울의 자손들까지도 비참하게 죽게 된다. 그런데 본문에서 사울의 첩이었던 리스바가 자신의 아들들과 친척들의 시체를 헌신적으로 지켜낸다. 그녀의 헌신은 사람들과 다윗을 감동시켰고, 결국 그로 인해 사울과 그의 자손들이 가족 무덤에 함께 묻히게 된다. 힘없는 한 여인의 헌신이 가문의 실추된 명예를 회복시킨 것이다.
그런데 여기서 눈여겨볼 점은 사울의 장례가 끝난 뒤에 하나님이 이스라엘의 기도를 들으셨다는 사실이다. 사울의 장례와 하나님의 기도 응답이 무슨 관계가 있을까? 오늘 본문을 통해서 리스바가 사람들만 감동시킨 것이 아니라 하나님까지도 감동케 했음을 알 수 있다. 리스바는 자신의 아들들과 친척들의 시체를 지키면서 애곡하며 사울 가문에 대한 하나님의 용서와 긍휼을 구했을 것이다. 죽어서까지도 하나님의 저주를 받아 수치를 당한 사울 가문의 회복을 눈물로 구한 것이다. 이에 하나님은 리스바의 애통함과 간구에 감동하여 사울 가문의 명예가 회복되는 것을 허락하셨다. 또 모든 진노를 푸시고 온 이스라엘에 은혜를 허락하신다. 이것은 한 여인의 헌신과 눈물의 간구가 어떻게 죄악과 저주에서 벗어나 용서와 은혜를 얻게 했는지를 보여준다. 이 시대에도 리스바와 같이 중보자의 마음으로 타인과 공동체의 죄악을 회개하며 하나님의 긍휼을 구하는 사람들이 많이 필요하다. 바로 우리가 그 역할을 감당해야 한다.

## 21:15-22
# 블레셋 거인들과 싸운 다윗과 그의 부하들

블레셋과 이스라엘 사이에 또다시 전쟁이 일어난다. 전쟁은 계속되지만 다윗과 그의 부하들은 블레셋의 거인들을 모두 물리쳐 이스라엘을 위험에서 구해낸다.

**21:15** **블레셋 사람이 다시 이스라엘을 치거늘 다윗이 그의 부하들과 함께 내려가서 블레셋 사람과 싸우더니 다윗이 피곤하매**

**다시 이스라엘을 치거늘** 이스라엘과 블레셋 사이의 전쟁은 다윗 통치 초기에 있었던 일(5:17-25)이다. 이 본문은 용사로서 다윗의 역할을 재조명하기 위해 기록했기 때문에 시간 순서에 따르지 않았다.

**다윗이 피곤하매** 다윗은 통치 초기에는 직접 전쟁에 참여하여 적들과 싸웠다. 적들은 왕인 다윗을 집중적으로 공격했기 때문에 그는 몹시 지쳐 있었다. 이런 일이 반복되자 다윗은 전쟁에 직접 참여하지 않고 지휘관을 대신 세워 전투에 내보냈다.

**21:16** **거인족의 아들 중에 무게가 삼백 세겔 되는 놋 창을 들고 새 칼을 찬 이스비브놉이 다윗을 죽이려 하므로**

**거인족의 아들** 거인들이 많았던 르바임 족속을 말한다(신 2: 11).

**삼백 세겔** 1세겔은 11.4그램으로 300세겔은 약 3.5 킬로그램이다.

**새 칼** 다윗을 살해하기 위해 특별히 제작한 무기다. 이스비브놉이 다윗 살해 명

**쉬운성경**

15블레셋과 이스라엘 사이에 또다시 전쟁이 일어났습니다. 다윗은 자기 부하들을 거느리고 블레셋 사람들과 싸우러 나갔습니다. 그러나 다윗은 지치고 약해졌습니다.
16거인의 아들 중에 이스비브놉이라는 사람이 있었습니다. 이스비브놉의 놋쇠창은 무게가 삼백 세겔 가까이 나갔습니다. 이스비브놉은 또 새 칼을 가지고 다윗을 죽일 계획을 세웠습니다.

령을 받은 암살자였음을 의미한다.

**21:17** **스루야의 아들 아비새가 다윗을 도와 그 블레셋 사람들을 쳐죽이니 그때에 다윗의 추종자들이 그에게 맹세하여 이르되 왕은 다시 우리와 함께 전장에 나가지 마옵소서 이스라엘의 등불이 꺼지지 말게 하옵소서 하니라**

**이스라엘의 등불** 등불은 '생명'과 '영광'을 상징한다(욥 21:17). 다윗은 이스라엘의 왕이었기 때문에 그의 죽음은 이스라엘의 영광이 사라지는 것과 같았다. 따라서 다윗의 부하들은 다윗이 전쟁터에 직접 나오지 못하도록 만류했다.

**21:18** **그 후에 다시 블레셋 사람과 곱에서 전쟁할 때에 후사 사람 십브개는 거인족의 아들 중의 삽을 쳐죽였고**

**십브개** 유다 지파에 속한 후사의 자손으로 12명의 군지휘관 중 한 명이다. 이스라엘 군대는 한 해에 한 달씩 당번을 정해 왕을 섬겼는데, 십브개는 2만4천 명을 지휘하는 여덟째 달 여덟째 군대의 지휘관이었다(대상 27:11).

**삽** 이스비브놉과 같은 르바임 족속의 거인이었다.

**21:19** **또다시 블레셋 사람과 곱에서 전쟁할 때에 베들레헴 사람 야레오르김의 아들 엘하난은 가드 골리앗의 아우 라흐미를 죽였는데 그 자의 창 자루는 베틀 채 같았더라**

**쉬운성경**

17그러나 스루야의 아들 아비새가 이 블레셋 사람을 죽이고 다윗의 목숨을 구해 주었습니다. 그때에 다윗의 부하들이 다윗에게 한 가지 다짐을 받으려 했습니다. 그들이 말했습니다. "다시는 우리와 함께 싸움터에 나오지 마십시오. 만약 왕이 돌아가시면, 이스라엘의 등불이 꺼지는 것과 같습니다."

18그 후, 곱에서 다시 블레셋과 싸움이 있었습니다. 후사 사람 십브개가 거인의 아들 중 하나인 삽을 죽였습니다.

19그 후, 곱에서 또다시 블레셋과 싸움이 있었습니다. 베들레헴 사람 야레오르김의 아들 엘하난이 가드 사람 골리앗의 동생 라흐미를 죽였습니다. 그의 창은 베틀채만큼 컸습니다.

**골리앗의 아우 라흐미** 다윗이 죽인 골리앗의 동생이다. 그 역시 형과 같은 거인이었다.

## 21:20 또 가드에서 전쟁할 때에 그곳에 키가 큰 자 하나는 손가락과 발가락이 각기 여섯 개씩 모두 스물 네 개가 있는데 그도 거인족의 소생이라

**손가락과 발가락이 각기 여섯 개씩 모두 스물 네 개** 유전적인 기형을 가진 거인의 모습을 묘사한 것으로, 아주 특이하고 무서운 적과 싸운 전투에서도 다윗 군대가 승리했음을 보여준다.

## 21:21 그가 이스라엘 사람을 능욕하므로 다윗의 형 삼마의 아들 요나단이 그를 죽이니라

**요나단** 암논에게 간교한 계략을 알려주었던 교활한 요나답(13:3-5)의 형제로 다윗의 조카였다.

## 21:22 이 네 사람 가드의 거인족의 소생이 다윗의 손과 그의 부하들의 손에 다 넘어졌더라

**다윗의 손과 그의 부하들의 손에 다 넘어졌더라** 다윗의 부하들이 거인들을 죽인 것을 기록한 이유는, 다윗의 부하들이 무서운 적들과 용감하게 싸웠음을 보여주기 위함이다. 사울 왕 때는 골리앗 한 명의 위협에도 왕과 모든 이스라엘 군대가 두

**쉬운성경**

20가드에서도 또다시 전쟁이 일어났습니다. 거기에는 굉장히 큰 거인이 있었습니다. 그 사람의 손가락은 한 손에 여섯 개씩 있었고, 발가락도 한쪽에 여섯 개씩 있었습니다. 그러니까 그 사람의 손가락과 발가락은 모두 스물네 개였습니다. 이 사람도 역시 거인의 아들이었습니다.
21이 사람은 이스라엘에 맞서 싸우다가 요나단에게 죽임을 당했습니다. 요나단은 다윗의 형인 삼마의 아들이었습니다.
22이들 네 사람은 모두 가드에 사는 거인의 아들들이었습니다. 그들은 모두 다윗과 그의 부하들에게 죽임을 당했습니다.

려워 떨었다. 그러나 다윗이 왕이 된 후에는 무서운 거인들을 모두 물리칠 정도로 이스라엘 군대가 용맹하게 변했음을 알 수 있다.

### 마음에 새기기

지휘관이 누구냐에 따라서 군대 전체의 사기가 달라진다. 거인 골리앗의 위협 앞에서 사울 왕과 이스라엘 군대는 고양이 앞의 쥐처럼 두려워 떨었다. 그러나 다윗이 왕이 된 후에는 그의 부하들까지도 거인들과 용맹스럽게 싸웠다. 이것은 어린 소년의 몸으로 골리앗과 싸워 이긴 다윗이 그들의 왕이 되었기 때문이다. 사울 왕은 세상 사람들이 의존하는 인간적인 힘과 능력을 상징하는 왕이다. 반면, 다윗은 성도가 의존해야 하는 예수 그리스도를 상징하는 왕이다. 만약 성도가 세상의 힘과 능력을 의존한다면 더 강력한 힘을 만날 때 두려워 떨게 된다. 그러나 예수 그리스도를 왕으로 따르면 어떤 무서운 세력 앞에서도 용맹을 발휘할 수 있다.

예수님은 낮아지고 섬기며 십자가에 죽으시는 삶을 통해 그분의 왕 되심을 보여주었다. 성도에게 가장 용기가 요구되는 때는 예수님과 같이 낮아져서 섬기는 십자가의 삶을 선택할 때다. 예수님은 십자가에서 죽으심으로 세상의 왕으로 군림하던 사탄의 권세를 이기셨다(골 2:15). 성도가 낮아짐과 섬김의 삶을 선택할 수 있는 것도 우리의 왕이신 예수님이 이미 그런 삶을 사셨기 때문이다. 높아지고 군림하는 것은 세상 사람들이 하는 일이다. 그러나 낮아지고 섬기는 것은 예수님을 왕으로 섬기는 자들만이 선택할 수 있는 길이다(막 10:42-45). 세상적인 힘을 가진 자가 용기 있는 자가 아니라 겸손하게 자기 십자가를 지고 예수님이 걸어가신 길을 따라가는 자가 진정 용기 있는 자다. 이들을 통해 거인 같은 어둠의 영적 권세가 무너지게 된다.

## 22:1-7
## 위험에서 보호하시는 하나님을 찬양 (다윗의 찬양시 1)

다윗은 다양한 비유를 통해 하나님이 보호하고 지켜주셨음을 노래한다. 다윗은 생명의 위협을 당할 때 하나님께 간구했고, 하나님은 그의 기도에 응답해 주셨다.

## 22:1 여호와께서 다윗을 모든 원수의 손과 사울의 손에서 구원하신 그날에 다윗이 이 노래의 말씀으로 여호와께 아뢰어

**구원하신 그날에** 여기에 인용된 다윗의 시는 시편 18편과 거의 비슷하다. 시편 18편은 공식적인 찬양이나 예배를 위해 기록된 것이며, 여기서는 예배자로서 다윗 왕의 모습을 보여주기 위해 기록되었다. 다윗이 이 시를 지은 시기는 왕이 된 후 많은 적국과 싸워 승리를 거두었을 때인 것으로 보인다. 그 때문에 이 시는 감사시로 분류된다.

## 22:2 이르되 여호와는 나의 반석이시요 나의 요새시요 나를 위하여 나를 건지시는 자시요

**나의** 다윗은 1인칭 소유격인 '나의'를 반복함으로써 하나님과 개인적이고 친밀한 관계를 표현한다. 다윗은 하나님을 가시적인 사물에 비유함으로써 하나님의 속성을 좀 더 구체적으로 나타낸다.

**반석** 하나님은 의지할 만한 견고한 분임을 뜻한다.

**요새** 하나님은 적들의 어떠한 공격도 막아주시는 분임을 의미한다.

**나를 건지시는 자** 하나님은 적들의 공격에서 구원해 주시는 분임을 뜻한다.

## 22:3 내가 피할 나의 반석의 하나님이시요 나의 방패시요 나의 구원의 뿔이시요 나의 높은 망대시요 그에게 피할 나의 피난처시요 나의 구원자시라 나를 폭력에서 구원하셨도다

**피할 나의 반석** 하나님은 산의 바위틈과 같이 숨을 곳을 제공하신다는 의미다.

**쉬운성경**

1다윗이 여호와께 노래를 지어 불렀습니다. 다윗이 이 노래를 부른 때는 여호와께서 그를 사울과 다른 모든 원수들에게서 구해 주셨을 때입니다.
2다윗은 이렇게 노래했습니다. "여호와는 나의 바위, 나의 요새이시며, 나의 구세주이시다.
3나의 하나님은 나의 피할 바위이시며, 나의 방패, 나의 구원의 뿔이시다. 주님은 나의 망대이시며, 나의 피난처이시다. 주님께서 나를 해치려는 자에게서 구해 주셨다.

**방패** 하나님이 적들의 공격을 직접 막아주심을 의미한다.

**구원의 뿔** 힘센 황소의 뿔같이 적들을 공격하는 공격 무기를 말한다. 이처럼 하나님은 적극적으로 적들을 공격하시는 분이다.

**망대** 성벽 위 높은 곳에서 적들을 살피기 위해 만들어진 탑이다. 이는 적들이 닿을 수 없는 곳에서 하나님이 보호하심을 의미한다.

**피난처** 적들에게서 도망쳤을 때 하나님이 피할 곳이 되심을 의미한다.

## 22:4 내가 찬송 받으실 여호와께 아뢰리니 내 원수들에게서 구원을 받으리로다

**아뢰리니** 성경에서 '아뢰다'는 하나님을 향한 간절한 기도를 의미한다(출 3:11). 다윗이 적들에게 공격받았을 때 하나님만을 의지하고 찾았음을 보여준다.

**원수** 다윗은 일생 동안 많은 적에게 둘러싸여 있었다. 젊은 시절에는 사울 왕에게 죽임을 당할 뻔했고, 헤브론에서 왕이 된 후에는 사울의 아들 이스보셋과 전쟁을 벌여야 했다. 또 온 이스라엘의 왕이 된 후에는 주변 나라들과 수많은 전쟁을 치러야 했으며, 심지어 자신의 아들인 압살롬에게 죽임을 당할뻔 하기도 했다.

## 22:5 사망의 물결이 나를 에우고 불의의 창수가 나를 두렵게 하였으며

**사망의 물결, 불의의 창수** '노아의 홍수'나 출애굽기의 '홍해'와 같이 성경에서 '물'과 '파도'는 죽음과 파괴를 상징한다(합 3:10). 다윗은 여러 번 생명의 위협을 느꼈고, 그것을 마치 물결이나 창수가 그를 에워싼 것처럼 묘사한다.

**쉬운성경**

4찬양받으실 여호와께 내가 부르짖으니, 여호와께서 나를 원수에게서 구해 주셨다.
5죽음의 파도가 나를 에워싸고 멸망의 강물이 나를 덮쳤도다.
6죽음의 밧줄이 나를 두르고 죽음의 덫이 내 앞에 있도다.
7고통 중에 주님을 부르고 나의 하나님께 부르짖었다. 여호와께서 그 성전에서 나의 소리를 들으시고 나의 부르짖음을 들어주셨다.

**22:6** **스올의 줄이 나를 두르고 사망의 올무가 내게 이르렀도다**

**스올의 줄, 사망의 올무** '스올'은 '죽은 자가 가는 곳'을 의미하며 '음부'라고도 번역된다. 여기서는 '사망'의 동의어로 사용되었다. 이것은 마치 들짐승을 잡는 올가미나 덫과 같이 원수들이 다윗을 몰래 죽이려고 했음을 의미한다.

**22:7** **내가 환난 중에서 여호와께 아뢰며 나의 하나님께 아뢰었더니 그가 그의 성전에서 내 소리를 들으심이여 나의 부르짖음이 그의 귀에 들렸도다**

**아뢰며, 아뢰었더니, 부르짖음** 다윗이 생명의 위협을 느낄 때 얼마나 간절히 하나님을 찾았는지를 보여준다. 하나님은 다윗의 이런 간절한 기도에 응답하여 그를 건져주셨다.

### 마 음 에 새 기 기

신앙생활은 오래 했지만 하나님과 개인적이고 친밀한 관계를 맺지 못하는 사람들이 많이 있다. 또 예배를 드리고 봉사하면서 많은 시간을 교회에서 보내는 사람 가운데도 하나님과 인격적인 관계를 맺지 못하는 사람들이 많다. 그렇다면 어떻게 해야 다윗처럼 하나님을 '나의 반석이며 피난처'라고 자신 있게 고백할 수 있을까? 그것은 바로 우리의 힘으로는 도저히 빠져나올 수 없는 어려움의 순간에 하나님만을 의지하고 그분께 간구함으로써 하나님의 구원하심과 보호하심을 경험할 때 가능하다. 즉, 인생에서 많은 어려움과 고난의 시간을 보낼수록 하나님의 은혜와 능력을 더 많이 경험할 수 있는 것이다.

하나님은 때때로 성도에게 고난과 어려움의 과정을 지나도록 허락하신다. 병에 걸리거나, 자녀가 잘못 되기도 하며, 때로는 사기를 당해 경제적 어려움을 겪을 수도 있다. 이때 성도는 하나님을 온전히 신뢰하며 간절히 기도하게 된다. 그리고 진정으로 하나님의 구원하심을 경험할 때 그분의 존재를 마음으로 고백하게 된다. 따라서 성도에게 어려움과 고난은 무조건 피해야 할 상황만은 아니다. 이런 상황을 통해 하나님이 누구신지 더 깊이 깨달을 수 있기 때문이다. 그러므로 어려움이 올 때 낙심하지 말아야 한다. 어려움은 하나님에 대한 믿음을 회복하고, 하나님과 인격적 관계를 깊이 맺을 수 있도록 만드는 가장된 축복이다.

## 22:8-16
# 위엄과 능력 있는 하나님의 구원(다윗의 찬양시 2)

다윗은 위엄과 능력이 많으신 하나님을 찬양한다. 하나님은 자신을 의지하고 도움을 간구하는 사람을 위해 친히 일하시며 그를 구원하신다.

**22:8** **이에 땅이 진동하고 떨며 하늘의 기초가 요동하고 흔들렸으니 그의 진노로 말미암음이로다**

**땅이 진동하고 떨며 하늘의 기초가 요동하고 흔들렸으니** 지진은 하나님의 심판을 상징한다(시 60:2). 하나님은 인간이 의존하고 있는 땅과 하늘의 기초를 흔드심으로써 하나님의 능력을 보이신다.

**22:9** **그의 코에서 연기가 오르고 입에서 불이 나와 사름이여 그 불에 숯이 피었도다**

**연기, 불** '연기'와 '불'은 하나님의 영광스러운 임재를 상징하며(출 19:18) 또한 하나님의 진노를 상징한다(사 30:27). 본절은 하나님이 악인에게 진노하사 심판하기 위해 이 땅에 오시는 분임을 묘사한다.

**22:10** **그가 또 하늘을 드리우고 강림하시니 그의 발 아래는 어두캄캄하였도다**

**하늘을 드리우고** 하나님과 인간 사이에는 궁창(공간)이 존재한다(창 1:7). 본절은 하나님이 궁창을 마치 커튼처럼 좌우로 걷으시고 이 땅에 내려오는 분임을 묘사한다. 신약에서는 예수님의 죽으심과 동시에 성소의 휘장이 좌우로 찢어져 하나님과 인간 사이에 더 이상 분리된 장벽이 없어졌다(마 27:51).

**쉬운성경**

8주께서 노하시니 땅이 움직이고 흔들리며 하늘의 기초가 흔들리기 시작했다.
9연기가 주님의 코에서 나오고 입에서는 타는 불이 나와 그 불에 숯덩이가 피어올랐다.
10주께서 하늘을 가르고 내려오시니, 검은 구름이 그의 발 아래에 있도다.

22장

**어두캄캄하였도다** 하나님이 태풍과 함께 나타나심을 묘사한 것이다(욥 38:1).

## 22:11 그룹을 타고 날으심이여 바람 날개 위에 나타나셨도다

**그룹** 하나님 주변에서 하나님을 찬양하고 보좌하는 천사들이다(겔 10:1).

**바람 날개** 하나님이 바람처럼 원하는 곳에 신속하게 가실 수 있음을 의미한다(시 104:3).

## 22:12 그가 흑암 곧 모인 물과 공중의 빽빽한 구름으로 둘린 장막을 삼으심이여

**흑암, 모인 물, 구름** 하나님을 직접 보면 죽을 수밖에 없는 인간들을 위해 하나님의 영광이 여러 가지 자연물들을 통해 가려져 있음을 의미한다(출 19:18).

## 22:13-14 13그 앞에 있는 광채로 말미암아 숯불이 피었도다 14여호와께서 하늘에서 우렛소리를 내시며 지존하신 자가 음성을 내심이여

**숯불, 우렛소리** '숯불'은 심판의 도구로 사용되는 번개를 의미한다. '우렛소리'는 악인을 심판하시는 하나님의 무서운 음성을 말한다. 하나님은 이러한 번개와 우렛소리를 통해 악인들을 심판하신다(시 144:6).

**쉬운성경**

11주께서 날개 달린 생물인 그룹을 타고 날아
다니시며 바람의 날개를 타고 다니신다.
12주께서 어둠과 안개와 구름으로 장막을 삼으
셨다.
13주님 앞에 있는 밝은 빛으로 숯덩이가 불을
피웠도다.
14주께서 하늘에서 천둥을 치시고 가장 높으신
분께서 소리를 높이셨다.
15주께서 화살을 쏘아 원수들을 물리치시며 번
개로 그들을 두려움에 떨게 하셨다.
16주께서 강하게 말씀하시고 그 코에서 바람이
불어 나오니, 바다 밑이 나타나고 땅의 기초
가 드러났도다.

## 22:15 화살을 날려 그들을 흩으시며 번개로 무찌르셨도다

**화살** '화살'과 '번개'는 동의어다. 하나님이 악인을 징벌하실 때 번개를 화살처럼 날려서 멸망시키신다고 생각한 것이다(신 32:23; 시 7:13).

## 22:16 이럴 때에 여호와의 꾸지람과 콧김으로 말미암아 물밑이 드러나고 세상의 기초가 나타났도다

**여호와의 꾸지람** 하나님은 말씀으로 심판과 능력을 행하시는 분이다(시 29:3–9).
**콧김** 하나님의 분노를 상징한 것이다(9절).
**물밑이 드러나고** 물밑은 악의 세력이 거하는 장소로(시 74:13), 하나님이 능력으로 악의 세력을 물러가게 하심을 뜻한다.

### 마음에 새기기

다윗은 하나님이 악인을 심판하시는 모습을 번개, 우레, 지진, 연기, 불 같은 자연물로 묘사한다. 이것은 세상의 어떤 것도 당할 수 없는 하나님의 강력한 능력을 비유적으로 묘사한 것이다. 다윗은 하나님의 강력한 능력을 찬양하고 있지만, 그의 인생에서는 묘사된 것과 같은 강력하고 기적적인 하나님의 능력과 개입을 별로 경험하지 못했다. 젊은 시절에는 오랫동안 사울에게 쫓겨다니는 도망자 신세였고, 왕이 된 후에도 직접 전쟁터에 나가서 적들과 싸워야 했으며, 노년에는 아들에게 쫓겨 맨발로 도망쳐야 했다. 그럼에도 다윗은 믿음의 눈으로 하나님의 능력을 찬양한다. 믿음의 눈을 가진 다윗은 세상이 전부가 아니고, 그 이면에서 역사하시는 하나님의 개입이 훨씬 더 강력함을 확신할 수 있었기 때문이다.
사람들이 돈, 능력, 학벌, 외모 등 세상적인 힘을 추구하는 이유는 그것의 능력을 눈으로 직접 확인할 수 있기 때문이다. 힘을 추구하는 자들은 그 힘이 모든 것을 가능하게 해준다고 믿기에 하나님을 의지하지 않는다. 그러나 세상적인 힘은 한시적이며 제한적이다. 보이는 세계는 보이지 않는 하나님의 능력으로 만들어졌다(히 11:3). 보이는 것은 보이지 않는 하나님의 능력과 개입에 의해 반드시 사라지고 새 하늘과 새 땅이 시작될 것이다(사 64:17; 계 21:1). 이 사실을 믿는 자만이 기적이 일어나지 않는 상황 속에서도 하나님의 놀라운 능력을 찬양할 수 있다.

22장

22:17-25

# 말씀을 따라 의를 행하는 자(다윗의 찬양시 3)

강한 원수들 가운데서도 하나님의 도우심으로 구원을 얻었음을 고백하는 다윗의 찬양시다. 또 다윗은 자신이 하나님의 도우심을 받을 수 있었던 이유가 하나님의 법도에 따라 의를 행했기 때문이라고 노래한다.

## 22:17 **그가 위에서 손을 내미사 나를 붙드심이여 많은 물에서 나를 건져내셨도다**

**많은 물** 다윗이 처한 환란과 어려움을 뜻한다(시 69:2). 본절은 인간의 능력으로는 도저히 어쩔 수 없는 상황에서 하나님이 다윗을 건져주셨음을 의미한다.

## 22:18 **나를 강한 원수와 미워하는 자에게서 건지셨음이여 그들은 나보다 강했기 때문이로다**

**강한 원수** 다윗이 거인 골리앗뿐 아니라 많은 적들을 이길 수 있었던 것은 하나님의 도우심 때문이었음을 고백하는 것이다.

**미워하는 자** 가장 대표적인 사람으로 사울 왕을 들 수 있다.

## 22:19 **그들이 나의 재앙의 날에 내게 이르렀으나 여호와께서 나의 의지가 되셨도다**

**나의 재앙의 날** 원수들의 특징은 재앙으로 어려움을 당할 때를 정확히 알고 공격한다는 것이다. 그러나 하나님은 이런 때도 도와주시고 피할 길을 주신다.

**쉬운성경**

17 주께서 하늘에서 내려오셔서 나를 붙드시고 깊은 물에서 나를 건지셨다.
18 내가 이길 수 없는 강한 원수들에게서 나를 구하시고 나를 미워하는 자에게서 나를 구하셨다.
19 그들은 내가 어려울 때, 나를 공격했으나 주께서 나의 안식처가 되어 주셨다.

## 22:20 나를 또 넓은 곳으로 인도하시고 나를 기뻐하시므로 구원하셨도다

**넓은 곳** 환난으로 인해 좁고 압박당하는 상태와는 반대되는 개념으로, 자유와 안정된 상태를 의미한다(시 31:8).

**나를 기뻐하시므로** 다윗은 하나님이 자신을 사랑하고 기뻐하신다는 확신이 있었다. 이것은 하나님과 친밀한 관계를 맺고 있는 자가 느끼는 친밀감의 근거가 된다. 전능하신 하나님의 사랑을 받고 있음을 확신할 때 세상에서 요동치 않고, 사람들의 공격과 비난에도 낙심하지 않을 수 있다. 하나님은 예수님에게 두 번이나 "이는 내 사랑하는 아들이요 내 기뻐하는 자라"고 직접 말씀해 주셨다(마 3:17; 17:5). 예수님은 이 말씀을 확실히 믿었기에 유대인들이 자신을 죽이려 하고 제자들까지 자신을 버린 상황에서도 담대하실 수 있었다. 이러한 하나님의 말씀은 다윗이나 예수님뿐 아니라 모든 하나님의 백성을 향한 말씀이기도 하다.

## 22:21 여호와께서 내 공의를 따라 상 주시며 내 손의 깨끗함을 따라 갚으셨으니

**공의** 하나님과 사람의 관계에서 하나님이 명령하신 기준에 따라 행동하는 것을 뜻한다.

**내 손의 깨끗함** 타인을 학대하거나 폭력을 행사하지 않는 것 등을 뜻한다.

## 22:22 이는 내가 여호와의 도를 지키고 악을 행함으로 내 하나님을 떠나지 아니하였으며

**여호와의 도** 율법이 가르치고 있는 하나님의 뜻을 행하는 방법이다.

**쉬운성경**

20주께서 나를 피난처로 이끄시며 나를 기쁘게 여기시어 나를 구해 주셨다.
21주께서 나를 살려 주신 것은 내가 의로운 일을 했기 때문이다. 내가 나쁜 일을 하지 않았기 때문에 주께서 나를 구해 주셨다.
22나는 주님의 길을 따랐고 하나님에게서 멀어지지 않았다.

## 22:23 그의 모든 법도를 내 앞에 두고 그의 규례를 버리지 아니하였음이로다

**법도** 다윗이 말하는 법도는 '토라'로 불리는 모세오경(창세기, 출애굽기, 레위기, 민수기, 신명기)의 하나님 말씀을 의미한다.

## 22:24 내가 또 그의 앞에 완전하여 스스로 지켜 죄악을 피하였나니

**완전하여** 하나님 말씀에 순종함으로 악을 행하지 않고 살았음을 의미한다(시 119:1).

## 22:25 그러므로 여호와께서 내 의대로, 그의 눈앞에서 내 깨끗한 대로 내게 갚으셨도다

**깨끗한 대로** 다윗은 자신이 하나님의 말씀에 따라 깨끗하고 흠 없는 삶을 살아 하나님의 도우심을 받았다고 고백한다.

### 마음에 새기기

다윗은 밧세바와 간음했고 우리아를 죽였다. 간음과 살인을 저지른 사람이 자신을 '깨끗하고 완전하다'고 말할 수 있을까? 그러나 본문은 성경적 의와 완전함이 일반적으로 알고 있는 도덕적 기준과 다름을 보여준다. 도덕적으로 다윗은 불의했고 완전하지 않았다. 그러나 하나님이 다윗에게 요구하신 의는 믿음으로 죄악을 회개하여 하나님과 관계를 회복하는 것이었다(롬 1:17). 다윗은 하나님의 이 말씀에 순종하여 완전하다고 인정받게 된 것이다. 즉, 의로움은 믿음으로 하나님과 온전한 관계를 맺는 것이고, 완전함은 말씀에 대한 순종으로 말미암는 것임을 알 수 있다.

### 쉬운성경

23주님의 모든 율법을 내가 지켰으며 주님의 가르침을 어기지 않았다.
24주님 앞에서 흠 없이 살았고 나쁜 일을 하지 않았다.
25주께서 나를 구해 주신 것은 나의 의로움 때문이다. 주님 보시기에 흠이 없었기 때문이다.

악인은 절대로 천국에 갈 수 없다. 그런데 악인이었던 강도가 십자가에서 예수님을 믿은 뒤에 천국에 들어갔다(눅 23:43). 예수님의 십자가로 그의 모든 죄를 용서받은 것이다. 그래서 바울이, 성도가 의롭게 될 수 있는 의는 "예수 그리스도를 믿음으로 말미암아 모든 믿는 자에게 미치는 하나님의 의"뿐이라고 말한 것이다(롬 3:22). 예수님을 믿는 사람은 반드시 거룩함과 도덕적인 의를 추구하게 되어 있다. 또 그의 믿음은 행위로 드러나게 되어 있다(약 2:17). 아무리 다른 사람들보다 선을 많이 행하고 도덕적으로 완전해 보이는 삶을 산다 해도 하나님의 불꽃 같은 눈 앞에서는 죄가 드러나지 않을 수 없다. 그래서 우리에게는 죄 용서함이 꼭 필요하다. 예수님은 그런 우리의 죄를 대신하여 십자가를 지셨다. 성경 말씀과 같이 예수님의 의를 믿어 깨끗하게 된 자만이 의인이며 완전한 자다.

## 22:26-30
## 어둠을 빛으로 밝히시는 하나님(다윗의 찬양시 4)

다윗은 하나님이 선하고 자비한 자에게는 주의 자비하심을 보이시고, 악을 행하는 사악한 자에게는 주의 심판을 보이시는 분임을 고백한다. 또 다윗은 하나님이 자신의 등불이 되시며 전쟁 때의 도움이 되심을 노래한다.

### 22:26 **자비한 자에게는 주의 자비하심을 나타내시며 완전한 자에게는 주의 완전하심을 보이시며**

하나님은 사람들이 행한 대로 되갚아 주시는 분이다(롬 2:6). 하나님의 선하신 성품에 따라 반응하는 자는 하나님 성품의 풍성함과 완전함을 깊이 있게 경험하고, 하나님께 악으로 반응하는 자는 더 강한 심판을 경험하게 된다. 다윗은 하나님이 그분의 백성에게 선함과 의로움을 보이시는 분임을 자신의 예를 통해 설명하고 있다.

**자비** 진실, 은혜, 사랑 등으로도 번역되는 단어로, 하나님이 그의 백성을 향해 보이시는 무조건적이며 진실한 사랑을 의미한다.

**완전** 인간의 기준이 아닌 하나님의 기준에서 완전함을 의미한다.

## 22:27 깨끗한 자에게는 주의 깨끗하심을 보이시며 사악한 자에게는 주의 거스르심을 보이시리이다

**깨끗하심** 불순물과 오염이 제거되어 정결한 모습을 가진 상태를 말한다.

**주의 거스르심을 보이시리이다** 하나님은 인간의 악한 행위에 따라 심판하시는 분임을 뜻한다(사 3:11). 만일 하나님이 선하시고 자비로우시기 때문에 악을 행하는 것을 무조건 용서하신다면 하나님의 공의와 충돌하게 된다. 하나님의 진노는, 하나님이 그분의 본성과 반대되는 악과 더러움을 참으실 수 없기 때문에 본능적으로 악에 반응하시는 것이다.

## 22:28 주께서 곤고한 백성은 구원하시고 교만한 자를 살피사 낮추시리이다

**곤고** 자기 자신이나 세상적인 어떤 다른 것을 의지하지 않고 하나님만을 의지하는 것이다(마 5:3).

**교만** 세상적인 힘과 능력을 의지함으로써 하나님이 아닌 자신을 높이고 의지하는 것이다. 교만은 스스로 하나님이 되고자 하는 행위로 아담으로부터 시작된 모든 죄의 근본이다.

## 22:29 여호와여 주는 나의 등불이시니 여호와께서 나의 어둠을 밝히시리이다

**등불** 어둠을 밝히는 용도로 사용되는 등불은 소망(왕하 8:19), 생명(욥 18:6), 인도(잠 6:23)를 상징한다.

**어둠** 소망과 미래가 없는 암울한 상황을 의미한다(욥 3:5). 다윗은 자신이 처한 소

**쉬운성경**

26주님, 주께서는 진실한 사람에게 진실을 베푸시고 선한 사람에게 선을 베푸십니다.
27깨끗한 사람에게 깨끗함을 보이시고 나쁜 사람에게는 그의 악함을 되갚으십니다.
28겸손한 사람을 구하시고 교만한 사람을 낮추십니다.
29여호와여, 주께서는 나의 등불이십니다. 여호와께서는 나의 어둠을 밝히셨습니다.
30주님의 도우심으로 나는 원수를 칠 수 있고 하나님의 도우심으로 성벽을 뛰어넘을 수 있습니다.

망 없는 상황을 어둠에 비유하며, 하나님만이 그의 어둠을 밝혀 소망과 생명을 주실 수 있음을 노래한다.

## 22:30 내가 주를 의뢰하고 적진으로 달리며 내 하나님을 의지하고 성벽을 뛰어넘나이다

**내가 주를 의뢰하고** 다윗은 전쟁 중에도 하나님이 그에게 힘을 주셨음을 노래한다. 원수와 싸워 이길 수 있었던 힘과 성벽을 뛰어넘어 적을 공격할 수 있었던 모든 것이 자신의 능력에서 나온 것이 아님을 겸손하게 고백하고 있다.

### 마음에 새기기

오랫동안 교회에 다녔지만 하나님에 대해 전혀 알지 못하는 사람들이 많이 있다. 하나님이 어떤 분인지 제대로 알지 못하면 결국 자신이 원하는 신을 상상하고 만들어 섬기게 된다. 이렇게 사람들이 자기의 욕망을 위해 만들어낸 신이 바로 '우상'(idol)이다(출 32:8). 자신의 욕망을 위해 하나님을 섬기는 사람들이 열심을 부리는 이유는 보상을 바라기 때문이다. 또 기도하는 이유도 하나님의 도우심을 힘입어 세상에서 이익을 얻기 위해서다. 이처럼 교회에 다니면서도 우상을 섬기는 사람들은 결국 하나님께 실망하게 된다. 열심히 헌신하고 기도했는데도 자신이 원하는 결과가 나타나지 않기 때문이다. 그러나 하나님은 이런 헌신과 기도에 절대로 응답하지 않으신다.

따라서 우리는 하나님이 어떤 성품을 가진 분인지 배우고자 힘써야 한다. 성경이 말하는 하나님의 자비, 공의, 완전함, 거룩함이 무엇인지 배우지 않고는 계속해서 자신의 욕망을 위해 종교생활을 하게 될 뿐이다. 하나님은 우리가 하나님의 뜻을 추구하며 구할 때 그것에 따라 응답하신다. 그래서 다윗의 노래와 같이 '자비한 자는 하나님의 자비하심을 경험할 수 있고, 완전한 자는 하나님의 완전하심을 누리게 되는 것'이다. 반면, 악한 동기와 목적으로 하나님께 구하는 자는 자신의 악한 행위가 부메랑처럼 자신에게 돌아올 것이다. 하나님은 인간의 모든 동기와 행위에 따라 공의로 반응하시는 분이기 때문이다.

## 22:31–43
# 전쟁에서 승리하도록 능력을 주시는 하나님 (다윗의 찬양시 5)

하나님은 자신을 의지하는 자를 보호해 주겠다고 말씀하셨고, 그것을 지키시는 분이다. 다윗은 특별히 자신이 전쟁에서 승리할 수 있었던 이유가 하나님의 도우심과 능력 때문이었다고 노래한다.

**22:31** **하나님의 도는 완전하고 여호와의 말씀은 진실하니 그는 자기에게 피하는 모든 자에게 방패시로다**

**하나님의 도, 여호와의 말씀** 이것은 하나님이 자기에게 피하는 모든 자에게 방패가 되어주신다는 의미로, 다윗이 적진으로 달리며 성벽을 뛰어넘을 수 있었던 것(30절)도 모두 여호와의 말씀을 믿었기 때문이다. 이 말씀은 성경에 수십 번 반복되며 다윗의 찬양시(22장)에도 세 번(3,31,36절)이나 나온다.

**22:32** **여호와 외에 누가 하나님이며 우리 하나님 외에 누가 반석이냐**

**누가 하나님이며, 누가 반석이냐** 다윗은 아주 당연한 질문을 던져서 하나님 한 분만이 구원자시라는 답을 떠올리도록 했다.

**22:33** **하나님은 나의 견고한 요새시며 나를 안전한 곳으로 인도하시며**

**견고한 요새** 다윗은 하나님이 자신을 보호해 주시는 분임과 동시

**쉬운성경**

31하나님의 길은 완전하고, 여호와의 약속은 틀림없습니다. 주께서는 주님을 믿는 사람의 방패가 되십니다.
32누가 하나님이신가? 여호와밖에 없으시다. 누가 바위인가? 우리 하나님뿐이시다.
33하나님은 나의 든든한 요새이시며, 나의 길을 곧고 평탄하게 하신다.

에 안전한 곳으로 인도해 주시는 능력 있는 분임을 노래하고 있다.

## 22:34 나의 발로 암사슴 발 같게 하시며 나를 나의 높은 곳에 세우시며

**암사슴 발** 사슴 중에는 높은 절벽 틈으로 다니며 안전한 곳에서 자신을 보호하는 종류가 있다. 다윗은 자신이 암사슴의 발과 같이 위기의 상황을 잘 피해나갈 수 있도록 하나님의 인도하심을 받았다고 고백한다(합 3:19).

## 22:35 내 손을 가르쳐 싸우게 하시니 내 팔이 놋 활을 당기도다

**내 손을 가르쳐** 다윗이 전투에서 승리할 수 있었던 것은 하나님이 잘 가르쳐주셨기 때문이라는 고백이다.

**놋 활** 활은 일반적으로 나무로 만든다. 놋으로 만든 활은 보통 사람의 힘으로는 사용할 수 없었다. 즉, 다윗은 놀라운 하나님의 능력을 부여받아 전투했음을 의미한다.

## 22:36 주께서 또 주의 구원의 방패를 내게 주시며 주의 온유함이 나를 크게 하셨나이다

**구원의 방패** 하나님이 모든 공격을 막아주셨음을 의미한다.

## 22:37 내 걸음을 넓게 하셨고 내 발이 미끄러지지 아니하게 하셨나이다

**넓게 하셨고** 20절의 "넓은 곳으로 인도하시고"와 같은 의미로, 하나님이 모든 구속에서 풀어주셔서 자유를 얻게 되었음을 의미한다.

**쉬운성경**

34 하나님께서는 나의 발을 사슴의 발처럼 만드셔서 높은 곳에서도 든든하게 세워 주셨다.
35 내 손을 훈련시켜 싸울 수 있게 하시고 놋쇠 활도 당길 수 있게 하신다.
36 주께서는 나에게 구원의 방패를 주시고 나를 도우셔서 큰 사람으로 만드셨다.
37 나에게 좀 더 나은 길을 주셔서 내 발이 미끄러지지 않게 하셨다.

**22:38** **내가 내 원수를 뒤쫓아 멸하였사오며 그들을 무찌르기 전에는 돌이키지 아니하였나이다**

**돌이키지 아니하였나이다** 다윗은 적군을 추격할 때 힘이 약해지지 않고 끝까지 싸울 수 있는 모든 능력을 하나님께 공급받았다.

**22:39** **내가 그들을 무찔러 전멸시켰더니 그들이 내 발 아래에 엎드러지고 능히 일어나지 못하였나이다**

**능히 일어나지 못하였나이다** 다윗의 적들이 완전히 패배하여 다윗에게 복종하게 되었음을 알 수 있다(시 47:3).

**22:40** **이는 주께서 내게 전쟁하게 하려고 능력으로 내게 띠 띠우사 일어나 나를 치는 자를 내게 굴복하게 하셨사오며**

**능력으로 내게 띠 띠우사** 다윗은 처음 골리앗과 싸움을 시작한 이래로 전투에서 진 적이 없었다. 그래서 다윗은 모든 전쟁에서 승리하도록 능력 주신 하나님을 높인다.

**22:41** **주께서 또 내 원수들이 등을 내게로 향하게 하시고 내게 나를 미워하는 자를 끊어 버리게 하셨음이니이다**

**등을 내게로 향하게 하시고** 본절은 다윗에게 대적했던 적들이 두려움에 사로잡혀

**쉬운성경**

38나는 원수를 뒤쫓아 물리쳤고 그들이 멸망할 때까지 물러나지 않았다.
39나는 그들을 부수고 멸망시켜 다시는 일어서지 못하게 하였다. 그들은 내 발 아래 엎어졌도다.
40주께서는 싸움터에서 나에게 힘을 주셨고 나의 원수들을 엎어지게 하셨다.
41주께서는 원수들이 나의 앞에서 등을 돌려
달아나게 하시고 나를 미워하는 사람들을 물리쳐 이기게 해 주셨다.
42원수들은 도움을 구했으나, 아무도 그들을 구하러 오지 않았다. 그들은 주님을 불렀지만, 주께서는 대답하지 않으셨다.
43나는 원수들을 흙먼지처럼 무너뜨렸고 길바닥의 진흙처럼 짓밟았다.

도망하였음을 묘사한다. 하나님은 적들의 마음까지도 두렵게 하시는 분이다(창 35:5).

**22:42** **그들이 도움을 구해도 구원할 자가 없었고 여호와께 부르짖어도 대답하지 아니하셨나이다**

**그들이 도움을 구해도** 원수들은 어느 누구에게도 도움을 얻지 못했다. 이것은 원수들이 의지하는 다른 모든 것들이 하나님 앞에서 무용지물이었음을 의미한다.

**여호와께 부르짖어도** 원수들은 심지어 여호와 하나님의 이름을 부르며 도움을 요청하기도 했다. 그러나 하나님은 하나님의 백성이 아닌 자들의 기도에 응답하지 않으신다.

**22:43** **내가 그들을 땅의 티끌같이 부스러뜨리고 거리의 진흙같이 밟아 헤쳤나이다**

**땅의 티끌, 진흙** 가장 가치 없고 비참한 상태를 상징한다(욥 30:19). 다윗의 대적들은 이처럼 완전히 멸망해서 비참한 최후를 맞게 되었다.

### 마음에 새기기

다윗은 왕이었지만 전쟁의 용사기도 했다. 이 시는 전쟁의 승리에 대한 감사의 고백이 주된 내용이다. 오늘날을 사는 성도들은 실제로 전쟁을 하지는 않는다. 그러나 항상 영적 전쟁을 치른다(엡 6:12). 모든 신자들은 한 사람도 빼놓지 않고 영적 전쟁에 참여하고 있다. 왜냐하면 마귀가 신자들을 유혹하고 공격함으로써 신자들이 영적으로 성장하지 못하게 하고 하나님나라가 확장되지 못하게 하기 때문이다. 영적 전쟁을 치르는 데 가장 중요한 원리는 다윗처럼 하나님의 보호와 공급을 믿는 것이다. 이런 믿음 없이는 사탄의 공격 무기인 속임수와 두려움을 이길 수 없다.

사탄은 신자들이 거짓된 것을 의지하도록 유혹한다. 돈, 능력, 학위, 외모, 권력 등에 의지해야 세상에서 보호받고 인정받을 수 있다고 속인다. 또 잘못된 방법으로 쾌락을 추구하는 것이 만족을 줄 수 있다고 속인다. 그 때문에 하나님을 온전히 신뢰하지 못하면 우리는 늘 두려움에 시달리게 된다. 신자들이 세상 사람들처럼 재정, 실패, 건강, 관계에 대한 두려움에 시달리는 이유가 바로 이 때문이다. 거짓말에 속기 때문에 두려운 것이고, 두려워하기 때문에 속는 것이다.
이런 영적 싸움은 성도의 마음에서 항상 벌어진다. 성도의 마음은 성령을 통해 하나님의 나라가 확장되는 곳이기도 하지만, 죄악과 세상의 영향력이 뿌리 깊게 세력을 구축하고 있는 곳이기도 하다. 그렇기 때문에 전쟁터인 성도의 마음은 항상 평안하고 안정될 수 없다. 마음이 요동하고 평안이 깨질 때마다 성도들은 이것이 영적 싸움임을 기억해야 한다. 주변 사람들이나 상황을 탓하면 결코 싸움에서 이길 수 없다. 하나님이 이 싸움을 반드시 승리로 이끄실 것을 신뢰하며 마귀를 대적할 때 반드시 다윗과 같은 승리의 노래를 부르게 될 것이다(약 4:7).

## 22:44-51
## 모든 백성과 원수까지 통치하게 하신 하나님 (다윗의 찬양시 6)

자기 백성뿐 아니라 이방의 모든 민족들까지 통치하게 하신 하나님을 찬양하는 시다. 다윗은 모든 민족과 원수들까지 자신에게 복종케 하신 하나님의 은혜에 감사하며 모든 민족 가운데 하나님을 높이고 영광을 돌린다.

**22:44** **주께서 또 나를 내 백성의 다툼에서 건지시고 나를 보전하사 모든 민족의 으뜸으로 삼으셨으니 내가 알지 못하는 백성이 나를 섬기리이다**

**내 백성의 다툼** 사울의 아들 이스보셋과의 싸움과 압살롬과 세바의 반란 같은 이스라엘 내부적인 다툼을 의미한다.

**모든 민족의 으뜸으로 삼으셨으니** 다윗이 블레셋, 아람, 모압 같은 주변 국가들을 정복하고 그 나라들을 자신의 통치 아래 두었음을 말한다.

**내가 알지 못하는 백성이 나를 섬기리이다** 이는 다윗의 후손이신 메시아가 오실 때 일어날 미래적 사건을 의미한다(사 55:5).

## 22:45 이방인들이 내게 굴복함이여 그들이 내 소문을 귀로 듣고 곧 내게 순복하리로다

**내게 굴복함이여** 하나님이 다윗에게 주신 능력과 권세가 주변 나라에까지 영향을 미쳤음을 보여준다.

## 22:46 이방인들이 쇠약하여 그들의 견고한 곳에서 떨며 나오리로다

**이방인들이 쇠약하여** '이방인들'은 하나님을 믿지 않는 세상 사람들을 의미한다. 하나님이 함께하지 않는 사람들은 하나님이 함께하신 다윗 앞에서 약해질 수밖에 없음을 의미한다.

## 22:47 여호와의 사심을 두고 나의 반석을 찬송하며 내 구원의 반석이신 하나님을 높일지로다

**여호와의 사심** 일개의 목동이며 집에서도 인정받지 못하던 막내 아들 다윗이 이방의 모든 민족까지 다스리는 영향력 있는 왕이 된 것은 하나님이 살아 계시다는 확실한 증거였다.

## 22:48 이 하나님이 나를 위하여 보복하시고 민족들이 내게 복종하게 하시며

**민족들이 내게 복종하게 하시며** 다윗은 이스라엘을 괴롭히던 주변 국가들로부터 이스라엘을 구원하였다. 사울 왕 때까지만 해도 이스라엘을 끊임

**쉬운성경**

44주께서는 나의 백성이 나를 공격할 때에 구해 주셨고, 다른 나라들의 지도자로 삼아 주셨다. 그래서 내가 알지도 못하는 백성들이 나를 섬기고,
45이방 사람들이 나에게 복종한다. 나에 대한 이야기만 듣고도 나에게 복종한다.
46그들은 모두 두려워하고 피난처에서 떨고 있다.
47주님은 살아 계신다. 나의 바위를 찬양하여라. 나를 구한 바위이신 하나님을 찬양하여라.
48하나님께서는 내가 원수들을 이기게 해 주셨고 백성들이 나에게 복종하도록 해 주셨다.

없이 괴롭혔던 블레셋은 다윗 왕 이후로 더 이상 이스라엘을 위협하지 못했다. 그 외에도 다윗은 사방의 다양한 적들로부터 이스라엘을 구원하여 평화를 가져왔다. 다윗은 이런 결과가 자신의 업적이 아닌 하나님의 도우심이었다고 고백한다. 다윗의 통치로 이스라엘이 대적들에게서 자유를 얻게 된 것은 예수님이 가져오실 평화를 모형적으로 보여주는 것이다.

## 22:49 **나를 원수들에게서 이끌어내시며 나를 대적하는 자 위에 나를 높이시고 나를 강포한 자에게서 건지시는도다**

**원수들, 대적하는 자, 강포한 자** 일생 동안 다윗은 많은 대적들을 경험했다. 대부분의 경우가 다윗의 잘못 때문이 아닌 타인의 질투, 경쟁심, 죄악에서 비롯된 것들이었다. 그러나 다윗은 무고한 공격을 당할 때도 스스로 보복하려 하지 않았다. 모든 일에 하나님의 절대적인 주권을 인정했기 때문이다.

## 22:50 **이러므로 여호와여 내가 모든 민족 중에서 주께 감사하며 주의 이름을 찬양하리이다**

**모든 민족 중에서** 하나님을 높인 다윗의 감사와 찬양은 개인적인 차원을 넘어 모든 민족 가운데 하나님을 널리 알리고 높일 수 있는 기회가 되었다.

## 22:51 **여호와께서 그의 왕에게 큰 구원을 주시며 기름부음 받은 자에게 인자를 베푸심이여 영원하도록 다윗과 그 후손에게로다 하였더라**

**쉬운성경**

49 원수에게서 나를 구해 주시고 나를 미워하는
사람들에게서 나를 높이 드시고 폭력을 휘두
르는 사람들에게서 나를 건져 주셨다.
50 그러므로 여호와여, 내가 여러 나라들 가운
데서 주께 감사합니다. 주님의 이름을 찬양
합니다.
51 주께서는 손수 세우신 왕에게 큰 승리를 주
셨고 손수 기름부으신 사람, 다윗과 그의 자
손들에게 한결같은 사랑을 베푸셨습니다."

**다윗과 그 후손** 하나님은 다윗 언약(삼하 7:8-16)에서 다윗뿐 아니라 그의 후손까지 축복하시고 그 왕위를 영원히 견고하게 하겠다고 약속하셨다. 본절은 그러한 하나님의 언약에 대한 다윗의 감사다.

### 마음에 새기기

본문에서 다윗은 하나님의 도우심과 능력으로 그의 백성뿐 아니라 원수들까지도 잘 통치할 수 있었음을 감사한다. 통치는 하나님나라의 가장 중요한 개념이다. 나라의 확장은 바로 다스림의 확장이다. 또 하나님 통치를 대행하는 자들이 바로 성도다. 그 때문에 성경은 성도를 왕 같은 제사장이라고 부른다(벧전 2:9). 즉, 성도는 지금 이 세상에서 왕 노릇을 해야 하는 자들이다(계 20:6). 그렇다면 성도인 우리는 지금 이 세상을 어떻게 통치해야 하는 것일까?

많은 사람들이 성도의 통치를 세상적인 통치의 개념으로 오해한다. 그 때문에 그리스도인이 높은 자리에서 큰 권력과 능력을 가지고 세상 사람들을 다스려야 한다고 주장하는 사람들도 있다. 그러나 예수님은 사람들을 지배하는 것이 하나님 백성의 통치 방법이라고 가르치지 않으셨다. 오히려 다른 사람을 위해 종이 되어 섬기라고 가르치셨다. 예수님은 세상과 전혀 다른 통치 방법을 보이기 위해 섬기는 삶을 사셨다. 그래서 제자들의 발을 씻기는 모범을 보이신 것이다. 또 자기 생명을 죄인들을 위해 대속물로 주기까지 하셨다(막 10:42-45). 이처럼 성도는 예수님과 같이 낮아져서 섬기고 희생하는 삶을 통해 세상을 통치해야 한다.

'낮아짐'과 '희생'을 핵심으로 하는 '십자가의 원리'가 빠진 통치는 세상 사람들이 추구하는 악한 태도일 뿐이다. 그 때문에 예수님은 하나님의 백성이 지켜야 할 "원수를 사랑하라"(마 5:44)는 온전한 법을 가르치셨다. 원수까지도 선하게 대하고 기도해 줌으로써 원수도 다스리게 되는 것이다(눅 6:35). 이런 섬김과 희생으로 남을 섬기는 것이 '왕 같은 제사장'의 모습이다. 세상에 하나님나라의 통치를 실현하는 왕 같은 성도가 더욱 많아져야 할 것이다.

23:1-7

## 메시아의 통치를 예언한 다윗

다윗은 성령의 감동을 받아 메시아의 오심을 예언한다. 공의와 하나님을 경외함으로 세상을 다스리실 메시아는 어둠을 물러가게 하고, 그의 백성에게 빛과 생명을 주실 것임을 예언한다. 또 메시아가 오시면 사악한 자에게는 무서운 심판이 임할 것임을 노래한다.

**23:1** **이는 다윗의 마지막 말이라 이새의 아들 다윗이 말함이여 높이 세워진 자, 야곱의 하나님께로부터 기름부음 받은 자, 이스라엘의 노래 잘하는 자가 말하노라**

**다윗의 마지막 말** 다윗이 죽기 전에 지은 시로 미래에 나타날 메시아의 통치를 예언한 찬양시다. 야곱(창 49장)과 모세(신 33장)도 죽기 전에 이러한 예언적 찬양시를 남겼다.

**이새의 아들** 사무엘서에서 '이새의 아들'이라는 호칭은 사울이나 나발이 다윗을 경멸하듯 부를 때 사용했다. 그런데 다윗 스스로 자신을 이렇게 부른 것은 자신의 비천함을 겸손하게 고백한 것이다.

**노래 잘하는 자** 다윗은 발람 선지자가 이스라엘을 위해 예언할 때 고백한 것과 비슷하게 자기를 소개한다(민 24:4). 이것은 이 찬양이 선지자적인 예언임을 보여준다.

**23:2** **여호와의 영이 나를 통하여 말씀하심이여 그의 말씀이 내 혀에 있도다**

**여호와의 영** '성령'을 의미한다. 이 시가 다윗 개인의 고백이 아닌 하나

**쉬운성경**

[1]다음은 다윗이 남긴 마지막 말입니다. "이새의 아들 다윗의 말이며 하나님께서 높이신 사람의 말이다. 그는 야곱의 하나님께서 기름부으신 왕이며, 그는 이스라엘의 아름다운 노래를 부르는 사람이다.
[2]여호와의 영이 나를 통해 말씀하셨다. 그분의 말씀이 내 혀에 담겼다.

님의 성령의 감동으로 인한 예언적 노래임을 뜻한다.

**23:3** **이스라엘의 하나님이 말씀하시며 이스라엘의 반석이 내게 이르시기를 사람을 공의로 다스리는 자, 하나님을 경외함으로 다스리는 자여**

**이스라엘의 하나님이 말씀하시며** 선지자들이 흔히 말씀을 전할 때 사용하던 구절로, 이 노래의 근원이 하나님임을 의미한다. 이스라엘의 하나님은 이스라엘과 언약을 맺으시고 그것을 신실하게 지키시는 분이다.

**이스라엘의 반석** '반석'은 하나님의 진실하심과 견고하심을 상징하는 것으로, 하나님의 말씀이 확실한 약속임을 강조하기 위한 표현이다(사 30:29).

**다스리는 자** 이는 하나님을 경외함으로 공평하게 백성을 다스린 다윗을 의미하기도 하지만, 앞으로 오실 메시아의 통치를 암시하는 것이다. 이사야 선지자도 메시아가 오시면 하나님을 경외하고 그의 완전하신 공의로 세상을 통치하실 것을 예언했다(사 11:2).

**23:4** **그는 돋는 해의 아침 빛 같고 구름 없는 아침 같고 비 내린 후의 광선으로 땅에서 움이 돋는 새 풀 같으니라 하시도다**

**아침 빛, 아침, 광선** 오실 메시아의 모습을 상징한다. 빛, 아침, 광선은 전부 어둠과 그늘이 물러가고 생명과 회복이 임하게 됨을 암시한다. 사가랴는 '돋는 해가 위로부터 우리에게 임하여 어둠과 죽음의 그늘에 앉은 자에게 비친다'(눅 1:78–79)고 메시아의 오심을 예언했다. 또 마태는 예수님이 갈릴리 지방에서 사역을 시작하신 것을 선지자 이사야의 말을 인용하여 "흑암에 앉은 백성이 큰 빛을 보았고 사망의 땅과 그늘에 앉은 자들에게 빛이 비치었도다"(마 4:16)라고 묘사했다.

**쉬운성경**

3이스라엘의 하나님께서 말씀하셨다. 이스라엘의 반석이신 분이 나에게 말씀하셨다. '너는 백성을 공평하게 다스리는 사람이며, 하나님을 두려워하는 마음으로 다스리는 사람이로다.

4그런 너는 새벽빛과 같고, 구름 끼지 않은 아침과도 같으며, 비 온 뒤의 햇살과도 같고, 땅에서 새싹을 돋게 하는 햇살과도 같다.'

23장

## 23:5 내 집이 하나님 앞에 이 같지 아니하냐 하나님이 나와 더불어 영원한 언약을 세우사 만사에 구비하고 견고하게 하셨으니 나의 모든 구원과 나의 모든 소원을 어찌 이루지 아니하시랴

**영원한 언약** 하나님이 다윗에게 그의 집과 나라가 영원히 보전될 것임을 약속하신 다윗 언약을 의미한다(삼하 7:8-16). 이 언약은 일차적으로 솔로몬에게서 성취되었으나, 궁극적으로는 메시아로 오신 예수님에게서 이루어졌다.

## 23:6 그러나 사악한 자는 다 내버려질 가시나무 같으니 이는 손으로 잡을 수 없음이로다

**사악한 자** 메시아의 오심은 하나님의 백성들에게는 구원이지만 사악한 자들에게는 무서운 심판이다.

**가시나무** 밭에 난 가시나무는 뽑혀 불에 태워질 존재다. 사악한 자들은 메시아가 오셨을 때 이렇게 멸망당할 것임을 암시한다.

## 23:7 그것들을 만지는 자는 철과 창자루를 가져야 하리니 그것들이 당장에 불살리리로다 하니라

**철과 창자루** 사악한 자를 심판하는 메시아적 심판의 도구를 상징한다.

**불살리리로다** 하나님의 심판을 상징한다. 사악한 자들은 결국 불과 유황으로 타는 못에 던져져 영원토록 고통당하게 될 것이다(계 21:8).

**쉬운성경**

5 이처럼 하나님께서는 내 집안을 돌봐 주셨다.
하나님께서는 나와 영원한 약속을 맺어 주셨
고 모든 일에 올바르고 든든한 약속을 해 주
셨다. 이 약속은 나의 구원이며, 이 약속은 내
가 가장 기뻐하는 것이다. 진실로 주께서는
그 약속을 이루어 주실 것이다.
6 그러나 모든 악한 백성은 가시와 같아서 버림
을 받을 것이다. 왜냐하면 손으로 가시를 잡
을 수 없기 때문이다.
7 누구나 가시를 만지려면 쇠막대나 창을 사용
해야 한다. 가시는 불에 던져져서 마침내 타
버리고 말 것이다."

마음에 새기기

다윗의 예언대로 메시아인 예수님이 오신 지 2천 년이 지났지만 여전히 공의의 통치는 보이지 않고 악인들만 도처에 가득하다. 왜일까? 바로 지금은 그 완전한 회복과 심판이 잠시 미뤄지고 있는 종말의 시간이기 때문이다. 성경적 종말은 예수님이 처음 오셨던 때부터 다시 오실 때까지의 시간을 의미한다(딤후 3:1; 벧전 1:20). 이 종말의 시간은 의인들에게는 영적 성장과 예수님의 통치를 경험하기 위해 주어졌고, 죄인들에게는 회개의 기회로 주어졌다. 예수님이 오심과 함께 이 땅에 하나님의 통치가 시작되었다. 그리고 지금도 성령님이 신자를 통해 그 통치를 확장하고 계신다. 그 통치를 받아들이는 자들은 영원한 심판과 형벌을 피하게 되지만, 그것을 거부하는 자들에게는 무서운 심판이 따른다. 그렇기 때문에 이런 종말의 시간을 '이미 그러나 아직(already but not yet)의 때'라고 부르기도 한다.

계시록은 바로 이런 현재적인 종말의 상황을 묘사한 책이다. 계시록은 그리스도의 통치가 이 땅에서 성도의 고난과 순교로 이루어짐을 묘사한다(계 5:10; 13:10). 성도도 이 땅에서 고난과 환난을 당하지만, 이것은 영적으로 승리하는 것이며 왕권을 행사하는 것이라는 영적인 역설을 받아들이기 쉽지 않다. 그리스도가 통치하시면 신자들이 성공하고 기적이 나타나며 악인이 심판당하는 일들이 벌어져야 하는데, 현실에서는 그렇지 않기 때문이다. 예수님은 왕이었지만 섬기는 자로 사셨고, 죽으심으로 사탄의 권세를 깨뜨리고 승리하셨다. 이처럼 신자들의 고난과 죽음은 하나님의 통치를 이 땅에 드러내는 도구가 된다. 이 종말의 시간은 영적 시각에서 보면 아주 짧은 순간에 불과함을 기억하라. 성도를 괴롭히는 죽음과 사탄의 권세는 곧 불과 유황으로 타는 못에 던져질 것이고, 그리스도의 영광스러운 통치가 임하게 될 것이다. 성도는 바로 이때를 기다리며 소망 가운데 믿음으로 살아가야 한다.

## 23:8–17
# 다윗의 충성스러운 용사들(1)

다윗에게는 망명 시절부터 그를 도운 용사들이 있었다. 처음의 세 용사는 이스라엘 군대가 블레셋 군대 앞에서 도망할 때도 계속 싸워 큰 승리를 거뒀다. 두 번째 세 용사는 블레셋 군대가 진을 친 베들레헴에서 우물 물을 길어와 다윗에게 바침으로 그들의 충성심을 증명했다.

23장

**23:8** **다윗의 용사들의 이름은 이러하니라 다그몬 사람 요셉밧세벳이라고도 하고 에센 사람 아디노라고도 하는 자는 군지휘관의 두목이라 그가 단번에 팔백 명을 쳐죽였더라**

**다윗의 용사들** 이들은 다윗을 도와 나라를 강하게 한 뒤, 다윗을 왕으로 세운 자들이다(대상 11:10). 특별히 여기에 다윗의 용사들의 이름을 기록한 것은 이스라엘 나라를 견고하게 하는 데는 하나님의 도우심뿐 아니라 용사들의 도움도 컸음을 밝히기 위해서다. 다윗은 하나님과의 관계뿐 아니라 부하들과의 관계에서도 탁월했다.

**요셉밧세벳** 처음 세 용사 중 한 사람으로 '야소브암'으로도 불린다(대상 11:11). 그는 2만4천 명의 부대를 첫째 달에 통솔하는 군지휘관이었다(대상 27:2).

**23:9-10** **9그 다음은 아호아 사람 도대의 아들 엘르아살이니 다윗과 함께한 세 용사 중의 한 사람이라 블레셋 사람들이 싸우려고 거기에 모이매 이스라엘 사람들이 물러간지라 세 용사가 싸움을 돋우고 10그가 나가서 손이 피곤하여 그의 손이 칼에 붙기까지 블레셋 사람을 치니라 그날에 여호와께서 크게 이기게 하셨으므로 백성들은 돌아와 그의 뒤를 따라가며 노략할 뿐이었더라**

**엘르아살** 다윗과 함께한 세 용사 중 또 다른 한 사람이다. 엘르아살을 포함한 세 명의 용사들은 블레셋 군대 앞에 나서서 그들을 조롱하고 싸움을 돋우는 역할을

**쉬운성경**

8다윗의 용사들의 이름은 이러합니다. 다그몬 사람 요셉밧세벳은 세 용사의 우두머리입니다. 그는 에센 사람 아디노라고도 불립니다. 그는 한꺼번에 창 하나로 적군 팔백 명을 죽인 일이 있습니다.
9그 다음에는 아호아 사람 도대의 아들 엘르아살이 있습니다. 엘르아살은 다윗이 블레셋과 싸울 때, 다윗과 함께 있었던 세 명의 군인 중 한 사람입니다. 블레셋 사람들이 싸움터에 모였을 때, 이스라엘 백성은 도망쳤습니다.
10그러나 엘르아살은 도망치지 않고 남아 있다가 지쳐서 칼을 더 휘두를 수 없을 때까지 블레셋과 싸웠습니다. 여호와께서는 그날, 이스라엘이 크게 이기게 해 주셨습니다. 엘르아살이 싸움에서 이긴 다음에 백성들이 다시 돌아왔습니다. 그러나 백성들이 와서 한 일은 적에게서 무기와 갑옷을 거둬들이는 일뿐이었습니다.

했다. 엘르아살의 용맹에 힘을 얻은 이스라엘 군대는 두려움을 이기고 싸움터에 되돌아왔다.

**23:11–12** **[11]그 다음은 하랄 사람 아게의 아들 삼마라 블레셋 사람들이 사기가 올라**
**거기 녹두나무가 가득한 한쪽 밭에 모이매 백성들은 블레셋 사람들 앞에**
**서 도망하되 [12]그는 그 밭 가운데 서서 막아 블레셋 사람들을 친지라 여호와께서 큰 구원을 이**
**루시니라**

**삼마** 첫 번째 세 용사 중 마지막 한 명으로 블레셋 군대와 싸울 때 도망가지 않고 용맹을 발휘해 큰 승리를 얻었다.

**23:13** **또 삼십 두목 중 세 사람이 곡식 벨 때에 아둘람 굴에 내려가 다윗에게 나아갔는데 때에 블레셋 사람의 한 무리가 르바임 골짜기에 진 쳤더라**

**아둘람 굴** 다윗이 사울 왕을 피해 숨었던 동굴로(삼상 22:1–2) 베들레헴에서 남서쪽으로 약 15킬로미터 떨어진 곳에 있다.

**르바임 골짜기** 예루살렘 남서쪽에 있는 골짜기다. 본절을 통해 이 전투가 5장 17–25절에 기록된 블레셋과의 전투를 이야기하는 것임을 알 수 있다.

**23:14** **때에 다윗은 산성에 있고 그때에 블레셋 사람의 요새는 베들레헴에 있는지라**

**쉬운성경**

[11]그 다음에는 하랄 사람 아게의 아들 삼마가 있습니다. 블레셋 사람들이 와서 싸울 때의 일입니다. 블레셋 사람들은 우거진 팥밭에 떼를 지어 모여 있었습니다. 이스라엘의 군대는 블레셋 사람을 피해 도망쳤습니다.
[12]그러나 삼마는 밭 한가운데에 서 있었습니다. 삼마는 그곳에서 블레셋 사람들과 맞서 싸웠습니다. 여호와께서는 그에게 큰 승리를 주셨습니다.
[13]추수를 시작할 무렵에 다윗이 거느린 으뜸가는 군인들 삼십 명 중에서 세 용사가 다윗을 찾아왔습니다. 그때, 다윗은 아둘람 동굴에 있었고, 블레셋 군대는 르바임 골짜기에 진을 치고 있었습니다.
[14]그때, 다윗이 있던 곳은 안전한 요새였고, 몇몇 블레셋 군인들은 베들레헴에 있었습니다.

**23:15** **다윗이 소원하여 이르되 베들레헴 성문 곁 우물 물을 누가 내게 마시게 할까 하매**

**베들레헴 성문 곁 우물 물** 다윗의 고향 베들레헴은 이미 블레셋 군인들의 손에 넘어갔다. 그런데도 다윗은 심한 갈증이 나자 고향에 있는 우물 물을 마시고 싶은 마음이 간절했다.

**23:16** **세 용사가 블레셋 사람의 진영을 돌파하고 지나가서 베들레헴 성문 곁 우물 물을 길어 가지고 다윗에게로 왔으나 다윗이 마시기를 기뻐하지 아니하고 그 물을 여호와께 부어 드리며**

**세 용사** 본절에 나오는 세 용사는 두 번째 세 용사로 아비새와 브나야, 그리고 이름이 나오지 않는 한 사람이다.

**그 물을 여호와께 부어 드리며** 다윗은 용사들이 길어 온 물을 그들의 희생을 상징하는 피로 여겨 하나님께 제물처럼 바친다.

**23:17** **이르되 여호와여 내가 나를 위하여 결단코 이런 일을 하지 아니하리이다 이는 목숨을 걸고 갔던 사람들의 피가 아니니이까 하고 마시기를 즐겨하지 아니하니라 세 용사가 이런 일을 행하였더라**

**사람들의 피가 아니니이까** 다윗은 자신의 갈증 해소를 위해 세 용사의 목숨을 걸고 물을 길어 오게 한 것이 자신의 경솔한 행동임을 깨닫는다.

**쉬운성경**

15다윗은 몹시 물이 마시고 싶었습니다. 다윗이 말했습니다. "누가 베들레헴 성문 가까이에 있는 샘에 가서 물을 길어다 줄 수 없을까?"
16그 말을 듣고 세 용사가 블레셋 군대를 뚫고 나가서, 베들레헴 성문 가까이에 있는 샘에서 물을 길어 다윗에게 가지고 왔습니다. 그러나 다윗은 그 물을 마시지 않았습니다. 다윗은 그 물을 여호와 앞에서 땅에 쏟아 버렸습니다.
17그리고 다윗이 말했습니다. "여호와여! 저는 이 물을 마시지 않겠습니다. 이 물을 마시는 것은 곧 자기 목숨을 내건 이 사람들의 피를 마시는 것과 같습니다." 결국 다윗은 그 물을 마시지 않았습니다. 세 용사는 다윗에게 그렇게까지 용감히 나서서 충성심을 보였습니다.

**세 용사가 이런 일을 행하였더라** 세 용사가 목숨을 아끼지 않고 다윗에게 보인 충성심은 다윗의 부하들이 얼마나 그를 사랑하고 신뢰했는지를 보여준다. 결국 다윗은 이런 충성스러운 부하들의 도움으로 왕이 되었고 부강한 나라를 이루었다.

### 마 음 에 새 기 기

다윗이 훌륭한 왕이 된 것은 하나님의 도우심뿐 아니라 그를 따르는 충성스러운 부하들의 도움이 컸다. 그런데 다윗의 부하들은 어떻게 목숨까지 걸고 다윗을 위해 싸울 수 있었을까? 첫째, 다윗의 용맹함을 그의 부하들이 그대로 따랐기 때문이다. 다윗은 행동으로 모범을 보이는 리더였다. 다윗은 골리앗과 싸울 때 뿐 아니라 그 후의 전투에서도 어떤 사람보다 용맹한 모습을 보였다. 다윗의 부하들은 그런 다윗 왕의 모습을 보고 배운 것이다. 둘째, 다윗이 자신을 위해 이기적으로 행동하지 않았기 때문이다. 사울은 개인적 질투와 야망을 위해 군대를 동원해서 다윗을 추격했다. 사울의 부하들은 그런 그의 명령을 따르긴 했지만 마음속 깊이 충성하지는 않았을 것이다. 그러나 다윗의 부하들은 다윗의 명령이 이스라엘과 백성을 위한 것이라는 확신이 있었다. 그렇기 때문에 그들은 전심을 다해 다윗에게 충성했고 그의 말을 따랐다. 마지막으로 다윗은 왕이었음에도 자신의 잘못을 바로 회개하고 고쳤기 때문이다. 다윗은 갈증 해소를 위해 부하들로 하여금 베들레헴에서 우물 물을 길어 오도록 했다. 그러나 후에 그것이 부하들의 생명을 위협하는 무리한 요구였음을 깨닫고는 하나님 앞에서 회개했다. 이것이 바로 부하들의 충성심을 고취시키고 자신을 따르게 한 요소였다.

성도는 완전한 리더이신 예수님을 따르는 자다. 예수님은 우리를 위해 스스로 죽음을 선택하는 용기를 보이셨다. 예수님이 말씀하시고 행하시는 모든 것은 그 자신을 위한 것이 아니라 하나님과 우리를 위한 것이었다. 또 예수님의 말씀에는 실수나 후회가 없다. 그렇기 때문에 우리가 예수님을 목숨을 다해 따르며 그분의 명령에 충성할 수 있는 것이다.

23:18–23

# 다윗의 충성스러운 용사들(2)

다윗의 부하들에 대한 이야기가 계속된다. 베들레헴 성문 곁 우물 물을 길어 온 용사 중에는 요압의 동생인 아비새가 있었다. 또 다양한 업적으로 자신의 용맹을 증명한 브나야 또한 두 번째 세 용사 중 한 명이었다.

**23:18** **또 스루야의 아들 요압의 아우 아비새이니 그는 그 세 사람의 우두머리라 그가 그의 창을 들어 삼백 명을 죽이고 세 사람 중에 이름을 얻었으니**

**아비새** 요압의 동생으로 다윗의 망명 시절부터 함께했던 용사다. 압살롬과 싸운 부대의 지휘관 중 한 명이었고, 세바의 반란을 진압하는 책임을 맡기도 했다.

**세 사람** 다윗을 위해 베들레헴 성문 곁 우물 물을 길어 온 용사들이다(16절).

**23:19** **그는 세 사람 중에 가장 존귀한 자가 아니냐 그가 그들의 우두머리가 되었으나 그러나 첫 세 사람에게는 미치지 못하였더라**

**세 사람 중에 가장 존귀한 자** 두 번째로 언급된 세 사람 중에 가장 존경받았음을 의미한다. 그러나 처음에 소개된 세 사람이 아비새보다 더 용맹했다.

**23:20** **또 갑스엘 용사의 손자 여호야다의 아들 브나야이니 그는 용맹스런 일을 행한 자라 일찍이 모압 아리엘의 아들 둘을 죽였고 또 눈이 올 때에 구덩이에 내려가서 사자 한 마리를 쳐죽였으며**

**쉬운성경**

18그 세 용사는 다음과 같습니다. 아비새는 스루야의 아들 요압의 동생입니다. 아비새는 삼십 명 부대의 우두머리였습니다. 아비새는 창으로 적군 삼백 명을 죽인 일이 있습니다. 아비새는 세 용사 중의 하나라는 명성을 얻었습니다.
19아비새는 세 용사보다도 더 존경을 받았고, 세 용사의 지휘관이 되었습니다. 그러나 아비새는 처음의 세 용사에는 들지 못했습니다.

**여호야다** 아론 계통의 대제사장이었다(대상 12:27).

**브나야** 다윗 시대에는 그렛 사람과 블렛 사람의 지휘관이었고(20:23), 2만4천 명을 다스리는 셋째 달 군대의 셋째 지휘관이었다(대상 27:5). 또 솔로몬 시대에는 아도니야의 반란을 진압한 뒤에 군사령관이 되었다(왕상 2:35).

**모압 아리엘의 아들 둘** '모압의 사자와 같은 군인'으로도 번역할 수 있다. 브나야가 죽인 이들은 모압 최고의 군인들이었다. 그런 군인 둘을 한 번에 죽일 수 있을 만큼 브나야는 용맹스러웠다.

**사자** 구약시대에는 사자의 출현이 흔했다. 브나야는 자신의 용맹함을 증명하기 위해 구덩이에 직접 내려가서 덫에 걸린 사자를 죽였다. 브나야는 사자와 같은 모압 군인들뿐 아니라 진짜 사자까지 죽임으로써 자신의 용맹함을 증명했다.

## 23:21

**또 장대한 애굽 사람을 죽였는데 그의 손에 창이 있어도 그가 막대기를 가지고 내려가 그 애굽 사람의 손에서 창을 빼앗아 그 창으로 그를 죽였더라**

**장대한 애굽 사람** 이 거인의 키는 225센티미터(다섯 규빗)에 이르렀다(대상 11:23). 브나야는 창이 아닌 막대기만으로 거인과 싸워 이김으로 그의 민첩함과 용맹함을 증명했다.

**쉬운성경**

20 여호야다의 아들 브나야는 갑스엘 사람으로서 용감한 군인이었습니다. 브나야는 용감한 일을 많이 했습니다. 브나야는 모압의 최고 군인 두 사람을 죽인 일이 있습니다. 또 브나야는 눈이 내리는 날, 구덩이에 내려가서 사자를 죽인 일도 있습니다.
21 브나야는 이집트의 거인도 죽인 일이 있습니다. 그 이집트 사람은 손에 창을 들고 있었는데, 브나야는 작은 막대기 하나만 들고 있었습니다. 브나야는 이집트 사람의 손에서 창을 빼앗아서 그 창으로 그를 죽였습니다.
22 여호야다의 아들 브나야는 이처럼 용감한 일들을 했습니다. 브나야는 세 용사 중의 하나라는 명성을 얻었습니다.
23 브나야는 삼십 용사보다도 존경을 받았으나, 세 용사에는 들지 못했습니다. 다윗은 브나야를 자기의 경호대장으로 삼았습니다.

23장

**23:22** **여호야다의 아들 브나야가 이런 일을 행하였으므로 세 용사 중에 이름을 얻고**

**23:23** **삼십 명보다 존귀하나 그러나 세 사람에게는 미치지 못하였더라 다윗이 그를 세워 시위대 대장을 삼았더라**

**삼십 명보다** 24절부터 소개되는 '삼십 명의 용사들'을 의미한다. 브나야는 삼십 명의 용사들보다는 뛰어났지만, 처음 세 사람들보다는 위대하지 않았다.

**시위대 대장** 브나야는 그렛 사람들과 블렛 사람들로 이루어진 다윗의 시위대 대장이 되었다.

## 마음에 새기기

세 용사 중 아비새는 다윗을 위해 공로도 많이 세웠지만 부정적인 역할을 자주 했다. 잠자고 있는 사울을 죽이겠다고 제의하기도 했고(삼상 26:8), 다윗을 저주하는 시므이를 죽이겠다고 했다가 야단을 맞기도 했다(삼하 16:10). 또 요압과 함께 아브넬을 죽여서 다윗을 곤란하게 만들기도 했다(삼하 3:30). 브나야도 용맹스러웠지만 자신의 용맹함을 증명하고 과시하기 위해 덫에 걸린 사자와 직접 대결하거나, 창을 가진 거인과 막대기로 싸우는 등 무모한 일들을 행했다. 그런데도 본문에 이들의 모습을 상세하게 기록한 이유는, 무모하게 행동하고 서로 경쟁하다가 망했을 법한 자들이 다윗 때문에 용맹하고 유능한 용사들이 되었음을 보여주기 위해서다. 이것은 훌륭한 리더를 만나야 부족한 자들도 가치 있고 의미 있는 인생을 살 수 있음을 보여준다.

예수님의 제자들에게서도 비슷한 모습을 볼 수 있다. 사람들에게 멸시당하고 미움받는 세리로 살다 인생을 마칠 뻔한 마태는 예수님을 만나 동족들에게 복음을 전하는 사람이 되었다. 갈릴리 시골의 어부였던 베드로의 변화는 가장 극적이다. 열정은 있었지만 두려움이 많았던 베드로는 초대 교회의 지도자가 되어 부흥을 일으킨 주역이 되었다. 혈기로 가득한 요한은 사랑의 사도가 되어 하나님의 사랑과 영광스러운 미래를 성경에 남긴 사람이 되었다. 이처럼 어떤 리더를 만나느냐가 한 사람의 인생을 좌우한다. 참된 리더이신 예수님을 따르며 그분의 가르침과 질책 속에서 성장하는 사람은 반드시 값지고 귀한 인생을 살게 될 것이다.

## 23:24-39
# 삼십 명의 다윗 용사들

본문에는 전쟁에서 지휘를 맡았던 다윗 용사들의 이름이 기록되어 있다. 이들은 이스라엘 지파 출신 외에 이방 나라 출신도 있었다. 모두 다윗이 하나님의 뜻을 받들어 세운 나라를 도운 자들이다.

## 23:24 **요압의 아우 아사헬은 삼십 명 중의 하나요 또 베들레헴 도도의 아들 엘하난과**

**아사헬** 요압의 아우로 발이 아주 빠른 자였다. 그는 아브넬을 추격하다가 아브넬의 창에 찔려 죽었다(2:23).

**삼십 명** 역대상에도 거의 비슷한 목록이 나온다(대상 11:26-47). 24절 이하에 나오는 이름은 31명으로 앞에서 언급된 6명(이름이 나온 사람은 5명)의 용사들과 합하여 다윗 용사들은 모두 37명(39절)으로 여겨진다.

## 23:25 **하롯 사람 삼훗과 하롯 사람 엘리가와**

**삼훗** 2만4천 명을 다섯째 달에 통솔하던 지휘관으로 이스라 사람 삼훗과 동일인이다(대상 27:8).

## 23:26 **발디 사람 헬레스와 드고아 사람 익게스의 아들 이라와**

**헬레스** 유다 남쪽 지역 출신으로 2만4천 명을 일곱째 달에 통솔하던 지휘관이었다. 그는 '발론 사람'으로도 불린다(대상 27:10).

**쉬운성경**

24 다음은 다윗의 용사들 삼십 명의 이름입니다. 세 용사 가운데에서 마지막은 요압의 동생 아사헬입니다. 베들레헴 사람 도도의 아들 엘하난,
25 하롯 사람 삼훗, 하롯 사람 엘리가,
26 발디 사람 헬레스, 드고아 사람 익게스의 아들 이라,
27 아나돗 사람 아비에셀, 후사 사람 므분내,

23장

**이라** 2만4천 명을 여섯째 달에 통솔하던 지휘관이었다(대상 27:9).

## 23:27 아나돗 사람 아비에셀과 후사 사람 므분내와

**아나돗 사람 아비에셀** 예루살렘 북쪽에 위치한 아나돗은 레위인의 성읍으로 선지자 예레미야의 고향이기도 하다. 아비에셀은 2만4천 명을 통솔하던 아홉째 달 지휘관이었다(대상 27:12).

**므분내** 후사 출신으로 '십브개'라고도 불린다(대상 11:29).

## 23:28 아호아 사람 살몬과 느도바 사람 마하래와

**살몬** 아호아 출신으로 '일래'로도 불린다(대상 11:29).

**마하래** 유다 지파 출신으로 열째 달에 2만4천 명을 통솔하던 지휘관이었다(대상 27:13).

## 23:29 느도바 사람 바아나의 아들 헬렙과 베냐민 자손에 속한 기브아 사람 리배의 아들 잇대와

**헬렙** 열두째 달의 지휘관으로 '헬렛' 혹은 '헬대'로도 표기된다(대상 11:30; 27:15).

**잇대** '이대'로도 불리며(대상 11:31), 가드 사람 잇대(15:19)와는 다른 인물이다.

## 23:30 비라돈 사람 브나야와 가아스 시냇가에 사는 힛대와

**브나야** 에브라임의 비라돈 출신으로 여호야다의 아들 브나야와는 다른 인물이다.

**쉬운성경**

28아호아 사람 살몬, 느도바 사람 마하래,
29느도바 사람 바아나의 아들 헬렙, 베냐민 땅 기브아 사람 리배의 아들 잇대,
30비라돈 사람 브나야, 가아스 골짜기 사람 힛대,
31아르바 사람 아비알본, 바르훔 사람 아스마,

## 23:31 아르바 사람 아비알본과 바르훔 사람 아스마과

**아비알본** 유다 지파 출신으로 '아비엘'로도 불린다(대상 11:32).

## 23:32 사알본 사람 엘리아바와 야센의 아들 요나단과

## 23:33 하랄 사람 삼마와 아랄 사람 사랄의 아들 아히암과

**삼마** 다윗의 용사들 가운데 지도적인 위치에 있었던 인물로 하랄 사람 아게의 아들(11절)이며 다윗의 첫 번째 세 용사 중 한 명이다.

## 23:34 마아가 사람의 손자 아하스배의 아들 엘리벨렛과 길로 사람 아히도벨의 아들 엘리암과

**엘리벨렛** 마아가 사람의 손자 아하스배의 아들이며 '엘리발'로도 불린다(대상 11:35). 마아가는 아람의 작은 나라로 다윗이 그곳을 정복한 뒤 엘리벨렛을 자신의 용사로 삼은 것으로 보인다.

**엘리암** 30명의 용사 중 한 사람으로 다윗의 모사였던 아히도벨의 아들이다.

## 23:35 갈멜 사람 헤스래와 아랍 사람 바아래와

**아랍 사람 바아래** 아랍은 유다의 산악 지대로 바아래는 유다 지파 출신이었다(수 15:52).

**쉬운성경**

32사알본 사람 엘리아바, 야센의 아들 요나단,
33하랄 사람 삼마, 아랄 사람 사랄의 아들 아히암,
34마아가 사람 아하스배의 아들 엘리벨렛, 길로 사람 아히도벨의 아들 엘리암,
35갈멜 사람 헤스래, 아랍 사람 바아래,
36소바 사람 나단의 아들 이갈, 갓 사람 바니,
37암몬 사람 셀렉, 스루야의 아들 요압의 무기를 들고 다녔던 브에롯 사람 나하래,
38이델 사람 이라, 이델 사람 가렙,
39헷 사람 우리아, 이상 모두 삼십칠 명이었습니다.

**23:36** **소바 사람 나단의 아들 이갈과 갓 사람 바니와**

**소바** 아람의 작은 나라로 다윗에게 도전했다가 패배했다(8:3).

**23:37** **암몬 사람 셀렉과 스루야의 아들 요압의 무기를 잡은 자 브에롯 사람 나하래와**

**암몬 사람 셀렉** 암몬은 요단 강 동쪽의 나라로 셀렉은 외국 용병이었다.

**23:38** **이델 사람 이라와 이델 사람 가렙과**

**23:39** **헷 사람 우리아라 이상 총수가 삼십칠 명이었더라**

**헷 사람 우리아** 헷은 가나안 족속으로 우리아는 밧세바의 남편이었다.

### 마음에 새기기

왜 성경은 다윗의 30명 용사들의 이름을 전부 기록한 것일까? 그것은 첫째, 다윗 왕의 탁월한 군사적 업적이 많은 부하들의 헌신과 희생으로 이루어졌음을 보여주기 위함이다. 둘째, 적국의 장수들까지도 충성하게 할 수 있을 정도로 다윗 왕이 포용력과 감화력을 갖추었음을 보여주기 위함이다. 셋째, 이스라엘이 군사적 체계가 잘 세워진 부강한 나라로 발전했음을 기록한 것이다. 이곳에 이름이 기록된 사람들과 그 후손들은 다윗 왕을 도와 이스라엘을 견고하게 하고 발전시키는 데 큰 공헌을 한 것에 아주 자랑스러워했을 것이다.

지금 이 땅에서 하나님나라를 위해 싸워 이기는 자들의 이름 또한 이들의 이름과 같이 귀하게 기록될 것이다. 예수님은 이기는 자에게 새 이름이 기록된 흰 돌을 주겠다고 약속하셨다(계 2:17). 또 이기는 자의 이름을 생명책에서 결코 지우지 아니하고 그 이름을 하나님과 천사들 앞에서 시인해 주겠다고 약속하셨다(계 3:5). 그로 인해 생명책에 이름이 기록된 자들은 심판을 받지 않고 새 예루살렘에 들어갈 수 있는 특권이 주어졌다(계 20:12; 21:27).

이처럼 생명책에 이름이 기록되기 위해서는 이 땅의 치열한 전투에서 승리해야 한다. 우리 자신을 위한 싸움이 아닌 예수님의 이름과 하나님나라를 위해 싸워 이기는 자들은 영광스럽게 생명책에 그 이름이 기록될 것이다. 세상 사람들은 자신의 이름을 남기기 위해 애쓴다. 그러나 새 하늘과 새 땅에서는 그것이 아무런 소용이 없다. 성도는 영원히 남을 이름을 위해 다윗의 용사들처럼 끝까지 싸워야 한다.

Part 08

| 24:1-25 |

# 다윗의 인구 조사

24:1-9

## 인구 조사를 지시하는 다윗

하나님이 다윗에게 인구 조사를 하게 하신다. 이는 막강한 군사력을 과시하려는 다윗의 자만심에서 비롯된 일로, 하나님은 이스라엘을 또다시 심판하고자 죄를 짓도록 허용하신 것이다. 이에 다윗은 요압에게 인구 조사를 지시하고, 요압은 억지로 이 명령에 따른다.

**24:1** **여호와께서 다시 이스라엘을 향하여 진노하사 그들을 치시려고 다윗을 격동시키사 가서 이스라엘과 유다의 인구를 조사하라 하신지라**

**여호와께서 다시 이스라엘을 향하여 진노하사 그들을 치시려고 다윗을 격동시키사** 이스라엘의 죄악으로 이전에도 3년 동안 기근이 계속되는 하나님의 징벌이 있었다(21:1-14). 그런데 또다시 그들이 죄를 짓자 진노하신 하나님은 그들을 심판하기로 결정하신다. 역대상에는 "사탄이 일어나 이스라엘을 대적하고 다윗을 충동하여 이스라엘을 계수하게 하니라"(대상 21:1)라고 기록되어 있다. 이것은 하나님의 허락 하에 사탄이 다윗을 시험하는 자로 사용했음을 의미한다.

**인구를 조사하라** 백성 가운데 군대에 동원할 수 있는 장정의 수를 세어보라는 명

24장

령이다. 다윗은 군사의 수를 통해 자신의 영예와 이스라엘의 막강한 국방력을 과시하려 했다.

**24:2** **이에 왕이 그 곁에 있는 군사령관 요압에게 이르되 너는 이스라엘 모든 지파 가운데로 다니며 이제 단에서부터 브엘세바까지 인구를 조사하여 백성의 수를 내게 보고하라 하니**

**단에서부터 브엘세바까지** 이스라엘 전 지역을 의미하는 표현이다.

**24:3** **요압이 왕께 아뢰되 이 백성이 얼마든지 왕의 하나님 여호와께서 백 배나 더하게 하사 내 주 왕의 눈으로 보게 하시기를 원하나이다 그런데 내 주 왕은 어찌하여 이런 일을 기뻐하시나이까 하되**

**어찌하여 이런 일을 기뻐하시나이까** 요압은 인구 조사가 다윗의 자만심에서 비롯된 것임을 깨닫고 이를 반대한다.

**24:4** **왕의 명령이 요압과 군대 사령관들을 재촉한지라 요압과 사령관들이 이스라엘 인구를 조사하려고 왕 앞에서 물러나**

**재촉한지라** 다윗은 요압과 군대 사령관들의 반대를 무시하고 자신의 명령을 따를

**쉬운성경**

1 여호와께서 또다시 이스라엘 백성에게 진노하셨습니다. 그래서 여호와께서는 다윗의 마음속에 이스라엘 백성의 수를 세려는 충동을 불어넣으셨습니다. 다윗이 말했습니다. "가서 이스라엘과 유다 백성의 수를 세어 보아라."
2 다윗 왕이 군대 지휘관인 요압에게 말했습니다. "이스라엘의 모든 지파 사이를 두루 다니시오. 단에서 브엘세바까지 다니면서 백성의 수를 세시오. 그래서 그 수가 얼마나 되는지 나에게 알려 주시오."
3 그러나 요압이 왕에게 말했습니다. "왕의 하나님 여호와께서 왕에게 백 배나 더 많은 백성을 주시기 바랍니다. 그리고 그런 일이 일어날 때까지 왕께서 살아 계시기를 바랍니다. 하지만 왕께서는 어찌하여 이런 일을 하려 하십니까?"
4 그러나 요압을 비롯한 다른 지휘관들은 왕의 명령을 계속 따르지 않을 수 없음을 깨닫고 이스라엘 백성의 수를 세러 나갔습니다.

것을 강하게 요구했다.

**24:5** **요단을 건너 갓 골짜기 가운데 성읍 아로엘 오른쪽 곧 야셀 맞은쪽에 이르러 장막을 치고**

**아로엘** 요단 동쪽의 성읍으로 국경 지대에 속한 지역이었다.

**장막을 치고** 인구 조사는 많은 인원과 작업이 들어가는 일이었기 때문에 이 일을 맡은 사람들은 성읍 주변에 장막을 치고 일을 수행했다.

**24:6** **길르앗에 이르고 닷딤홋시 땅에 이르고 또 다냐안에 이르러서는 시돈으로 돌아**

**다냐안** 이스라엘의 북쪽 경계인 '단'을 의미한다.

**시돈** 북서쪽의 해안 도시로 본래 이방 땅이었지만 이 당시에는 이스라엘의 영토에 속해 있었다.

**24:7** **두로 견고한 성에 이르고 히위 사람과 가나안 사람의 모든 성읍에 이르고 유다 남쪽으로 나와 브엘세바에 이르니라**

**두로** 시돈에서 남쪽으로 40킬로미터 떨어진 해안 도시로 베니게의 주요 성읍이었지만, 오늘날은 반도에 위치한 '추르'를 가리킨다.

**히위 사람과 가나안 사람** 여호수아가 가나안을 정복했을 때 쫓아내지 못한 가나안 민족이 이스라엘에 계속해서 살고 있었다. 이들은 주로 갈릴리 북쪽에 거주하고 있었으며, 이들의 수는 군대를 위한 부역과 세금 징수를 위해 계수되었다.

**쉬운성경**

5그들은 요단 강을 건넌 후에 아로엘에서 가까운 곳에 진을 쳤습니다. 그들은 골짜기 가운데에 있는 아로엘 성의 남쪽에 진을 쳤습니다. 그들은 갓과 야셀을 거쳐서 갔습니다. 6그 후에 그들은 길르앗과 닷딤홋시 땅으로 갔습니다. 그 다음에 그들은 다냐안을 거쳐 시돈으로 돌아갔습니다. 7그들은 굳건한 성벽이 있는 두로 성으로 갔습니다. 그들은 또 히위 사람과 가나안 사람의 모든 성으로도 갔습니다. 마지막으로 그들은 유다 남쪽 브엘세바로 갔습니다.

## 24:8 그들 무리가 국내를 두루 돌아 아홉 달 스무 날 만에 예루살렘에 이르러

**국내를 두루 돌아** 요압과 사령관들은 모든 땅을 돌며 백성의 수를 세었다. 그러나 요압은 다윗의 명령을 못마땅하게 여겨 레위와 베냐민 사람은 계수하지 않았다(대상 21:6). 또 일부는 인구 조사를 마치기도 전에 하나님의 진노가 이스라엘에 임하여 그 수효를 기록하지 못했다고 설명한다(대상 27:24).

## 24:9 요압이 백성의 수를 왕께 보고하니 곧 이스라엘에서 칼을 빼는 담대한 자가 팔십만 명이요 유다 사람이 오십만 명이었더라

**팔십만 명, 오십만 명** 역대상에는 이스라엘 병력이 110만 명이고, 유다는 47만 명으로 기록되어 있다(대상 21:5). 이것은 이 수가 그 당시 기록되지 않고 구전되다가 후일에 기록되었기 때문에 서로 일치하지 않는 것으로 보인다(대상 27:24). 혹은 요압이 정확하지 않은 대략의 수를 다윗에게 이야기했기 때문에 역대기 기자가 그것을 수정한 것으로 추측하기도 한다.

### 마음에 새기기

본문 내용은 하나님이 마치 다윗을 시험하신 것처럼 보인다. 그러나 병행 본문인 역대상은 사탄이 다윗에게 인구 조사를 하도록 마음을 충동질했다고 기록한다(대상 21:1). 이것은 온 우주의 주권자인 하나님이 목적하신 것을 이루기 위해 사람뿐 아니라 사탄까지 사용하심을 의미한다.

많은 사람들이 하나님과 사탄이 같은 힘을 가지고 싸우는 것으로 오해한다. 그러나 성경은 사탄도 하나님의 피조물이며(겔 28:15), 하나님의 명령과 주권에 절대적으로 복종해야 하는 존재라고 가르친다(욥 1:12). 사탄은 하나님의 목적을 위해 잠시 권세를 행사하게 허용된 존재에

**쉬운성경**

8 그들은 구 개월 이십 일 만에 모든 땅을 두루 다니고 예루살렘으로 돌아왔습니다.
9 요압이 백성들의 수를 왕에게 말했습니다. 이스라엘에는 칼을 쓸 수 있는 사람이 모두 팔십만 명이었고, 유다에는 오십만 명이 있었습니다.

불과하다. 그렇기 때문에 그 목적이 달성되면 그들은 영원한 불과 유황 못에 던져질 것이다(계 20:10).

하나님의 절대적 주권을 신뢰하는 것은 영적인 시험 가운데 있는 사람에게 아주 중요하다. 하나님은 보이지 않고 사탄의 세력만 왕성하게 활동하는 것 같은 상황에서도, 하나님이 자신의 뜻과 목적을 이루어가심을 신뢰해야 한다. 예수님 또한 성령에게 이끌리어 마귀에게 시험을 받으러 광야로 가셨다(마 4:1). 이 사실은 성도가 사탄에게 시험받는 그 모든 상황까지도 하나님의 섭리적 목적과 보호 아래 있음을 보여준다. 그러므로 성도는 사탄의 시험으로 실패하고 넘어지는 순간에도 하나님을 끝까지 신뢰하며 담대히 나아가야 한다.

## 24:10-17
## 인구 조사에 대한 하나님의 심판

인구 조사로 인한 하나님의 심판이 내려진다. 선지자 갓을 통해 제시된 세 가지 재앙 가운데, 다윗은 하나님의 자비하심을 기대하며 전염병을 선택한다. 이로 인해 하나님의 천사가 3일 동안 이스라엘에 전염병이 돌게 하여 7만 명이 죽게 되자, 다윗은 하나님의 긍휼을 구하며 깊이 회개한다.

**24:10** **다윗이 백성을 조사한 후에 그의 마음에 자책하고 다윗이 여호와께 아뢰되 내가 이 일을 행함으로 큰 죄를 범하였나이다 여호와여 이제 간구하옵나니 종의 죄를 사하여 주옵소서 내가 심히 미련하게 행하였나이다 하니라**

**그의 마음에 자책하고** 다윗은 인구 조사를 한 후 다시 영적으로 민감해져 양심의 가책을 느낀다.

**큰 죄** 다윗은 하나님을 의지하지 않고 자신의 군사력을 의지하며 자만했다. 모든 죄악의 뿌리는 하나님을 대신하여 자신의 힘과 능력을 의존하는 것이다. 이것은 하나님처럼 되고 싶어 선악과를 따먹은 아담의 범죄와 같은 것이다. 그렇기 때문에 군사력을 의존한 다윗의 죄악을 '큰 죄'라고 말하는 것이다.

## 24:11 다윗이 아침에 일어날 때에 여호와의 말씀이 다윗의 선견자 된 선지자 갓에게 임하여 이르시되

**갓** 다윗이 사울 왕을 피해 모압 땅으로 피신했을 때 유다 땅으로 돌아가라는 하나님의 명령을 전했던 선지자다(삼상 22:5).

## 24:12 가서 다윗에게 말하기를 여호와께서 이와 같이 말씀하시기를 내가 네게 세 가지를 보이노니 너를 위하여 너는 그 중에서 하나를 택하라 내가 그것을 네게 행하리라 하셨다 하라 하시니

**하나를 택하라** 하나님이 다윗에게 세 가지 환난 가운데 하나를 선택할 기회를 주신 이유는, 다윗의 선택을 통해 심판보다 큰 하나님의 긍휼을 보여주시려는 것이다(약 2:13). 다윗은 하나님의 손에 의한 심판을 선택함으로 하나님이 심판 중에서도 긍휼을 보이시는 분임을 믿었다. 다윗의 믿음대로 하나님은 말씀하신 심판을 다 행하지 않으시고 다윗의 죄악을 용서하셨다.

## 24:13 갓이 다윗에게 이르러 아뢰어 이르되 왕의 땅에 칠 년 기근이 있을 것이니이까 혹은 왕이 왕의 원수에게 쫓겨 석 달 동안 그들 앞에서 도망하실 것이니이까 혹은 왕의 땅에 사흘 동안 전염병이 있을 것이니이까 왕은 생각하여 보고 나를 보내신 이에게

**쉬운성경**

10 인구 조사가 다 끝나자, 다윗은 자기가 잘못했다는 생각이 들었습니다. 다윗이 여호와께 말씀드렸습니다. "제가 큰 죄를 지었습니다. 여호와여, 제발 저의 죄를 용서해 주십시오. 제가 너무나 바보 같은 일을 했습니다."
11 다윗이 아침에 일어나기 전에 여호와께서 갓에게 말씀하셨습니다. 갓은 다윗의 예언자였습니다.
12 여호와께서 갓에게 말씀하셨습니다. "가서 다윗에게 전하여라. '여호와께서 이렇게 말씀하셨습니다. 내가 너에게 세 가지를 내놓겠다. 그중에서 하나를 골라라.'"
13 갓이 다윗에게 가서 말했습니다. "이 세 가지 중에서 하나를 고르십시오. 왕과 왕의 땅에 칠 년 동안 가뭄이 드는 것이 좋겠습니까? 아니면 왕의 원수가 왕을 세 달 동안 뒤쫓는 것이 좋겠습니까? 그것도 아니면 왕의 나라에 삼 일 동안, 전염병이 도는 것이 좋겠습니까? 잘 생각해 보고 저를 보내신 여호와께 대답할 말씀을 정해 주십시오."

**무엇을 대답하게 하소서 하는지라**

**기근, 원수, 전염병** 하나님의 율법을 떠난 자들을 심판하시는 도구들이다. 흔히 사나운 짐승들의 공격을 포함하여 네 가지 재앙이라고 불린다(겔 14:21).

**24:14** **다윗이 갓에게 이르되 내가 고통 중에 있도다 청하건대 여호와께서는 긍휼이 크시니 우리가 여호와의 손에 빠지고 내가 사람의 손에 빠지지 아니하기를 원하노라 하는지라**

**여호와께서는 긍휼이 크시니** 다윗은 말씀을 통해 하나님의 자비롭고 은혜로우심을 알았을 뿐 아니라(출 34:6), 자신의 삶을 통해서도 그것을 자주 경험했다(시 51:1). 그 때문에 그는 하나님께 직접 벌을 받음으로써 심판 가운데서도 하나님의 긍휼하심에 호소하기로 결정한다. 심판을 받아 마땅한 인간이 하나님의 크신 긍휼로 살아나게 되는 것은 사무엘하 전체의 주제다. 그렇기 때문에 사무엘하 맨 마지막 부분에 인구 계수의 사건을 집어넣어 심판보다 큰 하나님의 긍휼에 대해 다시 한번 보여주는 것이다.

**여호와의 손에 빠지고** 히브리어를 헬라어로 번역한 70인 역은 다윗이 전염병을 선택했다고 구체적으로 번역하고 있다. 당시 고대인들은 전염병을 신이 진노함으로 내린 심판이라고 보았다. 다윗 또한 짧은 기간에 일어나는 전염병은 환경이나 대적들에 의한 심판이 아닌 하나님의 직접적인 심판의 도구라고 보았다.

**24:15** **이에 여호와께서 그 아침부터 정하신 때까지 전염병을 이스라엘에게 내리시니 단에서부터 브엘세바까지 백성의 죽은 자가 칠만 명이라**

**쉬운성경**

14다윗이 갓에게 말했습니다. "정말로 큰일났구려. 하지만 여호와께서는 매우 자비로우신 분이오. 그러므로 여호와께서 주시는 벌을 받는 편이 낫겠소. 사람들 손에 벌을 받는 것은 싫소."

15그리하여 여호와께서는 그날 아침부터 전염병을 삼 일 동안 이스라엘에 돌게 하셨습니다. 단에서 브엘세바까지 칠만 명이나 되는 사람이 죽었습니다.

24장

**칠만 명** 짧은 기간에 이렇게 많은 수가 죽은 것은 하나님의 무서운 진노를 보여 준다.

**24:16** **천사가 예루살렘을 향하여 그의 손을 들어 멸하려 하더니 여호와께서 이 재앙 내리심을 뉘우치사 백성을 멸하는 천사에게 이르시되 족하다 이제는 네 손을 거두라 하시니 여호와의 사자가 여부스 사람 아라우나의 타작 마당 곁에 있는지라**

**천사** 하나님은 소돔과 고모라를 심판하실 때(창 19:24)나 애굽의 모든 처음 난 것들을 죽이셨을 때(출 12:29)와 마찬가지로 천사들을 통해서 이스라엘을 심판하셨다.

**이 재앙 내리심을 뉘우치사** 긍휼하신 성품을 가진 하나님은 다윗의 겸손한 반응을 보시고 더 큰 심판을 내리지 않기로 하신다.

**여호와의 사자** '천사'를 의미하며, 역대상에서는 다윗이 예루살렘을 멸하려 하는 천사를 보고 땅에 엎드려 기도했다고 기록한다(대상 21:16-17).

**여부스 사람 아라우나의 타작 마당** 여부스 사람은 본래 예루살렘 성에 거하던 민족이며(5:6), 타작 마당은 아브라함이 이삭을 번제로 드리려 했던 모리아 산에 있었다(창 22:2). 후일 이곳에 솔로몬 성전이 세워진다(대하 3:1).

**24:17** **다윗이 백성을 치는 천사를 보고 곧 여호와께 아뢰어 이르되 나는 범죄하였고 악을 행하였거니와 이 양 무리는 무엇을 행하였나이까 청하건대 주의 손으로 나와 내 아버지의 집을 치소서 하니라**

**쉬운성경**

16 전염병을 퍼뜨리고 다니던 천사가 팔을 들어 예루살렘을 가리키며 치려 하는 순간, 여호와께서 이스라엘에 재앙을 내리셨던 마음을 바꾸셨습니다. 여호와께서 백성들에게 벌을 주고 있는 천사에게 말씀하셨습니다. "이젠 되었도다. 그만 팔을 거두어라." 그때, 주님의 천사는 여부스 사람 아라우나의 타작마당 곁에 서 있었습니다.
17 다윗이, 백성들을 친 천사를 보고 여호와께 말씀드렸습니다. "제가 죄를 지었습니다. 제가 잘못했습니다. 하지만 이 백성들은 양처럼 저를 따르기만 했습니다. 그들은 아무 잘못이 없습니다. 저와 제 아버지의 집안에만 벌을 주십시오."

**나는 범죄하였고** 다윗은 자신의 잘못에 대해서 변명하거나 타인에게 책임을 전가하지 않고 진심으로 회개한다. 그리고 백성에게 내려진 심판이 자신과 자신의 집에 돌려지길 간구한다. 다윗의 이러한 겸손한 회개가 하나님의 큰 심판에서 이스라엘을 구원한다.

### 마음에 새기기

우리는 하나님의 말씀을 삶을 통해 경험함으로 영혼에 깊이 새겨야 한다. 다윗은 하나님의 긍휼하심을 말씀을 통해서 알았을 뿐 아니라 그의 인생을 통해 반복적으로 경험했다. 그렇기 때문에 하나님의 심판 중에도 하나님의 긍휼로 구원받게 될 것을 믿었다. 그가 '하나님은 긍휼이 크시다'라고 고백한 것은 그의 영혼에서 우러나온 진실한 고백이었다. 성도도 하나님의 말씀을 자신의 삶 가운데 경험함으로 하나님이 어떤 분인지 영혼에 깊이 새기는 과정이 필요하다. 하나님의 말씀만이 실제적으로 한 사람의 전 인격에 영향을 미칠 수 있다.

말씀이 인격화되는 과정은 흔히 다음과 같은 단계를 밟는다. 첫째, 말씀을 읽고 깨닫는 해석의 단계다. 특정한 말씀을 통해 마음에 깨달음과 은혜를 경험하고 나서 그 말씀을 더 깊이 알고 싶은 마음이 생기는 단계다. 둘째, 그 말씀을 통해 자신과 상황을 재해석하고 새로운 통찰력을 얻게 되는 적용의 단계다. 이런 적용은 주로 성령님의 개입하심과 은혜를 통해 경험하며, 이 단계는 주로 말씀이 개인화되는 과정이다. 셋째, 그 적용한 말씀이 감사와 간구와 회개 등의 영적 반응을 야기하는 단계다. 주로 이런 반응은 진실하고 구체적인 기도로 연결된다. 넷째, 삶 가운데 이 말씀과 관계한 시험이 찾아와 확인되고 검증되는 단계다. 이러한 시험 가운데 말씀대로 믿으며 순종할 때 그 말씀이 자신의 것이 됨을 확인할 수 있다. 이 모든 과정을 통해 한 사람의 영혼에 새겨진 말씀은 어떤 상황에서도 흔들리지 않는 동일한 반응을 가져오는 믿음으로 자리 잡게 된다. 당신은 삶으로 검증된 하나님의 말씀을 얼마나 많이 소유하고 있는가?

## 24:18-25
# 다윗의 기도를 들으신 하나님

다윗은 아라우나의 타작 마당에 제단을 쌓으라는 하나님의 명령에 순종한다. 다윗은 자신의 돈으로 땅과 제물을 사서 하나님께 온전한 제사를 드린다. 이에 하나님은 다윗의 기도를 들으시고 진노를 푸신다.

**24:18** **이날에 갓이 다윗에게 이르러 그에게 아뢰되 올라가서 여부스 사람 아라우나의 타작 마당에서 여호와를 위하여 제단을 쌓으소서 하매**

**제단을 쌓으소서** 하나님은 다윗의 회개 기도를 들으시고 진노를 멈출 수 있는 구체적인 방법을 다윗에게 전달하신다. 그것은 천사가 있던 바로 그 장소에 제단을 쌓고 제물을 드리는 것이었다. 모든 죄악은 제물의 희생을 통해서만 사함받을 수 있었다. 이것은 예수님의 십자가의 희생만이 인간의 죄악을 사할 수 있음을 보여 주는 것이다.

**24:19** **다윗이 여호와께서 명령하신 바 갓의 말대로 올라가니라**

**24:20** **아라우나가 바라보다가 왕과 그의 부하들이 자기를 향하여 건너옴을 보고 나가서 왕 앞에서 얼굴을 땅에 대고 절하며**

**왕과 그의 부하들이** 다윗은 하나님의 말씀에 순종하여 그것을 직접 실행하려고 한다. 그래서 자신의 부하들과 함께 아라우나를 만나러 타작 마당으로 갔다.

**쉬운성경**

18그날, 갓이 다윗에게 와서 말했습니다. "가서 여호와를 위하여 여부스 사람 아라우나의 타작마당에 제단을 쌓으십시오."
19그래서 다윗은 갓을 통해 여호와께서 명령하신 대로 했습니다. 다윗은 여호와의 명령을 따라 아라우나를 만나러 갔습니다.
20아라우나가 보니, 왕이 신하들과 함께 자기에게 오고 있었습니다. 그래서 아라우나는 밖으로 나가서 얼굴을 땅에 대고 절을 했습니다.

**24:21** **이르되 어찌하여 내 주 왕께서 종에게 임하시나이까 하니 다윗이 이르되 네게서 타작 마당을 사서 여호와께 제단을 쌓아 백성에게 내리는 재앙을 그치게 하려 함이라 하는지라**

**24:22** **아라우나가 다윗에게 아뢰되 원하건대 내 주 왕은 좋게 여기시는 대로 취하여 드리소서 번제에 대하여는 소가 있고 땔 나무에 대하여는 마당질하는 도구와 소의 멍에가 있나이다**

**좋게 여기시는 대로 취하여 드리소서** 아라우나는 자신의 타작 마당에서 번제를 드림으로써 재앙을 멈출 수 있다면 기꺼이 필요한 모든 것을 바치겠다고 말한다.

**24:23** **왕이여 아라우나가 이것을 다 왕께 드리나이다 하고 또 왕께 아뢰되 왕의 하나님 여호와께서 왕을 기쁘게 받으시기를 원하나이다**

**기쁘게 받으시기를 원하나이다** 아라우나는 여부스 사람이었지만 하나님을 섬기는 자였다. 이것은 '여호와는 견고하시다'라는 뜻의 그의 이름에서도 드러난다. 그는 재앙을 멈추게 하기 위해 기꺼이 자신의 제물을 헌납하기를 자원했다.

**24:24** **왕이 아라우나에게 이르되 그렇지 아니하다 내가 값을 주고 네게서 사리라 값 없이는 내 하나님 여호와께 번제를 드리지 아니하리라 하고 다윗이 은 오십 세겔로 타작 마당과 소를 사고**

**쉬운성경**

21 그리고 이렇게 물었습니다. "어쩐 일로 내 주 왕께서 저에게 오십니까?" 다윗이 대답했습니다. "그대에게서 이 타작마당을 사려고 왔소. 그래서 여호와께 제단을 쌓고 싶소. 그러면 백성들에게 닥친 이 재앙도 그칠 것이오."
22 아라우나가 다윗에게 말했습니다. "내 주 왕이시여, 어디든지 마음에 드시는 곳에서 제물을 바치십시오. 온전한 번제를 드릴 소도 여기에 몇 마리 있습니다. 또 땔감으로 쓸 타작판과 소의 멍에도 있습니다.
23 왕이시여, 아라우나가 이 모든 것을 왕께 드립니다." 아라우나가 또 말했습니다. "왕의 하나님 여호와께서 왕의 제물을 기쁘게 받아 주시기를 바랍니다."

**내가 값을 주고 네게서 사리라** 다윗은 죄악을 속죄하는 데 있어 자신의 돈으로 직접 땅과 제물을 사서 정성껏 바치기를 원했다. 제사는 진정한 희생이 포함된 것이어야 한다. 따라서 다윗은 자신의 잘못에 대해 남의 희생을 공짜로 받기를 거부한 것이다.

**은 오십 세겔** 이 값은 자기 기업된 밭 가운데 얼마를 성별하여 하나님께 드리려 할 때, 보리 한 호멜을 뿌릴 수 있는 밭의 값으로 정해진 것이다(레 27:16). 역대상에서는 다윗이 아라우나에게 금 600세겔을 준 것으로 되어 있다(21:25). 은 50세겔은 밭의 가격을 율법에 따라 지불한 것이며, 금 600세겔은 제사에 사용된 제물과 나무 등의 가격을 포함한 것으로 보인다.

## 24:25 그곳에서 여호와를 위하여 제단을 쌓고 번제와 화목제를 드렸더니 이에 여호와께서 그 땅을 위한 기도를 들으시매 이스라엘에게 내리는 재앙이 그쳤더라

**번제** 다윗과 이스라엘의 죄를 용서해 주실 것을 간구하기 위해 드리는 제사다.

**화목제** 죄를 용서해 주신 하나님의 자비와 은혜에 감사하여 드리는 제사다.

**이스라엘에게 내리는 재앙이 그쳤더라** 하나님은 다윗의 회개와 제사를 통해 진노를 거두셨다. 예루살렘 성문 밖에서 드려진 이 제사는 예수님이 십자가에서 우리의 죄를 위해 자신의 몸을 화목 제물로 드리신 제사를 예표하는 것이다(요일 2:2). 이로써 우리는 이미 하나님의 진노에서 구원받은 자들이 되었다(롬 5:9).

**쉬운성경**

24그러나 왕은 아라우나에게 이렇게 대답했습니다. "안 되오. 돈을 주고 이 땅을 사겠소. 내 하나님 여호와께 거저 얻은 것으로 태워 드리는 제사인 번제를 드릴 수는 없소." 그리하여 다윗은 타작마당과 소를 은 오십 세겔을 주고 샀습니다.
25그리고 나서 다윗은 온전한 번제와 화목제를 드렸습니다. 그러자 여호와께서 나라를 위한 다윗의 기도를 들어주셔서 이스라엘에 내렸던 재앙을 멈추셨습니다.

## 마음에 새기기

다윗은 메시아의 모델이 되는 인물이었지만, 다른 한편으로는 구원이 필요한 죄인이었다. 사무엘하가 다윗의 범죄와 하나님의 용서의 이야기로 끝나는 이유는, 이것이 사무엘하 전체의 주제를 요약하여 보여주고 있기 때문이다. 밧세바와 범죄했던 다윗은 아들의 죽음으로 대속적 죽음이 무엇인지를 배웠다(7:18). 이번에도 다윗은 제사를 통해 죄를 용서받음으로 대속적 희생을 통해서만 인간이 죄에서 구원을 얻을 수 있음을 알게 되었을 것이다. 이런 구약의 제사는 신약의 예수님의 십자가를 보여주기 위한 모형이었다. 예수님은 친히 흠 없는 화목 제물이 되어 인간의 죄를 대신하여 십자가에서 제물로 바쳐지셨다. 하나님은 예수님이 드리신 이 제사를 기쁘게 받으시고 인간의 모든 죄를 사해 주셨다. 그 때문에 우리는 모든 죄에서 자유롭게 되어 다시는 하나님의 진노를 받지 않게 된 것이다.

성도들도 여전히 죄를 짓는다. 성도의 마음에는 하나님을 의지하지 않는 교만과 하나님의 뜻을 거부하는 완악함이 가득하다. 교만과 완악함은 스스로 하나님이 되려는, 하나님에 대한 반역이다. 거룩하고 공의로우신 하나님은 우리의 죄악에 진노로 반응하실 수밖에 없다. 그렇기 때문에 우리는 모두 죽어 마땅한 자들이다. 그러나 그때마다 예수님의 보혈은 우리의 죄악을 덮어 하나님의 진노를 잠잠하게 만든다. 예수님을 처음 믿을 때만 십자가가 필요한 것이 아니다. 오히려 신앙이 성장할수록 자기 죄악에 대한 민감성이 커지기 때문에 예수님의 십자가를 더욱 의존해야 한다. 십자가에 대한 감격과 감사가 사라졌다면 신앙의 본질에서 벗어나 종교생활을 하고 있는지도 모른다. 참된 신앙생활은 심판받을 수밖에 없는 죄인 중의 괴수를 은혜로 덮으시는 하나님에 대한 감사로 나타나야 한다.

명확한 이해와 삶의 적용을 위한

# 사무엘하


초판 1쇄 발행 2011년 9월 23일

지은이 김일승

펴낸이 정형철
펴낸곳 (주)아가페출판사
등 록 제21-754호
등록일 1995년 4월 12일
편집장 이수진
기획편집 방재경
디자인 조성미

주 소 (137-837) 서울시 서초구 방배동 529-3
전 화 584-4835(본사) 522-5148(편집부)
팩 스 586-3078(본사) 586-3088(편집부)
홈페이지 www.iagape.co.kr



ISBN 978-89-537-8068-2(03230)





아가페북스는 (주)아가페출판사의 단행본 전문브랜드입니다.

아가페 출판사